工业化后期的中国工业经济

黄群慧/著

China's Industrial Economy in the Advance Stage of Industrialization

图书在版编目（CIP）数据

工业化后期的中国工业经济/黄群慧著．—北京：经济管理出版社，2018.2
ISBN 978－7－5096－5797－3

Ⅰ.①工…　Ⅱ.①黄…　Ⅲ.①工业经济—经济发展—研究—中国　Ⅳ.①F424

中国版本图书馆 CIP 数据核字（2018）第 088747 号

组稿编辑：杜　菲
责任编辑：杜　菲
责任印制：黄章平
责任校对：张晓燕

出版发行：经济管理出版社
（北京市海淀区北蜂窝 8 号中雅大厦 A 座 11 层　100038）
网　　址：www. E－mp. com. cn
电　　话：（010）51915602
印　　刷：三河市延风印装有限公司
经　　销：新华书店
开　　本：787mm×1092mm/16
印　　张：23.5
字　　数：346 千字
版　　次：2018 年 2 月第 1 版　　2018 年 2 月第 1 次印刷
书　　号：ISBN 978－7－5096－5797－3
定　　价：68.00 元

凡购本社图书，如有印装错误，由本社读者服务部负责调换。
联系地址：北京阜外月坛北小街 2 号
电话：（010）68022974　　邮编：100836

前 言

中国成为一个工业化国家，是实现中华民族伟大复兴的必然要求，是近代以来众多仁人志士终生奋斗的目标，是实现“中国梦”的一个重要经济内涵。改革开放以来，中国推进了快速的工业化进程，我们的研究表明，“十二五”以后，中国整体已经步入工业化后期，中国距离实现工业化的梦想从来没有如此之近。但是，在进入工业化后期阶段，中国经济也步入经济增速趋缓、结构趋优、动力转换的新常态，中国的工业化进程需要从高速工业化转向高质量工业化。在这种背景下，中国的工业面临化解产能过剩、推进产业结构转型升级、迎接新工业革命挑战和机遇、促进中国工业从大到强转变、遏制经济脱实向虚趋势、大力发展绿色制造、推进制造业智能化和服务化等一系列新的重大任务。本书是针对中国进入工业化后期这些重大任务的系列研究。本书每章都是笔者的一篇独立的学术论文，但是全书遵循了工业化阶段判断—工业经济问题分析—经济发展战略研究的基本逻辑，这使全书成为一部研究工业化后期中国工业经济问题的专著。

本书阶段篇共有四章，集中对中国工业化水平和工业化所处阶段进行评价判断，对工业化进程的特征以及工业化后期的我国经济面临的问题进行了总体的分析，对中国工业化的成就及其对全球化的贡献进行了研究。

第一章“中国的工业化进程：阶段、特征与前景”，给出了工业化水平的评价方法并对到2015年中国工业化水平进行了评价，认为中国整体已经进入工业化后期，迄今为止，中国的工业化进程，是一个十几亿人口的大国工业化，是一个快速推进的工业化，是一个区域发展极不平衡的工业化，是一个低成本的出口导向工业化，这在人类历史上是前所未有的。中国工业化前景是光明的，按照正常发展，中国将在2020年基本实现工业化，到2030年全面实现工业化。

第二章“工业化后期中国经济面临的趋势性变化与风险”，分析了中国进入工业化后期八个方面的趋势性变化与风险：顺应经济增速放缓趋势性变化，防范“经济失速”风险；顺应经济服务化趋势的同时，防范制造业空心化的风险；顺应产业结构高级化趋势，但要避免技术升级陷阱；推进“两化”融合趋势，直面新工业革命带来的竞争风险；顺应去产能化趋势要求，同时化解由于去产能化而产生的债务风险；顺应供给要素集约化趋势，但要充分认识到要素市场化改革的困难；积极推进向功能化产业政策主导转变，但要避免功能性产业政策的失效风险；顺应我国产业向全球价值链高端攀升趋势，化解来自发达国家和新兴经济体的“双端挤压”风险。

第三章“经济新常态、工业化后期与工业增长新动力”，从工业增长速度变化、工业需求侧变化、工业产业结构和区域结构变化以及工业企业微观主体表现的分析，种种迹象表明中国工业经济正走向一个速度趋缓、结构趋优的新常态。这个过程也正是中国步入工业化后期阶段，国际经验表明，工业化后期阶段往往是曲折和极富挑战性的。对于我国而言，在众多挑战中，当前必须高度重视产能过剩、产业结构转型升级和第三次工业革命三方面的问题。面对工业化后期的经济新常态的新问题、新挑战，我们要做的是增加工业经济增长的新动力。新时期工业增长的新动力来自工业化的供给推动力和城市化的需求拉动力的结合，而全面深化改革则是原动力。

第四章“中国工业化进程及其对全球化的影响”，分析了中国工业化进程对世界的影响，认为，随着中国工业化进程到了工业化后期，中国在2020年将基本实现工业化，在2030年前后将全面实现工业化、成为一个工业化国家，这将给世界工业化进程带来颠覆性变化。尤其是在“一带一路”倡议的号召下，中国工业化进程对全球化的影响日益深远。已经步入工业化后期的中国工业化对全球化的贡献将不仅仅主要停留在基于中低价值链环节的全球分工格局下的低成本产品出口，而是将会表现为资本、技术和劳动力等生产要素的全面的国际流动，也就是产能的国际合作。通过产能合作，中国将会促进

“一带一路”沿线国家产业升级、经济发展和工业化水平的进一步提升，在“一带一路”合作框架下，中国也将给全球化带来合作方所需要的一体化的服务方案。

本书问题篇共有七章，针对工业化后期中国经济面临的“脱实向虚”、工业供给结构失衡、新工业革命挑战、东北老工业基地振兴等问题展开具体分析，提出了实体经济发展、推进工业供给侧结构性改革、新常态下工业经济发展、新经济发展、企业管理变革、振兴东北老工业基地、推进制造业服务化等方面的政策建议。

第五章“论新时期中国实体经济的发展”，创新性地提出了一个关于实体经济分类的分层框架，认为第一个层次的实体经济（R_0）是制造业，这是实体经济核心部分，可以理解为最狭义的实体经济；第二个层次的实体经济（R_1）包括 R_0、农业、建筑业和除制造业之外的其他工业，这是实体经济的主体部分，是一般意义或者传统意义上的实体经济；第三个层次的实体经济（R_2）包括 R_1 以及除金融业、房地产业之外的其他所有服务业，这是实体经济的整体内容，也是最广义的实体经济。基于这个分类框架，测算了党的十八大以来中国三个层次的实体经济的增长情况，认为已经发展成为一个世界性的实体经济大国。但是，实体经济发展也存在严重的结构失衡问题，在 R_0 上表现为制造业供需结构性失衡，在 R_1 上表现为服务业和工业发展的失衡，在 R_2 上表现为实体经济和虚拟经济的结构失衡。基于对实体经济结构失衡的机制分析，提出了未来实体经济健康发展的政策思路：一是提高制造业供给体系质量，围绕提高制造业供给体系质量深化供给侧结构性改革，化解制造业供需结构失衡；二是形成工业和服务业良性互动、融合共生的关系，化解产业结构失衡，构建创新驱动、效率导向的现代产业体系；三是在“虚实分离”的常态中坚持实体经济决定论，从体制机制上化解“虚实结构失衡”，将风险防范的工作重点从关注金融领域风险转向关注长期系统性经济风险。

第六章“论中国工业的供给侧结构性改革”，梳理出了一个关于供给侧结构性改革的概念逻辑和分析框架，认为供给侧结构性改革是针对由于供给结构不适应需求结构变化的结构性矛盾而产生的全要素生产率低下问题所进行的结构调整和体制机制改革，可以拆解为“供给侧+结构性+改革”，对应问题—原因—对策逻辑线路，问题突出表现在供给侧，问题本质和根源是结构性矛盾，问题解决的对策是改革。本章从经济结构视角具体划分为企业、产业和政府三个层面来分析供给侧结构性改革问题，实现了理论性、系统性和现实指导性的折中，并进一步从企业、产业和区域三个层面，论述推进供给侧结构性改革的重点任务，提出相应的政策建议。

第七章“经济新常态下的中国工业经济运行分析”，对2016年的中国工业经济运行进行了全面分析。2015年中国工业增速创最近23年最低，2015年中央经济工作会议给出了经济增速下降、工业品价格下降、企业利润下降、财政收入下降和经济风险概率上升的“四降一升”的基本判断，并提出通过去产能、去库存、去杠杆、降成本、补短板的“三去一降一补”的供给侧结构性改革来实现经济稳定持续发展。在这种背景下，经济“新常态”下的2016年中国工业呈现出“缓中趋稳、稳中向好”的总体特征，工业增速下降、工业品价格下降、企业利润下降的格局得到了根本性的扭转，工业增速趋稳、出口转正、工业品价格大幅度逆转、工业企业利润增速由负转正实现大幅回升，工业行业结构继续呈现高端迈进态势。通过具有典型意义的一年的经济新常态下工业经济运行分析，非常有助于理解工业化后期的中国工业经济运行情况，这正是本章的意义。

第八章“东北三省工业经济下行的原因分析及对策建议”，针对2014年以来伴随中国经济步入新常态，东北三省经济下行压力大、形势严峻的问题，分析指出其工业下行是东北三省经济下行的主要原因，并针对2015年东北三省的工业运行表现，从产业结构、体制机制和供给要素三个层面分析了东北三省工业经济下行的原因，同时针对东北三省各自的具体情况，分析了三个省份发展存在的具体的突出短板，如辽宁存在出口下降过快问题，吉林存在工业“一柱擎天”、汽车工业2015年大幅下降问题，黑龙江则面临农业比例过大问题。基于对东北三省原因的分析，从东北三省的共性和个性两个方面提出了有针对性的振兴东北地区经济的政策建议。

第九章“新经济的基本特征与企业管理的变革方向”，针对在新一轮科技和产业革命背景下，什么是新经济、新经济具有哪些特征等问题从理论上予以回答，指出新经济的本质是新一轮科技和产业革命带动人类生产方式进步和经济结构变迁、促进新经济模式取代旧经济模式而产生的一系列经济活动。并提出新经济具有以信息技术突破应用为主导、以信息（数据）为核心投入要素、以追求范围经济为导向和以智能制造为先导融合构造现代产业体系四大基本特征。这些观点的提出对进一步发挥新经济在我国经济发展中的积极作用具有重要的理论价值和现实意义。同时指出了新经济下企业战略管理、生产管理、组织管理、人力资源管理、营销管理等学科变革的重大方向。

第十章“第三次工业革命与中国经济发展战略调整”，从技术经济范式变革的视角对第三次工业革命进行了研究，认为这场以智能化、数字化、信息化技术的发展为基础，以现代基础制造技术对大规模流水线和柔性制造系统的改造为主要内容，以基于可重构生产系统的个性化制造和快速市场反应为特点的第三次工业革命，是一场嵌入在技术、管理和制度系统中的技术经济范式的深刻变革。随着这场工业革命的不断深化，制造和制造业的经济功能可能被重新定义，工业产品竞争力的内涵可能被重新诠释，国家和企业竞争力所依赖的资源基础和要素结构、从而全球产业竞争格局可能被重构。为了迎接第三次工业革命以及未来与发达工业国家在价值链各环节的全面竞争的挑战，未来中国的工业发展战略必须调整，要注重自主工艺技术创新能力的提升、促进要素成本优势向综合成本优势转变、协同推进战略性新兴产业与现代制造融合发展、加强高效能运算和工程数据库等制造技术基础设施的建设，优化我国制造技术创新生态。

第十一章“产业融合与制造业服务化”，旨在分析研究新一轮工业革命的另外一个重大趋势——制造业服务化。随着消费者需求的变化、经济全球化、竞争加剧和技术进步，产业之间的边界日渐模糊，特别是制造和服务之间的融合日益增强，以一体化解决方案为代表的制造业服务化趋势日益流行，IBM、罗尔斯等企业通过向一体化解决方案转型，重新获得了竞争优势，改善了财务绩效。随着企业转型的成功，学术界的研究讨论也逐渐深入。本章从产业融合的视角分析一体化解决方案的内涵、驱动力和主要模式，并利用多案例研究方法进行比较分析，并提出推动制造服务化的对策建议。

本书战略篇共五章，主要是围绕进入工业化后期中国工业发展战略和相关政策的研究，包括针对长期的工业强国战略、聚焦“十三五”时期的工业发展战略、关于制造业的发展战略以及面向高质量发展的现代化经济体系战略和产业政策五个方面。

第十二章“中国的工业大国国情与工业强国战略”，系统论述了中国的工业大国的基本经济国情，构造了工业强国的指标体系，描述了工业强国战略的内涵、目标、任务和政策着力点。这对我国未来工业发展和经济增长具有重要的指导意义。本章判断，中国将在2020年前后初步建成世界工业强国，在2040年前后全面建成世界工业强国。2015年5月我国颁布了《中国制造2025规划纲要》，这被认为是中国的工业强国规划。《中国制造2025规划纲要》所遵循的原则、目标定位都基本与本章的分析研究相同，在一定程度上本章为《中国制造2025规划纲要》奠定了相应的理论基础和做了充分的学术准备。

第十三章“中国工业发展‘十二五’评估与‘十三五’战略”，在对“十二五”时期中国工业发展情况进行评估的基础上，对“十三五”工业发展战略进行了详细研究。总体而言，“十二五”时期我国工业保持了平稳较快发展态势，国家层面规划提出的有关工业发展的主要数量型指标基本实现，但一些长期制约我国工业可持续发展的根本性问题还有待突破。在中国进入工业化后期的大背景下，“十三五”时期工业在国民经济中的核心功能、发展思路和发展模式都将发生深刻的转变。工业在国民经济社会中的核心功能，将逐步由促进经济增长和扩大就业向通过促进新技术的创新和扩散提高国民经济可持续增长能力、解决重大民生问题和提升全球竞争力转变；“十三五”时期及未来更长时期我国工业发展的指导思想要从体现为数量比例关系的结构优化主导向体现为产业技术复杂性的能力提升主导转变；工业发展的主导模式，将逐步由粗放的大规模标准化生产和模仿创新转向精益化生产和自主创新。

第十四章“中国制造业的核心能力、功能定位与发展战略”，分析了在新一轮产业革命和全球产业竞争范式转变、我国经济发展阶段逐渐步入工业化后期的大背景下，中国制造业应该如何构造自己的核心能力，并基于核心能力正确地制定自己的发展战略。一国所具有的制造业核心能力，既是一国参与全球制造业竞争的独特资源和能力，同时也是一国对人类社会工业文明进步所能够做出的“范式”意义上的独特贡献。在近100年的工业发展历程中，美国制造业贡献了科学和前沿技术，日本贡献了精益生产方式，德国贡献了工程化的技术。未来中国制造业在模块化和复杂装备领域的能力跃迁，也将根本性地促进全球制造业发展模式的调整和突破。

第十五章“中国产业政策的基本特征与未来走向”，中国引入产业政策具有计划经济渐进转轨和经济赶超的双重效应，经过多年的实践，中国的产业政策已经发展为一套动态复杂的政策组合，包括产业结构政策、产业组织政策、产业布局政策和产业技术政策等。总体而言，我国产业政策具有形式多样、覆盖面广、直接干预市场、选择性明显等特征。从未来发展看，工业化后期中国产业政策面临转型，竞争政策是基础地位，而产业政策要与竞争政策协调，长期以来我国一直实施的政府选择、特惠措施为主的产业政策取向，在新时期要转向普惠性、促进公平竞争和科技进步的产业政策取向，从而促进竞争政策基础地位的逐步实现。

第十六章“面向高质量发展的现代化经济体系战略”，着重分析与高质量发展阶段相适应的现代化经济体系是什么，如何建立的问题。现代化经济体系是与高质量发展阶段相适应的经济系统，建设现代化经济体系要以完善社会主义市场经济体制为前提，建设现代化经济体系要以新发展理念为指导，建设现代化经济体系要以提高实体经济供给质量为着力点。

总之，中国进入工业化后期，面临很多新的问题和新的挑战，需要有新的工业发展战略。本书沿着阶段判断—问题分析—战略研究的逻辑，对工业化后期中国工业经济的一些重大问题进行了深入系统的研究，衷心期望笔者的这些研究能够对推进中国顺利走完工业化后期、在2020年基本实现工业化具有指导意义。

阶 段 篇

第一章　中国的工业化进程：阶段、特征与前景*

近代以来，中国实现工业化、成为一个现代化国家，是中国众多仁人志士的梦想。中国成为一个工业化国家，是实现中华民族伟大复兴的必然要求，是实现“中国梦”的一个重要经济内涵。中华人民共和国成立后，中国的工业化进程可以分为两大阶段：一是传统计划经济体制下工业化道路时期，该阶段奠定了我国的工业基础，形成了比较全面的工业体系；二是改革开放以后的中国特色工业化道路时期，该阶段实现了中国基本经济国情从农业大国向工业大国的转变（陈佳贵、黄群慧，2005），中国的经济总量跃升为世界第二。

近年来，随着中国经济的巨大成功，所谓“中国道路”、“中国奇迹”或者“中国模式”成为热点。由于中国特色的工业化道路构成“中国道路”的一个重要部分，因此，全面科学地认识中国工业化进程，也就是理解“中国道路”的关键之一。而科学认识改革开放以来的工业化进程，至少需要回答三个相关的问题：一是现在中国工业化达到了什么水平，处于怎样的阶段；二是如何描述已经走过的中国工业化进程，中国工业化进程具有怎样的特征；三是中国什么时候能够实现工业化，中国能够顺利地成为工业化国家吗？本文试图基于我们

---

* 本文原载《经济与管理》2013 年第 7 期。需要说明的是，原文只评价到 2010 年的我国工业化水平，为了反映我国工业化新进展，这里收录时基于 2017 年的最新研究成果对原文的数据进行了更新，最新评价数据来自黄群慧、李芳芳等：《中国工业化进程报告（1995 ~ 2015）》，社会科学文献出版社，2017 年。

长期跟踪评价研究的结果，对这三个问题进行回答，从而从工业化进程角度给“中国道路”一个注解。

一、中国工业化的水平评价

工业化并不是单纯意味着工业的发展，工业化的本质是一个国家的经济发展和现代化进程的推进，主要表现为人均收入的不断增长和从农业主导向工业主导的经济结构的转换。具体而言，工业化主要表现为：国民收入中工业活动所占比例逐步提高，乃至占主导地位；制造业内部的产业结构逐步升级，技术含量不断提高；在第二产业部门就业的劳动人口比例有增加的趋势；城市这一工业发展的主要载体的数量不断增加，规模不断扩大，城市化率不断提高；在上述指标增长的同时，整个人口的人均收入不断增加。按照经典工业化理论，一般可以将工业化的进程分为前工业化、工业化初期、工业化中期、工业化后期和后工业化五个大时期。世界上一些落后的还没有开始工业化的国家，如非洲的一些国家属于前工业化阶段，而美、英、日等实现工业化的国家都处于后工业化阶段。绝大多数发展中国家都处于工业化初期、中期或者后期阶段。为了更具体地研究一个国家或地区处于的工业化水平，还可以把工业化初期、中期和后期各具体划分为前半阶段与后半阶段。而具体如何衡量一个国家或地区的工业化进程到达什么样的阶段，一般可以从经济发展水平、产业结构、工业结构、就业结构和空间结构等方面，选择相应的指标来综合评价和判断。

改革开放以来，我国在积极推进市场化改革的同时，也加速推进了工业化进程。尤其是在进入21世纪后，我国的工业化速度进一步加快。如何具体评价我国的工业化进程，我们具体选择以下指标来构造工业化水平的评价体系（陈佳贵、黄群慧、钟宏武，2006）：在经济发展水平方面，选择人均GDP为基本指标；在产业结构方面，选择第一、第二、第三产业增加值结构为基本指标；在工业结构方面，选择制造业增加值占总商品增加值比重为基本指标；在空间结构方面，选择人口城市化率为基本指标；在就业结构方面，选择第一产业就业人员占比为基本指标，再结合相关理论研究和国际经验估计确定了工业化不同阶段的标志值（如表 1－1 所示）。

表 1－1　工业化不同阶段的标志值

基本指标＼阶段	前工业化阶段（1）	工业化实现阶段			后工业化阶段（5）
		工业化初期（2）	工业化中期（3）	工业化后期（4）	
1. 人均 GDP（2010 年美元）（经济发展水平）	827～1654	1654～3308	3308～6615	6615～12398	12398 以上
2. 三次产业增加值结构（产业结构，其中 A 代表第一产业、I 代表第二产业、S 代表第三产业）	A > I	A > 20% 且 A < I	A < 20%，I > S	A < 10%，I > S	A < 10%，I < S
3. 制造业增加值占总商品增加值比重（工业结构）	20% 以下	20%～40%	40%～50%	50%～60%	60% 以上
4. 人口城镇化率（空间结构）	30% 以下	30%～50%	50%～60%	60%～75%	75% 以上
5. 第一产业就业人员占比（就业结构）	60% 以上	45%～60%	30%～45%	10%～30%	10% 以下

注：原表中人均 GDP 标志值数据只到 2005 年，表中 2010 年数据根据美国经济研究局网站数据获得的 GDP 折算系数计算。

资料来源：陈佳贵、黄群慧、钟宏武：《中国地区工业化进程的综合评价和特征分析》，《经济研究》2006 年第 6 期。

基于上述指标体系和各个工业化阶段的标准值，我们选择阶段阈值法进行指标的无量纲化，在此基础上，用加权合成法来构造计算反映一国或者地区工业化水平和进程的综合指数（权重用层次分析法确定)，根据工业化水平综合指数可以划分相应的工业化阶段，工业化水平综合指数为0具体对应前工业化时期、1～16为工业化前期的前半阶段、17～33为工业化前期的后半阶段、34～50为工业化中期的前半阶段、51～66为工业化中期的后半阶段、67～83为工业化后期的前半阶段、84～99为工业化后期的后半阶段、100及以上为后工业化时期。采用这种方法，对2015年中国全国，东部、西部、中部和东北地区四大板块，珠三角、长三角、环渤海、大西北、大西南、中部六省、东三省七大区域和31个省级区域的工业化水平综合指数计算结果如表1－2所示。[①]

表1－2　2015年中国工业化水平指数

<table>
<tr><th colspan="2">区域
阶段</th><th>全国</th><th>四大板块</th><th>七大区域</th><th>31个省（市、区）</th></tr>
<tr><td colspan="2">后工业化阶段（五）</td><td></td><td></td><td></td><td>北京、上海、天津</td></tr>
<tr><td rowspan="2">工业化后期（四）</td><td>后半阶段</td><td>全国（84）</td><td>东部（95）</td><td>长三角（98）
珠三角（96）
环渤海（92）</td><td>浙江（97）、江苏（96）、广东（96）、辽宁（91）、福建（91）、重庆（88）、山东（88）</td></tr>
<tr><td>前半阶段</td><td></td><td>东北(76)
中部(71)</td><td>东三省（76）
中部六省（71）</td><td>湖北（76）、内蒙古（75）、吉林（75）、河北（70）、江西（70）、湖南（70）、陕西（69）、安徽（69）、河南（66）</td></tr>
<tr><td rowspan="2">工业化中期（三）</td><td>后半阶段</td><td></td><td>西部（58）</td><td>大西北（58）
大西南（58）</td><td>四川（64）、青海（62）、宁夏（58）、广西（58）、山西（57）、黑龙江（53）</td></tr>
<tr><td>前半阶段</td><td></td><td></td><td></td><td>西藏（47）、新疆（44）、甘肃（43）、海南（42）、云南（41）、贵州（39）</td></tr>
</table>

① 具体评价计算过程可参阅陈佳贵、黄群慧、吕铁、李晓华等：《中国工业化进程（1995～2010)》，社会科学文献出版社，2012年。

续表

阶段＼区域		全国	四大板块	九大区域	31个省（市、区）
工业化初期（二）	后半阶段				
	前半阶段				
前工业化阶段（一）					

注：括号中的数字为相应的工业化综合指数。

资料来源：黄群慧、李芳芳等：《中国工业化进程报告（1995～2015）》，社会科学文献出版社，2017年。

从全国看，进入“十一五”时期以后，中国的工业化进程已经步入工业化后期，处于工业化后期的后半阶段。从东部、东北、中部、西部四大板块区域看，东部进入工业化后期的后半阶段，东北地区和中部进入工业化后期的前半阶段，西部处于工业化中期的后半阶段。在七大区域中，长三角、珠三角和环渤海带处于工业化后期的后半阶段，东三省和中部六省处于工业化后期的前半阶段，大西北和大西南的工业化水平最低，处于工业化中期的后半阶段。从省级区域看，到2010年，北京、上海、天津三个直辖市处于后工业化阶段；浙江、江苏、广东、辽宁、福建、重庆、山东处于工业化后期的后半阶段，这几个省市是我国经济发达的地区，工业化水平也处于全国前列；湖北、内蒙古、吉林、河北、江西、湖南、陕西、安徽、河南处于工业化后期的前半阶段；四川、青海、宁夏、广西、山西、黑龙江处于工业化中期的后半阶段；而西藏、新疆、甘肃、海南、云南、贵州处于工业化中期的前半阶段。

二、中国工业化进程的特征分析

如果把中国的工业化进程放到世界工业化史中去分析，中国的工业化进程有怎样的特征呢？我们可以概括地讲，改革开放以来的工业化进程是一个13亿人口大国的快速工业化，是人类历史前所未有的伟大的现代化进程。具体而言，中国工业化进程有以下几个突出特征：

（一）中国的工业化是一个有十几亿人口大国的工业化，中国的人口超过了所有工业化国家和地区人口的总和

根据世界银行的数据，迄今为止约有35个国家和地区达到了人均GDP约1万美元（2000年不变价美元）以上。也就是说，如果简单地按照人均GDP指标来判断一个国家和地区是否实现了工业化，那么世界上约有35个国家和地区实现了工业化。[①] 其中，卢森堡、挪威、日本、美国、冰岛、瑞典、瑞士、丹麦、英国、芬兰、奥地利、荷兰、加拿大、德国、比利时、法国、澳大利亚、巴哈马群岛18个国家和地区早在1970年以前就实现了工业化；以色列、意大利、中国香港、爱尔兰、新加坡、中国台湾、中国澳门、西班牙、塞浦路斯、韩国、希腊、安提瓜和巴布达、葡萄牙13个国家和地区则是在20世纪末（20世纪70～90年代）先后实现了工业化；进入21世纪后，斯洛文尼亚、马耳他、特立尼达和多巴哥、阿根廷4个国家和地区先后达到了工业化国家人均GDP标准。这35个国家和地区的人口总和约为10.3亿人，而2011年中国大陆的人口就达到了13.4亿人。从工业化史看，经过200多年的发展，世界上也只有约10亿人实现

① 一些中东国家，仅仅依靠石油出口而使人均GDP超过1万美元，这里没有将其列为工业化国家。

了工业化，而中国的工业化则是一个有13亿人口大国的工业化，因此，中国的工业化进程对整个人类的工业化进程具有颠覆性的作用，中国是否实现了工业化，不仅事关一个国家能否繁荣富强，还决定着整个人类的现代化进程，中国的工业化进程将改写人类的历史。

（二）中国的工业化是一个长期、快速推进的工业化，世界上还很少有国家能够长期保持如此高的工业化速度

国际经验表明，在长期的工业化进程中会出现相当长一段时间的经济高速增长，这段时间一般持续20年。第二次世界大战后，经济增长率超过7%、持续增长25年以上的经济体包括博茨瓦纳、巴西、中国、中国香港、印度尼西亚、日本、韩国、马来西亚、马耳他、阿曼、新加坡、中国台湾和泰国13个（张晓晶，2012）。其中，日本在1951~1971年的平均经济增速为9.2%，中国台湾地区在1975~1995年的平均经济增速为8.3%，韩国在1977~1997年的平均经济增速为7.6%（林毅夫，2012），而中国1978~2010年的平均经济增速却高达9.89%，连续30多年经济平均增速接近两位数。如果仅仅看“十一五”期间的经济增长，根据世界银行的数据，按2000年不变价美元计算，2005~2010年中国GDP年均增长11.20%，远远高于2.24%的世界平均水平、高收入国家的1%、中等收入国家的6.58%和低收入国家的5.79%。中国经济的高速增长使中国的国际地位不断提高。2005年，按现价美元衡量的中国GDP占世界的4.94%，居世界第五位，到2010年，仅仅5年时间，这一比重提高到9.37%，中国已经成为世界第二大经济体。

另外，从我们计算的工业化水平综合指数来看（陈佳贵、黄群慧等，2012），1995年，中国工业化水平综合指数仅为12，表明中国处于工业化初期的前半阶段；经过“九五”时期，到2000年中国工业化水平综合指数提高到18，表明中国进入工业化初期的后半阶段。经过“十五”时期，到2005年，工业化水平综合指数提高到41，中国工业化水平处于工业化中期的前半阶段。经过“十一五”时期，到2010年，中国的工业化水平综合指数为66，表明中国工业化水平处于但即将走完工业化中期的后半阶段。经过“十五”、“十一五”短短的10年，中国就快速地走完了工业化中期阶段。进入“十二五”，中国工业化进程步入工业化后期，这对于中国的工业化进程将是一个重要的里程碑。

（三）中国的工业化是一个低成本的出口导向的工业化，几乎在世界的每个角落都能够找到价廉物美的中国制造产品

出口导向和进口替代是后发国家实现工业化过程中常采用的两种发展战略，各有不同的优缺点。由于进口替代发展战略在我国实施中产生了许多弊端，以及日本和亚洲“四小龙”运用出口导向发展战略获得成功的示范作用，我国逐渐地从进口替代转向了出口导向发展战略。长期以来，我国的劳动力成本一直比较低、环境污染低付费、依靠引进为主的技术进步低成本、人民币币值被低估，这构成了我国低成本比较优势，成为企业竞争力的主要源泉，也是我国可以实施出口替代战略的基础。

低成本出口导向战略在我国的实施，现在看来虽然也产生了许多不可轻视的负面效应，如对国内资源破坏严重、压制了劳动者福利水平的提高、引发了大量的贸易摩擦、削弱了国内消费的扩张，等等。但是，我国低成本出口导向工业化战略成绩斐然，为中国的经济保持长期稳定增长做出了巨大贡献，同时也为世界的经济发展做出了贡献。如图1－1所示，中国制成品出口占世界出口比重从1980年的0.9%上升到2010年的10.4%，占发展中国家出口比重从3.0%上升到27.4%，30多年的快速发展已经使我国跃升为名副其实的世界第一大出口国。

（四）中国的工业化是一个区域发展极不平衡的工业化，中国各地区工业化进程差异之大在工业化史上实属罕见

由于梯度发展战略以及各个区域资源禀赋、工业发展基础差异等原因，中国的工业化进程在不同地区发展极不平衡，形成了东部、中部和西部逐步降低的梯度差距。在一个时点上，中国会有分别处于工

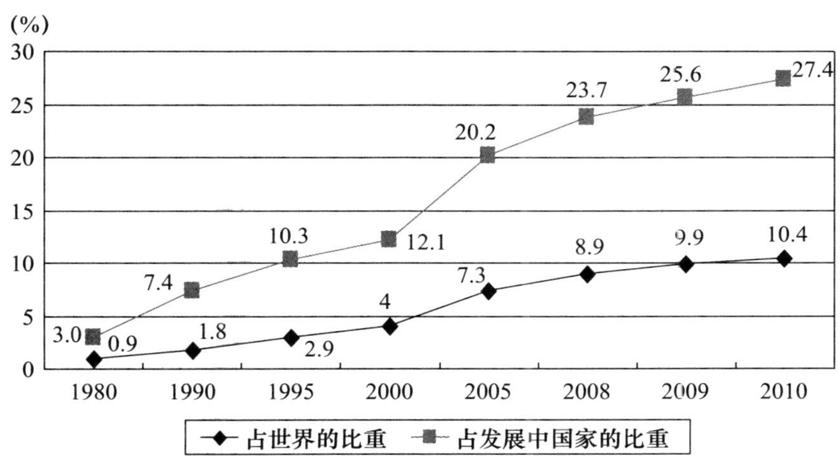

图 1-1　中国各类制成品出口占世界比重变化

资料来源：根据 WTO Statistical Data（http：//stat. wto. org/）数据计算。

业化初期、工业化中期、工业化后期和后工业化阶段的不同省级区域共同存在，考虑到一般一个国家和地区实现工业化的过程会达到百年，这意味着中国内部省级区域经济发展水平最大会相差百年。随着中国工业化进程的快速推进，虽然中国处于工业化较高阶段的地区数量不断增加，但这种区域发展极不平衡的格局并没有根本上改变。如表 1-3 所示，1995 年，在 30 个省（市、区）中，2 个处于前工业化

表 1-3　1995～2015 年中国工业化进程的地区结构特征

单位：个

阶段＼年份	1995	2000	2005	2010	2015
后工业化阶段				2	3
工业化后期阶段	2	3	6	10	16
工业化中期阶段	1	4	4	16	12
工业化初期阶段	25	23	21	3	
前工业化阶段	2	1			

资料来源：黄群慧、李芳芳等：《中国工业化进程（1995～2015）》，社会科学文献出版社，2017 年。

阶段、25 个处于工业化初期、1 个处于工业化中期、2 个处于工业化后期。到2010 年，各省份的工业化分布阶段上移，在 31 个省（市、区）中，3 个处于工业化初期、16 个处于工业化中期、10 个处于工业化后期、2 个处于后工业化阶段。2015 年，已经没有处于工业化初期的省级地区，12 个处于工业化中期、16 个处于工业化后期、3 个处于后工业化阶段。

一个国家的各个区域工业化水平差距巨大并保持多年，这在工业化史上实属罕见。在进入“十一五”后，东部、中部、西部经济的增长速度发生了反转，西部地区和中部地区的经济增速已经超过东部地区。2005 年，东部、中部、西部地区的经济增长速度分别为 13. 41%、12. 48%和 13. 10%，2010 年三者的经济增长速度分别为 12. 51%、13. 79%、14. 22%。反映到图 1 –2 上即可以看出，东部地区的工业总产值占全国的比重从 2002 年就开始下降，尤其是 2006 年以后，下降趋势明显，到 2010 年下降到 66. 47%，相比 2006 年下降 5. 43 个百分点；相反，中部和西部地区占全国工业总产值的比重分别从 2006 年的 16. 97%、11. 13%提高到 2010 年的 20. 52%和 13. 01%，提高 3. 55 个和 1. 88 个百分点。但是，即使差距有所缩小，东部地区工业总产值占全国比重仍是中部、西部地区之和的 1 倍，东部地区的发展远远超越了中部、西部地区。

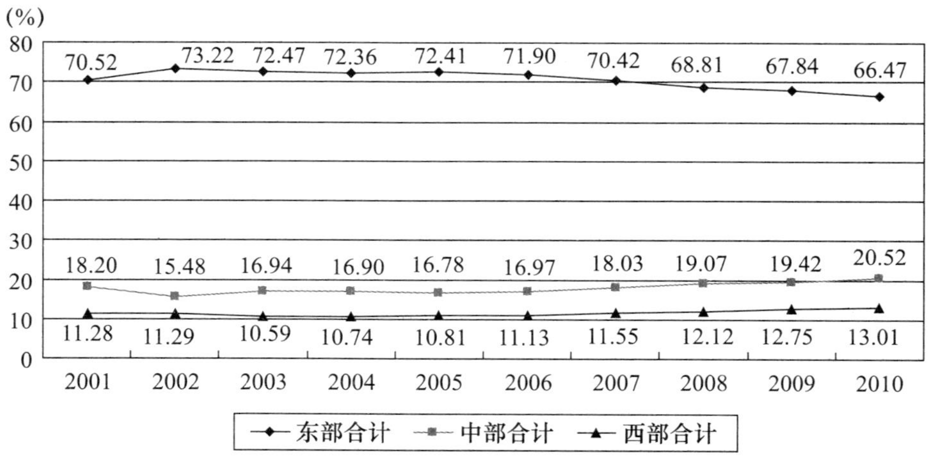

图 1 –2　2001 ~2010 年东部、中部和西部工业总产值占全国比重变化

资料来源：根据中国国家统计局数据计算。

三、中国工业化的前景思考

经历辉煌历程的中国工业化是否一定有光明的前景呢？我们根据“十五”时期工业化速度曾推测，如果我国能够保持“十五”时期的工业化速度，到2020年前后我国将基本实现工业化。但是考虑工业化进程逐步放缓的趋势，如果大体能够保持现有的发展态势（经济发展速度不低于2010年的80%），预计我国工业化实现的时间将会在2025~2030年。到时候，中国这个千年文明古国实现了经济现代化，近百年来众多仁人志士抛头颅、洒热血追求的梦想得以成真。但是，这个预测是有许多前提的，也是值得进一步探讨的。工业化史表明，后发国家的工业化进程，虽然按照“收敛假说”可以通过学习模仿先进国家的制度、技术和生产方式取得经济高速发展，从而实现“赶超”，但现实中一个后发国家的工业化进程往往是曲折的，真正成功“赶超”而实现工业化的国家屈指可数。即使是前文中提到的“二战”后经济增长率超过7%、持续增长25年以上的13个经济体，除了极小的3个国家外，其他国家无一例外地都遭遇过经济危机，而只有日本和亚洲“四小龙”成功地跨越了危机。在当今高度不确定性的国际环境下，中国的工业化进程会出现曲折吗？在未来的10~20年，我们能够一帆风顺地走过工业化后期阶段、步入工业化国家的行列吗？

上述问题的答案取决于相互关联的两大变量：一是在发展环境方面，是否会出现足以改变中国工业化进程的特别重大的政治、经济、技术变革，这在一定意义上可以认为是外生变量，包括大规模军事对抗、政治动荡和社会动乱，短期内难以应对的重大经济危机、重大的技术革命等；二是在经济发展本身方面，是否会出现中国工业化进程自身无法解决的问题和难以逾越的障碍，这在一定意义上可以认定为内生变量。当今，中国工业化进程的推进面临一系列重大挑战，包括技术创新与产业转型升级问题、中等收入陷阱、老龄化社会或者“未富先老”问题、资源环境约束问题、区域差距问题、收入分配问题等。能否解决这些问题，化解工业化进程中的重大矛盾，直接决定中国的工业化进程是否会出现曲折，决定我国能否在未来 10 ~ 20 年顺利实现工业化。考虑到这些问题的重大性和艰巨性，可以毫不夸张地说，虽然中国工业化成就已经十分巨大，创造了“中国奇迹”，但我们还在“过大关”，如果此“关”不过，中国会陷入中等收入陷阱而徘徊不前，而且随着时间的推移，不排除出现重大政治、社会事件等外生变量的可能，在“内外夹击”下有可能使中国的现代化进程停滞甚至倒退。

尤其是金融危机以后，以美国为代表的工业化国家又正式提出“再工业化”，希望借此带动美国经济走出危机泥沼，以重振制造业和大力发展实体经济为核心的工业化战略又一次成为世界发展的新浪潮，这个重大的外生变量对中国的工业化战略与前景具有重大影响，值得深入分析。

“再工业化”战略的提出，得益于人们对制造业在经济发展中的地位和作用有了新认识。来自哈佛大学和麻省理工学院的两位教授发表的一项研究显示，在过去 60 多年间，由工业产品复杂性所反映的一国制造业能力是所有预测性经济指标中能够最好地解释国家长期增长前景的指标，国家间的制造业能力差异能够解释国家间收入差异的至少 70% 。这种从能力视角观察制造业经济功能的发现意味着，虽然制造业在发达市场经济国家经济总量中的比重不断下降，但制造业本身所蕴含的生产能力和知识积累却是关系一国经济长期发展绩效的关键（Hausmann & Hidalgo，2011）。因此，制造业对于国民经济的意义，不仅在于该部门直接创造了多少经济价值，更体现在它对于国民经济长期增长的驱动作用。

以重振制造业和大力发展实体经济为核心的“再工业化”战略，并不是简单地提高制造业产值比例，而是通过现代信息技术与制造业融合、制造与服务的融合来提升复杂产品的制造能力以及制造业快速满足消费者个性化需求能力，这种制造业信息化与制造业服务化的趋势使制造业重新获得竞争优势。虽然这两种趋势的源头可以追溯到20世纪八九十年代，但金融危机后，随着对制造业发展的重视，在政府的大力推动下，制造业信息化和制造业服务化成为世界工业化进程的两个重要趋势。

制造业信息化表现为人工智能、数字制造、工业机器人等基础制造技术和可重构制造、3D打印等新兴生产系统的技术突破和广泛应用，这些构成了第三次工业革命的主要内容。为了推进第三次工业革命，工业化国家制定了相关的制造业振兴规划的产业政策。例如，美国的《制造业行动计划》提出，要通过技术创新和智能制造实现下一代生产率；加快部署新的制造工具和技术的创新和实施，应用计算机建模和模拟技术促进美国高效能运算能力达到超大规模级，促进建模和模拟技术的工业应用，加强科学、技术、工程和数学教育，并促进这些学科与工厂的结合。而欧洲的《未来工厂计划》则提出，要加大对现代制造技术的研发投资和政府企业间合作，加快发展可持续的绿色制造、ICT智能制造、高效能制造和基于新材料的制造。这种背景下，第三次工业革命成为世界工业化进程中突出的新趋势，这种趋势对我国工业化进程可能会形成以下冲击和挑战。

第一，进一步弱化我国的要素成本优势，我国必须推进低成本工业化战略转型。第三次工业革命加速推进了先进制造技术的应用，必然会提高劳动生产率、减少劳动在工业总投入中的比重，我国的比较成本优势则可能会加速弱化。根据美国研究机构计算的劳动生产率调整后的综合劳动成本，我国的劳动力成本是美国南部各州的35%左右，到2015年将达到60%左右。未来5~10年中美劳动力成本之间的差距将快速缩小。再加上美国在能源方面形成了“价格洼地”，美国的物流成本只占到GDP的9%，而中国占到18%。美国发展制造业的比较成本劣势会逐渐减弱。

第二，对我国产业升级和产业结构升级形成抑制。现代制造技术的应用提升了制造环节的价值创造能力，使制造环节在产业价值链上的战略地位将变得与研发和营销同等重要，过去描述价值链各环节价值创造能力差异的“微笑曲线”有可能变成“沉默曲线”甚至“悲伤曲线”。发达工业国家不仅可以通过发展工业机器人、高端数控机床、柔性制造系统等现代装备制造业控制新的产业制高点，而且可以通过运用现代制造技术和制造系统装备传统产业来提高传统产业的生产效率，从而第三次工业革命为发达工业国家重塑制造业和实体经济优势提供了机遇，曾经为寻找更低成本要素而从发达国家转出的生产活动有可能向发达国家回溯，导致制造业重心再次向发达国家偏移，传统“雁阵理论”所预言的后发国家产业赶超路径可能被封堵。

第三，可能进一步恶化我国的收入分配结构。提高劳动报酬的机制，虽然一般可以通过税收等制度设计提高劳动在初次和二次分配中的比重，但更根本、更有效、对要素市场扭曲最小的方式是为劳动者创造更多高劳动生产率的工作岗位。但是在一般劳动者素质不能大幅度提高的情况下，第三次工业革命的推进会造成职工的失业或者被锁定在低附加值的简单劳动环节中，劳动者收入改善的相对速度有可能进一步放缓。这意味着第三次工业革命会加大我国实施新型工业化战略的难度，但也使我国认识到加快产业结构调整的必要性和紧迫性，倒逼我国必须积极推进产业结构的转型升级（黄群慧、贺俊，2013）。

制造业服务化，一方面表现为产品制造过程中所需的工业设计、会计、法律、金融等服务性要素的投入不断增加和内部服务职能不断强化；另一方面表现为在实物产品的基础上衍生出越来越多的围绕实物产品的附加服务，使独立的生产性服务业快速发展。当我国正热衷于推进工业化进程的方向由制造业为主向服务业为主转化之时，制造业服务化已经成为全球产业发展的一种趋势，技术融合和商业模式创新正不断推进制造企业的服务化和新型生产性服务业的涌现。在制造业服务化趋势下，需要重新反思我国以产业升级为核心的工业化战略。基于上述传统的工业化理论，工业化进程是一个由第一产业占主导地位过渡到第二产业占主导地位，进一步到第三产业占主导地位的产业结构高级化的过程，工业化实现国家三次产业结构中服务业比例一般可以达到70%～80%。为了推进产业结构的高级化，加快我国工业化进程，大力发展服务业，努力推动形成一种以服务业为主体的经济结构，是我国工业化的基本战略。可以说，十余年来，我国调整产业结构、推进工业化进程的战略和政策体系在相当程度上是依循这一思路设计并推进的。然而，现在看来，这种战略受到挑战，制造业服务化趋势要求我国工业化进程中产业结构升级的方向从单纯提升服务业比例向促进制造业和生产性服务业相互增强发展转变。过去有关我国产业结构问题的政策辩论，常常围绕“工业比重是否太高、服务业比重是否太低”展开。制造业服务化的发展趋势不仅指出了这种非此即彼式思路的狭隘性，而且现实地指出产业结构从制造业为主向服务业为主转换的核心是制造业与生产性服务业的相互促进发展。从这个角度看，单纯从统计意义上的产业比重的角度来判断产业结构合理性是不合适的。我国未来的工业化将在相当长时期内保持制造业和生产性服务业相互增强发展的局面。

总之，未来中国工业化进程前景是光明的，但是道路并非一帆风顺，我们必须能够很好地处理各种内外变量的影响。尤其是西方发达国家的“再工业化”战略，加大了我国顺利推进工业化进程的难度，需要我们重新思考我国现有的工业化战略，以适应第三次工业革命和制造业服务化的世界工业化趋势。

现代化理论认为，现代化进程是一个不可逆的过程，工业化就是经济现代化，如果不是一些无法抗拒的巨大突变因素影响，所有发展中国家都不会放弃实现工业化的梦想。沿着中国特色的工业化道路，中国通过30多年的改革开放，已经成功地将工业化进程快速推进到后期阶段，这是人类发展史的一项伟大成就。虽然中国未来的工业化进程可能面临着更加艰难的问题和挑战，但实现工业化是中国不懈的奋斗目标。面对各种问题和挑战，中国既要坚定信心、保持自信，又要保持危机感和紧迫感，始终对中国基本国情有清醒的认识和把握，进而实施科学的工业化战略，中华民族的伟大复兴之梦必将实现。

参考文献

［1］ Hausmann R & Hidalgo C A, et al. The Atlas of Economic Complexity: Mapping Paths to Prosperity ［EB/OL］. http: //www. cid. harvard. edu/documents/

complexityatlas. pdf, 2011.

[2] 陈佳贵、黄群慧:《工业发展、国情变化与经济现代化战略——中国成为工业大国的国情分析》,《中国社会科学》2005 年第 4 期。

[3] 陈佳贵、黄群慧、钟宏武:《中国地区工业化进程的综合评价和特征分析》,《经济研究》2006 年第 6 期。

[4] 黄群慧、李芳芳等:《中国工业化进程报告(1995 ~ 2015)》,社会科学文献出版社,2017 年。

[5] 张晓晶:《增长放缓不是"狼来了":中国未来前景展望》,《国际经济评论》2012 年第 4 期。

[6] 林毅夫:《展望未来 20 年中国经济发展格局》,《中国流通经济》2012 年第 6 期。

[7] 陈佳贵、黄群慧等:《中国工业化进程报告》,社会科学文献出版社,2012 年。

[8] 黄群慧、贺俊:《第三次工业革命与中国经济发展战略调整》,《中国工业经济》2013 年第 1 期。

第二章　工业化后期中国经济面临的趋势性变化与风险*

改革开放以来，中国经济快速增长有赖于成功地推进了工业化进程。工业化理论认为，一个国家或者地区的经济发展过程可以划分为前工业化、工业化前期、工业化中期、工业化后期和后工业化五个阶段，每个阶段的转换都伴随着经济发展的重要特征变化。我们的长期跟踪评价表明，2010 年中国的工业化水平综合指数已经达到66，这意味着 2010 年以后中国将进入工业化后期（陈佳贵、黄群慧等，2012）。在整个工业化初中期，中国工业化进程的特征可以概括为：人口众多的大国工业化、长期快速推进的工业化、低成本出口导向的工业化、区域发展极不平衡的工业化（黄群慧，2013）。但近年，在进入工业化后期，中国的工业化进程的特征正在发生改变，从高速、低成本、出口导向、不平衡发展的“旧常态”向中高速、基于创新的差异化、内外需协调和区域平衡发展的“新常态”转变。这个转变能否实现，事关我国能否顺利走完工业化后期阶段，最终实现工业化。本文试图分析工业化后期阶段中国经济面临的趋势性变化与风险，把握了这些趋势性的变化，认识存在的相应风险，才会对我国工业化后期经济发展特征有深刻的认识，进而有助于制定科学的工业化战略和经济政策。

* 本文原载《中国经济学人》2015 年第 2 期。

一、经济增速放缓趋势与经济失速风险

2001~2011年，中国经济增长率年均为10.4%，而2012年和2013年，中国经济全年增速均为7.7%，2012年到2014年上半年，各个季度的经济增长率都在7%~8%。中国经济增长前沿课题组（2014）预测，2014年经济增长率为7.4%，未来5年增长率预期为6.4%~7.8%；国务院发展研究中心“中长期增长”课题组预测2014年经济增长率为7.5%，2015年为7.3%，未来10年平均增速为6.5%（刘世锦，2014）。同样，改革开放以来，工业经济维持了高速增长，然而三年来却出现了明显的下滑趋势，2012年和2013年规模以上工业企业增加值增速仅为10%和9.7%，比2011年分别下降了3.9个和4.2个百分点，且2014年1~11月进一步下滑到8.3%。我们预计2014年全年，规模以上工业企业增加值增速将维持在8.3%左右，比2013年下降1.4个百分点。因此，连续三年经济增速已表现出明显的放缓趋势。

经济增速放缓之所以成为一个趋势性的变化，而不是一个周期性的短期下降、将来会V形反弹，理论界给出的基本判断是我国的潜在经济增长率下降了，我国步入了一个新的发展阶段。潜在经济增长率下降的原因，其中具有代表性的是从人口红利视角的解释（蔡昉，2013）。基于人口红利理论，中国经济之所以能够高速增长多年，主要来自与劳动年龄人口增长、人口抚养比下降相关的人口红利，由于在2004年出现了以“民工荒”和工资上涨为标志的刘易斯转折点，在2010年劳动人口达到峰值出现负增长，人口红利消失了，中国潜在经济增长率下降将是必然的，经济发展阶段将发生根本性的变化。另外还有解释认为，中国经济进入了结构性减速阶段，正处于投资驱动工业化高增长向效率驱动城市化稳速增长过渡（中国经济增长前沿课题组，2014）。而有的学者则直接将其称为我国进入中国增长平台转换期，现在经济增速下降不是同一平台的短期波动，而是不同增长平台的转换（刘世锦，2013）。从工业化进程看，各国历史经验表明，工业化后期与工业化中期相比，一个重要的经济发展特征变化是在工业化中期由于依靠高投资、重化工业主导发展而支撑的经济高速增长将难以为继，工业化后期由于主导产业的转换、潜在经济增长率下降，经济增速将会自然回落（黄群慧，2014）。

既然经济增速放缓是一种趋势性变化，宏观调控的目标就不是主要依靠反周期刺激保持高增速，而是要顺应这种趋势，但这并不意味着可以容忍经济增速下滑出合理的区间，对“经济失速”风险不加防范。这就必须坚持“底线思维”，以潜在产出增长率为基础确定一个宏观调控的合理增速区间，通过系统的工具保证经济在这个合理增速区间运行，通过货币政策对短期需求发挥调节作用，在提高经济下行容忍度、增加经济韧性的同时，守住不发生系统性金融危机和财政危机的底线。在经济发展中，需要使用降息或降准等货币政策工具时也要及时使用（国家行政学院经济形势课题组，2015）。实际上，经济从高速“旧常态”走向中高速“新常态”的过程，就是从一个稳定均衡走向另一个稳定均衡的过程，这个过程往往不是一帆风顺的，而是会出现波动与跳跃，会有所谓的“突变”、“混乱”或“危机”。而“底线思维”的核心就是要避免或者妥善处理新旧均衡状态转换过程中的“突变”、“混乱”或者“危机”，从而保证经济在不“失速”的前提下顺利走向“新常态”。

二、经济服务化趋势与制造业空心化风险

伴随着2011年以来经济增速放缓，中国经济服务化趋势明显。到2013年，服务业增加值占GDP比例达到了46.1%，而工业增加值

占比为43.9%，服务业占比首次超过了工业，成为最大占比产业。无论是从中国的工业化进程看，还是从产业结构高级化趋势看，2013年服务业产值比例首次超越工业产值比例，在一定程度上都是一个具有象征意义的转折点。2014年上半年服务业增长速度为8%，高于第二产业7.4%的增长速度，服务业占GDP的比重继续上升达到46.6%，从统计上看服务业成为供给的主要驱动力。长期以来，大力发展服务业、推动产业结构的转型升级一直是我国产业政策的激励导向和发展战略的目标方向，2013年服务业产值比例超过工业产值比例，这既在一定程度上表明了我国经济政策的有效性，也成为我国经济发展阶段变化的一个重要标志，可以预见这种趋势日后还会更加明显。

但是，在清楚认识并顺应经济服务化趋势的同时，我们还必须防范制造业空心化的风险。虽然我国还没有趋势意义上的制造业向外转移，但当前由于可持续发展的诉求日益强烈以及弥漫着一些工业和服务业关系的错误认识，一味地强调大力发展服务经济，也加重了这种制造业空心化的风险。而防范制造业空心化关键是不能因为经济服务化的趋势而看低制造业在我国经济发展中的重要地位。我们必须认识到：第一，统计意义的三次产业分类及其数据扭曲了一个经济体的最终产出的真实情况，由于工业生产的“迂回生产”特性，本属于工业生产过程的中间产出都被统计为服务业了，这意味着采用三次产业产值比例来判断是否处于主导地位，是一种统计意义的方法，直观简便但并不全面。第二，从一个经济体的能力角度看，虽然制造业在发达市场经济国家经济总量中的比重不断下降，但制造业本身所蕴含的生产能力和知识积累却是关系一国经济长期发展绩效的关键（Hausmann & Hidalgo，2011）。第三，从工业和技术创新的关系看，工业特别是制造业不仅是技术创新的主要来源，而且还是技术创新的使用者和传播者。20世纪末期美国的“新经济”之所以破灭，在很大程度上是由于信息技术还没有发展到在制造业广泛地使用，更多停留在技术革命而非工业革命层面。Pisano和Shih（2012）提出产业公地（Industrial Commons）概念，分析了制造业对创新的支撑作用，认为制造业构成了一个国家和地区创新能力的重要基础，是创新生态系统中的核心环节之一，创新只有在研发部门与制造部门频繁地沟通和互动中才能顺利实现。美国过去大规模的离岸外包和制造业空心化损害了本国创新能力、破坏了创新生态系统，进而埋下了金融危机的隐患。第四，服务业劳动生产率低速增长特征以及我国服务业的低效率显著制约了服务业对经济发展支撑作用的进一步发挥。Baumol（1967）的“服务业成本病”理论在我国有一定的适用性。不仅如此，一份研究表明，中国贸易部门（主要是工业部门）与非贸易部门（主要是服务业部门）的 TFP 增长率之比为 2.04，而美国为 1.47，日本为 1.17，欧盟为 1.0（陈昌盛、何建武，2014），这意味着我国要从工业主导的经济转向服务业主导的经济将会面临更大的效率损失。如果我国过快推进经济从工业主导向服务业主导转变，将面临劳动生产率的加剧衰退情况，效率失衡问题将变得十分严重，经济运行风险将陡然上升甚至有可能陷入中等收入陷阱。第五，加快生产性服务业发展是我国服务业发展的战略重点。一方面，推进我国从工业大国向工业强国转变、促进制造业转型升级，对生产性服务业发展有极大的牵引需求，进而有利于生产性服务业的发展。另一方面，促进生产性服务业发展，有利于引领产业向价值链高端的提升，有利于我国制造复杂产品能力的提升，有利于制造业转型升级和经济结构调整。因此，加快发展生产性服务业具有重要的战略意义，我国应该以加快生产性服务业发展为战略重点，推进工业和服务业的协调发展。

总之，虽然 2013 年我国国民生产总值中服务业产值比例超过工业，但工业对我国经济发展的重要地位没有变化。当前，我国服务业还无法完全替代工业成为经济的主导力量，我国服务业发展战略的重点应是围绕“做强工业”而大力发展生产性服务业。

三、产业结构高级化趋势与技术升级陷阱风险

随着中国工业化进程的推进，中国产业结构也在日趋高级化。从工业产业内部结构变化看，高加工化和技术密集化趋势明显，技术密集型产业和战略性新兴产业发展迅速。在整体工业增速下滑的背景下，工业中的原材料行业、装备制造业和消费品行业中，装备制造业增长迅速，居三大行业之首。2014 年 1 ~ 10 月制造业仍维持了 9.5% 的增速，而采矿业以及电力、燃气及水的生产和供应业却仅仅维持了 4.8% 和 3.1% 的增速。从具体行业看，高技术产业增速一直高于工业平均增速，节能环保、新一代信息技术产业、生物制药、新能源汽车等行业发展尤为迅速。2014 年 1 ~ 10 月，我国增长最快的 10 个行业分别是废弃资源综合利用业，燃气生产和供应业，文教、工美、体育和娱乐用品制造业，金属制品、机械和设备修理业，汽车制造业，铁路、船舶、航空航天和其他运输设备制造业，医药制造业，计算机、通信和其他电子设备制造业，金属制品业，专用设备制造业，这些行业都保持了两位数的增速，反映了我国产业结构向清洁化、高加工度化和技术密集化的高级化方向发展的趋势。

工业化后期，相比之前从劳动密集型产业主导向资本密集型产业主导转换，工业结构资本密集型主导向技术密集型主导转型升级面临着更大的困难，许多发展中国家由于长期依赖低成本要素和技术引进，被锁定在价值链低端，形成制度惯性和路径依赖，无法实现这个转型升级过程，在较长时间难以实现制造技术从中低端向高端、从模仿创新向自主创新、从产品创新向工艺创新的突破，导致经济长期徘徊不前。这对应于中等收入陷阱，可以认为是技术升级陷阱（国家发改委产业经济与技术经济研究所，2014）。实际上，这些年我国在科技创新投入上大幅度增长，2013 年 R&D 投入占 GDP 比重达到

2.09%，居发展中国家首位，超过了部分高收入国家水平，我国研发人员规模已达360万人/年，居世界第一，也在一系列关键领域取得了重大突破，但是，我国创新能力还有待加强，整体上还未进入世界先进行列，尤其是核心技术自主性很差，中国的纺织机械、高端机床、高速胶印机、集成芯片制造设备和光纤设备制造产品进口分别达到70%、75%、75%、85%和100%。当前，制约我国科技创新能力提升的关键已不主要是科技创新投入少的问题，而是我国科技创新体制机制还有许多方面亟待完善，严重影响了科技创新投入的产出效果，造成科技创新效率低下。当今时代的科技创新是一项十分复杂的系统工程，其创新效率取决于复杂的创新生态系统的运行效率。国际上创新活动的竞争不仅仅是一个企业或者一个产业的竞争，而是一个创新生态系统的竞争。因此，加大体制机制改革，完善创新生态系统，是我国未来能否摆脱技术升级陷阱的关键。这里的体制机制改革，不仅包括科技创新体制机制改革，还涉及整个社会经济体制改革，包括政府管理体制、货币金融制度、财税制度、土地制度、干部考核制度、产权保护制度、文化体制等各个方面的改革。必须强调的是，避免技术升级陷阱，需要的是整个创新生态系统的构建和完善，需要的是全方位的锲而不舍的努力。

四、“两化融合”趋势与新工业革命风险

自2003年以来，中国一直努力推行以信息化带动工业化、以工业化促进信息化的“两化融合”的新型工业化战略以来，这些年在“两化融合”领域已经取得了很大成就，对中国快速的工业化进程起到了很好的促进作用。从世界范围看，在中国进入工业化后期以后，其工业化又与发达国家的“再工业化”叠加。以重振制造业和大力发展实体经济为核心的“再工业化”战略，并不是简单地提高制造业产

值比例，而是通过现代信息技术与制造业融合、制造与服务的融合来提升复杂产品的制造能力以及制造业快速满足消费者个性化需求能力。从这个意义上看，发达国家的“再工业化”的核心内涵也是“两化融合”，通过“两化融合”使制造业重新获得竞争优势。虽然制造业信息化趋势的源头可以追溯到20世纪八九十年代，但金融危机后，随着对制造业发展的重视，政府开始大力推动，如美国提出《制造业行动计划》、德国提出“工业4.0”计划、欧洲提出《未来工厂计划》，等等，于是，制造业信息化成为世界工业化进程的重要趋势。制造业信息化表现为人工智能、数字制造、工业机器人等基础制造技术和可重构制造、3D打印等新兴生产系统的技术突破和广泛应用，这构成了第三次工业革命的主要内容。但是，第三次工业革命不能仅仅理解为由3D打印、工业机器人等个别新的制造技术和设备的出现和应用引起的突变，实质是一个由信息技术创新引发的内涵丰富的、多层次的、已经发生突破但仍处于演进中的工业系统变革。虽然这场变革是第三次工业革命，但并不意味着是一夜来临的，实际上从1954年5月24日第一台晶体管电子计算机诞生算起，现在已经有60年的历史。现在提出第三次工业革命是合适的，主要是因为信息技术的发展及成本大幅度降低，使信息技术在工业生产制造中的大规模使用并引起了制造范式的革命性变化。

第三次工业革命成为世界工业化进程中突出的新趋势，这种趋势对我国工业化进程形成了直面的竞争关系，可能会形成冲击和挑战（黄群慧、贺俊，2013）。一方面，进一步弱化我国的要素成本优势，我国必须推进低成本工业化战略转型。第三次工业革命加速推进了先进制造技术应用，必然会提高劳动生产率、减少劳动在工业总投入中的比重，我国的比较成本优势则可能会加速弱化。另一方面，对我国的产业升级和产业结构升级形成抑制。现代信息技术的应用提升了制造环节的价值创造能力，使制造环节在产业价值链上的战略地位变得与研发和营销同等重要，描述价值链各环节价值创造能力差异的“微笑曲线”有可能变成“沉默曲线”甚至“悲伤曲线”。发达工业国家不仅可以通过发展工业机器人、高端数控机床、柔性制造系统等现代装备制造业控制新的产业制高点，而且可以通过运用现代制造技术和制造系统装备传统产业来提高传统产业的生产效率，从而，第三次工业革命为发达工业国家重塑制造业和实体经济优势提供了机遇，曾经为寻找更低成本要素而从发达国家转出的生产活动有可能向发达国家回溯，导致制造业重心再次向发达国家偏移，传统“雁阵理论”所预言的后发国家产业赶超路径可能被封堵。这些挑战和冲击，对我国在工业化后期加速推进更高层次的“两化融合”提出了更高的要求。

五、去产能化趋势与经济债务风险

国际金融危机后，我国产能过剩问题日益突出。我国当前的产能过剩，由于处于工业化后期阶段，试图等待经济形势复苏后依靠快速经济增长来化解产能过剩已几无可能。我国进入了工业化后期，已经是名副其实的工业经济大国，有 200 多种工业产品产量居世界首位，接下来的任务是由工业大国迈向工业强国。在从大到强转变的过程中，产能过剩将从相对过剩转为现实的绝对过剩。也就是说，以前周期性产业过剩后来都可以慢慢通过长期需求消化掉，但到工业化后期，许多产业年度需求峰值已经达到，不可能有长期需求把峰值吸收掉了。例如，煤炭行业，有研究预计我国煤炭消费总量的峰值应在 2015 年，到 2017 年原煤消费总量会降低到 35 亿吨左右，而我国目前生产和在建产能为 55 亿吨，产能绝对过剩问题十分突出；又如，钢铁行业，有研究表明，发达国家均在完成工业化进程之后达到国内钢铁消费峰值，除了日本和德国外，大多数国家平均为 0.6 吨/人，如果按照 2013 年 7.8 亿吨的粗钢产量测算，我国人均粗钢消费量已接近 0.6 吨，逼近了发达国家钢铁消费峰值，我国钢铁消费已接近饱和水平，这意味着内需层面很难实现爆发式增长以在短期内消化 2 亿吨左右的过剩产能（黄群慧，2014）。产能过剩问题，如果矛盾得不到化解，在微观层面，会出现恶性价格竞争、企业效益大幅下滑、大量企业破产、员工失业等现象；在宏观层面，环境问题日益严重，系统性经济风险会加剧，有可能进一步产生经济危机，从而影响社会经济稳定发展。因此，一方面产能过剩已经无法通过周期需求逐步化解，另一方面产能过剩产生对微观和宏观经济的影响巨大，因此政府必须出面治理产能过剩。而政府先后出台了《国务院批转发展改革委等部门关于抑制部分行业产能过剩和重复建设引导产业健康发展若干意见的通知》（国发〔2009〕38 号）、《国务院关于化解产能严重过剩矛盾的指导意见》（国发〔2013〕41 号）等一系列治理产能过剩的政策，从这个意义说，宏观经济进入去产能化时代。与成熟的市场经济国家不同，我国的产能过剩问题有市场自身供求关系变化引起的经济周期波动方面的原因，有工业化阶段方面的原因，但更为关键的是经济体制与发展方式的原因。由于产能过剩的严重性、原因的复杂性和发展方式转变任务的长期性，这种去产能化的任务不可能一蹴而就，去产能化趋势还将持续较长时间。

由于去产能加大了整个经济的债务风险，我们必须高度重视并有效防范。在去产能化过程中，一些企业因自身经营不善会关闭破产，一些企业会因生产能力落后被要求淘汰。这就造成产能过剩行业的债务风险存在向其他行业传导的可能：一是对供应商应收货款偿付困难，将债务负担传导到上游行业；二是由于经营不善或关闭、破产，造成缴纳税收额下降，减少了地方投融资平台的收益，使其负债率提高；三是制造业企业效益的下滑和去产能化将会给按时偿还商业银行和“影子银行”本息带来严峻挑战，金融风险有可能进一步积聚加大。更为严重的是，绝大多数产能过剩行业都属资本密集型，前几年大规模集中投资意味着现在处于大规模集中还贷期，因此，现阶段这些产能过剩企业现金流日趋紧张，出现破产和债务违约的风险日益加大。

为防范由于去产能化而产生的债务风险，我国要注重以下政策：一是统计部门要建立产能利用月度发布制度。统计部门要尽快建立和完善产能过剩的判断和评价体系，按月度发布综合产能利用率和具体行业产能利用率，这一方面用于支持中央的决策，另一方面也有利于引导企业的投资行为，促进资源合理配置。二是完善金融风险防火墙。优化贷款审批和评估机制，一方面优化存量，继续加强对产能过剩严重行业贷款的风险管控，针对具体行业产能过剩原因实施差别化信贷政策。另一方面控制增量，优化调整信贷结构，要在对未来行业走势做出科学判断的基础上决定贷款投向，严控对落后产能的信贷支持。三是促进产业升级和新兴产业的发展。化解产能过剩既要做好淘汰落后产能、削减落后产能的“减法”，又要做好加快产业升级、做大新兴产业的“加法”，将过剩产业内的投资资金引导到具有巨大市场发展前景的产业中去。

六、供给要素集约化趋势与要素市场改革滞后风险

进入工业化后期，决定经济增长的供给要素条件都发生了明显的变化。从劳动力要素看，2010 年以后，由人口年龄结构产生的人口红利逐步消失，2012 年末，中国 15～59 岁劳动年龄人口比上年减少了 345 万人，第一次出现了绝对下降，2013 年则进一步减少了 244 万人。劳动参与率也在不断下降，已经从 2005 年的 76% 下降到 2014 年的 70. 8%。从资本要素看，工业资本边际产出率不断下降，2002 年中国工业边际资本产出率为 0. 61，2012 年则下降至 0. 28。从全要素生产率看，2003～2012 年工业经济全要素生产率增长率年均值为 -0. 051个百分点，2008～2012 年工业经济全要素生产率增长率年均值更是下降至 -1. 82 个百分点（江飞涛等，2014）。劳动人口年龄结构变化、全要素生产率和资本边际产出递减的趋势共同表明，我国经济发展的中长期供给要素正在发生变化，国内劳动力、资金、土地、资源和技术等要素正日益稀缺。具体表现为：在劳动力成本不断上升的同时劳动力市场面临“招工难”和“就业难”的局面，高投资受

到杠杆率过高的约束日益难以为继，以技术引进为主导的技术创新方式受到诸多挑战，资源环境约束不断加强，等等。在要素供给趋紧的背景下，我国的经济增长主要依靠要素数量投入来驱动的格局就越来越难以维持，必须实现从供给要素数量驱动到供给要素质量驱动的转变。也就是说，供给要素集约化就成为我国经济可持续增长的必然要求，这种趋势也就成为一种必然。

面对劳动、资本等要素红利逐步消失，要素供给的“瓶颈”制约作用日益增大，要素集约化要求日益强烈，我国必须深化要素供给市场改革，提高要素供给的质量和效率。迄今为止，相对于一般商品市场，我国要素市场改革还相对比较滞后，甚至有人认为是严重滞后。事实上，中国目前在经济、社会中的诸多深层次矛盾均是要素市场化滞后的外在表现，如城乡差距大、收入差距过大、教育公平问题、中小企业融资难、农地补偿纠纷、科技成果转化不够等现象。我国要素市场化改革滞后，不仅是外在的市场交易形式的壁垒，更主要的是市场主体权属的多元二元结构。这种二元结构不仅表现在城乡二元要素结构，还表现在不同所有制企业之间存在的二元要素结构。十八届三中全会提出“市场在资源配置中起决定性作用”，与十四届三中全会同样是强调市场的作用不同，十八届三中全会中的“市场”则更突出关注的是要素市场化。也就是说，与以往市场化改革主要集中于包括消费品、生产资料在内的一般商品市场不同，此次改革中集中关注的市场化内容主要包括资本、土地、货币、管理、劳动力、资源环境、技术等要素市场的改革。要素市场化改革是十分复杂的，资本、货币、技术、土地、资源、环境、劳动力、人才等市场不仅有各自的特性，而且市场化改革进程也不相同，具体涉及农民工市民化、打破垄断行业行政管制、不同所有制企业平等使用要素、消除资本流动障碍、提高资本市场配置效率、推进科研体制改革、深化教育体制改革、提高企业技术创新能力等多块“硬骨头”问题，因此，要有针对性地分层分类推进，既要有顶层设计，又要有可行的路线图和具体推进措施。考虑到这些改革的难度，可以预计供给要素集约化趋势要求和要素市场化改革滞后的矛盾将在较长时间存在，并成为我国未来经济发展要解决的重大问题。

七、功能性产业政策主导趋势与政策失效风险

工业化后期，直接“赶超”型的产业政策的意义逐步衰减，产业政策更为重要的功能是加强物质性、社会性和制度性基础设施建设，健全有利于创新的市场制度、公平竞争的市场环境，产业政策着力点更多地向功能性产业政策转变。从产业结构角度看，我国一度存在的三次产业之间、轻重工业之间、加工工业与基础工业之间等部门数量比例不协调的矛盾已经逐步得到解决，我国产业结构问题主要表现在第一产业基础不稳、第二产业大而不强、第三产业效率不高的矛盾，但这本质上不是数量关系的不协调，而是制度创新和技术创新不够、影响到生产性服务业发展滞后，使在为农业加工和服务、促进制造业提高效率、提升价值链等方面的服务功能的滞后。尤其是我国已经成为工业大国，形成了庞大的投资能力和加工制造能力，以前的结构性产业政策容易导致投资过度和产能过剩。理论界一直有一种声音质疑长期以来我国政府依靠产业政策扭曲资源配置和经济结构。一份对1980～2010年中国工业全要素生产率的测算表明，长期以来，以能源和基础材料工业为代表的低效率的上游工业部门，不断地接受各种或明或暗、或直接或间接的公共资源补贴，实际上也在“补贴”着“高效率的”以出口为导向的下游成品及半成品部门，这种“交叉补贴”造成了对土地、环境等方面的成本透支，进而使经济结构扭曲和失衡（伍晓鹰，2013）。近年来，对一些目标产业的补贴，如战略性新兴产业，也备受争议，甚至有观点认为是产业政策导致了产能过剩。应该说，对于我国这类后发赶超型国家，产业政策的作用是毋庸置疑的，但问题是如何根据发展阶段的不同正确选择产业政策的目标、方式和措施。在工业化后期，我国产业政策需要从选择性产业政策主导转为

功能性产业政策主导。

顺应功能性产业政策主导的趋势，并不是一件容易的工作。由于功能性产业政策以鼓励创新、创造公平的市场竞争环境、培育有效的市场竞争结构、培育人力资本优势、完善体制机制为重点，与选择性产业政策相比，其政策抓手和作用机制并不直接，短期内效果也不显著，这与我国的政府业绩考核体系和要求不吻合，有可能使产业政策流于形式，达不到产业应该有的效果，这意味着存在功能性产业政策失效风险。解决该问题的关键是要在产业政策的具体工具、作用方式上下功夫。顺应功能性产业政策主导的趋势，并不意味着以补贴、税收优惠、贴息为主的扶持性政策完全不可采用，关键是采用这些工具是要从这些政策的实际效果出发，发挥这些政策工具对于其控制产业制高点、促进新兴产业和主导产业发展确实起到了重要的“催化”作用。从美、日、德、韩等国家的扶持性产业政策看，这些产业政策的重点是扶持切实的前沿技术和新兴产业，统筹解决新兴技术和前沿技术的研发、工程化和商业化问题，有利于研发、技术标准和市场培育的协同推进。而且，政府补贴是产业基金等产业政策工具的有效补充，绝大多数补贴规模实际上并不大，更加关注对企业或公共研发机构的配套资金投入的“带动”作用，以及补贴资金的使用效率和透明度，从而最大限度地提高了公共资金，提升创新能力和产业竞争力的效果。

八、全球价值链地位攀升趋势与双端挤压风险

从国际分工角度看，后发国家的经济转型与发展的关键是要解决如何实现从价值链低端向中高端攀升的问题。改革开放以来，我国抓住了全球化带来的机遇，积极融入全球分工体系，逐步推进了自给自足的封闭经济向利用国内外两个市场、国内外两种资源的开放经济转

变。近些年，我国呈现出在全球价值链中从低端向中高端攀升的趋势。从工业出口结构看，2013 年我国机电产品和高技术产品出口值分别比 2012 年同期增长 7.3% 和 9.8%，远超全部工业品出口值 5% 的增长率。其中集成电路出口尤为乐观，2013 年累计出口交货值同比增长达 64.1%。从加工贸易出口额比重看，1999 年这一比重达到 56.9%，进入 21 世纪加工贸易出口占比逐步下降，2013 年已降至 38.9%。而且，我国国内市场规模不断增大，内部分工体系逐步形成，技术创新能力也在不断增强，中国与国际新兴市场的交流和合作不断深化，这为我国向全球价值链的高端攀升提供了很好的条件和机遇。

但是，我国向全球价值链高端的攀升过程中也面临着发达国家的高端挤压和新兴经济体低端挤出的“双端挤压”的风险。一方面，国际金融危机以后，发达国家反思了“制造业空心化”产生的问题，纷纷推进了“再工业化”战略。近年来，以福特、GE 为代表的美国制造业企业明显加大了在本土的投资规模，根据波士顿咨询集团预测，2020 年将会有多达 60 万个制造业岗位从中国返回美国。同时，美、欧等国家和地区加速构建新一轮全球贸易、投资秩序新格局，通过积极推进 TPP（跨太平洋伙伴关系协议）、TTIP（跨大西洋贸易与投资伙伴协议），美国正在组织创建超越 WTO 规范的全面性经贸自由化网络，这将成为制约我国制造业融入新的贸易、投资秩序的重大障碍，对中国产品向 TPP 成员国出口造成威胁，对我国在全球制造业竞争体系中的比较成本优势形成冲击。另一方面，新兴经济体快速崛起，发展中经济体如东盟、印度等将以更加低廉的成本优势实现对中国制造的替代。例如，泰国的制造业劳动生产率与中国大致相当，但人均工资水平却显著低于我国；而越南、印度和印度尼西亚的制造业劳动生产率和平均工资均低于中国。随着这些国家的经济发展，其制造业区位吸引力会快速提升，对我国引资的替代效应将逐渐增强。因此，未来我国在攀升全球价值链过程中必须突破高端被发达经济体封杀、低端被新兴国家阻击的“夹击”格局。

参考文献

［1］ Baumol. Macroeconomics of Unbalanced Growth：The Anatomy of Urban Crisis，The American Economic Review，1967.

［2］ 蔡昉：《认识中国经济的短期和长期视角》，《经济学动态》2013 年第 5 期。

［3］ 陈佳贵、黄群慧、吕铁、李晓华等：《中国工业化进程报告（1995～2010）》，社会科学文献出版社，2012 年。

［4］ 陈昌盛、何建武：《在控制风险前提下努力向新常态转换》，载刘世锦：《在改革中形成增长新常态》，中信出版社，2014 年。

［5］ 国家行政学院经济形势分析课题组：《新宏观调控框架基本成型，牢牢树立底线思维意识》，《上海证券报》2015 年 1 月 9 日。

［6］ Pisano G and Willy Shih. Producing Prosperity：Why America Needs Manufacturing Renaissance ，Harvard Business Review Press，2012.

［7］ 国家发展与改革委员会产业经济与技术经济研究所：《中国产业发展报告（2013～2014）——我国工业发展阶段性变化研究》，经济管理出版社，2014 年。

［8］ Hausmann R & Hidalgo C A，et al. The Atlas of Economic Complexity：Mapping Paths to Prosperity，http：//www. cid. harvard. edu/documents/complexityatlas. pdf，2011.

［9］ 黄群慧：《中国的工业化进程：阶段、特征与前景》，《经济与管理》2013 年第 8 期。

［10］ 黄群慧、贺俊：《第三次工业革命与中国经济发展战略调整》，《中国工业经济》2013 年第 1 期。

［11］ 黄群慧：《经济新常态、工业化后期与工业增长新动力》，《中国工业经济》2014 年第 10 期。

［12］ 江飞涛等：《中国工业经济增长动力机制转换》，《中国工业经济》2014 年第 5 期。

［13］ 刘世锦：《寻求中国经济增长新的动力和平衡》，《中国发展观察》2013 年第 6 期。

［14］ 刘世锦：《在改革中形成增长新常态》，中信出版社，2014 年。

［15］伍晓鹰：《测算和解读中国工业的全要素生产率》，《比较》2013 年第 6 期。

［16］中国经济增长前沿课题组：《中国经济转型的结构性特征、风险与效率提升路径》，《经济研究》2013 年第 10 期。

［17］中国经济增长前沿课题组：《TFP 和劳动生产率冲击：中国宏观经济经验事实与长期增长》，载李扬等：《中国经济增长报告（2013 ~ 2014）》，社会科学文献出版社，2014 年。

第三章　经济新常态、工业化后期与工业增长新动力*

经过多年的快速经济增长，中国已经步入工业化后期，经济面临从高速增长常态到中高速增长常态的阶段性转换。在2013年，我国经济结构发生了一个具有历史意义的重大变化，第三次产业比例首次超过了第二产业比例。在这种经济发展阶段变化的大背景下，无论是在经济学界，还是在政府和企业界，一个问题时常被讨论：一直作为经济增长引擎的工业，对未来我国经济发展依然十分重要吗？这个问题不仅事关"十三五"规划中工业应该被赋予怎样的使命和地位，以及在新阶段中国工业应该采取怎样的发展战略，而且对未来中国经济发展、工业化进程及现代化事业都有重要的影响。

一、走向工业经济的新常态

虽然有不同的表述，我国经济在经历金融危机大规模刺激后进入从高速增长向高中速增长的转型期，已被越来越多的学者所认可。2001~2011年，中国经济增长率年均为10.4%，而2012年和2013年，中国经济全年增速均为7.7%，2012年到2014年上半年，各个季度的经济增长率都在7%~8%。中国经济增长前沿课题组（2014）

* 本文原载《中国工业经济》2014年第9期。

预测2014年经济增长率为7.4%，未来5年增长率预期为6.4%~7.8%；国务院发展研究中心“中长期增长”课题组预测2014年经济增长率为7.5%，2015年为7.3%，未来十年平均增速为6.5%。经济增长告别两位数增长，进入次高增长阶段，这被认为是中国新常态经济的首要表现。当然，我们预期的新常态，并不仅仅是经济增速的“下台阶”，更期望的是经济质量“上台阶”，也就是经济结构发生全面、深刻的变化，不断优化升级，经济增长从对投资和出口的依赖转而更多依靠消费和内需，从要素驱动、投资驱动转向创新驱动。由于从高速增长转为中高速增长的实际周期还不到三年，如果说新常态是一个稳定经济均衡状态，那么我们还不能判断我国经济增长是否已经下降到一个均衡点或者均衡区间，因此称我国已经从“旧常态”进入“新常态”还为时过早，但是，一些阶段性的积极变化已经或者正在出现，可以认为，我们正在走向经济新常态。

工业作为经济增长的主要驱动力，近两年来工业运行一定程度上呈现工业增速趋缓、工业结构趋优的新特征，显现出走向工业经济新常态的阶段性变化的迹象。

（一）我国工业增速持续回落，但有逐步趋稳的态势

改革开放以来，从经济波动看，我国的工业增长大体可以划分为四个波动周期（见图3-1），第一周期是1978~1985年，1978年全部工业增加值增长率为16.4%，该周期的峰值出现在1985年，为18.2%，谷底出现在1981年，仅为1.7%；第二周期是1985~1992年，谷底在1990年，为3.4%，峰值在1992年，为21.2%；第三周期是1992~2007年，谷底在1999年，为8.5%，峰值在2007年，为14.9%；现在我国正处于始于2007年的一个新的周期中。总体来看，前两个周期的波动幅度较大。而在当前这个周期中，总体增速逐渐回落，但回落幅度逐步收窄，工业经济运行呈现趋稳的态势。

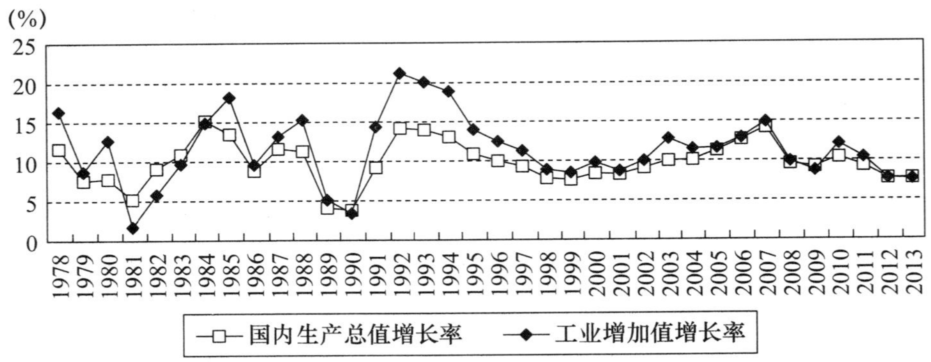

图 3－1　1978～2013 年全部工业增加值增长率变化

资料来源：历年《中国统计年鉴》。

更进一步分析当前这个工业增长周期的季度数据。从 2008 年下半年开始，受国际金融危机的影响，工业增加值增速下滑，同比增速一度降至 2009 年第一季度的 5.3%；此后，工业增加值同比增速出现反弹，但这一次的反弹持续时间不长，2010 年第一季度同比增速达 19.7% 后，工业增加值增速持续回落，到 2014 年第二季度，工业增加值同比增速降至 8.8%。这次回落过程，在 2013 年以后有降中趋稳态势，2013 年规模以上工业增加值第一季度增长 9.5%，第二季度增长 9.1%，第三季度增长 10.1%，第四季度增长 10%，2014 年第一季度规模以上工业增加值增速为 8.7%，第二季度上升 0.1 个百分点。还可以具体分析 2013 年以来的月度工业增长数据，如图 3－2 所示。2013 年以来月度规模以上工业增加值当月增速和累计增速虽有波动，但波动幅度不大，在 8.5%～10.5%，这也在一定程度上反映趋稳的迹象。我们现在判断工业增速是否已经达到本次周期的谷底还为时过早，但如果基于学者估计 2011～2020 年中国工业的潜在增长区间将从 1993～2007 年的 11%～13% 下移到 8%～10%，那么现在工业增速逐步趋稳是正常的趋势。

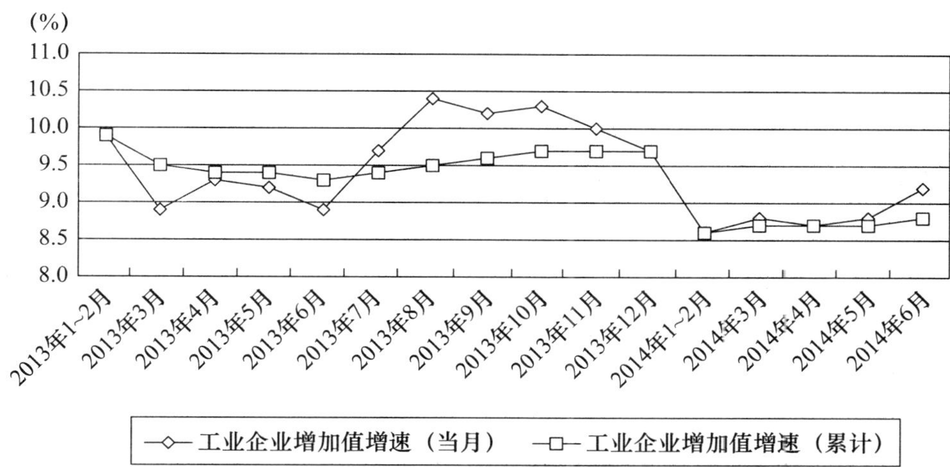

图3-2 2013年1月~2014年6月工业企业增加值当月与累计同比增速

资料来源：中经数据。

（二）工业投资增速明显回落，而投资结构初步呈现优化态势

投资增速回落是我国经济增速下滑的主要原因。自2011年，工业投资增速下滑速度快于全社会固定资产投资增速下滑速度，2011~2013年的全社会固定资产投资增速分别为23.8%、20.6%和19.6%，而同期工业投资增速分别为26.9%、20%和17.8%，工业投资增速从2011年高于社会固定资产投资增速3.1个百分点，加速下滑到2013年低于社会固定资产投资增速1.8个百分点。2014年以来，在国内外需求总体偏弱的背景下，制造业投资进一步放缓至历史较低水平。1~6月制造业投资同比增长14.8%，较上年同期回落2.3个百分点，且低于固定资产投资增速2.5个百分点，如图3-3所示。但是，在工业投资明显回落的过程中，投资结构也呈现优化的态势，2013年制造业投资同比增长18.5%，较2012年回落0.1个百分点，而采矿业增长10.9%，比2012年回落1.1个百分点，这有利于工业结构的高加工度化趋势。从制造业内部看，高科技行业投资增长较快，而传统制造业行业投资增速下滑。图3-3表明，2014年以来，前期产能过剩突出的黑色金属冶炼和压延加工业、非金属矿物制品业与有色金属冶炼和压延加工业作为传统的产能过剩行业，产能投放明显放缓，

2014 年 1 ~6 月固定资产投资累计增速分别为 -8.4%、14.7% 与 7.4%。在工业投资增速整体放缓的情况下，工业技术改造投资保持高速增长，2014 年 1 ~6 月技术改造投资同比增长 18%，比工业投资和制造业投资分别高 3.8 个和 3.2 个百分点，这对企业核心研发能力提升、国内外先进节能节水等技术推广、工业企业能源资源利用效率提升具有重要意义。据工信部调查显示，86% 的企业实施技改后能耗下降，其中 1/3 以上的企业能耗降低超过 10%。2013 年，在技术改造专项中采用自主知识产权的技术占 56%，项目实施后同类产品技术水平实现国内领先的达到 68%。另外，民间工业投资活力较充分，2013 年工业民间固定资产投资增速增长 21%，高于规模以上工业固定资产投资增速的 3.2 个百分点。

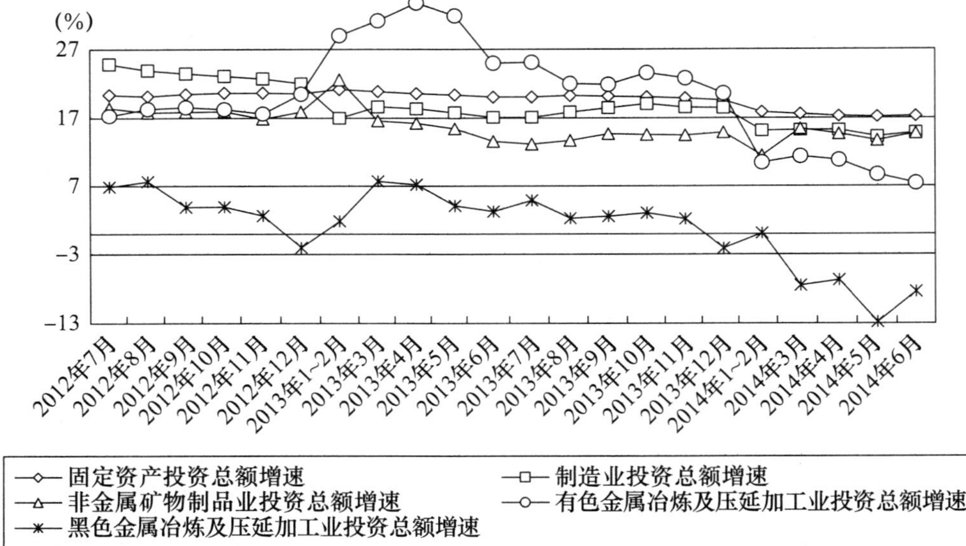

图 3-3　2012 年 7 月 ~2014 年 6 月不同类型产业的投资累计增速

资料来源：中经数据。

（三）消费需求增速平稳下降，而消费结构开始加快升级

2013 年全国社会消费品零售总额实现 238709 亿元，比上年增长

13.1%，扣除价格因素，实际增长11.5%，增速比上年下降0.6个百分点。2006~2012年全国社会消费品零售总额增速分别是13.7%、16.8%、21.6%、16.5%、14.8%、11.6%和12.1%，2013年是2006年以来的最低增速。2014年社会消费品零售总额增长进一步趋缓，第二季度消费品零售总额实际同比增速下降到10.8%。这意味着，中国工业产品的消费需求增速已经逐步下降到一个新水平，还没有明显迹象表明下降趋势已经得到遏制。这一点从中长期来看影响会更为严重，因为如果没有消费需求支撑，新增投资也将成为无效投资，会进一步加剧产能过剩。但是，可喜的是消费结构呈现明显加快升级的趋势。这表现在：一是农村消费继续快速增长，2013年农村消费品零售额增长14.6%，城镇消费品零售额比上年增长12.9%，城乡消费差距呈现缩小态势；二是2006年以来中西部地区社会消费品零售总额增长一直快于东部地区，区域消费差距也正在逐步缩小；三是消费方式多样化趋势发展迅速，信息消费等新型消费业态增长较快，已成为工业经济增长的新动力。2013年中国信息消费整体规模达到2.2万亿元，比2012年增长28%，2014年1~5月全国信息消费规模达1.38万亿元，同比增长19.8%。移动终端产品的智能化加速增长，2013年智能手机出货4.23亿部，同比增长64.1%，而2014年1~5月智能手机销量同比增长110.8%。随着信息服务方式的不断创新，居民消费习惯变化明显，2013年电子商务交易规模已达10万亿元，比2012年增长25%。

（四）工业出口增长处于低水平，但贸易结构呈现优化的态势

2008年金融危机爆发，工业品出口交货值实际增速急剧下滑，虽然在2009年第四季度到2010年第二季度，工业品出口出现反弹，但此后工业品出口交货值实际增速一直下滑。2013年前4个月由于“虚假”贸易而在统计上看出口形势略有好转，但总体看，2008年以来工业制成品出口增长实际一直处于历史上的较低水平。2012年和2013年我国出口同比增长都是7.9%，2013年我国规模以上工业企业实现出口交货值113471亿元，比上年增长5%，2014年第一季度工业制

成品出口总额同比下降4.7%，2014年第二季度，工业制成品出口总额同比增长6.2%，呈现企稳回升态势。现在普遍预计，由于2014年下半年全球经济将回暖，加之2014年5月国务院办公厅出台《关于支持外贸稳定增长的若干意见》，随后海关总署以及国务院的其他相关部门相继出台了一系列配套措施，2014年工业制成品出口的形势将逐渐好转。据估计，2014年中国出口增幅比2013年可能高出2~3个百分点（刘世锦，2014）。实际上，对于中国工业出口而言，2014年是否会出现V形增长，并不是问题的关键。即使我国出口增长处于较低水平，2013年我国已经是世界第一贸易大国，而在此之前我国已经是世界第一的贸易出口大国。对于可期望的工业经济新常态而言，关键是中国工业贸易结构的优化。近年来，我国贸易方式结构发生了明显变化。一是工业出口结构进一步优化，2013年我国机电产品和高技术产品出口值分别比2012年同期增长7.3%和9.8%，远超全部工业品出口值5%的增长率。其中，集成电路出口尤为乐观，2013年累计出口交货值同比增长达64.1%。二是加工贸易出口额比重不断下降，1999年这一比重达到56.9%，进入21世纪，加工贸易出口占比逐步下降，2013年已降至38.9%。三是贸易主体日益多元化，内资企业出口竞争力逐步提升，2005年外商投资企业出口占比为58.3%，2013年这一比值为47.3%。另外，中西部出口明显增快，进出口市场分布日趋多元，以上海自贸区、内陆沿边开放为代表的开放型经济体制改革的不断深入，都呈现出贸易结构优化的态势。

（五）服务业产值比例首次超过工业，工业产业结构不断优化

无论是从中国的工业化进程看，还是从产业结构高级化趋势看，2013年服务业产值比例首次超越工业产值比例，在一定程度上都是一个具有象征意义的转折点（见图3-4）。2014年上半年服务业产值增长速度为8%，高于第二产业7.4%的增长速度，服务业占GDP的比重继续上升达到46.6%，服务业成为供给的主要驱动力。长期以来，大力发展服务业、推动产业结构的转型升级一直是我国产业政策的激励导向和发展战略的目标方向，2013年服务业产值比例超过工业产值

比例，这既在一定程度上表明了我国经济政策的有效性，也成为我国经济发展阶段变化的一个重要标志。从工业产业内部结构变化看，高加工度化趋势明显，技术密集型产业和战略性新兴产业发展迅速。工业中的原材料行业、装备制造业和消费品行业中，装备制造业增长迅速，居三大行业之首；近年高技术产业增速一直高于工业平均增速；节能环保、新一代信息技术产业、生物制药、新能源汽车等行业发展尤为迅速，产业化程度不断加快。2014 年 1 ~6 月，高技术制造业增加值同比增长 12.4%，快于工业整体增速 3.6 个百分点，其中，电子及通信设备制造业和医药业分别增长了 13.8% 和 13.4%。增加值累计同比增速最高的十大行业中，高技术产业、装备制造及运输设备制造等产业占大多数，而增加值累计同比增速最慢的十大行业多是高耗能产业和资源型产业，这进一步说明我国工业产业结构优化趋势。

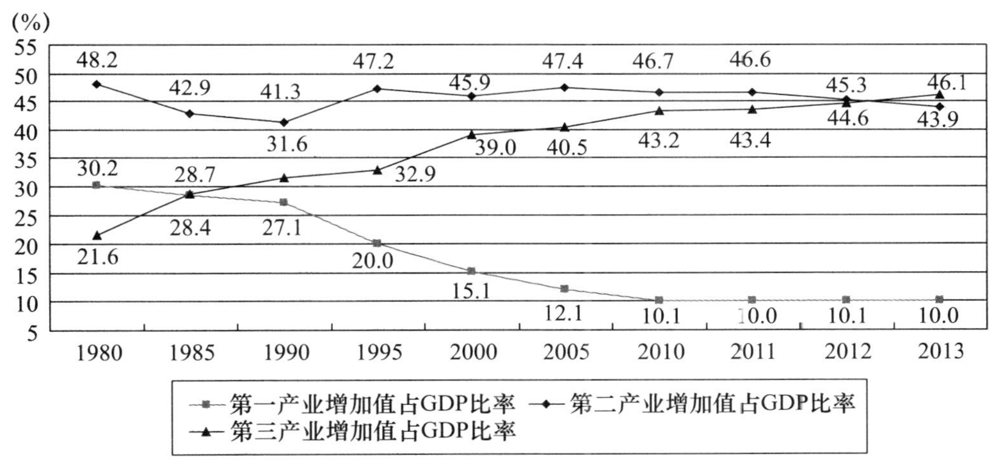

图 3-4　1980 ~2013 年我国第一、第二、第三产业产值比例

资料来源：历年《中国统计年鉴》。

（六）东部、中部、西部工业区域结构趋向平衡，东部地区工业率先呈现企稳态势

近年来，由于东部地区逐步步入工业化后期阶段，北京、上海已步入后工业化阶段，而中部、西部地区大多处于工业高速增长的工业

化中期阶段，自2006年以来，东部地区GDP占全国比重呈下降趋势，而中部、西部地区GDP占比呈上升趋势，东部、中部、西部经济发展水平差距正逐步缩小。从工业增加值的增长速度看，如图3－5所示，2005年以来总体上也是维持“东慢西快”的格局，中部、西部地区工业增速最快，2008年和2010年西部地区工业增加值增长率比东部地区分别高出11.1个和11.2个百分点。虽然总体上2010年以后各个地区工业增速普遍出现下降，西部仍比东部2011年高出9.7个百分点、2012年高出4.8个百分点、2013年高出1.6个百分点。从产业结构上看，中部、西部地区在原煤、天然气、电力等能源工业品一直占有优势，近年微型计算机、集成电路等高技术产品也有不俗的表现，表明中部、西部地区工业结构在不断升级；东部地区在集成电路、彩电、微型计算机、钢材等工业品的生产能力上有绝对优势，但优势地位相对下降。可喜的是，东部地区的工业发展已经初步呈现出趋稳的态势，2013年东部工业增加值增长率比2012年高出了0.3个百分点，而同期中西部和东北地区的工业增长率都呈下降趋势。2013年东部地区工业呈现率先企稳态势十分重要，这在一定程度上对全国工业走向“新常态”具有先行指标的标志意义。

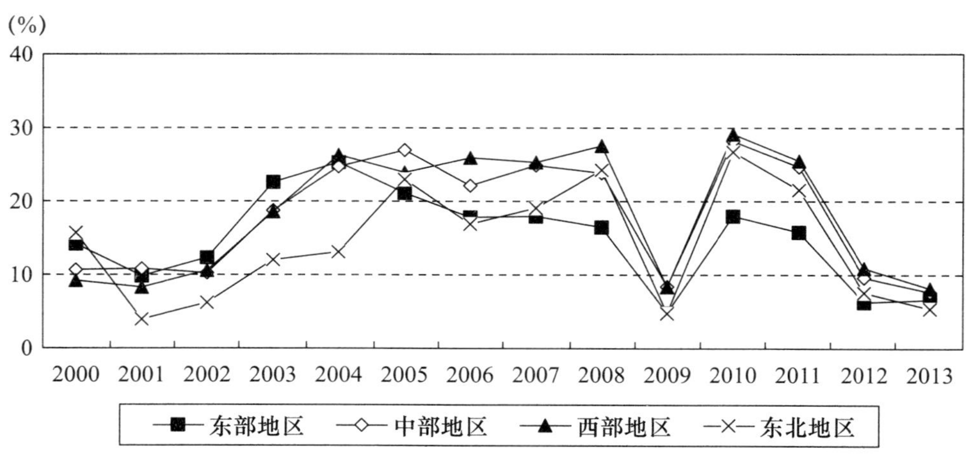

图3－5　2000～2013年东部、中部、西部及东北地区工业增加值增速变化

资料来源：历年《中国统计年鉴》。

（七）工业企业赢利能力大体保持稳定，工业技术创新能力得到提升

2011 年以来，随着工业增速逐渐放缓，企业经济效益指标增幅总体有所回落。2013 年后，企业经营效益情况有所好转。2014 年上半年工业企业经济效益指标均有所改善。总体而言，近几年工业企业赢利能力基本保持了稳定。从收入来看，2012 年第一季度增速下降后，总体上保持在 10% 左右的增长率。从利润来看，除了 2012 年工业企业利润总额累计增速连续在第一至第三季度末均为负，2013 年和 2014 上半年工业企业利润总额累计增速都稳定在 10% 左右。从经营效益来看，2011 年以来工业企业工业成本费用利润率保持了较稳定的水平，成本费用利润率（累计）在 5% ~7% 浮动。如图 3 -6 所示。

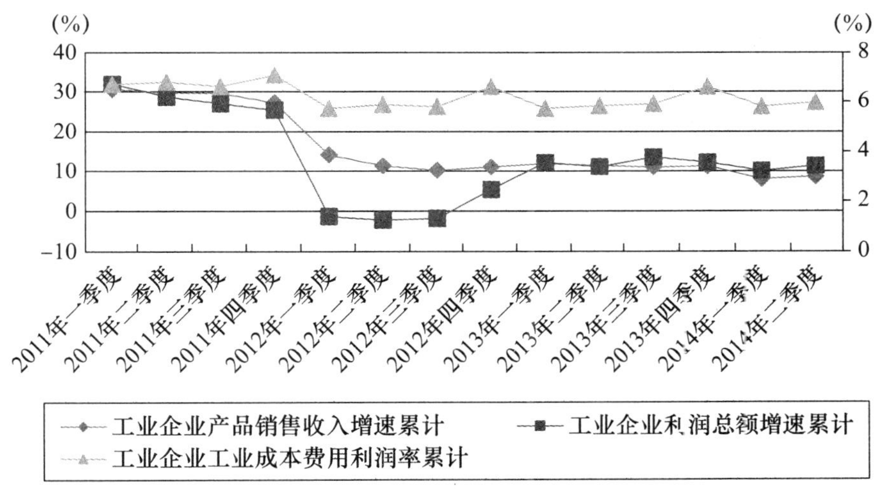

图 3 -6 2011 年第一季度 ~2014 年第二季度工业企业效益情况

资料来源：中经数据库。

近年来，我国工业技术创新能力不断提升，这一方面表现在工业技术创新在研发经费投入上，2012 年，规模以上工业企业的研发内部支出为 7200. 6 亿元，比上年增长 20. 1%；研发强度为 0. 77（R&D 内

部经费支出与主营业务收入之比)，比上年的0.71和2010年的0.69都有上升。另一方面，2012年国内企业发明专利已达到7.8万件，是2010年的2.2倍。更为关键的是，一些重点领域的先进和核心技术不断取得突破，在2013年，石化行业有煤气化技术装备、染料生产工艺、页岩气开发、煤化工技术等方面取得了突破；医药行业，1.1类新药临床申报数量不断增加，已达13%；电子信息行业有55纳米相变存储技术、高性能图像传感器芯片等（工业和信息化研究院）。在工业增速明显下滑的大环境下，工业企业经济效益大体保持稳定、技术创新能力不断提升，这表明我国工业企业成长方式正在转变，成长战略已经开始从规模扩张转向质量提升、从低成本战略向差异化战略转变，企业正在探索通过技术创新来提高自己的核心竞争力，已开始逐步适应中速增长环境下的生存和发展，逐步具备适应新常态的能力。

基于上述对工业增长速度变化、工业需求侧变化、工业产业结构和区域结构变化以及工业企业微观主体表现的分析，种种迹象表明中国工业经济正走向一个新的发展阶段，这个阶段的特征是工业经济增长速度大体在8%～10%，无论是从需求结构，还是供给结构，都呈现优化态势。之所以是“正在走向”，是因为这些典型特征表现还不稳定，时间验证还不充分。从“旧常态”走向“新常态”的过程，就是从一个稳定均衡走向另一个稳定均衡的过程，中国工业经济正在“增速趋缓、结构趋优”地走向一个稳定的新常态。从理论上说，这个过程往往不是一帆风顺的，而是会出现波动与跳跃，会有所谓的突变、混乱或危机。实际上，这几年工业经济增速下滑，工业界已备感压力，也出现了各种问题，表现出向新常态过渡过程中的不适应。实际上，能否避免或者妥善处理、适应新旧均衡状态转换过程中突变、混乱或者危机，是经济能否顺利走向新常态的关键。

二、迎接工业化后期的新挑战

近两年中国经济增长速度明显下降，为什么不是一个周期性的短期下降、将来会V形反弹，而是将步入一个中高速的新常态。理论界给出的基本判断是我国的潜在经济增长率下降了，我国步入了一个新的发展阶段。潜在经济增长率下降的原因，其中比较有代表性的是人口红利视角的解释（蔡昉，2013）。基于人口红利理论，中国经济之所以能够高速增长多年，主要来自与劳动年龄人口增长、人口抚养比下降相关的人口红利，由于在2004年出现了以民工荒和工资上涨为标志的刘易斯转折点，在2010年劳动人口达到峰值出现负增长，人口红利消失了，中国潜在经济增长率下降将是必然的，经济发展阶段将发生根本性的变化。另外还有解释认为，中国经济进入了结构性减速阶段，正处于投资驱动工业化高增长向效率驱动城市化稳速增长过渡（中国经济增长前沿课题组，2013）。而有的学者则直接将其称为我国进入中国增长平台转换期，现在经济增速下降不是同一平台的短期波动，而是不同增长平台的转换（刘世锦，2013）。

在我们看来，发展经济学描述经济发展阶段变化的经典理论是工业化理论。工业化理论认为，一个国家或者地区的经济发展过程（或者说，工业化进程、经济现代化进程）可以划分为前工业化、工业化前期、工业化中期、工业化后期和后工业化阶段，每个阶段的转换都伴随着经济发展的重要特征变化。我们的长期跟踪评价表明（陈佳贵等，2013），2010年中国的工业化水平综合指数已经达到66，这意味着2010年以后中国将进入工业化后期。各国历史经验表明，工业化后期与工业化中期相比，一个重要的经济发展特征变化是在工业化中期由于依靠高投资、重化工业主导发展而支撑的经济高速增长将难以为继，工业化后期由于主导产业的转换、潜在经济增长率下降经济增速将会自然回落。国际经验也表明，在长期的工业化进程中，一般是在工业化中期会出现相当长一段时间的经济高速增长，这段时间一般持续20多年。第二次世界大战后，经济增长率超过7%、持续增长25年以上的经济体包括博茨瓦纳、巴西、中国、中国香港、印度尼西亚、日本、韩国、马来西亚、马耳他、阿曼、新加坡、中国台湾和泰国13个（张晓晶，2012）。其中，日本在1951～1971年的平均经济增速为9.2%，中国台湾地区在1975～1995年的平均经济增速为8.3%，韩国在1977～1997年的平均经济增速为7.6%（林毅夫，2012），而中国1978～2010年的平均经济增长率高达9.89%，连续30多年经济平均增速接近两位数。而在工业化后期，这些高速增长都无法持续。这里我们基于工业化水平的评价所得到的结论，与上述基于人口红利等理论分析的结论互相印证，甚至时间节点也完全吻合。这表明，中国经济发展的确面临着一个重大的阶段转换，那就是从工业化中期向工业化后期的转换。

改革开放以来，中国工业化进程的特征可以概括为：人口众多的大国工业化、长期快速推进的工业化、低成本出口导向的工业化、区域发展极不平衡的工业（黄群慧，2013）。虽然中国工业化取得了巨大的成功，但是，当工业化进程推进到工业化后期，要继续保持长期高速推进、低成本出口导向的工业化进程已经无法实现。对于工业化进程而言，我们同样需要从高速、低成本、出口导向、不平衡的发展“旧常态”向中高速、基于创新的差异化、内外需协调和区域平衡的发展“新常态”的转变。这个转变能否实现，事关我国能否顺利走完工业化后期阶段，最终实现工业化。按照党的十八大要求，到2020年基本实现工业化，这意味着这个转变也十分迫切。但是工业化史表明，按照收敛假说，后发国家的工业化进程可以通过学习模仿先进国家的制度、技术和生产方式取得经济高速发展，从而实现“赶超”，而现实中后发国家的工业化进程往往是曲折的，会面临各种挑战和危机，如在工业化中期会有中等收入陷阱，在工业化后期会有“高收入之墙”，所以真正成功“赶超”而实现工业化的国家屈指可数，现在经济学家津津乐道的一般只有日本和亚洲“四小龙”。因此，我国进入工业化后期以后，也必然会面临重大的挑战和任务，包括技术创新与产业转型升级问题、老龄化社会或者“未富先老”问题、资源环境约束问题、区域差距问题、收入分配问题等，也就是说走向新常态之路是曲折和极富挑战性的。我们认为，在众多挑战中，当前必须高度重视产能过剩、产业结构转型升级和新工业革命三方面的问题，前两方面是我国工业化进程的内生变量，是自身发展过程中需要解决的问题和完成的任务，而新工业革命则是我国工业进程的外生变量，是来自外部发展环境需要应对的重大挑战。

（一）产能过剩问题

产能过剩问题虽然被认为是市场经济条件下一个带有普遍性的问题，而且20世纪末和2005年前后我国都出现过较为突出的产能过剩问题，从这个意义上说，产能过剩问题并不是我国工业化后期所特有的问题和挑战。但是，2011年以来，本轮产能过剩问题的性质和特征与以往不同，给我国经济带来的挑战严重性也不同寻常。

一是国际金融危机后的本次产能过剩涉及领域更广、程度更严重。从范围上看，当前产能过剩的行业已经扩大，2005年前后我国的产能过剩主要存在于钢铁、水泥、有色、煤化工、平板玻璃等传统产业，而本轮产能过剩的范围扩大到造船、汽车、机械、电解铝等领域，其中钢铁、电解铝、水泥、平板玻璃、造船是突出的行业，不仅如此，当前产能过剩甚至扩展到光伏、多晶硅、风电设备等代表未来产业发展方向的新兴战略性产业。从产能过剩程度上看，2012年底我国钢铁、水泥、电解铝、平板玻璃、船舶产能利用率分别仅为72%、73.7%、71.9%、73.1%和75%，光伏行业2013年产能利用率在60%左右，多晶硅、风电设备产能利用率不到50%，这都明显低于国际通常水平（一般认为正常的产能利用在80%~85%）。由于我国没有正式公布的统一的产能利用率统计指标，无法准确地反映我国产能过剩程度。但是，从工业生产者出厂价格指数PPI看，2012年3月~2014年8月，已经连续30个月出现负增长。2014年3月全国PPI同比下降2.3%，创历史新低，4月以后PPI降幅连续4个月收窄，分别是2%、1.4%、1.1%和0.9%，8月数据显示降幅比上月扩大0.3个百分点，为1.2%。虽然影响这个指标的因素较多，但该指标创历史上连续30个月的负增长，在很大程度上说明当前我国工业存在严重的产能过剩、长期维持高库存以及实体经济不景气的情况。

二是我国当前的产能过剩，由于处于工业化后期阶段，试图等待经济形势复苏后依靠快速经济增长来化解产能过剩已几无可能。我国进入了工业化后期，已经是名副其实的工业经济大国，有200多种工业产品产量居世界首位，接下来的任务是由工业大国到工业强国，在从大到强转变的过程中，产能过剩从以前相对过剩转为现实的绝对过剩。也就是说，以前周期性产业过剩后来都可以慢慢通过长期需求消化掉，但到工业化后期以后，许多产业年度需求峰值已经达到，不可能有长期需求慢慢把峰值吸收掉了。例如，煤炭行业，有研究预计我国煤炭消费总量的峰值应在2015年，到2017年原煤消费总量会降低到35亿吨左右，而我国目前生产和在建产能为55亿吨，产能绝对过剩问题十分突出；又如，钢铁行业，有研究表明，发达国家均在完成工业化进程之后达到国内钢铁消费峰值，除了日本和德国外，大多数国家平均为0.6吨/人，如果按照2013年7.8亿吨的粗钢产量测算，我国人均粗钢消费量已接近0.6吨，逼近了发达国家钢铁消费的峰值，我国钢铁消费已接近饱和水平，这意味着内需层面很难实现爆发式增长以在短期内消化2亿吨左右的过剩产能（黄群慧，2013）。

三是当前的产能过剩是粗放的经济发展方式亟待转变、低成本工业化战略急需转型以及我国体制改革不到位的矛盾的集中体现。看似简单的产能过剩，之所以成为我国经济发展的“痼疾”，其背后有着深刻复杂的原因。与成熟的市场经济国家不同，我国的产能过剩问题有市场自身供求关系变化引起的经济周期波动方面的原因，但更为关键的是经济体制与发展方式的原因。由于我国进入工业化后期，面临着经济发展阶段的重大变化，与前两次产能过剩相比，当前的产能过剩对体制改革和发展方式转变的要求更为急迫。在经济发展方式无法转变、地方政府对经济过度介入的体制无法改变的情况下，不仅旧的过剩产能难以被消化，还会不断产生新的产能。例如，据中国钢铁工业协会统计，2010～2012 年 3 年全国共淘汰炼铁落后产能约 8300 万吨，但 2011～2012 年两年全国新投产炼钢产能约 1.25 亿吨，新增产能速度大于落后产能淘汰速度；2012 年电解铝产能达 2765 万吨，而 2013 年新投产与即将投产的产能又有 200 万吨，西部地区在建产能还有约 1000 万吨；2012 年水泥产能达 30 亿吨、熟料产能达 18.0 亿吨，而 2013 年上半年又新投产水泥熟料生产线 32 条，新增熟料产能 3800 万吨，在建熟料生产线 290 条；2012 年平板玻璃产能达到 10.4 亿重量箱，而到 2013 年 9 月底，国内浮法玻璃累计点火新生产线 24 条，又新增产能 11550 万重量箱。因此，现在我们面临的产能过剩问题，绝不仅仅是一个淘汰落后产能的问题，也不仅仅是与产业重组、雾霾治理、产业结构转型升级紧密相关的综合治理工作，而是和深化政府体制改革、转变经济发展方式密切相关，与我国治理体系和治理能力现代化进程密切相关。

当前，产能过剩问题如果得不到化解，在微观层面，会出现恶性价格竞争、企业效益大幅下滑、大量企业破产、员工失业等现象；在宏观层面，环境问题日益严重，系统性经济风险会加剧，有可能进一步产生经济危机，从而影响社会经济稳定发展。因此，当前产能过剩问题可以认为是工业化后期我国工业经济走向新常态所面临的一个最直接的潜在危机和挑战。

（二）产业结构转型升级

推进我国经济结构战略性调整一直是我国经济政策和宏观经济管理的重中之重。在我国众多结构性问题中，改善需求结构、优化产业结构、促进区域协调发展被认为是我国当前亟待解决的重大结构性问题。在需求结构方面，主要表现为内需不足、消费不振的结构失衡问题；在产业结构方面，主要表现为三次产业结构的农业基础薄弱、工业大而不强、服务业发展尤其是现代生产性服务业发展滞后问题，即所谓“一产不稳、二产不强、三产不大”的问题；在区域结构方面，主要表现为城镇化发展滞后、中西部地区发展滞后、城乡和区域之间生活条件和基本公共服务差距较大等问题。其中，优化产业结构、促进产业结构转型升级被认为是我国经济结构调整的突破口。产业结构转型升级是产业结构合理化与产业结构高级化的统一，主要是指在整个工业化进程中，由第一产业占优势比重逐级向第二、第三产业占优势比重演进，由劳动密集型产业占优势比重逐级向资金密集型产业、技术知识密集型产业占优势比重演进的过程。实际上，工业化本身就是一个国家或地区经济结构由农业占主导向由非农业占主导转变，并伴随着结构转变人均收入不断提升的过程。在工业化后期，产业结构升级更集中于第二产业比例下降、第三产业比例上升，以及劳动密集型和资金密集型产业比例下降、技术密集型产业比例上升的过程。因此，2013 年我国第三产业产值比例首次超过第二产业，是工业化后期的产业结构转型升级的一个标志性的转折，也是工业经济从“旧常态”向“新常态”转变的关键变化。

在工业化后期产业结构转型升级之所以构成了一个重要的挑战，因为这个任务绝非是一蹴而就的。如果说，在工业化初、中期，中国从一个农业大国转变为工业大国的产业升级主要是通过要素驱动战略实现的，那么在工业化后期，中国要实现从工业大国转变为工业强国和服务业大国的产业结构升级，更需要的则是创新驱动战略。要素驱动战略强调的是通过投资、劳动力、资源、环境等要素的低成本的大量投入来驱动经济增长，而创新驱动战略则强调的是通过技术创新和制度创新来实现经济的可持续发展。在过去的 30 多年中，由于农村剩余劳动力的大量转移，显著提高了工业劳动参与率，而工业劳动生产率远远高于农业部门，大大提高了全社会的整体劳动生产率，因此要素投入驱动了经济增长。在未来，进入工业化后期以后，劳动参与率下降、人口红利消失，更多的劳动力将转入服务业，但服务业的劳动生产率又低于工业，因此全社会的劳动生产率将下降，出现所谓的经济结构减速和产业效率失衡（李扬，2014），因此劳动效率的提升关键取决于产业内的技术创新和商业模式创新，通过创新驱动经济增长。从国际比较看，我国工业发展水平虽然与国外先进水平还有差距，但我国服务业发展与国外先进水平的差距更大，这在服务业比例不断增大的工业化后期，不仅造成我国整体效率提升速度将下降，而更为关键的是服务业的创新要比工业创新面临更大的挑战，难度也更大，这意味着在创新驱动方面，我国还任重而道远。

工业化后期的产业结构转型升级，不仅仅是任务艰巨，更为复杂的是我国政府习以为常的、推进产业转型升级的抓手——产业政策，其有效操作空间将相对有限。一方面，历史经验表明，工业化后期不同国家产业演进路径具有差异性，这意味着产业政策操作的目标并不明朗和单纯。虽然总体上存在有关第三产业比例提高、第二产业比例下降的产业结构升级的路径，但是这种路径不是绝对的，现实中一些国家在工业化后期制造业产值比例仅仅是小幅下降，如法国、德国等，有些国家还有上升，如韩国。另外，从制造业内部看，也并不是所谓技术密集型产业结构的比例越高，制造业内部结构就越优化、发展水平越高。2007 年，德国技术密集型产业占制造业比重为 49.2%，日本在 54% 左右，韩国更是高达 56.8%，显然这并不意味着韩国的制造业结构要优于德国、日本。因此，政府绝对地将统计意义的产业产值比例设为产业政策目标的价值并不大，即使达到了统计意义的比例也未必说明实现了产业结构优化升级。另一方面，需要重新科学甄选产业政策的具体工具和措施，政府原有的许多产业政策工具，如直接补贴，将更多地受限。理论界一直有一种声音质疑，长期以来我国政府依靠产业政策扭曲资源配置和经济结构。一份对 1980 ~ 2010 年中国工业全要素生产率的测算表明，长期以来，以能源和基础材料工业为代表的低效率的上游工业部门，不断地接受各种或明或暗、或直接或间接的公共资源补贴，实际上也在“补贴”着“高效率的”以出口为导向的下游成品及半成品部门，这种“交叉补贴”造成了对土地、环境等方面的成本透支，进而使经济结构扭曲和失衡（伍晓鹰，2013）。近年来，对一些目标产业的补贴，如战略性新型产业，也备受争议，甚至有观点认为，是产业政策导致了产能过剩。应该说，对于我国这类后发赶超型国家，产业政策的作用是毋庸置疑的，但问题是如何正确选择产业政策的目标、方式和措施。尤其是到了工业化后期，直接赶超型的产业政策的意义逐步衰减，产业政策更为重要的功能是加强物质性、社会性和制度性基础设施建设，健全有利于创新的市场制度、公平竞争的市场环境，产业政策着力点更多地向功能性产业政策转变。这实质上是对政府调控经济、治理现代化能力提出了更高的要求。

（三）第三次工业革命

中国作为最大的发展中国家，其工业化进程呈现出快速、低成本、出口导向、不平衡发展等特征。从世界范围看，在中国进入工业化后期以后，其工业化又与发达国家的“再工业化”叠加，这使中国工业化进程又增加了一些“变数”。以重振制造业和大力发展实体经济为核心的“再工业化”战略，并不是简单地提高制造业产值比例，而是通过现代信息技术与制造业融合、制造与服务的融合来提升复杂产品的制造能力以及制造业快速满足消费者个性化需求能力，这种制造业信息化与制造业服务化的趋势使制造业重新获得竞争优势。虽然这两种趋势的源头可以追溯到20世纪八九十年代，但金融危机后，随着对制造业发展的重视，政府开始大力推动，如美国提出《制造业行动计划》、德国提出“工业4.0”计划、欧洲提出《未来工厂计划》，等等，于是，制造业信息化和制造业服务化成为世界工业化进程的两个重要趋势。制造业信息化表现为人工智能、数字制造、工业机器人等基础制造技术和可重构制造、3D打印等新兴生产系统的技术突破和广泛应用，就构成了第三次工业革命的主要内容。但是，第三次工业革命不能仅仅理解为由3D打印、工业机器人等个别新的制造技术和设备的出现和应用引起的突变，实质是一个由信息技术创新引发的内涵丰富的、多层次的、已经发生突破但仍处于演进中的工业系统变革。虽然这场变革是第三次工业革命，但并不意味着是一夜来临的，实际上从1954年5月24日第一台晶体管电子计算机诞生算起，现在已经有60年的历史。现在提出“第三次工业革命”是合适的，主要是因为信息技术的发展及成本大幅度降低，使信息技术在工业生产制造中的大规模使用并引起了制造范式的革命性的变化。正如戴维·兰德斯（2001）在《国富国穷》中所指出的，“历史憎恶跳跃，大的变化和经济革命都不是突然来临的，它们必定是经过了周全的和长期的准备。可是，连续性并不排斥变化，甚至是剧烈的变化！”

第三次工业革命成为世界工业化进程中突出的新趋势，这种趋势对我国工业化进程可能会形成以下冲击和挑战（黄群慧、贺俊，2012）。一方面，进一步弱化我国的要素成本优势，我国必须推进低成本工业化战略转型。第三次工业革命加速推进了先进制造技术应用，必然会提高劳动生产率、减少劳动在工业总投入中的比重，我国的比较成本优势则可能会加速弱化。另一方面，对我国的产业升级和产业结构升级形成抑制。现代制造技术的应用提升了制造环节的价值创造能力，使制造环节在产业价值链上的战略地位变得与研发和营销同等重要，描述价值链各环节价值创造能力差异的“微笑曲线”有可能变成“沉默曲线”甚至“悲伤曲线”。发达工业国家不仅可以通过发展工业机器人、高端数控机床、柔性制造系统等现代装备制造业控制新的产业制高点，而且可以通过运用现代制造技术和制造系统装备传统产业来提高传统产业的生产效率，从而第三次工业革命为发达工业国家重塑制造业和实体经济优势提供了机遇，曾经为寻找更低成本要素而从发达国家转出的生产活动有可能向发达国家回溯，导致制造业重心再次向发达国家偏移，传统“雁阵理论”所预言的后发国家产业赶超路径可能被封堵。可能进一步恶化我国的收入分配结构。提高劳动报酬的机制，虽然一般可以通过税收等制度设计提高劳动在初次和二次分配中的比重，但更根本、更有效、对要素市场扭曲最小的方式是为劳动者创造更多高劳动生产率的工作岗位。但是在一般劳动者素质不能大幅度提高的情况下，第三次工业革命的推进会造成职工的失业或者被锁定在低附加值的简单劳动环节中。

这意味着第三次工业革命会加大我国实施新型工业化战略的难度，但第三次工业革命对我国也是一种机遇，这种机遇不是简单地纳入全球分工体系、扩大出口的传统机遇，而是倒逼我国工业转型升级的新机遇。这实质要求面对第三次工业革命的挑战，既要有紧迫感，也要有信心；既要保持战略上的平常心态，又要积极应对、适应新变革，从而走向新常态。

三、寻求中国工业发展新共识

随着我国经济发展进入工业化后期阶段、经济走向新常态，在工业发展问题上出现一些新的论点，比较代表性的有劣质产业论、地位下降论。劣质产业论的核心观点是，工业具有高耗能、高污染、高耗水、高噪声、占地多、事故多的特征，对人类生存与发展影响弊大于利。地位下降论认为，2013 年国民经济三次产业比例中服务业已经超过了工业，而且到 2020 年我国将基本实现工业化，于是工业对我国经济发展的重要性大大下降了，工业在我国国民经济的主导地位将让位于服务业。劣质产业论在我国普通大众和社会中有一定的市场，尤其是随着人民群众环保意识不断提升以及大众媒体的引导，这个论点也日益流行。而地位下降论则被许多学者和政府人员所接受。这些论点的流行，使我国工业发展面临着一个日趋严峻的环境甚至在政府制定“十三五”规划时，都不敢理直气壮地再强调工业发展。如果说产能过剩、产业结构升级、第三次工业革命等对我国未来工业发展构成了挑战，这些观点同样对我国工业发展也形成了挑战，只是这是发展观念的挑战，如果得不到科学的澄清，也许对我国经济的影响会更大。

（一）工业最大限度地改善人类生活质量、增进了人类社会福祉，极大地满足了人类日益增长的物质文化需要，[①] 对人类社会进步发挥着不可替代的伟大作用

自 18 世纪工业革命以来，工业不断发展，实现了利用不知疲倦

① 虽然满足文化需求的大多属于服务业，但是，没有工业，文化产品是难以被长时间地记录、保存、传承的，也无法快速大范围地传播，人类文化需求的满足程度将大打折扣。

机器替代人的有限劳动、源源不断的无生命动力替代有生命的有限动力、大量丰富的资源替代了有限的动植物资源，极大地促进了生产率的提高和经济的增长，最终避免了因人口增长而带来的人类生存危机，走出了马尔萨斯陷阱。虽然人民享受到了现代工业文明，但由于现代社会面临环境污染和资源消耗等问题，许多普通人又会将这类问题完全归咎于工业发展。但是，在这个问题上需要明确以下几点：第一，不能将某些工业行业存在的高能耗、高污染问题放大到整个工业领域。实际上工业中高能耗、高污染物排放主要集中于石油加工、炼焦及核燃料加工业，化学原料及化学制品制造业，非金属矿物制品业，黑色金属冶炼及压延加工业，有色金属冶炼及压延加工业等石化、化学、冶金、建材等工业部门，而且即使这些行业，也只是某些环节存在高能耗和高污染问题，而不是整个产业链条和生产过程。第二，一些工业行业能耗还低于服务业中一些行业的能耗。据计算，我国交通运输设备制造业，电气机械及器材制造业，通信设备、计算机及其他电子设备制造业，仪器仪表及文化、办公用机械制造业的单位工业增加值能耗远低于交通运输、仓储和邮政业，大致与批发、零售业和住宿、餐饮业相当。第三，工业存在的高能耗和高污染问题只能通过工业自身进一步发展来解决。随着工业技术的不断创新，更先进的技术完全能够解决工业发展中高污染和高能耗问题。例如，随着3D打印这种增量制造技术日益广泛地应用，将彻底改变以前的减量制造方式，极大地节省原料，减少了浪费。依赖呈几何级数发展的科技创新，工业的确能够将这样一个想象世界变得可行，“试想象一个拥有90亿人口的世界，人人都能拥有干净的饮用水、营养的食物、可负担的住房、因材施教的教育制度、顶级医疗护理、没有污染且无处不在的能源”（戴曼迪斯、科特勒，2013）。中国当前严重的污染和资源问题产生的原因，不是因为世界上还没有先进工业技术来避免或者减少污染和能耗问题，而是由于激励机制不当、监控制度不健全或者监控制度执行不力，企业缺少动力或者压力来采用先进技术。因此，要解决中国所面临的资源枯竭、环境污染等问题，不仅仅要依靠通过技术创新提高工业技术水平和促进产业升级，还要通过制度创新为企业技术创新提供更完善的体制机制保障。总之，工业不是劣质产业，而是最能改善人类福祉的伟大产业，因为环境问题就想从工业文明退回到农耕文明的历史倒退不仅不可取，而且也不可行，现代生态文明只能是在工业文明上进一步的发展。

（二）实现工业化并不意味着工业化时代的终结，对于刚刚步入工业化后期的中国而言，其工业化进程还远未结束

一般而言，从理论上可以将整个工业化进程分为前工业化阶段、工业化实现阶段和后工业化阶段，工业化实现阶段又被划分为工业化前期、工业化中期和工业化后期。发展经济学主要关注的是工业化的实现阶段，工业化理论也主要揭示的是在这个实现阶段的经济结构转变、人均收入提升的规律。经济学研究的结果表明，在工业化实现阶段，随着工业化进程的推进，经济结构呈现经济部门重心由第一产业向第二产业和第三产业逐次转移的趋势。但这只是一个大致的趋势，经济学还没办法给出一个统一的、精确的数量标准，以及一个最优的经济结构比例来衡量一个国家和地区是否已经实现了工业化。现有的工业化阶段的评价主要是基于工业化国家经验意义的比较和归纳。我们提出的中国工业化水平评价指标体系和方法（陈佳贵等，2012），也只做到了在比较和归纳基础上更进一步地综合。关于后工业化阶段，社会学家和未来学家似乎比经济学家关注得更多也更为超前和乐观，1973 年丹尼尔·贝尔在《后工业化社会的来临》中提出了所谓工业社会的终结和后工业社会的来临。而在经济学看来，即使实现了工业化，那也只是进入后工业化阶段，后工业化阶段只是工业化实现后的进一步深化阶段，还处于大的工业化进程中，后工业化阶段并不意味着工业化进程的结束和工业化时代的终结。对经济学而言，宣告工业化时代的终结还为时过早，正如有学者所指出："以经济学的眼光来看，工业化时代的终结对于整个人类社会而言还将是很遥远的事，即使在少数最发达国家，这种转折点也远未发生"（史东辉，1999）。而起始于 20 世纪 60 年代、2008 年金融危机后成为普遍趋势的发达国家"再工业化"，对此进行了最好的实践注解。对于中国而

言，我国在2010年以后步入工业化后期，还处于工业化实现阶段，即使到2020年我国基本实现了工业化，也仅仅走完了工业化进程的前两个大的阶段，还有相当长的后工业化阶段，也就是工业化深化阶段要走。改革开放以来，中国快速地推进了工业化进程，现在成为世界经济总量第二的工业经济大国，在很大程度上实现了“赶超”，但是我国还不是一个工业强国，工业现代化水平还较低。要实现从一个工业大国向工业强国的转变，在实现工业化后仍需要一个长期的工业化深化阶段。

（三）2013年我国国民生产总值中服务业产值比例超过工业，但工业对我国经济发展的重要地位没有变化

判断一个产业在经济发展中的地位和作用是一个非常复杂的问题。采用三次产业产值比例来判断是否处于主导地位，是一种统计意义的方法，直观简便但并不全面。在发达国家，服务业比例不仅已超过了工业，而且甚至高达70%～80%，但学者们并没有基于这个比例而达成一致意见，认为服务业已经在发达经济体的经济发展中占据了主导地位，这主要有以下几方面的原因。

第一，统计意义的三次产业分类及其数据，扭曲了一个经济体的最终产出的真实情况，由于工业生产的“迂回生产”特性，本属于工业生产过程的中间产出都被统计为服务业了。瑞典经济学家简·欧文·詹森（2013）在其《服务经济学》中指出：“要理解现代经济体中最重要的服务业的现状，首先要做的是给‘服务业在后工业化时代已经越来越重要’的说法进行降温……传统的三次产业分类……传达的信息扭曲了欧洲各经济共同体的最终产出，即最终消费被满足时的真实情形。产品生产、配送中的中间服务业，与最终消费的服务业搅和在一起了。多数经济学家清楚这一点，却没有用心向公众讲解。”他提出经济发展的最基本驱动力是消费者需求，消费者需求包括产品需求和服务需求，应该基于消费者产品和消费者服务对经济产出进行分类，他按此分类对瑞典经济统计结果是服务和产品的50%∶50%结构，也就是实体经济和服务经济各占50%的比例，而且这种结构已经

保持了很长时间。

第二，从一个经济体的能力角度看，制造业才是决定经济发展的关键。哈佛大学 Hausmann 和麻省理工学院 Hidalgo（2011）两位教授发表的一项研究显示，在过去 60 多年间，由工业产品复杂性所反映的一国制造业能力是能够解释国家长期增长前景的最好的预测性指标，国家间的制造业能力差异能够解释国家间收入差异的至少 70%。这种从能力视角观察制造业经济功能的发现意味着，虽然制造业在发达市场经济国家经济总量中的比重不断下降，但制造业本身所蕴含的生产能力和知识积累却是关系一国经济长期发展绩效的关键。因此，制造业对于国民经济的意义不仅仅在于该部门直接创造了多少经济价值，更体现在它对于国民经济长期增长的驱动作用。

第三，从工业和技术创新的关系看，工业不仅是技术创新的主要来源，而且还是技术创新的使用者和传播者。从技术创新的来源看，工业本身是技术创新最活跃的部门，无论是技术创新投入，还是研发产出，工业部门都占据了绝大部分。2004 年美国产业研发的 70% 来自制造业，并拥有美国全部专利技术的 90%，而 2013 年中国发明专利前 10 名企业都是工业企业，主要集中在能源、电子信息和汽车制造行业。从技术创新使用看，制造业是将技术进步应用于生产的直接的、主要的载体，一项新技术的使用，往往首先要在工业上应用，工业可以将技术转换为无数种设备，进而才能真正促进经济的发展。从技术创新传播看，制造业通常通过提供先进材料、工具、生产设备、零部件以及转移新技术、管理知识，而成为向其他领域传播技术创新的基地，第一、第三产业的技术进步也必须以工业的技术创新和运用为基础。实际上，如果科技创新没有达到在工业部门的广泛使用境界，对经济增长的意义不大，则仅仅是一种科技“泡沫”。20 世纪末期美国的新经济之所以破灭，在很大程度上是由于信息技术还没有发展到在制造业广泛地使用，只是停留在技术革命而非工业革命层面。由于工业部门特别是制造业部门作为技术创新的来源、使用者和传播者，构成了一个国家和地区创新能力的重要基础，是创新生态系统中核心环节之一，创新是在研发部门与制造部门频繁地沟通和互动中才能顺利实现，需要产业公地（Industrial Commons）的支撑。因此，国际金融危机后，发达国家开始反思过去大规模的离岸外包和制造业空心化对本国创新能力的损害和创新生态系统的破坏（Pisano & Shih, 2009）。关于工业的地位，钱纳里等于1986年曾给出了很好的总结和概括，他们认为工业是经济增长的引擎，工业的作用可以概括为将技术进步用于生产、促进技术创新、传播技术创新、创新理念、引导制度发展、产生有益外部效应、促进现代服务业发展、创造动态比较优势、促进经济国际化、促进企业现代化十大方面。他们进一步指出："长期以来，工业就是技术进步、相关技能和企业理念的主要来源者、使用者和传播者。其他生产活动无法与之相比……当今世界，制造业不仅是发展的组成部分——而且是其中重要的组成部分。"这对我国的启示意义在，虽然2013年我国服务业产值比例超越了工业，而且可以预期这种态势还会持续，但是，我们必须认识到，这种变化只是统计意义上的变化，工业对于我国经济发展的重要地位没有变化，中国经济要实现长期稳定发展，制造业发展才是关键，中国要成为创新型国家，就必须有发达的工业体系支撑。而且，从国际竞争角度看，对于我国这样一个社会主义大国而言，制造业的国家战略意义更是无法替代。

（四）当前我国服务业还无法完全替代工业成为经济的主导力量，我国服务业发展战略的重点应是围绕做强工业而大力发展生产性服务业

一直以来，我们期望通过产业政策加快服务业的发展，促进产业结构升级。但是，从我国现在的发展阶段看，服务业还无法替代工业成为经济发展的主导力量。第一，我国生产性服务业的发展还有待制造业的进一步高级化和专业化，加快生产性服务业发展是我国服务业发展的战略重点。虽然服务业有不同的分类方法，但服务业至少应该包括生产性服务业、消费服务业和公共服务业三类。其中，生产性服务业一般认为是作为中间服务为制造业配套服务的行业，包括农业服务、制造维修服务、建筑工程服务、环保服务、物流服务、信息服

务、批发服务、金融服务、租赁服务、商务服务、科技服务及教育服务等方面，发达国家生产性服务业要占到服务业总额的60%左右。生产性服务业的产生是由于工业专业化分工发展的结果。因此，生产性服务业的自身发展依赖于工业的高端化和专业化的发展程度。世界发达国家生产性服务业的发展也都是建立在制造业高度发达的基础上。而当前我国制造业大而不强的现状还严重制约着生产性服务业的发展，进而影响整个服务业对经济增长的作用和地位。一方面，推进我国从工业大国向工业强国转变、促进制造业转型升级，对生产性服务业发展有极大的牵引需求，进而有利于生产性服务业的发展。另一方面，促进生产性服务业发展，有利于引领产业向价值链高端提升，有利于我国制造复杂产品能力的提升，有利于制造业转型升级和经济结构的调整。因此，加快发展生产性服务具有重要的战略意义。我国应该以加快生产性服务业发展为战略重点，推进工业和服务业的协调发展。2014 年 8 月颁布的《国务院关于加快发展生产性服务业促进产业结构调整升级的指导意见》提出，当前我国生产性服务业重点发展研发设计、第三方物流、融资租赁、信息技术服务、节能环保服务、检验检测认证、电子商务、商务咨询、服务外包、售后服务、人力资源服务和品牌建设，就体现了这方面的努力。第二，服务业劳动生产率低速增长特征以及我国服务业的低效率显著制约了服务业对经济发展支撑作用的进一步发挥。服务作为无形产品，相对于工业而言，具有劳动生产率低速增长的核心特征。这决定了服务业的发展一般是对就业增长有正效应，而对经济增长有副效应。这也在很大程度上可以说明为什么一个国家和地区到了工业化后期，随着服务业比例超过工业，而整体的经济增长速度会下降到一个新的台阶。从国际比较看，我国服务业效率与工业效率的差距要远远大于其他国家。一份研究表明，中国贸易部门（主要是工业部门）与非贸易部门（主要是服务业部门）的 TFP 增长率之比为2.04，而美国为1.47，日本为1.17，欧盟为1.0，这意味着我国要从工业主导的经济转向服务业主导的经济，将会面临更大的效率损失。因此，在服务业效率短期内无法提升的前提下，工业对经济增长的地位还不应被服务业替换。如果我国过快推进经济从工业主导向服务业主导转变，将面临劳动生产率加剧衰退的情况，效率失衡问题将变得十分严重，经济运行风险将陡然上升，甚至有可能陷入中等收入陷阱。我们必须牢记，经济增长的核心是生产率的提高，虽然服务业对就业贡献很大，但牺牲生产率来换取就业往往是无益的。正是基于这些考虑，郑秉文（2012）在比较研究拉美国家与日本和美国的产业结构演进后认为，拉美国家陷入中等收入陷阱与其去工业化有关，而我国要坚定不移地走工业立国之路，规避拉美国家“去工业化”，不应过早或过度发展服务业。第三，制造业服务化趋势进一步强化了制造业在国民经济中的主导地位。对制造业服务化有两种不同维度的界定：一是从投入产出的角度将其分为作为制造业投入的服务化和作为制造业产出的服务化，前者即产品制造过程中所需的工业设计、信息存储和处理、人力资源管理、会计、法律、金融等服务性要素在制造和价值创造中的投入增加，成为企业竞争力的关键来源；后者是指在实物产品的基础上衍生出越来越多的围绕实物产品的附加服务，而且服务的内容和质量成为满足消费者需求、从而决定消费者购买决策的主要因素。二是制造业服务化的“场所”或交易关系，从这种视角出发可以将其划分为企业内部的制造业服务化和企业外部的制造业服务化，前者表现为企业内部服务职能的强化，有助于制造业企业获取范围经济；后者主要表现为独立的生产性服务业的发展，满足了制造业企业寻求规模经济的要求。制造业服务化已经成为全球产业发展的一种趋势，技术融合和商业模式创新正不断推进制造企业的服务化和新型生产性服务业的涌现。20 世纪初期 IBM 公司的硬件收入占其销售收入的 70%，而现在其生产性服务收入已占 70%（邬贺铨，2014）。制造业服务化既是我国制造业转型升级的重要方向和途径，也是服务业特别是生产性服务业大发展的源泉和动力。在制造业服务化的趋势下，制造业企业将自己的研发制造能力与营销服务能力有机融合，竞争力大大提高，制造业和服务业的界限被模糊了，制造业和服务业日益融合，这极大地巩固了制造业在经济中的主导地位。

基于上述分析，我们认为，工业劣质产业论是站不住的，而工业地位下降论还为时尚早。在我国步入工业化后期，尤其是“十三五”期间，推进工业发展对我国实现工业化和经济步入新常态具有十分重要的战略意义。面对工业发展的新挑战，我们要做的是转换工业经济增长的动力机制，创新工业化战略，转变工业增长方式。

四、增强中国工业增长新动力

虽然我国工业经济已经呈现出高级化的积极变化，但2014 年8 月规模以上工业增加值增速为6.9%，创2008 年12 月以来的新低，大大低于市场预期，表明工业底部还没有探出，也说明判断工业经济是否进入新常态还有待时日。面对工业化后期的各种新挑战，能否稳步进入工业经济新常态，关键要看两方面：一是工业增速从高速下滑，但不会滑出可以承受的“下线”，能够稳定在一个中高速的区间；二是工业结构呈现明显的高级化、合理化方向的优化。而在工业化后期工业增长动力趋弱的情况下，保证工业增速稳定在合理区间和结构逐步优化的关键是能否通过转换工业增长动力机制来增强工业增长的新动力。有了新的动力机制驱动，经济才能在新常态下稳定运行，从而渡过工业化后期的各种可能危机，最终基本实现工业化。在工业化后期，工业增长的动力主要可以归结为两大方面：一是工业化自身演进过程中由于技术进步和产业结构升级而产生的供给推动力；二是城市化进程中由于城市发展而产生的需求拉动力。对于中国的工业化和城市化进程而言，由于与全球信息化叠加在一起，信息化将与工业化和城市化结合在一起成为工业化后期工业增长的重要动力。无论是来自工业化深化的推动力，还是来自城市化推进的拉动力，在工业化后期劳动力、资本等要素驱动乏力，更为根本的动力来自创新，这正是所谓创新驱动战略的本意。这种创新不仅包括一般意义上的技术创新，还包括改革开放意义的制度创新，考虑到我国技术创新能力不够在很大程度上是受到体制机制约束，工业化后期我国工业增长的原动力更大程度上表现为制度创新。

（一）来自工业化进程的供给推动力

在工业化后期，工业化进程一方面要求传统产业不断升级，另一方面要求新兴产业的培育和发展，从而实现产业结构高级化。这个过程孕育着巨大的工业增长机会。

1. 现有产业的升级

随着工业化的推进，我国完成了从纺织皮革业、造纸及文教用品业、食品业等消费品行业曾主导工业增长向冶金业、电力业、煤炭业、建材及其他非金属矿制造业、石油业、化学业等资本密集型产业主导工业增长的转换，现在进一步转向金属制品业、机械制造业、交通运输设备制造业、电气机械及器械制造业、电子及通信设备制造业等技术密集型行业主导的工业增长，据预测，在2020年这些技术密集型所占行业比重也将达到峰值，然后趋于稳定。这意味着，单纯依靠结构转变而对工业增长的动力将趋弱。应该说，经过30年的“铺摊子”，中国已经具备了庞大的工业基础，但“大而不强”是一个基本现状，这突出反映在我国工业增加值率基本在26%～30%之间波动，而发达国家一般在35%以上，美国、德国等甚至超过了40%（乔标等，2012），这又给产业升级留下了很大的空间。因此，未来以工艺流程升级、产品升级、功能升级和价值链升级为内涵的产业升级，将成为工业增长的主要动力，这正是未来我国工业增长的巨大潜力所在。

2. 新兴产业的培育和发展

2010年9月8日，《国务院关于加快培育和发展战略性新兴产业的决定》明确提出要发展具有核心技术、具有市场需求前景，具备资源能耗低、带动系数大、就业机会多、综合效益好的战略性新兴产业，要求到2015年，战略性新兴产业增加值占国内生产总值的比重力争达到8%左右，到2020年，战略性新兴产业增加值占国内生产总值的比重力争达到15%左右，节能环保、新一代信息技术、生物、高端装备制造产业成为国民经济的支柱产业，新能源、新材料、新能源汽车产业成为国民经济的先导产业。在国家扶持以及产业政策引导下，新兴产业发展将成为今后工业增长的重要驱动力量。

3. 第三次工业革命的推动

中国的工业化进程与第三次工业革命的重叠，既是挑战，也是机遇。根据麦肯锡全球研究机构预估，移动互联、知识型工作自动化、物联网、云计算技术、先进机器人、自动或半自动交通工具、新一代基因组技术、能量储存、3D 打印、先进材料、先进油气田勘探开采技术、可再生能源 12 项颠覆新技术到 2025 年将对经济的潜在影响达到 16.7 万亿～40.4 万亿美元（方陵生，2013）。第三次工业革命的深化为我国工业增长提供了巨大的新空间。具体而言，一是第三次工业革命会催生新的制造系统和生产设备产业的发展，而这些产业的发展又会带动信息产业、新材料产业等新的产业门类的出现和增长，从而为我国战略性新兴产业的培育和发展创造很好的机会。二是先进制造技术终归是在工厂和制造环节的应用，我国庞大的制造基础为先进制造技术和相关产业的发展提供了巨大的潜在市场和应用场所。三是移动互联、云等技术正在不断创新服务业业态和商业模式、颠覆传统商业规制、改变原有的竞争格局，这有利于促进服务业效率的改善，进而也改善了实体经济的产业环境，包括融资环境和营销环境等，有利于工业的增长。麦肯锡预测，到 2025 年互联网对电子、汽车、化工等工业行业增长的贡献度分别是 14%～38%、10%～29%和 3%～21%。实际上，自 2003 年我国实施新型工业化战略以来，我国一直努力推动信息化和工业化的深度融合，这为我国工业抓住机遇、迎接挑战奠定了很好的基础。

（二）来自城市化进程的需求拉动力

从工业化与城市化历史演进互动关系看，在工业化初期，主要是工业化进程推动了城市化的进程，而到了工业化中后期，城市化进程的加快又牵引了工业化进程的推进。因此，在我国进入工业化后期，城市化对工业增长的拉动力量变得十分重要。而且，按照一般工业化国家经验，我国的城镇化进程是落后于工业化进程的，在工业化后期，加快城市化进程就更有必要了。2013 年我国的城市化率为 53.7%，但是发达国家的城镇化率一般都超过 70%，若要达到发达国家的城市化水平，我国仍存在将近 20 个点的增长空间，需求的潜力是巨大的。从投资需求看，随着城市化水平的提升，大量人口向城市集中，这对我国城市基础设施和公共服务提出巨大需求，未来我国基础设施投资增长仍有较大的空间。根据麦肯锡 2013 年发布的一份关于全球基础设施领域发展与趋势报告称，运输（道路、铁路、港口和机场）、水、电和通信所需的基础设施投资未来 18 年中国将会达到 16 万亿美元。国务院发展研究中心课题组预测，通过改革基础设施融资体制，到 2023 年，东部基础设施资本存量年均增长 6.25%、中部增长 8.29%、西部增长 5.98%。王建（2010）建议，考虑到我国现在只有珠三角、长三角和环渤海地区初具都市圈雏形，城市化严重滞后这个现实，未来的 20 年间应有序引导形成 20 多个大都市圈。从消费需求看，城市化能够缩小城乡收入差距，极大地拓展消费需求空间。2012 年，农村居民年均开支人均 6000 元左右，县城居民年均开支人均 1.2 万元左右，如果转移到地级城市和地级以上城市，年均消费开支将达到人均 1.8 万元左右。如果能够通过城市化使农村居民达到城市居民的消费水平，将创造巨大的消费增量。另外，我们还必须认识到，我国的服务业发展缓慢和服务业效率较低的一个重要原因是我国的城市化水平不够。城市化是服务业成长为经济运行中主导部门的必要条件，因为城市化的人口集聚效应能够形成需求密度经济（the Economies of Density of Demand），从而可以不依靠劳动生产率的提高而促进经济增长（詹森，2013）。总之，虽然这些年我们在城市化推进中出现了各种问题，但推进城市化的重要意义不可低估，要重视由城市化进程的推进对工业增长的作用，只是在推进城市化进程中，要坚持以人为本的新型城市化战略，提高城市化质量。

（三）来自全面深化改革的原动力

无论是产业升级，还是新兴产业的培育和发展，无论是迎接第三次革命，还是积极推进以人为本的城市化进程，其更为根本的动力都可以归结为创新。党的十八大明确提出：坚持走中国特色自主创新道路、实施创新驱动发展战略，这抓住了我国进一步发展的根本。创新驱动战略的创新不仅包括科技创新，还包括制度创新。由于制度创新是完善我国经济发展和科技创新体制机制的根本手段，制度创新的意义在于发挥“改革红利”的作用，因此对于创新驱动战略而言制度创新更具有根本意义。也就是说，全面深化改革才是实现新时期工业增长的最根本动力。实际上，这些年我国的科技创新投入大幅度增长，2013 年 R&D 投入占 GDP 比重达到 2.09%，居发展中国家首位，超过了部分高收入国家水平，我国研发人员规模已达 360 万人/年，居世界第一，也在一系列关键领域取得了重大突破，但是，我国创新能力还有待加强，整体上还未进入世界先进行列，尤其是核心技术自主性很差，中国的纺织机械、高端机床、高速胶印机、集成芯片制造设备和光纤设备制造设备产品进口分别达到 70%、75%、75%、85% 和 100%。当前，制约我国科技创新能力提升的关键已不主要是科技创新投入少的问题，而是我国科技创新体制机制还有许多方面亟待完善，严重影响了科技创新投入的产出效果，造成科技创新效率低下。当今时代的科技创新是一项复杂的系统工程，其创新效率取决于复杂的创新生态系统的运行效率。国际上创新活动的竞争，不仅仅是一个企业或者一个产业的竞争，而是一个创新生态系统的竞争。科技创新体制机制改革并不仅仅是科技界内部的事情，而涉及整个社会经济体制改革，包括政府管理体制、货币金融制度、财税制度、土地制度、干部考核制度、产权保护制度、文化体制等方面的改革。党的十八届三中全会提出了全面深化改革的各项措施，对创新科技体制机制、完善创新生态系统都具有重大意义，其中最为核心的是政府体制改革。当前面临着政府推动的改革突进与政府自身的改革滞后之间的矛盾（黄泰岩，2014），该矛盾使全面深化改革的动力扭曲，“肠梗阻”现象较普遍，一些长期制约科技创新和经济发展的体制机制问题虽已得到共识但无法解决。例如，金融领域的垄断格局始终无法打破，造成实体经济利润空间长期受到银行业的过度侵蚀，虽然中央多次提出要大力支持实体经济发展，但实体经济生存环境日益严酷；又如，政府财政收入增长率连续多年大大高于 GDP 增长率，即使在经济增速下降、投资和消费增速都放缓的背景下，企业税收负担还在提高；再如，科研经费管理体制僵化，科研经费管理制度不符合科研活动规律，科研人员的智力劳动得不到充分承认，在很大程度上影响科研人员创新的积极性。类似的问题还包括垄断领域的"玻璃门"、"旋转门"问题，科研成果难以转化为现实生产力问题，收入分配改革问题，等等。新时期深化政府体制改革、转变政府职能，党的十八届三中全会的决定既指明了改革方向，也体现了党中央的决心，现在更需要的是进一步解放思想，进一步地发挥民主推动力，调动人民群众的积极性、主动性和创造性。

以创新驱动战略协调推进新型工业化和新型城市化进程，将增强中国工业发展的新动力，保证在发展阶段转换过程中工业经济的稳定可持续的增长，走向新常态，在 2020 年基本实现工业化，在 2030 年建设成为一个世界工业强国。

参考文献

[1] 李扬：《中国经济增长报告（2013～2014）》，社会科学文献出版社，2014 年。

[2] 刘世锦：《在改革中形成增长新常态》，中信出版社，2014 年。

[3] 中国社会科学院工业经济研究所：《中国工业发展报告（2013）》，经济管理出版社，2013 年。

[4] 工业和信息化研究院：《2014 年中国工业发展报告》，人民邮电出版社，2014 年。

[5] 蔡昉：《认识中国经济的短期和长期视角》，《经济学动态》2013 年第 5 期。

[6] 中国经济增长前沿课题组：《中国经济转型的结构性特征、风险与效率提升路径》，《经济研究》2013 年第 10 期。

[7] 刘世锦：《寻求中国经济增长新的动力和平衡》，《中国发展观察》2013 年第 6 期。

[8] 陈佳贵、黄群慧、吕铁、李晓华等：《中国工业化进程报告（1995～

2010)》，社会科学文献出版社，2012 年。

[9] 张晓晶：《增长放缓不是“狼来了”：中国未来增长前景展望》，《国际经济评论》2012 年第 4 期。

[10] 林毅夫：《展望未来 20 年中国经济发展格局》，《中国流通经济》2012 年第 6 期。

[11] 黄群慧：《中国的工业化进程：阶段、特征与前景》，《经济与管理》2013 年第 8 期。

[12] 黄群慧：《再战产能过剩》，《事实报告》2013 年第 3 期。

[13] 伍晓鹰：《测算和解读中国工业的全要素生产率》，《比较》2013 年第 6 期。

[14] 戴维·兰德斯：《国富国穷》，新华出版社，2001 年。

[15] 黄群慧、贺俊：《“第三次工业革命”与中国工业发展战略调整——技术经济范式转变的视角》，《中国工业经济》2012 年第 1 期。

[16] 彼得·戴曼迪斯、史蒂芬·科特勒：《富足：解决人类生存难题的重大科技创新》，商周出版社，2013 年。

[17] 史东辉：《后起国工业化引论——关于工业化史与工业化理论的一种考察》，上海财经大学出版社，1999 年。

[18] 简·欧文·詹森：《服务经济学》，中国人民大学出版社，2013 年。

[19] Hausmann R & Hidalgo C A, et al. The Atlas of Economic Complexity: Mapping Paths to Prosperity, http://www.cid.harvard.edu/documents/complexityatlas.pdf, 2011.

[20] Pisano G & W C Shih. Restoring the American Competitiveness, Harvard Business Review, 2009: 114 - 125.

[21] 联合国工业发展组织：《工业发展报告 2002/2003》，中国财政经济出版社，2003 年。

[22] 郑秉文：《中等收入陷阱：来自拉丁美洲的案例研究》，当代世界出版社，2012 年。

[23] 邬贺铨：《信息产业变革新趋势》，《产业经济评论》2014 年第 3 期。

[24] 乔标、赵芸芸、贺石昊：《工业增加值率：工业转型升级的风向标》，http://www.ccidgroup.com/sdgc/2792.htm, 2012 - 04 - 09。

[25] 方陵生：《12 种改变未来的颠覆性技术》，《文汇报》2013 年 7 月 4 日。

[26] 王建:《用城市化创造中国经济增长新动力》,《经济参考报》2010 年 1 月 20 日。

[27] 黄泰岩:《中国经济的第三次动力转型》,《经济学动态》2014 年第 2 期。

第四章　中国工业化进程及其对全球化的影响*

成为一个工业化国家，是中华民族实现伟大复兴的一个重要标志，实现工业化是“中国梦”的一个重要经济内涵。改革开放以来，中国开启了特色的工业化道路，快速地推进了工业化。在 2012 年，党的十八大在十六大确立的全面建设小康社会的目标基础上提出，到 2020 年全面建成小康社会，基本实现工业化。那么，经过改革开放以来中国特色的新型工业化进程的快速推进，尤其是在步入经济新常态以后，现在中国工业化达到了什么水平，处于怎样的阶段，中国能否在 2020 年基本实现工业化、进一步顺利地成为工业化国家吗？从国际视野看，中国这样一个大国，快速的工业化进程会对世界工业化、全球化带来怎样的影响呢？

一、中国工业化进程给世界工业化进程带来颠覆性变化

自 2006 年我们开发出工业化水平综合指数以来，我们一直利用工业化水平指数对中国工业化水平进行了连续的跟踪评价（陈佳贵、

---

* 本文原载《中国工业经济》2017 年第 6 期。

黄群慧、钟宏武，2006）。如果把工业化划分为前工业化、初期、中期、后期和后工业化阶段，利用人均GDP、三次产业产值比例、制造业增加值占总商品增加值比例、人口城市化率、第一产业就业占总体就业比重5个指标并赋予不同权重，取发达国家这5个指标在不同工业化阶段的经验数值范围作为标准值，我们构造了工业化水平综合指数。对应工业化的前工业化、初期、中期、后期和后工业化阶段，该指数分别取值为0、1～33、34～66、67～100和大于100。我们利用工业化水平综合指数的测算表明，在经历了“十一五”时期的快速增长后，2010年中国工业化水平指数为66，中国的工业化水平处于工业化中期的后半阶段，即将步入工业化后期。2011年以后中国工业化水平就进入工业化后期。整个“十二五”时期中国经济逐步步入增速放缓、结构趋优的经济新常态，到2015年，中国的工业化水平指数达到84（黄群慧、李芳芳，2017），中国工业化水平快速地推进到工业化后期的后半阶段。这意味着中国离基本实现工业化已经很近，而且我们从来没有离实现工业化如此之近。

进一步地，可以对2020年的工业化水平进行粗略估计。第一，从总体工业化水平指数看，如果根据“十二五”时期工业化速度推测，假定“十三五”我国能够保持“十二五”时期工业化速度，到2020年工业化水平综合指数将超越100。但是考虑到工业化后期工业化进程逐步放缓的趋势，只要“十三五”时期工业化速度不大幅低于“十二五”时期（不低于60%），到2020年工业化水平综合指数也会大于95，大体接近100。另外，如果采用计算出的1990～2015年中国历年的工业化综合指数，将这一时间序列利用Matlab软件进行S形轨迹的拟合，结果在2025年前后工业化水平综合指数达到最大值100（黄群慧、李芳芳，2017）。第二，从工业化进程的具体衡量指标看，到2020年，我国人均GDP超过1.2万美元，服务业比重达到55%以上，制造业增加值占商品增加值比例达60%左右，城镇化率超过60%，三次产业结构非农产业就业占比超过80%。人均GDP指标和三次产业产值结构指标已经落到了后工业化阶段标准值范围中；制造业增加值在2010年已经超过了60%，达到后工业化后期的阶段，近年有下降趋势，大体应该能够稳定在工业化后期阶段标准值范围中；城镇化率和三次产业结构中非农产业占比指标值则属于工业化后期的标准值范围。第三，从具体省级区域看，到2015年，上海、北京和天津都已经步入后工业化阶段，浙江、江苏、广东、福建等东部地区的工业化水平综合指数也已经大于90，预计到2020年，绝大多数东部省份和部分中部省份会步入后工业化阶段，大多数中部省份都步入工业化后期后半阶段，而一半左右的西部省份将步入工业化后期的前半阶段。因此，综合上述三方面的分析，对于中国这个预计2020年人口将达到14.2亿人口的大国而言，中国工业化水平综合指数大体接近100，人均GDP和三次产业产值比例这两个关键指标达到后工业化阶段标准，可以认为中国已经基本实现了工业化，完成了党的十八大提出的基本实现工业化总体目标。但是，由于中国工业化进程的不平衡性，人口城市化率相对于工业化国家还较低，一些中西部省份工业化水平还较落后，到2020年，我国还没有全面实现工业化，还不是一个真正意义上的完全的工业化国家。这意味着，2020年中国基本实现工业化后，我国还面临着继续深化工业化进程、推进全面实现工业化的重大任务。

如果到2030年，再经过10年左右的工业化进程的深化，不仅工业化水平综合指数肯定超过100，而且各个单项指标都会有更大的进展。综合现有的各家机构预测，在2030年中国GDP总量将超过美国成为世界第一，人口城镇化率也将超过70%，服务业增加值占比超过65%，非农就业占比达到90%，从这些指标看大致都会处于后工业化阶段。从各个省级区域看，绝大多数省份都会步入后工业化阶段。而且，基于《中国制造2025规划纲要》规划，在2025年中国将步入世界制造强国行列，2035年将达到世界制造强国的中等水平，这也意味着2030年前后中国一定应该是一个工业化国家。因此，如果不出现大的曲折，2030年前后中国工业化将全面实现工业化，进入工业化国家行列，成为一个真正意义的工业化国家。

从工业化史看，经过200多年的发展，世界上也只有约10亿人实现了工业化，而中国的工业化则是一个具有超过13亿人口的大国的工业化，因此，中国的工业化进程对整个人类的工业化进程具有颠覆性的作用，中国是否实现了工业化，不仅事关一个国家能否繁荣富强，还决定着整个人类的现代化进程，中国的工业化进程将改写人类历史（黄群慧等，2015）。

二、中国实现的工业化是中国特色的新型工业化

无论是到2020年中国基本实现工业化，还是到2030年中国全面实现工业化，我们需要明确的是，中国所实现的工业化，并不是传统意义的工业化，而是信息化时代以信息化引导工业化、信息化与工业化深度融合的新型工业化道路下的工业化。中国的工业化道路既要符合中国工业化阶段的国情，又要适应发达国家“再工业化”的世界工业化趋势。与老牌工业化国家的发展环境不同，中国的快速工业化进程与世界信息化趋势叠加。党的十六大就提出，我国要走区别于传统工业化道路的新的工业化道路。即坚持以信息化带动工业化、以工业化促进信息化，从而达到科技含量高、经济效益好、资源消耗低、环境污染少、人力资源优势能充分发挥。党的十八大提出要推进新型工业化、城镇化、信息化和农业现代化“四化”同步发展。从世界工业化发展趋势看，美国国际金融危机后，发达国家纷纷更加关注以重振制造业和大力发展实体经济为核心的“再工业化”战略。“再工业化”战略不是简单地提高制造业产值比例，而是通过现代信息技术与制造业融合、制造与服务的融合来提升复杂产品的制造能力以及制造业快速满足消费者个性化需求能力。在政府的大力推动下，制造业信息化和制造业服务化成为世界工业化进程的两个重要趋势。《中国制造2025规划纲要》的提出，也正是中国响应这种世界工业化发展趋势而制定的一项深化工业化进程的战略。

在“四化”同步战略驱动下，我国工业化与信息化融合已经取得

了积极的进展，基于中国电子信息产业发展研究院（2016）评估，我国“两化融合”发展指数已经由2011年的52.73增长到2015年的72.68。我们预计，到2020年，“两化”深度融合得到更大力度、更加实质的推进，“两化”融合发展水平进一步提升，“两化融合”发展指数提高至85以上。到2030年，“两化融合”发展指数提高至95以上。也就是说，到2030年我国全面实现的工业化，是工业化和信息化深度融合的新型工业化。

三、中国需要进一步深化工业化进程

虽然离实现工业化的梦想如此之近，但这并不意味着我们可以一帆风顺地实现工业化。工业化史表明，后发国家的工业化进程往往是曲折的，迄今为止真正成功“赶超”而实现工业化的国家屈指可数，除了几个小的经济体外，只有日本和亚洲“四小龙”等少数国家和地区成功实现了工业化。近些年，我国出现了随着工业化水平的提高，经济服务化的趋势加大，我国经济发展中呈现出“脱实向虚”问题。这主要表现在：一是虚拟经济中的主体金融业增加值占全国GDP比例快速增加，从2001年的4.7%快速上升到2015年的8.4%，2016年初步核算结果也是8.4%，这几乎已经超过所有发达国家，美国不足7%，日本也只有5%左右。二是我国实体经济规模占GDP比例快速下降，以农业，工业，建筑业，批发和零售业，交通运输仓储和邮政业、住宿和餐饮业的生产总值作为实体经济口径计算，从2011年的71.5%下降到2015年的66.1%，2016年初步核算结果是64.7%。三是从上市公司看，金融板块的利润额已经占所有上市公司利润额的50%以上，这意味着金融板块企业超过了其他所有上市公司利润之和。麦肯锡一份针对中国3500家上市公司和美国7000家上市公司的比较研究表明，中国的经济利润80%由金融企业拿走，而美国的经济利润只有 20% 归金融企业。四是实体经济中的主体制造业企业成本升高、利润下降、杠杆率提升，而且在货币供应量连续多年达到 12% 以上、2011 ~ 2015 年货币供应量 M2 是 GDP 的倍数从 1.74 倍上升到 2.03 倍比例的情况下，面对充裕的流动性，制造业资金却十分短缺、资金成本较高，大量资金在金融体系空转、流向房地产市场，推动虚拟经济自我循环（黄群慧，2017）。金融业过度偏离实体经济融资服务的本质、虚拟经济无法有效地支持实体经济发展，这种“脱实向虚”问题表明，实体经济供给与金融供给之间、实体经济供给与房地产供给之间存在严重的结构性失衡。我国必须高度重视这个结构性失衡问题。否则伴随着以制造业为主体的实体经济萎缩，会出现经济结构高级化趋势明显，但效率反而降低的逆库兹涅茨化问题。对于处于中等收入阶段的中国而言，效率下降会使我们加大步入中等收入陷阱的风险，进而使我国不能够顺利地实现工业化。

要深化工业化进程，我们必须高度重视工业的发展。当今整个世界仍处于工业化时代，工业的重要地位并未改变。中国应该更加关注工业本身所蕴含的生产能力和知识积累，工业特别是制造业不仅是技术创新的主要来源，而且还是技术创新的使用者和传播者。实际上，快速的、低成本的工业化战略造就了数量庞大的中国工业，但是也遗留下工业大而不强、工业发展质量亟待提升的重大问题。虽然从 2010 年开始中国制造业产值已经居世界第一位，但中国制造业劳动生产率还不及美国的 1/5。如果不能够继续进一步深化工业化进程、促进制造业转型升级进而提高效率，那么中国可能会因过早地去工业化而最终无法实现成为一个工业化国家的“中国梦”，即使现在中国离这个梦想仅一步之遥。而且，在中国深化工业化进程的过程中，还面临着国际金融危机以来美国、德国、日本等工业化国家积极推进“再工业化”战略所带来的高端挤压及资源争夺压力。美国总统特朗普对制造业的高度重视，意味着中国与美国的经济竞争更多的是实体经济的竞争，是制造业发展的竞争。因此，未来中国深化工业化进程、促进制造业转型升级面临巨大的挑战。中国要迎接这些挑战，一要处理好城市化与工业化的关系，避免城市化与实体经济脱节，不能让房地产仅成为炒作对象，要让城市化进程真正发挥对实体经济转型升级的需求引导作用。二要处理好信息化与工业化的关系，促进工业化和信息化的深度融合。深化工业化进程的重点是以智能制造为主导推进工业互联网发展，要注意尽量减少由于电子商务大发展而产生的对高质量产品挤出效应以及对低成本实体经济需求的扩张效应。三要处理好国际化与工业化的关系，要坚持技术引进与消化吸收再创新、原始创新相结合，在扩大开放的基础上交流融合创新，推进中国工业沿着高端化、智能化、绿色化、服务化方向转型升级（黄群慧，2017）。

四、“一带一路”倡议下，中国工业化进程对全球化的影响日益深远

一个大国的工业化进程会产生国内和国际两方面的效应。从国内看，在技术进步和制度创新的驱动下，该国的工业化进程逐步深化，生产方式会发生巨大的变化，进而推进交换方式和消费方式的变化以及城市化的进程，这在经济上最终表现为该国快速经济增长和深刻的经济结构变化，从而促进该国的经济现代化的实现；从国际看，在该国工业化深化过程中，生产方式变革还会导致该国生产的市场边界不断扩大并走向国际化，这加速了产品贸易以及资本、技术、劳动力等要素的国际流动，在全球市场竞争中逐步形成新的国际分工格局，最终表现为对全球化进程的推进作用。

改革开放以来，在上一轮全球化背景下，中国成功推进了低成本出口导向的工业化战略，在世界的每个角落都能够找到物美价廉的中国制造产品，中国对全球化做出了自己的贡献。随着中国工业化进程逐步推进，已经步入工业化后期的中国工业化对全球化的贡献将不仅仅主要停留在基于中低价值链环节的全球分工格局下的低成本产品出口，而是将会表现为资本、技术和劳动力等生产要素的全面的国际流

动，也就是产能的国际合作。2013 年 9 月和 10 月由中国国家主席习近平分别提出建设“新丝绸之路经济带”和“21 世纪海上丝绸之路”的“一带一路”构想，旨在借用古代“丝绸之路”的历史符号，高举和平发展的旗帜，主动地发展与沿线国家的经济合作伙伴关系，共同打造政治互信、经济融合、文化包容的利益共同体、命运共同体和责任共同体。这可以理解为全球化的一种全新理念。在“一带一路”倡议的全球合作框架下，中国将与接受“一带一路”理念和倡议的国家通过政策沟通、设施连通、贸易畅通、资金融通、民心相通的“互通互联”，进一步带动工业产能合作以及其他各个方面的更广、更深层面的区域经济合作。

工业产能合作是中国工业化发展到后期阶段的新的合作方式，会对推进全球化进程产生新的巨大影响。所谓产能合作可以理解为在两个或者多个存在意愿和需要的国家或地区之间进行产能资源跨国或者跨地区配置的活动。产能合作的机制一般表现为在政府达成“互联互通”、多边合作共识国际规则的前提下，借助多边投资机制，基于产业互补性推进的企业和项目合作。从现有的中国与“一带一路”沿线国家合作的案例看，合作项目多是具有基础设施投资性质的、对民生有巨大贡献的重大战略性意义的工程。

从工业化视角看，“一带一路”倡议的推出，表明一个和平崛起的大国的工业化进程正在产生更大的“外溢”效应。基于最初倡议，“一带一路”沿线国家至少涉及包括东南亚、中亚、中东欧等地区的 65 个国家（中国包括在内），覆盖约 44 亿人口，经济总量约 21 万亿美元，人口和经济总量分别占全球的 63% 和 29%。“一带一路”发端于中国，贯通中亚、东南亚、南亚、西亚乃至欧洲部分区域，东牵亚太经济圈，西系欧洲经济圈，这是世界上跨度最长的经济大走廊，也是世界上最具发展潜力的经济合作带。我们的研究表明，“一带一路”沿线有 65 个国家，这些国家之间工业化水平差距较大，处于前工业化时期的国家只有 1 个，处于工业化初期阶段的国家有 14 个，处于工业化中期阶段的国家有 16 个，处于工业化后期阶段的国家有 32 个，而处于后工业化时期的国家只有 2 个。有 14 个国家的工业化水平高于中国，有44个国家的工业化水平低于中国。中国在“一带一路”沿线国家中工业化水平处于上游位置（黄群慧等，2015）。因此，中国的工业化经验将对大多数“一带一路”国家具有借鉴意义。“一带一路”沿线国家处于不同的工业化阶段，具有不同的经济发展水平，并形成了不同的优势产业类型。而这些产业也形成了三种不同的梯度，即技术密集与高附加值产业（工业化后期国家）、资本密集型产业（工业化中期国家）、劳动密集型产业（工业化初期国家）。这就决定了中国与这些国家的产业合作空间巨大。通过产能合作，中国将会促进“一带一路”沿线国家产业升级、经济发展和工业化水平的进一步提升，这对世界工业化进程的推进意义巨大。如果说，长期以来，中国在参与全球化进程中主要表现为提供物美价廉的中国制造产品为主，那么，在“一带一路”合作框架下，中国也将给全球化带来合作方所需要的一体化的服务方案。这意味着中国对全球化的影响将更为深远。

参考文献

［1］陈佳贵、黄群慧、钟宏武：《中国地区工业化进程的综合评价和特征分析》，《经济研究》2006年第6期。

［2］黄群慧、李芳芳等：《中国工业化进程（1995～2015）》，社会科学文献出版社，2017年。

［3］黄群慧等：《“一带一路”沿线国家工业化进程报告》，社会科学文献出版社，2015年。

［4］中国电子信息产业发展研究院：《2015年度中国信息化与工业化融合发展水平评估报告》，https：//www. image. ccidnet. com，2016年。

［5］黄群慧：《着力提升实体经济的供给质量》，《光明日报》2017年3月20日。

问 题 篇

第五章　论新时期中国实体经济的发展*

多年来，重视实体经济的发展一直是中国经济发展的重大战略和政策导向。党的十六大报告就专门提出要正确处理实体经济与虚拟经济的关系，党的十八大报告进一步明确提出，“牢牢把握发展实体经济这一坚实基础，实行更加有利于实体经济发展的政策措施”，以及“深化金融体制改革，健全促进宏观经济稳定、支持实体经济发展的现代金融体系”。在 2016 年中央经济工作会议上，习近平总书记指出：“振兴实体经济是供给侧结构性改革的主要任务，供给侧结构性改革要向振兴实体经济发力、聚力。不论经济发展到什么时候，实体经济都是我国经济发展、我们在国际经济竞争中赢得主动的根基。我国经济是靠实体经济起家的，也是靠实体经济走向未来”（中央文献研究室编，2017）。2017 年全国人民代表大会的政府工作报告更是明确提出：“以创新引领实体经济转型升级。实体经济从来都是我国发展的根基，当务之急是加快转型升级。要深入实施创新驱动发展战略，推动实体经济优化结构，不断提高质量、效益和竞争力”。2017 年 7 月举行的中央金融工作会议则强调提出金融要回归本源、真实服务实体经济。

在高度重视实体经济发展的战略和政策下，我国积累巨大的实体经济财富和生产供给能力。尤其是党的十八大以来，随着中国步入工

* 本文原载《中国工业经济》2017 年第 9 期。

业化后期，[①] 中国已经成为一个世界性实体经济大国（黄群慧，2016）。但是，我国实体经济发展的"大而不强"问题突出，虽然具有庞大的实体经济供给数量，但供给质量不高，无法满足消费结构转型升级的需要，实体经济结构供需失衡，中国是一个实体经济大国而非实体经济强国可以认为是一个基本国情。无论是强调正确处理实体经济与虚拟经济的关系、金融要回归本源真实服务实体经济，还是将振兴实体经济作为供给侧结构性改革的主攻方向以及通过创新驱动优化实体经济结构，从本质上都是基于实体经济"大而不强"的基本国情提出的重大战略举措和政策导向。尤其是在经济增速趋缓的经济新常态的背景下，实体经济如何实现从大到强的转变，不仅仅是实体经济转型升级的自省发展问题，而是我国重大的经济结构调整问题，是当前中国经济发展需要解决的核心问题。正如习近平总书记所指出："当前，我国经济运行面临的突出矛盾和问题，虽然有周期性、总量性因素，但根源是重大结构性失衡。概括起来，主要表现为'三大失衡'。一是实体经济结构性供需失衡……二是金融和实体经济失衡……三是房地产和实体经济失衡……这'三大失衡'有着内在因果关系，导致经济循环不畅"（中央文献研究室编，2017）。这意味着步入工业化后期的中国经济结构的重大问题就是实体经济结构失衡，包括实体经济内部的供需结构失衡以及实体经济外部的实体与虚拟经济之间的结构失衡。而应对结构失衡的良方就是结构性改革，因此，通过推进以技术创新为核心要义的供给侧结构性改革，就是化解实体经济结构性供需失衡、虚拟经济和实体经济的失衡，实现实体经济由大向强的转变的根本路径，也是经济新常态下培育经济增长新动能、实

① 关于中国所处工业化阶段存在的不同观点。近年来，大多数文献都认为，中国处于工业化中后期，但工业化中后期是一个很漫长的阶段，且工业化中期阶段和工业化后期阶段经济发展特征具有巨大差异，因此这种中后期的判断对于基于经济发展阶段变化制定发展战略的意义不大。基于我们连续多年对中国工业化进程的跟踪评价表明，到2011年以后，中国已经发展到工业化后期阶段（黄群慧，2017）。中国进入经济新常态的特征，也与中国进入工业化后期的特征相吻合，这也支持了中国步入工业化后期的判断。这一判断也越来越被研究文献和政府部门所接受，国家统计局也已经采用了这一判断（国家统计局工业司，2017）。但是，最近也有研究认为，中国早已经进入后工业化阶段，提前实现了十八大提出的到2020年基本实现工业化的目标（胡鞍钢，2017），该研究存在对工业化理论和工业化指标的诸多错误理解，其结论并不利于科学判断我国国情和进一步制定到2050年的现代化战略。

现动能转换的必然要求。

一、关于实体经济的基本认识与分类框架

虽然在经济战略和政策领域以及在日常经济活动中，实体经济被反复使用，但从理论层面对实体经济严格界定并不容易，甚至在真正想从实证角度分析实体经济所包括的内容或者范围时，往往不同的实证研究侧重还不同，而且从统计意义上看并没有实体经济这样一个专门的针对性指标。从现有的文献看，大致可以从两个视角来界定实体经济：一是从与虚拟经济辨析的角度；二是从产业分类的视角。前者侧重经济史和理论层面分析，而后者可支撑做实证统计分析。

从经济学说史角度看，实体经济是相对于虚拟经济而言的，因此界定实体经济需要基于对虚拟经济的理解来论述。马克思较早地在资本范围内讨论现实资本和虚拟资本的分类，认为“银行家资本的最大部分纯粹是虚拟的，是由债权（汇票）、国家证券（它代表过去的资本）和股票（对未来收益的支取凭证）构成的”（中共中央马克思恩格斯列宁斯大林著作编译局，1998），并揭示了虚拟资本随着信用制度和生息资本的发展而实现自我增值的过程。另外，还有一些经济学家分别从实际经济运行和货币运行、工业和金融、工业资本和金融资本等方面进行了研究，对应了实体经济和虚拟经济的分类。值得提及的是，管理学大师德鲁克（Peter Drucker）将整个经济体系分为实体经济（Real Economy）和符号经济（Symbol Economy），实体经济实质是产品和服务的流通，符号经济实质是资本的运动、外汇率和信用流

通。用符号经济替代虚拟经济（Fictitious Economy）[①] 或者金融经济（Financial Economy）被认为更具有与实体经济相对应的匹配性以及更能解释二者的本质联系（张晓晶，2002）。但是，当今多数研究者和社会上更倾向于使用虚拟经济与实体经济相对应。实际上，真正集中研究实体经济的文献并不多，大多是研究虚拟经济和经济泡沫问题的，其中只是从对应和辨析角度论述实体经济。尤其是在1997年亚洲金融危机后以及2007年美国金融危机后，相关文献出现得就更为集中。在具体表述什么是实体经济时，不同表述的侧重点会有所不同，但核心都是如何区分实体经济和虚拟经济。至少应该存在两种区分：一是从定价方式出发的“宽虚拟、窄实体”分类，这种区分认为，虚拟经济是以理念或者资本化定价行为为基础的价格系统，而实体经济是指以成本和技术支撑的价格体系，两者区分标准不是以行业差异或以发生在实物领域和金融领域的差异，而是资产定价行为方式的差异。这样，虚拟经济的范畴既包括金融、房地产等产业，也包括无形资产、某些高技术产品、大宗商品等，以及其他可能长期或短期进入这种特殊运行方式的有形产品和劳务（成思危、刘骏民，2003）。二是从功能角度出发的“宽实体、窄虚拟”，这种区分认为实体经济是指由生产服务部门提供的物质产品、精神产品的生产、销售、消费等经济活动，其基本功能是提供人类生存发展资料、改善人类生活水平和增强人类综合素质，相对而言，虚拟经济则是金融部门主导的围绕货币流通和信用制度的经济活动，其目的以通过发挥货币的清算与支付结算、资本融通与资源配置、经营风险管理、信息提供与激励等功能达到“以钱生钱”。[②] 因此，判断是否是实体经济的关键标准在于

① 需要说明的是，与实体经济对应的虚拟经济是与金融等相关的虚拟（Fictitious），而不是与网络相关的虚拟（Virtual）。与网络相关的虚拟对应的是物理，应该是物理空间和虚拟空间的概念对应。最近有些制造业企业家借社会上呼吁避免“脱实向虚”、强调给实体经济发展创造好的发展环境机会，批评电子商务的发展侵害了实体经济，姑且不论是否存在这种侵害，但这个问题是不能归结为虚拟经济对实体经济的伤害的，否则就是混淆了两种“虚拟”的概念。

② 关于金融体系对经济增长的功能问题有五职能、六职能等不同的归类，人们更多的是关注金融功能的支付结算、储蓄与投资的最基本职能，但是正确利用金融体系，还会有促进分工、有助于风险管理、改善资源配置、发挥信息优势、降低交易成本和提供激励机制等功能（李扬，2017；何德旭、王朝阳，2017）。

是否具有直接改变了人类生活方式和改善了生存发展质量的功能（黄群慧，2017）。两种区分界定方式相比，前者出发点是虚拟经济而且倾向于经济理论性，而后者的出发点是实体经济且更适合实证和现实需要。

无论如何界定，要理解实体经济发展，必须回归到产业视角来上。基于上述“宽实体、窄虚拟”的区分，从产业层面来看，第一产业和第二产业均属于实体经济的范畴，第三产业中除去房产市场和金融市场之外的产业也都应属于实体经济。就美国经济数据的构成来看，制造业、进出口、经常账、零售销售等被美联储笼统地概括为实体经济。但是，仅仅停留在三次产业层面理解实体经济是不够的，界定实体经济还需要进一步的具体产业归属划分。现在人们在讨论实体经济问题以及实体经济与虚拟经济的关系时，如有关金融服务实体经济、“虚实脱离”等问题时，虽然都是用实体经济这一个概念，但其所指的含义、包括的具体产业可能是不同的，会导致看法大相径庭。甚至有一种观点认为金融业属于服务业，而服务业又归为实体经济，因此金融业就是实体经济的一部分，金融服务实体经济以及我国经济存在“脱实向虚”问题都是伪命题。因此，关键是必须全面正确理解实体经济，必须从更为具体的产业层面来界定和划分实体经济的层次。借鉴货币层次的分类形式，本文这里提出如图 5 - 1 所示的实体经济的三层次分类框架。[①] 第一个层次的实体经济，也就是制造业，用 R_0 表示，这是实体经济最核心的部分，可以理解为最狭义的实体经济；第二个层次的实体经济包括 R_0、农业、建筑业和除制造业以外其他工业，用 R_1 表示，这是实体经济的主体部分，是一般意义或者传统意义的实体经济；第三个层次的实体经济包括 R_1、批发和零售业、交通运输仓储和邮政业、住宿和餐饮业以及除金融业、房地产业以外的其他所有服务业，用 R_2 表示，这是实体经济的整体，也是最

① 应该指出的是，这里将实体经济划分为 R_0、R_1、R_2 三个层次，与货币三个层次 M_0、M_1、M_2 具有形式对应性，但内容上并不存在一一对应关系。然而，下文的分析表明，这并不影响实体经济三个层次划分的必要性和重要性意义。

广义的实体经济。R_2 和金融业、房地产业就构成了整体国民经济，也就是包括实体经济与虚拟经济的整个国民经济。

<table>
<tr><td></td><td></td><td></td><td>制造业</td></tr>
<tr><td></td><td></td><td>农业、建筑业及其他工业</td><td>实体经济（R_0）</td></tr>
<tr><td></td><td>除了金融和房地产业之外的服务业</td><td colspan="2">实体经济（R_1）</td></tr>
<tr><td>金融和房地产业</td><td colspan="3">实体经济（R_2）</td></tr>
<tr><td>虚拟经济</td><td colspan="3">实体经济</td></tr>
<tr><td colspan="4">国民经济</td></tr>
</table>

图 5－1　产业视角的实体经济分类示意

（一）R_0 层次的实体经济

自第一次工业革命以来，伴随着工业化的推进，制造业的“制成品”彻底改变了人类的生活方式，人类的生存发展水平得到了极大的提升，人类步入工业社会。从提高人类生存发展资料、改善人类生活水平和增强人类综合素质的实体经济功能看，制造业成为毋庸置疑的实体经济的核心。近年来，随着新工业革命的深化，工业化和信息化逐步深度融合，一、二、三次产业界限日趋模糊，信息化对人类生活方式的影响正在加剧，R_0 本身内涵叠加了更多的信息经济、数字经济的内涵。R_0 自身正经历着转型升级的巨大变革。信息化、服务化、绿色化、高端化、个性化成为实体经济发展的重要趋势，智能制造成为 R_0 转型升级制高点。在智能制造驱动下，新产业、新业态、新商业模式层出不穷，推动了智慧农业、智慧城市、智能交通、智能电网、智能物流和智能家居等各个社会经济领域的智能化发展。信息化社会下人类生活方式的巨大变革，真正的驱动力量还是来自 R_0 的发展，因此，制造业是实体经济的核心并没有改变，只是呈现出制造业信息化和服务业的趋势。

从 R_0 层次实体经济结构看，主要表现为 R_0 内部和外部两方面关系，R_0 内部结构是指制造业内部各行业关系，R_0 外部结构是指 R_0 和农业、建筑业及其他工业行业关系，主要是工业产业结构关系，[①] R_0 内外结构动态变化表明了制造业和工业产业结构高级化、产业转型升级的结构调整问题，从供需角度也反映了制造业、工业的供给体系质量和供需结构变化问题。在 R_0 层面，实体经济发展表现在制造业规模的不断扩大，制造业在国民经济中的占比增加，但更为关键的问题是随着工业化水平的提升，制造业不断转型转型、制造业供给体系质量不断提升，最终表现为制造复杂产品的能力不断提升。发展经济学所揭示的随着工业化阶段推进产业结构从劳动密集型产业主导向资金密集型产业主导进而向技术密集型产业主导的变化，也表明了实体经济发展的规律。这也意味着对于不同国家而言，由于其经济发展阶段不同，其产业结构水平不同，其制造业转型升级的方向也就不同，但本质都是要不断提升制造复杂产品的能力。近年来，随着对美国金融危机问题研究的深入，一些实证研究表明，由制造产品复杂性所反映的一国制造能力是能够解释国家长期增长前景的最好指标（Hausmann，2011），这从另外一个角度说明，以制造业为核心的实体经济——R_0 本身所蕴含的生产能力和知识积累正是一国经济长期发展的关键。

（二）R_1 层次的实体经济

这个层次的实体经济主要包括制造业（R_0）、农业、建筑业和其他所有工业，这是传统意义实体性生产的主体部门，也是对应经济学中生产性劳动的部门。亚当·斯密最早区分生产性劳动和非生产性劳动，“有一种劳动，加在物上，能增加物的价值；另一种劳动，却不能够。前者因可生产价值，可称为生产性劳动，后者可称为非生产性

① 考虑到农业现代化水平提升主要依赖现代生物技术、制造技术和农业机械等工业发展，这里在讨论 R_0 层面的实体经济结构时不再单独强调工业农业的结构关系。

劳动”（亚当·斯密，1996）。这也正是一般意义上我们所理解的对应实体性物品的实体经济。实际上，现实中大多数人心目中所谓的实体经济就是 R_1 层次的。正是在生产性劳动和非生产性劳动分类基础上，马克思劳动价值论关于生产性劳动创造价值和剩余价值的基本观点，足以支持实体经济是国民经济的根基的结论。生产性劳动是实体经济的基础，而虚拟经济更多的是以非生产性劳动为基础，虽然随着后工业化社会的到来，经济服务化水平提升，制造业占比逐步降低，金融部门在国民经济中占有比例不断增大，但生产性劳动和实体经济在经济中的基础地位和重要意义仍不可替代（何玉长，2006）。如果仅仅将实体经济停留在 R_0 和 R_1 层次，不会得出金融业也是实体经济的结论。因为在 R_0 和 R_1 层次，服务业是被界定到实体经济之外的。

当我们讨论 R_1 结构问题时，如果将实体经济分为 R_1 内部结构和 R_1 外部结构，就会涉及实体经济与服务业的关系。R_1 内部结构就是上述 R_0 层面的外部结构，主要是工业产业结构（含工业与农业、建筑业的结构），其关键问题是工业结构转型升级和高级化的问题；R_1 外部结构就是工业和服务业的结构问题。由于服务业是一个非常复杂的产业，因为除了农业和工业以外，所有其他产业都被放在服务业这个“筐”中，服务业各个行业的特性差异巨大，这就造成 R_1 外部结构的纷繁复杂性。服务业存在各种不同的分类，包括生活性服务业与生产性服务业、传统性服务业和现代服务业等，但从实体经济和虚拟经济研究视角看，可以将服务业分为金融房地产业以及其他服务业两类。关于金融房地产业和实体经济的结构关系是 R_2 层次要讨论的。这里 R_1 外部结构需要关注的是工业和服务业的关系问题。随着工业化进程的推进，R_1 外部结构呈现出 R_1 占比逐步减小、服务业占比逐步提高的演进过程，一般被认为是经济结构高级化的趋势，这也被认为是经济服务化趋势。R_1 占比下降的这种实体经济结构演进规律，被认为是经济现代化的不可逆的过程。但是，基于鲍莫尔（Baumol，1967）的非平衡增长模型中，由于实体经济 R_1 生产率高于服务业部门，随着实体经济 R_1 占比下降服务业部门占比上升，会出现整体经济减速——所谓结构性减速，存在效率—结构—速度的传导机制，而且在这一过程中的一个关键传导因素是因服务业效率提升相对缓慢而产生服务业价格不断上涨的“成本病”。这里需要强调的是，R_1 占比下降、服务业占比上升并不意味着实体经济在国民经济的重要性下降。这是因为，一是由于实体经济生产的“迂回生产”的特性，本属于实体经济生产过程的中间产出大都被统计为服务业了，因此统计意义上的发达经济体服务业占比一般达 70% ~80%。二是从最终消费角度划分，服务消费和实体性产品消费是 50%：50% 结构的，也就是 R_1 和服务经济各占 50% 的比例（詹森，2013）。鲍莫尔（Baumol，2001）也认为，相对于制造业来说，服务业的真实产值所占比重并没有上涨或下降，长期而言服务业的需求与工业需求同步，其需求价格弹性几乎为零，不会随价格变化而变化。三是以制造业为核心、工农建为主体的实体经济不仅是技术创新的主要来源，还是技术创新的使用者和传播者，构成了一个国家和地区创新生态系统中的核心环节，实体经济对地区发展的意义不仅体现在短期经济增长和就业，更重要的是创新和可持续发展的支撑作用。

（三）R_2 层次的实体经济

这是广义的实体经济层面，具体包括 R_0、R_1 的实体经济，批发零售业、交通运输仓储和邮政业、住宿和餐饮业等传统服务业以及科学研究和技术服务、教育、文化、政府等现代服务业，也就是 R_0、R_1 以及除了金融房地产业以外的所有服务业。这种划分实质上是一种排除法，也就是整个国民经济中除了金融房地产业以外的都可以归结为实体经济。金融和实体经济的关系，一直是金融学和宏观经济学关注的重大主题，这种分类有助于进一步探讨两者关系。之所以把房地产业和金融业归在一起，没有算作实体经济，不仅仅是因为当今房地产主要呈现的是金融衍生品的特征，还因为房地产的实体经济部分已经在建筑业中体现出来，是 R_1 的组成部分。

R_2 层次的实体经济结构问题也可以划分为 R_2 内部结构和 R_2 外部结构，其内部结构也就是上述 R_1 外部结构，主要涉及工业和服务业的关系问题；其外部结构也就是整体国民经济的结构，整体国民经济

结构表现为 R_2 和金融业、房地产业的关系，也就是最广泛意义的实体经济与虚拟经济的关系问题。这对关系在现实经济运行中是错综复杂的，学术研究主要关注的是实体经济和虚拟经济在整个经济中占有的地位和意义，以及虚拟经济和实体经济的相互作用、经济泡沫和经济危机产生的机理。关于虚拟经济和实体经济的地位和意义，理论界达成一致，以实体经济为本，因为从本质看，虚拟经济的投资回报，也就是金融资本的投资回报本质是来自实体经济的投资回报的，是由于金融资本跨越时空的资源配置、节省了交易成本、提高了实体经济的效率进而获得的收益，因此虚拟经济必须以实体经济为根本。但问题是，虽然都认可实体经济的基础地位和重要意义，为什么实体经济常常会偏离虚拟经济，并逐渐产生金融泡沫且到一定程度会爆发金融危机？一种基本的解释是，如果将经济活动分为物流、信息流和资金流，在信息流的帮助下资金流是可以脱离物流并快于物流单独流动的，也是有助于实现降低实体经济交易成本、提高实体经济效率和促进整体经济增长的，这意味着相对实体经济交易而言，虚拟经济本身是可以单独进行交易的，其交易不仅比实体经济更具有流动性，而且还可以是跨越时空的。虚拟经济所具有的跨域时空的快速流动性，决定了实体经济必然滞后于虚拟经济，从而虚拟经济脱离实体经济成为常态。信息技术和金融全球化又加快了这种跨越时空的流动性，促进了这种脱离的程度。从投资的角度看，支持虚拟经济的金融资本和支持实体经济的实业资本从短期看是可以分离的，金融资本会脱离实体经济独立循环，如果金融资本独立循环获得的投资回报高于投入实体经济的实业资本的回报，将会有更多的实体资本被“挤出”转向金融资本，这种“挤出效应”会随着金融投资回报率的增加而增强，这样新古典经济学中的储蓄—投资转化和平衡机制内涵将发生变化（陈雨露、马勇，2012），进一步导致经济增长的可持续性逐步受到挑战。只要实业资本回报率低于金融资本回报率，从理论上讲不仅新增投资逐步都转向金融资本，而且原有实业资本也会设法逐步退出转向金融资本，在资本资源既定的前提下，这意味着金融部门的膨胀和超速扩张将以实体部门的萎缩和加速衰减为代价。实体经济的萎缩又会进一步拉大实体经济回报和虚拟经济回报的差距，金融部门和金融交易就越发通过所谓金融创新来脱离真实的经济条件，虚拟经济泡沫也就越来越大，金融部门就会在更大程度上主导实体经济乃至整个经济。一旦预期到现实经济条件和实体经济长期回报根本无法支撑金融资本过度膨胀，金融危机也就产生了。可以形象地说，当“以钱生钱”的金融资金流完全脱离了“以物生钱”的物流和实体资金流、完全陷入自我循环时，经济泡沫就会越来越大，由于“以钱生钱”欲望是无止境的，一旦基于现实成本和技术的实体经济“以物生钱”逥度无法支撑这种快速膨胀的虚拟经济“以钱生钱”欲望时，金融危机也就随之产生了。金融危机的实质是对虚拟经济与实体经济过度脱离进行破坏性的纠正，也说明经济发展本质上还是由实体经济是否发展决定的。因此，我们需要把握的是，一方面要认识到并允许虚拟经济脱离实体经济这种常态，但另一方面要坚持实体经济决定论（黄群慧，2016）。在“虚实脱离”的常态中坚持实体经济决定论是正确处理实体经济与虚拟经济关系的基本原则，也是经济发展政策和宏观调控政策的基本导向，而政策的关键是如何根据经济环境、经济发展阶段及经济运行状况决定虚拟经济发展的“度”，动态调控虚拟经济发展的方向与速度，而促进金融创新要以实体经济发展为中心。

对实体经济三个层面的分类，不仅反映出对实体经济从狭义到广义，由核心、主体到全体的递进的基本内涵，而且这直接对应的产业符合统计年鉴的产业分类目录，容易进行实证研究。更有意义的是，对应 R_0、R_1 和 R_2 三个层面的实体经济结构，能够引出工业内部产业关系、工业与服务业关系、实体经济与虚拟经济关系这三个重要的经济结构问题。在当前经济新常态下，这三对关系正是我国经济结构优化调整亟待正确处理的。

二、党的十八大以来中国实体经济的发展

在经过改革开放以后快速的工业化进程，进入 21 世纪初，中国就已经从一个农业经济大国转变成工业经济大国。2010 年我国国内生产总值超越日本成为世界第二大经济体，在 2011 年以后，中国就进入工业化后期（黄群慧，2017），中国已经积累了庞大的工农业生产能力和巨大的物质财富，成为一个真正的世界性实体经济大国。

党的十八大以来，虽然处于工业化后期的中国经济增长呈现出增速趋缓、结构趋优的新常态，但 2013 ~ 2016 年，中国国内生产总值年均增长 7.2%，仍远高于同期世界的 2.5% 和发展中经济体 4% 的平均增长水平，据国际货币基金组织数据计算，2016 年中国 GDP 为 11.2 万亿美元，占世界总量的 14.9%，比 2012 年提高 3.4 个百分点（国家统计局国际司，2017）。基于上述关于实体经济的分类，实体经济 R_0、R_1 和 R_2 三个层面的增长情况如表 5 - 1 所示，2012 ~ 2016 年，虽然实体经济也呈现出了增速趋缓的趋势，但是 R_0 增速也在 6.8% 以上、R_1 增速保持在 5.8% 以上、R_2 增速在 6.4% 以上。到 2016 年，R_0 总量已经达到 22.4 万亿元人民币、R_1 总量达到 36.1 万亿元人民币，2015 年 R_2 总量更是达到了 53.1 万亿元人民币。从实体产品生产能力看，如表 5 - 2 所示，中国主要工农产品产量一直都名列世界前茅，其中粗钢、煤、发电量、水泥、化肥等工业品和谷物、肉类、花生、茶叶等农产品的产量稳居世界第一位。2012 ~ 2016 年，中国铁路营业里程由 9.8 万千米增加到 12.4 万千米，中国高速铁路运营里程由不到 1 万千米增加到 2.2 万千米以上，中国公路里程由 424 万千米增加到 470 万千米，其中高速公路里程由 9.6 万千米增加到 13.1 万千米，这些指标都位居世界第一，其中高速铁路运营里程甚至超过第二位至第十位国家的总和。2013 ~ 2015 年，中国货物进出口总额居世界

第一位，中国货物进出口总额占世界的比重从2012年的10.4%提高到2016年的11.5%（国家统计局综合司，2017）。所有这些指标表明，党的十八大以来，中国实体经济进一步发展，综合实力进一步显著增强，世界性实体经济大国地位进一步巩固。正是在世界实体经济大国地位的有力支撑下，中国才顺利实施“一带一路”、精准扶贫等国家重大发展战略。

表5－1　党的十八大以来三个层面实体经济的增长情况

年份	实体经济 R_0		实体经济 R_1		实体经济 R_2	
	增加值（亿元）	增速（%）	增加值（亿元）	增速（%）	增加值（亿元）	增速（%）
2012	169806.6	8.5	275083.6	7.7	431218.1	7.9
2013	181867.8	10.5	295329.9	7.4	462971.1	7.4
2014	195620.3	9.4	315550.0	6.9	498426.8	7.7
2015	209313.7	7.0	333890.4	5.8	530500.1	6.4
2016	223547.0	6.8	361053.0	—	633862.0	—

注：2012～2015年数据是按不变价格计算，2016年数据和 R_0 的增加值为当年价格计算。

资料来源：根据《中国统计年鉴2016》、《中国统计摘要2017》、历年统计公报、Wind资讯计算。

表5－2　2012～2015年我国主要工农业产品产量居世界位次

产品	2012年		2013年		2014年		2015年	
	产量（万吨）	位次	产量（万吨）	位次	产量（万吨）	位次	产量（万吨）	位次
谷物	53935	1	55269	1	55741	1	57228	1
肉类	8387	1	8535	1	8707	1	8625	1
花生	1669	1	1697	1	1648	1	1644	1
油菜籽	1401	2	1446	2	1477	2	1493	2
甘蔗	12311	3	12820	3	12561	3	11697	3
茶叶	179	1	192	1	210	1	225	1
粗钢	72388	1	81314	1	82231	1	80383	1

续表

产品	2012 年		2013 年		2014 年		2015 年	
	产量（万吨）	位次	产量（万吨）	位次	产量（万吨）	位次	产量（万吨）	位次
煤	394513	1	397432	1	387400	1	374700	1
原油	20571	4	20992	4	21143	4	21456	4
发电量（亿千瓦）	50210	1	54316	1	56496	1	58146	1
水泥	220984	1	241924	1	249207	1	235919	1
化肥	6832	1	7026	1	6877	1	7432	1

资料来源：国家统计局国际司：《国际地位显著提高，国际影响力明显增强——党的十八大以来经济社会发展成就系列之二》［EB/OL］，http：//www. stats. gov. cn/tjsj/sjjd/201706/t20170621_ 1505616. html，2017 -06 -21。

第一，从 R_0 层面看，中国已经发展成为实体经济第一大国，党的十八大以后积极实施制造强国战略，努力推进实体经济转型升级、实现从大向强的转变。

1990 年中国制造业占全球的比重为 2. 7%、排名列世界第九位，到 2000 年该占比上升到 6. 0%，居世界第四位；2007 年该占比达到 13. 2%，居世界第二位；2010 年上升为 18. 6%，跃居世界第一，成为制造业第一大国；到 2013 年该占比达到 23. 9%，迄今已连续多年保持世界第一大国地位。党的十八大以来，中国更加重视制造业发展，从实体经济三个层次增长的速度看，如表 5 -1 所示，虽然实体经济增速总体逐年放缓，但制造业增速是最快的，这几年呈现出 $R_0 > R_2 \leq R_1$ 的特征。制造业供给侧结构性改革取得积极进展，一方面，积极淘汰落后产能，化解产能过剩工作全面深入推进，钢铁、有色金属冶炼、水泥、平板玻璃等产能严重过剩行业增速大幅回落，到 2016 年，钢铁退出产能 6500 万吨以上，超额完成目标任务；另一方面，积极推进高技术制造业的发展，促进制造业结构优化升级。2013 ~ 2016 年，装备制造业（包括金属制品业，通用设备制造业，专用设备制造业，汽车制造业，铁路、船舶、航空航天和其他运输设备制造业，电气机械和器材制造业，计算机、通信和其他电子设备制造业，仪器仪表制造业），高技术制造业（包括医药制造业，航空、航天器及设备制造业，电子及通信设备制造业，计算机及办公设备制造业，医疗仪器设备及仪器仪表制造业，信息化学品制造业等），增加值年均分别增长 9.4% 和 11.3%，增速比规模以上工业高 1.9 个和 3.8 个百分点，增加值占规模以上工业比重分别为 32.9% 和 12.4%，比 2012 年提高 4.7 个和 3 个百分点。油加工、炼焦和核燃料加工业，化学原料和化学制品制造业，非金属矿物制品业，黑色金属冶炼和压延加工业，有色金属冶炼和压延加工业，电力、热力生产和供应业这六大高耗能行业增加值年均增长 7.3%，增速比规模以上工业低 0.2 个百分点，六大高耗能行业增加值占规模以上工业比重为 28.1%，比 2012 年下降 1.5 个百分点（国家统计局工业司，2017）。“十二五”期间，中国制造业在一些关键技术取得突破，产生了探月“嫦娥”、入海“蛟龙”、新一代中国标准动车组、“天河二号”、国产大飞机 C919、首艘国产航母、“天宫一号”等一批重大的科技成果，其中“天河二号”超级计算机已连续四次蝉联世界超算排行榜冠军。另外，百万千瓦级核电装备国产化率提升至 85% 以上，一系列大型成套电力装备已经达到国际领先水平，高精度数控齿轮磨床等产品跻身世界先进行列。最值得提及的是，2015 年 5 月 19 日，中国正式发布《中国制造 2025 规划纲要》，这是一个制造强国建设的 10 年行动纲领，也意味着中国开始全面部署实施制造强国战略。中国提出制造强国战略是基于中国的工业大国国情、世界工业化趋势和中国的工业化发展阶段提出的重大发展战略，对中国的现代化进程具有重大的战略意义。经过两年的时间，《中国制造 2025 规划纲要》的“1 + X”规划体系全部完成，中国的制造强国战略从提出部署转入全面实施的新阶段（黄群慧，2017）。

第二，从 R_1 层面看，中国实体经济取得长足发展，随着新型工业化、农业现代化、新型城镇化进程稳步推进，工业结构加快向中高端迈进，能源发展呈现新格局，农业基础性地位进一步巩固，基础产业和基础设施保障能力显著提高。

一是从工业发展看，2016 年全部工业增加值达到 24.8 万亿元，占国内生产总值的比重为 33.3%。在中国已进入工业化后期阶段的情况下，这一比重仍远高于多数新兴市场国家。2016 年，规模以上工业实现主营业务收入、利润和资产分别为 115 万亿元、6.9 万亿元和 107 万亿元，2013～2016 年，规模以上工业主营业务收入、利润总额和资产总计年均分别增长 5.9%、5.3% 和 8.8%（国家统计局工业司，2017）。具体从工业三大门类结构看，2013～2016 年，采矿业增加值分别增长 6.4%、4.5%、2.7% 和下降 1.0%，制造业增加值分别增长 10.5%、9.4%、7.0% 和 6.8%，电力、热力、燃气及水生产和供应业增加值分别增长 6.8%、3.2%、1.4% 和 5.5%。2012～2016 年，采矿业增加值年均增速比规模以上工业低 4.4 个百分点，2016 年采矿业增加值占规模以上工业比重已下降到 7.2%，比 2012 年下降了 6.7 个百分点。这意味着，随着中国工业化进程步入工业化后期阶段，工业结构总体呈现从资源和资金密集主导向技术密集主导转型升级的趋势。二是从能源业发展看，能源生产和消费都发生了巨大变革，能源结构由煤炭为主向多元化转变，能源发展动力由传统能源增长向新能源增长转变，清洁低碳化进程加快。在一次能源生产构成中，2012～2016 年，原煤占比从 76.2% 下降到 69.6%，下降了 6.6 个百分点；原油占比从 8.5% 下降到 8.2%，下降了 0.3 个百分点；天然气占比从 4.1% 上升到 5.3%，提高了 1.2 个百分点；一次电力及其他能源占比从 11.2% 上升到 16.9%，提高了 5.7 个百分点。同时，能源利用效率进一步提高，节能降耗成效显著，单位 GDP 能耗显著下降，2016 年全国单位 GDP 能耗比 2012 年累计降低 17.9%，节约和少用能源 8.6 亿吨标准煤（国家统计局能源司，2017）。三是从农业发展看，农业生产布局进一步优化，现代农业产业体系、生产体系和经营体系加快构建，粮食主产区稳步增产。2016 年，粮食主产区产量 9355 亿斤，比 2012 年增长 2.4%；全国油料、蔬菜、水果和茶叶产量分别比 2012 年增长 5.6%、12.6%、17.9% 和 34.1%。新型农业生产经营主体和服务主体快速涌现，2016 年，全国各类新型农业经营主体达到 280 万个，新型职业农民总数超过 1270 万人（国家统计局农业司，2017）。四是从城市和农村基础设施看，2015 年末，地级以上城市境内等级公路里程（全市）379 万千米，比 2012 年末增加 28.5 万千米，年均增长 2.6%；境内高速公路里程（全市）10.8 万千米，增加 2.0 万千米，年均增长 7.1%。网络设施迅速发展，4G 网络和宽带基础设施水平不断提升，互联网宽带用户数增长迅速，2015 年，地级以上城市电信业务收入（全市）13348 亿元，比 2012 年增长 22.1%，地级以上城市互联网用户数达 25510 万户，比 2012 年增长 28.9%。2016 年农村地区有 99.7% 的户所在自然村已通公路、通电和通电话，分别比 2013 年提高 1.4 个、0.5 个和 1.1 个百分点。有 97.1% 的户所在自然村已通有线电视，比 2013 年提高 7.9 个百分点。

第三，从 R_2 层面看，服务业的快速增长构成了实体经济发展的重要部分，传统服务业与互联网融合加速，现代服务业蓬勃发展，新业态不断涌现，创新能力和科研实力大幅提升。

党的十八大以来，中国工业化后期的经济结构变化特征日趋明显，三次产业中服务业占比迅速提高。服务业现价增加值占国内生产总值比重从 2012 年的 45.3% 迅速提升至 2016 年的 51.6%，提高 6.3 个百分点，2013～2016 年，服务业增加值年均增长 8.0%，高出国内生产总值增速 0.8 个百分点；服务业就业人数占总就业人数比重从 2012 年的 35.9% 上升到 2016 年的 43.5%，上升 7.4 个百分点。随着互联网迅速普及，传统服务业与互联网融合发展加速，新业态层出不穷，电子商务规模持续扩大，分享经济蓬勃兴起。2016 年，全社会电子商务交易规模达到 26.1 万亿元，是 2013 年的 2.5 倍，年均增长 36.4%。2013～2016 年，互联网分享平台所属的规模以上数据处理和存储服务业企业营业收入年均增长 38.4%。分享经济渗透到交通、住宿、金融、餐饮、物流、教育、医疗等多个服务业领域和细分市场。旅游、文化、体育、健康、养老等幸福产业发展方兴未艾，其中文化及相关产业增加值 2013～2016 年年均名义增长 13.7%（国家统计局服务业司，2017）。

在现代生产性服务业中，科技服务业发展迅速，创新能力不断提升，极大地促进了创新引领实体经济转型升级。我国研发投入快速增长，总规模已位居世界前列。2016 年，我国研究与试验发展（R&D）经费总量为 1.57 万亿元，比 2012 年增长 52.5%，年均增长 11.1%；按汇率折算，我国研发经费总量在 2013 年就成为仅次于美国的世界第二大研发经费投入国家。我国研发经费投入强度 2016 年为 2.11%，比 2012 年提高 0.2 个百分点，目前已达到中等发达国家水平，居发展中国家前列。从科技产出看，2016 年我国境内发明专利申请受理数 119.3 万件，比 2012 年增长 128.1%，平均每亿元研发经费产生境内发明专利申请 76.1 件，比 2012 年增加 25.4 件。2016 年境内发明专利授权 29.5 万件，比 2012 年增长 115.3%。2016 年我国申请人通过《专利合作条约》（PCT）提交的国际专利申请量达 43168 件，连续 4 年位居世界第三。截至 2016 年末，境内有效发明专利 110 万件，每万人口发明专利拥有量为 8.0 件。世界知识产权组织发布的全球创新指数显示，我国创新能力综合排名由 2012 年的第 34 位上升到 2016 年的第 25 位，位居中等收入经济体中第一位（国家统计局社科文教司，2017）。

三、中国当前实体经济面临的结构失衡问题

在充分认识到中国已经成为实体经济世界性大国、党的十八大以来又取得新发展成就的同时，我们还必须客观分析当前中国实体经济发展面临的问题。伴随着中国的快速工业化进程，中国实体经济规模迅速扩张，但也积累了一系列深层次结构性矛盾，实体经济增长质量有待提升。基于上述实体经济三层次分类框架，当前中国实体经济深层次结构问题主要表现在 R_0 内部结构——制造业行业关系、R_1 外部结构——工业和服务业关系、R_2 外部结构——实体经济与虚拟经济关系三个方面。

（一）R_0 结构问题：制造业结构性供需失衡

中国制造业大而不强的问题，是当前 R_0 层次实体经济发展面临的突出问题，也是 R_0 供给结构的突出矛盾，主要体现为中低端和无效供给过剩、高端和有效供给不足的结构性失衡。具体可以从 R_0 的产业结构、产业组织结构和产品结构三个方面分析。

1. 从 R_0 产业结构看，制造业产业结构高级化程度不够

我国制造业中，钢铁、石化、建材等行业的低水平产能过剩问题突出并长期存在，去产能成为供给侧结构性改革的主攻方向之一；在制造业中，传统资源加工和资金密集型产业占比较高，高新技术制造业占比较低。虽然近年来我国制造业高技术产业增速远远高于整体工业增速，但 2016 年，医药制造业，航空、航天器及设备制造业，电子及通信设备制造业，计算机及办公设备制造业，医疗仪器设备及仪器仪表制造业，信息化学品制造业这六大高技术制造业增加值占规模以上工业增加值的比重也还只到 12.4%，还不到六大高耗能行业占规模以上工业增加值的比重的一半；主要制造行业长期锁定在全球价值链分工的中低端，附加值较低。例如，近 10 年，我国机电产品的平均出口单价只有 19.75 美元/千克，远低于日本的 39.74 美元/千克。另外，一项实证研究表明，在我国 22 个制造业行业中，处于全球价值链低端锁定状态的行业达到 12 个，而在全球价值链中居高端的行业只有 3 个（张慧明、蔡银寅，2015）。产业融合能力还有待加强，工业化和信息化的深度融合水平、制造业和服务业的融合水平还需要进一步提升。从产业技术能力看，“工业四基”能力还有待提升，传统制造业中的关键装备、核心零部件和基础软件严重依赖进口和外资企业，一些重大核心关键技术有待突破，新兴技术和产业领域全球竞争的制高点掌控不足。高档数控机床、集成电路、高档芯片、精密检测仪器等高端产品依赖进口，2015 年芯片进口额高达 2307 亿美元，是原油进口额的 1.7 倍。

2. 从 R_0 产业组织结构看，制造业产业组织合理化程度有待提升，存在相当数量“僵尸企业”，优质企业数量不够，尤其是世界一流制造企业还很少

虽然从资产规模、销售收入等规模指标看，我国已经涌现出了一批大型企业集团。根据美国《财富》杂志公布的“2017 年全球财富 500 强”名单，我国企业上榜数量达到 115 家，仅次于美国，但是，排名靠前的制造业企业很少，而且我国制造企业更多的是规模指标占优，在创新能力、品牌、商业模式、国际化程度等方面存在明显的短板和不足，从资产收益率、企业利润和人均利润等指标看，我国上榜的制造企业还与欧美国家的世界 500 强存在明显差距。我国还缺少真正的世界一流的企业（或者称卓越企业）。另外，近年来出现了许多“僵尸企业”，其经营状况持续恶化、已不具有自生能力，但由于种种原因不能市场出清，主要依靠政府补贴、银行贷款、资本市场融资或借债而勉强维持运营。中国现阶段的“僵尸企业”大多属于社会包袱重、人员下岗分流难度大、容易获得银行贷款的国有企业，主要分布在产能过剩的行业，尤其是钢铁行业。一份基于 2011 ~ 2015 年的数据实证研究表明，属于黑色金属冶炼及压延加工业的 38 家上市公司，随机选取了 17 家上市公司，“僵尸企业”8 家、“僵尸性企业”6 家、“非僵尸企业”3 家（张栋等，2016）。“僵尸企业”的大量存在，会降低资源使用效率，恶化市场竞争秩序，极大地降低了企业整体素质，影响了制造业供给质量。

3. 从 R_0 产品结构看，产品档次偏低，标准水平和可靠性不高，高品质、个性化、高复杂性、高附加值的产品的供给能力不足，高端品牌培育不够

2015 年国家监督抽查了 191 种 25345 批次产品，抽检总体合格率为 91.1%，其中 30 种产品抽查合格率不足 80%。2016 年我国产品质量监督共抽查 23152 家企业，抽查其生产的产品共计 23851 批次，抽查合格率为 91.6%，较 2015 年提高了 0.5 个百分点，但比 2014 年降低了 0.7 个百分点。我国出口商品已连续多年居于欧盟、美国通报召回之首。根据世界品牌实验室公布的“2016 年世界品牌 500 强”名

单，中国入选品牌36个，仅占7%，而美国则占据其中的227席。全球知名品牌咨询公司Interbrand发布的2016年度“全球最具价值100大品牌”排行榜中中国制造业产品品牌只占有2席。

工业化和城市化的互动关系表明，在工业化进入后期，城市化也进入加速推进阶段。中国城市化进程的加快，再加上人口结构变化和收入水平提高，极大地带动了消费结构转型升级，模仿型排浪式消费主导的阶段逐步结束，消费者从追求“从无到有”转向“从有到好”，高品质、个性化、多样化消费渐成为主流。一方面，城市化带动的消费需求转型升级迅速；另一方面，工业化后期面临R_0供给结构失衡、转型升级瓶颈，长期以来工业化进程所形成的实体经济供给结构短期内无法适应消费需求结构转型升级的需要，于是产生制造业结构性供需失衡。如果将供给质量理解为供给侧具有的特性所满足需求侧要求的程度，也就是说，供给质量决定了供给对需求的适应程度，那么，上述R_0结构性供需失衡正说明实体经济供给要素和体系的质量亟待提升。2016年中央经济工作会议提出，供给侧结构性改革的最终目的是满足需求，主攻方向是提高供给质量，也就是要减少无效供给、扩大有效供给，着力提升整个供给体系质量。[①] 通过推进供给侧结构性改革提升R_0供给质量，努力实现R_0供求关系新的动态均衡，也就成为实体经济进一步发展的重要任务。

必须高度重视R_0供需结构失衡问题。在当今全球化和信息化时代，一旦国内R_0无法满足消费需求变化，必然会有大量的消费力量转移到国外，这会进一步影响国内R_0发展、加剧R_0供求结构失衡。这种R_0供求结构性失衡必然会引致R_0回报率下降。实体企业面对着国内投入回报降低以及由于城市化进程带来的日益提高的国内运营成本，就会有企业逐步将生产能力转移到国外，制造业空心化风险加大。对于一个中等收入阶段的国家而言，之所以容易陷入经济长期低迷的“中等收入陷阱”，因为在这个阶段存在上述由实体经济供给结

① “供给质量”这个用语在西方经济学中并不存在，这应是中国特色社会主义政治经济学的一个范畴，而“供给侧结构性改革的主攻方向是提高供给质量”，是区分中国供给侧结构性改革与西方供给学派观点的一个重要表述，这就构成了中国特色社会主义政治经济学理论发展的一项重要内容。

构失衡引起的效率损失，这可以认为是从工业化进程主导经济增长到城市化进程主导经济增长转换过程的“效率鸿沟”，“效率鸿沟”的存在加大了经济危机发生的概率，而要跨越这个“效率鸿沟”、避免经济危机并非易事。世界工业化进程表明，只有为数不多的后发国家真正跨越了中等收入陷阱。因此，通过深化供给侧结构性改革来化解实体经济结构失衡、提高实体经济供给体系质量和效率，是决定我国经济能否跨越中等收入陷阱的关键，我们必须从这个高度认识化解实体经济结构失衡问题的重大意义（黄群慧，2017）。

（二）R_1 结构问题：工业和服务业之间结构失衡

工业和服务业的关系是产业结构的关键问题，一直是产业经济学研究的焦点。改革开放以来，如图 5 - 2 所示，在国内生产总值中第一产业占比从 1978 年的 27.7% 下降到 2016 年的 8.6%，第二产业从 1978 年的 47.4% 下降到 2016 年的 39.8%，而第三产业则从 1978 年的 24.6% 上升到 2016 年的 51.6%。整体看，第一产业除少数年份外，改革开放以来总体逐年下降，近 10 年降幅有所收窄；第二产业一直是最大产业占比，总体占比相对稳定，但到 2011 年以后明显下降；而第三产业占比总体逐年上升，在 2011 年以后占比快速上升，2012 年与第二产业持平，2013 年成为最大占比产业，2015 年则占比超过了 GDP 的一半。

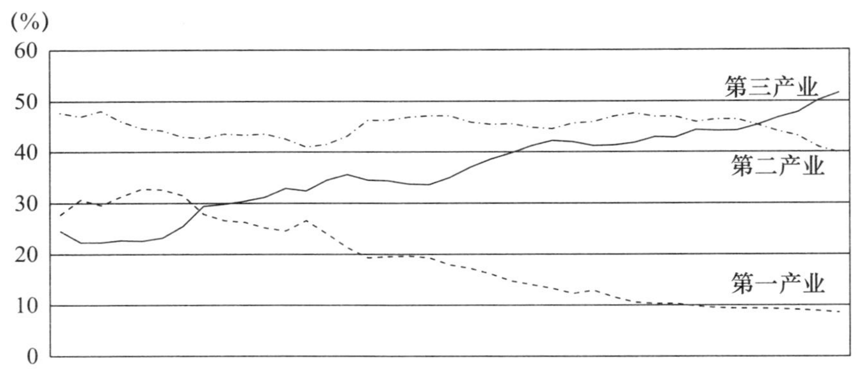

图 5 - 2　1978 ~ 2016 年中国三次产业结构的变化

关于中国服务业占比问题存在两种截然不同的结构失衡观点：一种观点以标准经济结构理论为基础，认为现有中国服务业占比远低于同样发展水平的国家，也低于同时期世界平均占比水平（江静，2017），存在服务业占比太低的结构失衡。这种结构失衡的一个原因是中国过于依赖出口导向导致的内外经济失衡（杨恩艳、马光荣，2016）。应该说，近年来这种“中国服务业比例低的结构失衡观”占据主流地位，从而产生了所谓大力发展服务业的产业政策，目标是努力提高服务业占比，改善结构失衡。另一种观点则认为，相对于中国现在的发展阶段，中国的服务业占比不低，而是服务业提升太快，存在中国服务业占比提升过快的结构失衡，这种结构失衡伴随着制造业比例下降太快，存在“过早去工业化”风险。中国服务业占比提升过快的结构失衡观的基本政策含义是，中国在未发展到高收入国家水平之前不宜简单追求提高服务业比例（郭凯明等，2017）。

基于以上几方面分析，本文更认同中国服务业占比提升过快的结构失衡观。①近年中国服务业占比提升速度的确过快。1978～2011年，中国服务业占比年均增长约0.6个百分点。2011～2016年，中国服务业占比年均增长约1.5个百分点，应该说服务业占比快速增长是前所未有的。同样，世界上也少有这样速度的结构变迁。英国经济学家伍德（2017）的研究表明，1985～2014年，中国服务业占GDP的比例增长了21.3%，而同期土地稀缺OECD国家、其他东亚国家、印度、其他南亚国家、土地富足OECD国家、苏联组成国、拉丁美洲、中东与北非、次撒哈拉非洲、世界平均、发展中国家平均的变动分别为 10.6%、7.5%、14.1%、9.1%、7.0%、18%、12.5%、-0.3%、1.9%、6%和7%，中国是服务业占比增速最高的。②虽然存在随着工业化水平提升、服务业占比逐步提高的产业结构演进的基本规律，但对于一国而言，一定GDP水平下服务业占比多少为优并没有统一的标准，所谓产业结构标准形式并不具有普遍性，而且在产业融合大趋势下，统计意义的三次产业占比已经越来越难以反映经济发展状况。随着工业化水平的提升，服务业占比提升实际是经济增长的结果，不是经济增长的原因。也就是说，即使是我国服务业占比相对较低，但不能成为我国大力发展服务业的产业政策原因。如果人为通过产业政策干预提高服务业比例，反而不利于经济增长，这也在一定程度上解释了为什么近些年在大力发展服务业的强产业政策驱动下，我国服务业占比的快速增长，但经济增速反而明显下降的原因。③对服务业占比过快上升不能持过于乐观态度，是因为相对于实体经济尤其是制造业而言，服务业具有两方面缺陷（华民，2017），一是服务业资本深化程度不够，占比过快增长会使全社会人均资本降低，进而导致全要素生产率的下降，影响经济增长速度。近些年随着服务业占比提升而经济增速下降，出现所谓结构性减速，在一定程度上就说明了这个问题。二是服务业发展由于知识专用性提升在一定程度上会加大收入分配的两极分化，占比过快增长不利于经济的包容可持续增长。因此，服务业占比过快上升对于经济增长而言可能并非“善事”。④我国服务业占比迅速上升是与 R_1 层次实体经济占比快速下降“同生”的，制造业空心化风险显著加大。虽然服务业占比上升过快，可以被认为是反映了我国经济服务业、产业结构转型升级和高级化的进程加快，但是，这种服务业占比的过快上升，还反映了服务业对实体经济升级支撑不够的问题。2011～2016 年服务业占比年均增长约 1.5 个百分点，而工业年均下降 1.1 个百分点。2016 年工业投资特别是制造业投资增速回落，2016 年全年工业投资总额为 231826 亿元，增长 3.5%，增速比 2015 年减少 4.2 个百分点，其中制造业投资增速同比增长 4.2%，比 2015 年全年下降 3.9 个百分点，制造业吸引外商直接投资增长为 -6.1%、我国制造业对外直接投资增长为 116.7%。在当前世界范围内新一轮科技和产业革命方兴未艾、中国大力推进实施制造强国战略的背景下，国内工业投资增速大幅回落、国外投资大幅增长，无疑是制造业“空心化”的一种重要信号。⑤中国存在明显的服务业鲍莫尔成本病现象（宋健、郑江淮，2017），服务业占比过快提高与其低效率不匹配，产业结构呈现逆库兹涅茨化趋势。由于我国服务业高端化不够，服务业效率明显低于制造业效率。从劳动生产率指标看，2015 年第二产业劳动生产率为 12.36 万元/人，服务业劳动生产率为 10.48 万元/人，而且我国第二产业的劳动生产率与发达国家的差距也总体小于服务业劳动生产率与发达国家的产业。效率低下的服务业占比迅速提高、效率相对高的工业占比迅速下降必然导致整体经济增速下滑，从而表现出三次产业占比上升、效率下降的逆库兹涅茨化问题。

综上所述，如果严格区分产业结构的转型和升级，转型主要用于描述从一种产业主导的结构转向另一种产业主导的结构变化，而升级则表述了从附加值低的产业（或者产业环节）主导的结构转向附加值高的产业（或产业环节）主导、整体效率提升的结构变化。那么，上述分析表明，服务业占比迅速提升，只是表明了中国产业结构迅速转型，但是，整体经济效率未得到有效提升、产业结构未能够实现有效升级。也就是说，在 R_1 层次实体经济结构，所表明的中国面临着服务业比例过快上升和实体经济比例过快下降而产生的结构转型而未升级的结构性失衡，中国要高度重视这种失衡带来的效率损失和风险。

（三）R_2 结构问题：实体经济与金融房地产业之间结构失衡

如表 5－3 所示，分别计算 2011～2016 年 R_0、R_1 和 R_2 三个层次的实体经济增加值占当年 GDP 的比例情况，以及虚拟经济中金融业和房地产业的增加值占 GDP 的比例情况。从中可以看出，一方面，实体经济在国民经济中占比日益降低，其中传统意义的实体经济 R_1 下降最快，2011～2016 年下降了 7.4 个百分点（这其中工业下降影响到 6.6 个百分点），实体经济的核心 R_0 占比也下降了将近 2 个百分点，整体层次的实体经济 R_2 下降了 2.8 个百分点。另一方面，虚拟经济在国民经济占比迅速提升，2011～2016 年提高了 2.8 个百分点，其中金融业占比迅速提高了 2.1 个百分点。而且 2015 年和 2016 年连续两年占比都达到 8.4%，这个比例不仅超过了中国 2001～2005 年金融业增加值占 GDP 比例平均值 4 个百分点，而且已经超过了美国历史上的这个比例的两个高点：2001 年的 7.7% 和 2006 年的 7.6%，这两个高点对应的是美国的互联网泡沫和次贷危机。结合表 5－1 所示近些年实体经济的增长情况，一个基本的判断是，中国实体经济与虚拟经济增长结构出现重大失衡，虚拟经济增长过快，而实体经济发展相对缓慢。支持这个判断的另外的指标是 M_2 与 GDP 的比例，2011 ~2015 年该比例逐年增加，从 1.74 增长到 2.02，这个比例远超过了美国的 0.69，也高于日本的 1.74（何德旭、王朝阳，2017）。2016 年，这个比例继续上升到 2.08，总额已经达到 155 万亿元。虽然货币投放大幅度增加，但实体经济仍感到融资难，伴随着大量的货币发行，实体经济增速在不断下降，表明资金“脱实向虚”问题严重。

表 5 -3　2011 ~2016 年中国实体经济与虚拟经济在国民经济占比变化情况比较

年份	实体经济			虚拟经济		
	R_0/GDP	R_1/GDP	R_2/GDP	金融业/GDP	房地产业/GDP	虚拟经济/GDP
2011	31.9	56.0	87.9	6.3	5.8	12.1
2012	31.4	55.2	87.7	6.5	5.8	12.3
2013	30.6	53.9	87.1	6.9	6.0	12.9
2014	30.4	52.6	86.9	7.2	5.9	13.1
2015	30.4	50.3	85.6	8.4	6.0	14.4
2016	30.0	48.6	85.1	8.4	6.5	14.9

资料来源：根据《中国统计年鉴 2016》、《中国统计摘要 2017》、历年统计公报、Wind 资讯计算。

虽然近年来政策层面不断强调大力发展实体经济、金融支持实体经济，但为什么还会出现上述金融高速增长、实体经济趋缓的“实虚失衡”呢？这背后的逻辑是什么呢？如图 5 -3 所示，我们分别从实体经济和虚拟经济两条运行线路勾画出经济“脱实向虚”的基本逻辑，梳理了三层实体经济结构失衡的关系。

首先看实体经济演进逻辑线路：中国已经步入了工业化后期的经济增长新阶段，这个阶段也是我国经济步入新常态的时期，其经济增长是工业化和城市化进一步深化互动发展的结果。在人口结构变化和收入水平提升的经济变量驱动下，城市化进程推进消费实现快速转型升级和服务业的迅速发展，但由于体制机制、产业政策和人力资本等原因，服务业快速发展没有支撑工业创新能力的相应提升，存在工业

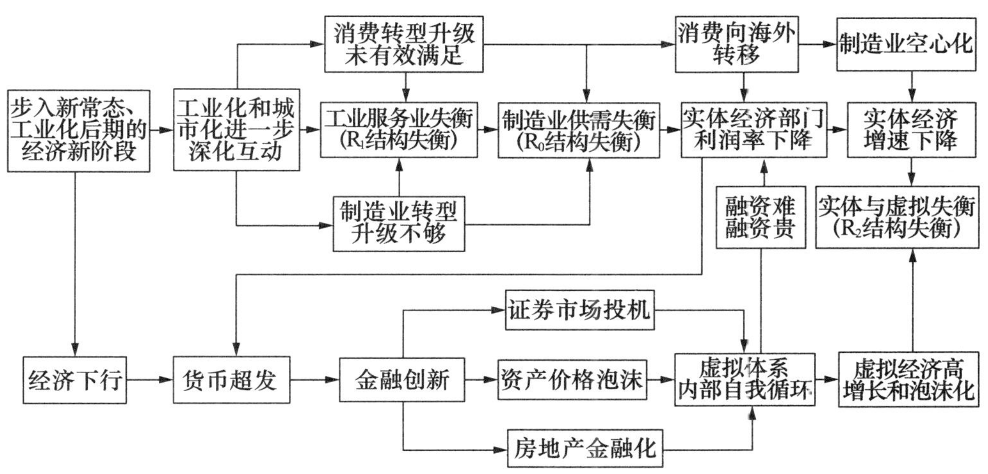

图 5－3　经济"脱实向虚"的逻辑示意

和服务业发展的结构性失衡——实体经济 R_1 的结构失衡，造成制造业大而不强的供给体系不能迅速升级，制造业供给质量不能满足升级后的消费需求，原有供求动态平衡被打破和新的供求平衡短期无法形成，制造业出现结构性供需失衡——实体经济 R_0 的结构失衡，这种失衡使实体经济部门投资回报大幅降低，实体经济增速下降。国内供需关系无法有效实现，在信息化全球化的背景下，消费需求转向海外、国内制造业空心化趋势加速，同时国内实体经济经营环境不能相应改善，这一切又加剧了实体经济部门收益和投资的下降，实体经济发展进一步受到压抑。

其次看虚拟经济演进逻辑线路：工业化后期经济潜在增长率下降，经济面临下行的巨大压力，在需求管理的宏观调控思想指导下，通过货币宽松方式来刺激经济增长，但货币宽松遇到了实体经济投资回报率的下降，金融系统试图通过影子银行、延长信用链等金融创新手段寻求快速的高回报。与实体经济部门面临日益强化的约束相比，金融部门通过金融创新创造的货币供给不断增加，这两年每年都以 12%～13% 的速度增长，更为严重的是根据穆迪估算，中国影子银行信贷规模达到 65 万亿元人民币，比 5 年前增加了近两倍（张军，

2017)，而方正证券估计，包括银行非传统信贷业务、非银行金融机构资产业务和其他融资类业务在内的广义影子银行的规模从2010年的15.45万亿元人民币增长到2016年的95.94万亿元人民币。在金融监管缺位的情况下，这将促进资产价格大幅度上升、加剧证券市场投机和房地产市场金融化，资金在虚拟经济体系内部不断自我循环扩张，金融衍生和信用链条不断延伸，这又使实体经济融资难、融资贵问题突出，进一步使实体经济投资回报降低和生存发展环境恶化，而虚拟经济在自我循环中走向泡沫化，表现为高速增长。而实体经济增速下降和虚拟经济高增长最终导致实体经济与虚拟经济的结构失衡——实体经济 R_2 结构失衡。

从图5－3可以看出，经济“脱实向虚”或者“实虚失衡”能够机制化的关键，在于实体经济回报率的不断下降趋势和虚拟经济依靠资产价格泡沫收益不断上升的极大反差。从2011～2016年上市公司分行业净资产收益率看，制造业从12.2%下降到9.78%、采矿业从16.04%下降到2.41%、建筑业从13.51%下降到11.38%、批发和零售业从13.77%下降到7.85%、住宿和餐饮业从8.94%下降到6.04%，而银行业利润占整个金融业增加值比重自2010年以来一直维持在30%，高点2012年为35.2%，低点2016年为26.54%（何德旭、王朝阳，2017)。据总体测算，近年来中国工业平均利润率仅为6%左右，而证券、银行业平均利润率则在30%左右（董涛，2017)。2016年到2017年上半年，上市公司“买房保壳”的案例已屡见不鲜，这成为实体经济处境艰难和房地产狂欢盛宴的一个个鲜明写照。实际上，与“实虚失衡”关键机制相关的一系列体制机制和环境因素，包括实体经济税收负担、复杂的社会交易成本、金融监管机制和资本市场机制不完善、房地产市场长期有效稳定机制缺乏、房地产价格“没有最高只有更高”，等等，都在主观和客观上强化了虚拟和实体经济回报存在极大反差这个“实虚失衡”关键机制。

四、中国实体经济发展的政策思路

（一）发展实体经济的核心目的是提高制造业供给体系质量，围绕提高制造业供给体系质量深化供给侧结构性改革，化解制造业供需结构失衡

这具体可以从产品、企业和产业三个层面入手（黄群慧，2017）。一是产品层面，以提高制造产品附加值和提升制造产品质量为基本目标，以激发企业家精神与培育现代工匠精神为着力点，全面加强技术创新和全面质量管理，提高制造产品的供给质量。企业家精神的核心内涵是整合资源、持续创新、承担风险，提高产品档次和产品附加值关键是依靠企业家精神实现技术创新并承担创新风险。精益求精、专心致志是工匠精神的基本要义，工匠精神是制造业质量和信誉的保证。一大批具有创新精神、专注制造业发展的企业家，和一大批精益求精、不断创新工艺、改进产品质量的现代产业工人，是制造业供给质量的保证。一方面要完善保护知识产权、促进公平竞争等能够激励企业家将精力和资源集中到制造业创新发展上的体制机制；另一方面要完善职业培训体系、职业社会保障、薪酬和奖励制度，进一步激励现代产业工人精益求精、专心致志。二是企业层面，以提高企业素质和培育世界一流企业为目标，积极有效处置“僵尸企业”、降低制造企业成本和深化国有企业改革，完善企业创新发展环境，培育世界一流企业。政府要积极建立有利于各类企业创新发展、公平竞争发展体制机制，努力创造公平竞争环境、促进各类所有制的大中小企业共同发展。进一步深化政府管理体制改革，简政放权，降低制度性交易成本，围绕降低实体养老保险、税费负担、财务成本、能源成本、物流成本等各个方面进行一系列的改革，出台切实有效的政策措施，营造

有利环境，鼓励和引导企业创新行为。三是产业层面，以提高制造业创新能力和促进制造业产业结构高级化为目标，积极实施《中国制造2025规划纲要》，提高制造业智能化、绿色化、高端化、服务化水平，建设现代制造业产业体系。从政策着力点看，一方面是有效协调竞争政策和产业政策，发挥竞争政策的基础作用和更好地发挥产业政策促进产业结构高级化作用，政府应该更多地把工作重点放在培育科技创新生态系统上，做到促进战略新兴产业发展与传统产业升级改造相结合，促进传统制造业与互联网的深度融合，促进中国经济新旧动能平稳接续和快速转换。另一方面是通过加强公共服务体系建设、深化科技体制改革、强化国家质量基础设施（NQI）的建设和管理，切实提高制造业行业共性技术服务、共性质量服务水平。

（二）发展实体经济的关键任务是形成工业和服务业良性互动、融合共生的关系，化解产业结构失衡，构建创新驱动、效率导向的现代产业体系

在世界新一轮科技革命和产业变革趋势下，产业结构高级化的内涵正发生巨大变化，产业融合化、信息化、国际化大趋势正在重构现代产业体系。与此同时，中国步入工业化后期和经济新常态的背景下，中国的产业结构正处于巨大变革期，工业在国民经济中的贡献和作用正由过去经济增长的主导产业向承载国家核心竞争能力和决定国家的长期经济增长转变，产业结构从工业占比过大的失衡状态转向服务业过快增长的失衡状态，中国经济增长正需要新的产业供给体系实现经济增长的动能转换。首先，在三次产业日趋融合的大趋势下，产业结构调整和产业政策的目标不应该只是追求统计意义上的工业和服务业在国民经济中的比重，而应更加重视产业的运行效率、运营质量和经济效益，更加重视培育工业和服务业融合发展、互相促进的公平竞争环境。产业融合体现在制造业和服务业上，是制造业服务化或者是服务型制造的发展，当前我国服务业内部结构的高端化程度不够，劳动密集型服务业相对较大，而技术密集型服务业占比不高，服务业中资本密集型服务业呈现出以偏离实体经济自我循环为主的增长趋

势，造成整体服务业对制造业转型升级支持不够；而制造业与服务业结合尤其是与技术密集型服务业结合也不够，也就是服务型制造发展不够。无论是从提升服务业内部结构升级，还是制造业转型升级和产业融合，都需要大力发展服务型制造。未来提高我国产业效率、实现产业升级，一定要抓住发展服务型制造业这个“牛鼻子”（黄群慧，2017）。其次，中国未来经济可持续增长的关键是形成符合融合化、信息化、国际化大趋势的新的现代产业体系，所谓大力发展实体经济，关键任务是要构建这种新型现代产业体系，而这种产业新体系的构建无疑要依赖创新驱动战略，创新能力不强是我国产业体系的“阿喀琉斯之踵”，无论是制造业的供给质量提升，还是解决实体经济投资回报率低的问题，都要依赖以科技创新为核心的全面创新。但是，创新是手段不是目的，实体经济发展的最根本问题还是效率（伍晓鹰，2017），即使是创新活动本身，也要关注创新的效率，构建和发展现代产业体系一定要以效率为导向。最后，当前我国服务业高度不够、效率不高已成为制约实体经济发展最突出的因素，不仅直接影响整个产业体系的效率，还影响工业创新发展能力。而制约我国科技、教育、金融等生产性服务业效率提升的关键是体制机制问题。科技、教育等事业单位体制以及市场化机制的不完善，极大地制约了我国创新能力提升、人力资本积累和有效使用，而金融行业的非充分竞争又极大地加重了实体经济的生存、创新发展的成本。深入推进服务业供给侧结构性改革，加快生产性服务业改革开放，是构建现代产业体系、提升中国实体经济质量、促进实体经济发展的关键举措。

（三）发展实体经济的当务之急是在“虚实分离”的常态中坚持实体经济决定论，从体制机制上化解“虚实结构失衡”，将风险防范的工作重点从关注金融领域风险转向关注长期系统性经济风险

迄今为止，金融创新和金融发展对经济增长和宏观经济稳定的作用并没有一致的观点，甚至可以说全球金融危机前后出现了正面和负面两种截然不同的看法，危机前大多数研究认为有活力的金融市场对促进经济增长和保持经济稳定具有重要意义，而危机后有关金融活动

与其说向实体经济传送了价值不如说从实体经济抽取租金的观点占据上风（汤铎铎、张莹，2017）。近年来中国工业6%左右的利润率、银行业利润占到增加值30%的巨大反差，也从一个方面证实了后者。2017年7月召开的第五次全国金融工作会议已经明确了金融回归本源服务实体经济、防控金融风险、强化金融监管等未来5年的工作总基调。这无疑为未来实体经济发展、化解“虚实结构失衡”奠定了很好的政策方向基础。但是，问题的关键还是从体制机制上进行深化改革，彻底打破实体经济与虚拟经济巨大收益反差的“去实向虚”的自增强机制。实际上，金融业高收益对实体经济高端要素的虹吸效应与房地产价格泡沫对实体经济创新的破坏效应真正从体制机制化解困难重重。从金融业看，金融业高收益以及从业人员的高报酬已经集聚了大量的高素质和高关系人力资本的人才，这些人才具备很强的金融创新能力，但其创新与实体经济创新不同，金融创新的方向大多是逃避监管、获取更多交易机会、使金融体系日趋复杂化，再加之这些人才具有很强的政策游说能力，在这种背景下实现金融业回归服务实体经济的本源绝非易事。从房地产业看，房地产价格不断突破人们的心理底线，这对实体经济的创新活动和整体发展已经产生了难以估量的负面影响，2015~2016年这波房地产价格暴涨迄今并没有谁为其负责，虽然2017年3月以来一系列的计划手段控制了房价上涨，但在七八月房价略有下行趋势情况下，利益相关者已经开始打着为实体经济服务的旗号为新一轮暴涨做理论准备和心理预期引导，租售同权、共有产权等长效机制能否打破房地产价格暴涨—调控—再暴涨循环“神话”还无法确定，房地产价格作为实体经济创新发展的“达摩克利斯之剑”还高高悬挂。因此，当务之急必须有壮士断腕的决心，迅速着手建立实体经济和虚拟经济健康协调发展的体制机制。在“壮士断腕”的改革中，金融房地产业会面临着短期的“阵痛”，切勿以防控金融领域风险为由而影响改革的进程。从风险管理看，相对于实体经济的风险而言，金融领域风险虽然更为直接，对社会稳定短期影响更为剧烈，但金融风险是表征，其根源还是实体经济的问题，因此，必须转变风险防控的思路和重点，从关注金融领域风险向关注系统性经济风险转变，特别是要针对虚拟经济总量调控、实体经济高杠杆、地方政府高债务和“僵尸企业”等系统性经济风险点多策并举、全面防控。

参考文献

［1］中共中央文献研究室编：《习近平关于社会主义经济建设论述摘编》，中央文献出版社，2017年。

［2］何玉长：《善待生产性劳动和优先实体经济》，《学术月刊》2016年第9期。

［3］黄群慧：《打牢实体经济的根基》，《求是》2016年第4期。

［4］中共中央马克思恩格斯列宁斯大林著作编译局编：《马克思资本论（节选本）》，人民出版社，1998年。

［5］张晓晶：《符号经济与实体经济——金融全球化时代的经济分析》，上海三联书店、上海人民出版社，2002年。

［6］黄群慧：《振兴实体经济要着力推进制造业转型》，《经济日报》2017年2月10日。

［7］成思危、刘骏民：《虚拟经济理论与实践》，南开大学出版社，2003年。

［8］陈雨露、马勇：《泡沫、实体经济与金融危机：一个周期分析框架》，《金融监管研究》2012年第1期。

［9］简·欧文·詹森：《服务经济学》，中国人民大学出版社，2013年。

［10］Hausmann R，Hidalgo C A，et al. The Atlas of Economic Complexity：Mapping Paths to Prosperity，http：//www. cid. harvard. edu/documents/complexityatlas. pdf，2011.

［11］国家统计局工业司：《工业经济保持稳定增长，新动能引领结构调整——党的十八大以来经济社会发展成就系列之五》，http：//www. stats. gov. cn/tjsj/sjjd/201707/t20170704_ 1509628. html，2017－07－04。

［12］国家统计局服务业司：《服务业擎起半壁江山，新兴服务业蓬勃发展——党的十八大以来经济社会发展成就系列之十五》，http：//www. stats. gov. cn/tjsj/sjjd/2017 07/t20170725_ 1516453. html，2017－07－25。

［13］国家统计局社科文司：《科技发展成效显著，创新驱动加力提速——党的十八大以来经济社会发展成就系列之十九》，http：//www. stats. gov. cn/tjsj/

sjjd/201707/t 20170727_ 1517417. html，2017 -07 -27。

［14］国家统计局能源司：《能源发展呈现新格局，节能降耗取得新成效——党的十八大以来经济社会发展成就系列之八》，http：//www. stats. gov. cn/tjsj/sjjd/201707/t 20170707_ 1510973. html，2017 -07 -07。

［15］国家统计局综合司：《新理念引领新常态，新实践谱写新篇章——党的十八大以来经济社会发展成就系列之一》，http：//www. stats. gov. cn/tjsj/sjjd/201706/t 20170616_ 1504091. html，2017 -06 -16。

［16］国家统计局国际司：《国际地位显著提高，国际影响力明显增强——党的十八大以来经济社会发展成就系列之二》，http：//www. stats. gov. cn/tjsj/sjjd/201706/t20170621_ 1505616. html，2017 -06 -21。

［17］国家统计局农业司：《农业农村发展再上新台阶，基础活力明显增强——党的十八大以来我国经济社会发展成就系列之三》，http：//www. stats. gov. cn/tjsj/sjjd/201706/t20170622_ 15060 90. html，2017 -06 -22。

［18］李扬：《“金融服务实体经济”辩》，《经济研究》2017 年第 6 期。

［19］何德旭、王朝阳：《中国金融业高增长：成因与风险》，《财贸经济》2017 年第 7 期。

［20］黄群慧：《中国工业化进程及其对全球化影响》，《中国工业经济》2017 年第 6 期。

［21］华民：《中国经济增长中的结构问题》，《探索与争鸣》2017 年第 5 期。

［22］胡鞍钢：《中国进入后工业化时代》，《北京交通大学学报》2017 年第 1 期。

［23］张栋、谢志华、王靖雯：《中国僵尸企业及其认定——基于钢铁业上市公司的探索性研究》，《中国工业经济》2016 年第 11 期。

［24］张慧明、蔡银寅：《中国制造业如何走出“低端锁定”——基于面板数据的实证分析》，《国际经贸探索》2015 年第 1 期。

［25］杨恩艳、马光荣：《中国服务业占比之谜——基于内外经济失衡的解释》，《浙江社会科学》2016 年第 12 期。

［26］郭凯明、杭静、颜色：《中国改革开放以来产业结构转型的影响因素》，《经济研究》2017 年第 3 期。

［27］江静：《中国服务业具有独立发展的路径依赖吗》，《南京大学学报》2017 年第 1 期。

［28］阿德里安·伍德：《世界各国结构转型差异（1985—2015）：模式、原因和寓意》，《经济科学》2017 年第 1 期。

［29］董涛：《如何遏制资金“脱实向虚”》，《中国经济报告》2017 年第 7 期。

［30］张军：《中国的货币难题》，《中国经济报告》2017 年第 7 期。

［31］伍晓鹰：《中国实体经济：创新问题，还是效率问题》，《中国经济报告》2017 年第 7 期。

［32］黄群慧：《提高制造业供给体系质量》，《瞭望》2017 年第 31 期。

［33］宋建、郑江淮：《产业结构、经济增长与服务业成本病——来自中国的经验证据》，《产业经济研究》2017 年第 2 期。

［34］Baumol W. Macroeconomics of Unbalanced Growth：The Anatomy of Urban Crisis，American Economic Review，1967，57（3）：415－426.

［35］Baumol W. Paradox of Services：Exploding Costs，Persistent Demand，Raa T，Schettkat R. The Growth of Service Industries：The Paradox of Exploding Costs and Persistent Demand. London：Edward Elgar Publishing，2001：3－28.

［36］汤铎铎、张莹：《实体经济低波动与金融去杠杆——2017 年中国宏观经济中期报告》，《经济学动态》2017 年第 8 期。

［37］黄群慧：《振兴实体经济要着力推进制造业转型》，《经济日报》2017 年 2 月 10 日。

第六章　论中国工业的供给侧结构性改革*

“十二五”时期中国的现代化进程步入工业化后期阶段，经济增长从高速转型中高速的“新常态”特征日趋显著，2015 年规模以上工业企业增加值增速为 6.1%，是自 1992 年以来两个周期长达 23 年中的最低工业增速。2016 年上半年工业增速呈现缓中趋稳，规模以上工业企业增加值增速为 6.0%。面对经济下行，经济“新常态”更需要主动适应和引领，而供给侧结构性改革正是中央提出的适应和引领经济“新常态”的战略任务和政策方向。“十三五”时期中国工业发展的关键是实质性推进供给侧结构性改革，逐步形成工业强国建设的有效体制机制，加快实现工业增长新旧动力转换，从企业、产业和区域三个层面再造工业发展的新生态系统。

一、供给侧结构性改革的概念逻辑与分析框架

要全面科学地分析市场运行，无论是从微观视角分析具体某个市场的运行，还是从宏观视角分析整体市场经济的运行，都需要从供给和需求这一对立统一的两个方面入手。因为供给和需求是市场经济内在关系的最基本的两个方面，“供给和需求是使市场经济运行的力量。

* 本文原载《中国工业经济》2016 年第 9 期。

它们决定了每种物品的产量及其出售价格。如果你想知道，任何一种事件或者政策将如何影响经济，你就应该优先考虑它将如何影响供给和需求”（曼昆，2012）。虽然马克思将社会生产总过程划分为生产、分配、交换、消费四个辩证统一的环节来揭示经济运行的本质和规律，但马克思在论述生产和消费的同一性时也指出：“在经济学中常常以需求和供给、对象和需要、社会创造的需要和自然需要的关系来说明”（汤正仁，2016）。正因如此，在市场经济条件下，宏观调控经济的基本手段一般也被分为通过调节总供给来实现宏观经济目标的供给管理和通过调节总需求来实现宏观经济目标的需求管理。围绕供给管理和需求管理，众多流派的经济学家已经提供了复杂的经济学知识体系，从短期和长期、总量和结构、财政货币政策和税收政策等各个视角来区分供给管理和需求管理及其相应的政策体系。但是，现实中一个国家要真正达到宏观经济调控的目标，更重要的是基于基本国情、经济发展阶段、要素条件和面临的关键问题对需求管理政策和供给管理政策进行动态相机选择、综合协同应用。

在经过30多年高速增长、中国经济逐步步入经济新常态的背景下，基于对供给管理手段和需求管理手段的认识和经验，党中央提出了“十三五”期间在适度扩大总需求的前提下深入推进供给侧结构性改革的宏观调控总思路，供给侧结构性改革成为主导中国经济改革与发展的一个关键的新概念，供给方或者供给侧问题被放在一个突出的地位。中国作为一个转轨时期的赶超型发展中国家，在重视通过财政政策、货币政策来平抑短期的经济波动的同时，其实经济政策的重心多年来一直是增加供给方面，产业政策被高强度使用，有关重视供给管理政策、加强产业政策的政策建议甚至可以追溯到30年前（杨沐、黄一乂，1986）。只是最近的10多年，随着中国市场经济日趋成熟，尤其是在2009年国际金融危机后，政府通过财政货币政策对需求侧“三驾马车”调控力度和频度增大，对需求管理政策更加倚重（吴敬琏，2016；文建东、宋斌，2016）。在当前的经济发展阶段和经济社会背景下，再次强调供给侧，提出供给侧结构性改革具有重要意义。无论是放在世界经济长周期以及新一轮科技产业革命的背景下，还是置于中国经济发展阶段逐步进入新常态的环境下；无论是基于马克思主义政治经济学社会再生产理论的指导，还是根据西方经济学供应学派、制度经济学及新增长理论的启示；无论是从当前中国经济运行的基本矛盾主要表现在供给侧看，还是从当前经济下行的主要原因是结构性而非周期性看；无论是从解放和发展生产力需要看，还是从提高全要素生产率的要求看，供给侧结构性改革都有其不可争议的重大意义、必然性和迫切性。当然，强调供给侧、认识到供给侧结构性改革意义的同时，总需求管理的价值也不能忽视，两者需要协同配合。尤其是由于供给侧结构性改革不能逆转期调节，不满足宏观调控手段所要求的可测量性、可控性和对目标的可预期，因而供给侧结构性改革不是常态化的宏观调控的主要手段（陈小亮、陈彦斌，2016）。

虽然大家认同在当前经济“新常态”的背景下推进供给侧结构性改革的重大意义，但是，有关供给侧结构性改革的概念内涵和政策含义认识并不统一，理论界还存在不同的解读，而混乱的解读不仅会直接影响供给侧结构性改革的有效推进、党的十八届三中全会和“十三五”规划的全面落实，还会延误运营必要宏观经济政策工具克服通缩、稳定经济增长的战机（余永定，2016）。当前理论界对供给侧结构性改革的混乱解读有两个倾向：一是“箩筐”倾向，无论什么样的政策工具或者改革措施，都“一揽子”归为供给侧结构性改革，甚至一些刺激需求总量的短期政策也被归结到供给侧结构性改革中；二是“帽子”倾向，仅仅将自己认可的某方面政策工具或者改革措施戴上供给侧结构性改革的“帽子”，并标榜这才是供给侧结构性改革的核心，而不能全面联系地理解供给侧结构性改革，如认为供给侧就是生产制造环节，或者认为供给侧结构性改革的政策核心是去产能、去库存，或者只片面强调供给，而不能辩证地看到需求和供给的依存关系，等等（张鹏，2016）。从严格的概念界定上，供给侧结构性改革虽然突出了供给侧问题，但还不完全等同于供给管理，要理解供给侧结构性改革还有两个问题需澄清：一是关于“供给侧”。一些经济学家提出经济学中几乎很少用“供给侧”这个提法，Supply－side Economics 直接翻译为供给学派经济学，或者供给学派，有考证只有日本经济学家青木昌彦曾用过“供给侧”（吴敬琏，2016）。但是，“供给侧”这个用法是恰如其分的，因为供给侧结构性改革所针对供给方采取的政策措施不同于西方的供给学派，用“供给侧”既突出了问题的关键在供给方，又区别于西方供给学派。二是关于“结构性改革”。西方经济学家往往把结构改革（Structural Reform）理解为针对无法用宏观经济政策解决的政府制度构架和监管构架问题而进行的改革，大致对应中国的体制改革，结构问题一般都是长期问题，结构改革会更多地影响供给要素，内容包括建立和完善更有利于创新的资本市场机制、发展更富有竞争性和灵活性的产品和劳动市场、通过培训提高工人素质、降低市场准入门槛、简化行政审批制度、鼓励创新和企业家精神，因此，结构改革本身就是与供给面联系在一起的（余永定，2016）。供给侧结构性改革中的结构性改革与西方的结构改革含义接近但又有所不同，否则也就没有必要再增加一个“供给侧”来重复。这里，结构性改革既包括结构改革的内涵，还包括产业比例结构、行业比例结构、区域结构等各种比例关系的调整等，即经济结构调整的含义。而使用“供给侧”这一前缀旨在强调经济结构中供给结构是主要矛盾所在。因此，结构性改革应包括供给结构调整和结构改革两方面任务（刘霞辉，2016），结构性改革更适合“结构调整 + 体制改革”的内涵。

面对关于供给侧结构性改革的不同解读，更需要准确把握中央提出的供给侧结构性改革的本意。习近平总书记指出：“供给侧结构性改革，重点是解放和发展生产力，用改革的办法推进结构调整，减少无效和低端供给，扩大有效和中高端供给，增强供给结构对需求结构的适应性和灵活性，提高全要素生产率。”这个最权威的说明具有鲜明的问题导向，给出了供给侧结构性改革的问题—原因—对策典型的“三段论”逻辑线路：中国当前经济面临的主要问题集中表现为供给侧的有效和高度供给不足、无效和低端供给过剩导致全要素生产率低下，这个问题的本质在于供给结构不能适应需求结构变化的结构性矛盾，而产生这个矛盾的根源是体制机制问题束缚了生产力，因此，相应的对策是用体制机制改革的方法调整结构、化解结构性矛盾，最终实现解放和发展生产力、提高全要素生产率的经济发展目标。也就是说，供给侧结构性改革，是针对由于供给结构不适应需求结构变化的结构性矛盾而产生的全要素生产率低下问题所进行的结构调整和体制机制改革。按照《人民日报》发表的权威人士对供给侧结构性改革的解读（龚雯等，2016），供给侧结构性改革可以拆解为“供给侧 + 结构性 + 改革”，对应问题—原因—对策逻辑线路，问题突出表现在“供给侧”，问题本质和根源是结构性矛盾，问题解决的对策是改革。这具体可以通过如图 6 – 1 所示的概念逻辑和分析框架来描述。

如图 6 – 1 所示，在“供给侧 + 结构性 + 改革”的解读构架下，从问题导向出发，可以通过由左至右和由右至左两个逻辑线来解读供给侧结构性改革，一是问题的原因分析逻辑，二是问题的解决方法逻辑，前者回答为什么要推进供给侧结构性改革，而后者则回答了如何推进供给侧结构性改革。

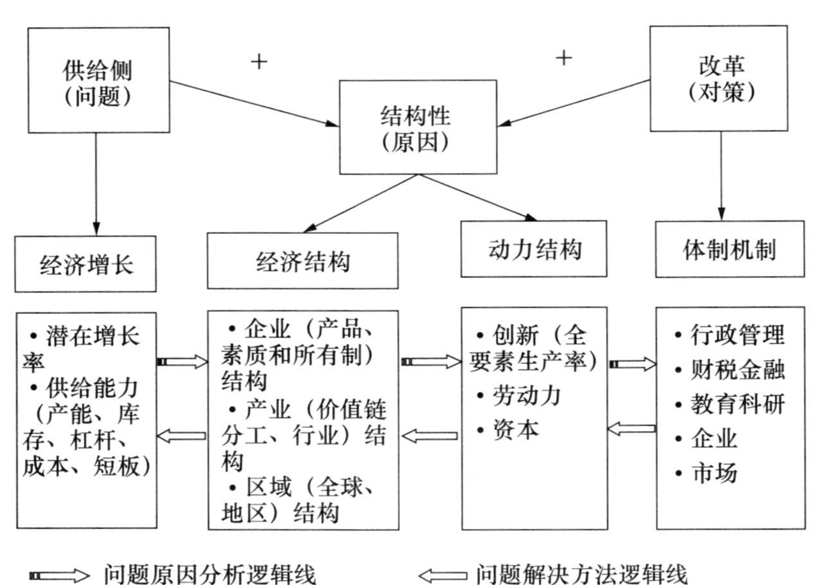

图 6 – 1　供给侧结构性改革的概念逻辑与分析框架

供给侧结构性改革是针对中国经济从高速增长转向中高速增长的新常态背景来提出的。2015 年的经济形势被概括为“经济增速下降、工业品价格下降、企业利润下降、财政收入下降和经济运行的风险概率上升”的“四降一升”，经济运行增速带来的压力无疑是前所未有的。面对中国经济的减速，无论是从中国人口红利视角，还是从经济结构转换视角以及中国的工业化进入后期阶段看，中国经济减速在更大程度上要归结于潜在经济增长率下降，而针对潜在增长率的下降，应该更多地从供给侧角度分析问题、把握政策着力点。“虽然在任何发展阶段的任何时期，对宏观经济的需求侧扰动难免发生，但把经济发展新常态与短期冲击因素区别开，主要从供给侧而不是需求侧认识中国经济减速，是一个方法论层面要牢牢把握的关键”（蔡昉，2016a）。也就是说，中国当前经济运行面临的“四降一升”问题需要更多地从供给侧分析并给出政策建议，主要是通过对生产要素投入的管理来优化要素配置和调整生产结构，从长期解决经济增长的动力，从而提高经济潜在增长率。当前经济运行主要表现出的问题是低端和无效产能过剩、房地产行业库存大幅增加、非金融企业负债和成本不断提高、基础设施和高端供给还存在短板等方面，这主要是供给结构不能适应需求结构变化的表现。

供给结构的问题可以具体表现在企业、产业和区域三个层面。在企业层面突出表现为：企业素质结构不合理，存在大量的“僵尸企业”，优质企业数量不够，造成生产要素不能集中配置到高效企业，无法实现资源有效配置；企业所有制结构还不合理，国有企业改革和战略性调整任重道远，企业公平竞争的发展环境有待建立完善；企业产品结构无法适应消费结构变化，高品质、个性化、高复杂性、高附加值产品的生产能力不足，相对于其提供的产品和服务价值而言企业生产成本较高。在产业层面突出表现为：国际产业链分工地位有待提升，产业亟待从低附加值环节向高附加值环节转型升级；行业结构高级化程度不够，产业中以重化工主导的资源型产业、资金密集型产业占比过大，产能过剩问题突出，而新一代信息技术、高端装备、新材料、生物医药等技术密集型产业有待进一步发展；产业融合程度有待提升，工业化和信息化的深度融合水平、制造业和服务业的融合水平都需要进一步提升。在区域层面突出表现为：一方面，中国生产要素在国内外配置不合理，“走出去”程度与中国的发展需要不适应，国际化程度有待提升，利用全球资源的区域战略有待完善；另一方面，现有区域协调发展水平有待提高，区域发展差距较大，生产要素区域配置不能充分地利用区域比较优势，区域分工合理度可进一步提高，不同区域之间生产要素的自由有效流动不能够实现，区域的制度供给存在“歧视”。

企业层面、产业层面和区域层面的供给结构问题，可以进一步溯源归结为生产要素结构性矛盾，或者是经济增长的动力结构需要改革。长期以来，中国经济增长主要依靠低成本要素驱动，甚至中国工业化进程被描述为低成本的快速工业化。基于低成本的劳动力、资金和技术要素所形成的企业和产业供给能力自然也主要是低端的。近年来，这种低成本的要素驱动型增长动力结构越来越不适应经济发展的需求，越来越难以持续下去。一方面，劳动要素新供给的数量在不断下降，2012 年以来中国劳动就业年龄人口的绝对数量每年都以二三百万左右的规模在减少，同时中国工资增长超过劳动生产率的增长，制造业单位劳动力成本（工资与劳动生产率的比率）提高的速度明显高于主要制造业大国，中国制造业单位劳动力成本相对于美、日、德、韩等国的比例在 2004 ~ 2013 年提高了 10% ~ 15%（蔡昉、都阳，2016）。另一方面，资本回报率不断下降，资本要素供给的数量驱动力量日趋减弱。据估算，2011 年以来中国资本回报率呈大幅下滑的趋势，2011 ~ 2013 年资本回报率分别为 21.1%、16.6% 和 14.7%（白重恩、张琼，2014）。针对工业资本回报率的估算表明，2002 年工业边际资本产出率为 0.61，2012 年该值已下降至 0.28（江飞涛等，2014）。因此，面对要素收益递减趋势，未来经济增长的动力源泉主要应该是提高全要素劳动生产率，只有全要素劳动生产率的提高才是更可持续的经济增长动力源泉。一个模拟研究表明，2011 ~ 2022 年，如果全要素劳动生产率平均增长率提高 1 个百分点，中国经济潜在增长率可以提高 0.99 个百分点（Cai & Yang，2013）。而全要素劳动生产率的提高，关键是提高生产要素质量和通过技术创新优化生产要素结合方式。当前制约生产要素质量提升和技术创新的关键障碍是体制机制，包括政府行政体制、财税金融体制、科研教育体制、市场机制、企业体制等方面，因此，深化体制机制改革也就非常必要，而这正是结构性改革的本意。

基于图6-1的示意，上面分析了供给侧问题—结构性根源—结构性改革的原因逻辑，回答了为什么推进供给侧结构性改革的问题。问题解决的方法逻辑自然是通过结构性改革来化解结构性矛盾，进而解决供给侧存在的问题，从而保证经济新常态下的经济增长。这个逻辑无须具体展开，但值得讨论的是推进供给侧结构性改革的方式。如上所述，这里的结构性改革与西方经济学界一般意义的结构改革不完全相同，其区别在于结构性改革除了包括全面体制机制改革、改变经济动力结构进而改变经济结构变化的内涵以外，还包括直接对要素结构调整优化内容，以及对企业、产业和区域结构的调整优化的内容。也就是说，对现有经济结构中不合理的部分进行直接调整和处置，这在图6-1中显示为“改革”方框既下辖“体制机制”方框，然后通过“体制机制”改革推进“动力结构”和“经济结构”变化，也包括通过“结构性”方框下辖“经济结构”和“动力结构”方框。这意味着，供给侧结构性改革存在两个可能推进路线：一是政府通过全面深化体制机制改革，进一步建立和完善市场经济体制，通过市场机制来改变经济增长的动力结构以及经济的企业结构、产业结构和区域结构，化解供给结构不适应需求结构的矛盾，解决供给侧问题，提高供给质量，改善经济运行；二是政府在现有的体制机制框架下直接对经济结构调整，包括处置“僵尸企业”、化解产能过剩、用强选择性产业政策培育战略性新兴产业，等等。虽然有学者反复强调，供给侧结构性改革说到底是制度的改革，结构性改革的根本是改革，不是政府调结构，不可与主要行政方式进行的结构调整混为一谈（吴敬琏，2016），有学者认为，推进供给侧结构性改革应该只能是第一个路线，通过体制机制改革来实现结构调整，提高供给结构对需求结构的适应性。但是，从现实操作可能性看，近期各级政府可能更多地选择第二种方式推进供给侧结构性改革，也许在一些学者眼里这本身并不是供给侧结构性改革。当我们从供给侧结构性改革的概念逻辑转为现实任务，将供给侧结构性改革直接针对供给侧存在的问题简化为“去产能、去库存、去杠杆、降成本和补短板”五大任务时，在现有的行政体系和激励约束机制下，各级政府短期内更多地倾向于采用行政手段积极推进“三去一降一补”。虽然同时也会推进体制改革、完善市场机制，但由于体制改革的长期性、艰巨性和效果的不可控性，第一种推进线路被采用的可能和实施力度短期内不大。而且，在各级政府以“三去一降一补”为核心任务推进供给侧结构性改革时，很容易出现三种错误倾向。一是只关注产能过剩、库存高、企业负债高、成本高和存在基础设施短板等供给侧存在的问题本身，就问题谈问题，而忽视了这些问题的背后结构性矛盾，因此，无法找到供给侧问题解决的根本路径。习近平总书记曾强调，“结构性”3 个字十分重要，简称“供给侧改革”也可以，但不能忘了“结构性”3 个字。二是在“唯GDP”导向的遗留影响以及“保增长”的压力下，政府不愿意真心化解产能过剩，甚至以补短板的借口继续扩大属于过剩行业的产能。三是过于机械地理解“三去一降一补”，看不到这五方面之间的有机联系，缺少对经济工作的系统观，机械地将每项任务指标化，层层分解，最终有可能对当地经济发展产生不利影响。

基于图 6－1 所示的供给侧结构性改革的概念逻辑和分析框架，至少可以从四个视角来分析供给侧结构性改革问题。一是直接从经济运行中表现出来的供给侧问题入手，也就是从“三去一降一补”入手。这种视角可能更多地被政府部门实际操作时所采用，但如上所述，容易使人忽视供给侧问题的系统性和其结构性矛盾根源。二是可以从供给侧的体制机制改革入手，尤其是强调全面深化市场化改革，但由于这涉及的问题过于庞杂，包括行政体制、财税金融体制、企业体制、市场机制、教育科研制度等各个方面，因而从该视角分析供给侧结构性改革，要么“挂一漏万”而难以全面系统，要么面面俱到而难以具有深度。三是从经济增长的动力结构视角分析劳动、资本和技术创新等要素结构，往往宏观经济学更多地采用这个视角，其研究深入、学术性强，但一般停留在论证供给侧结构性改革的必要性，难以对政府部门如何推进供给侧结构性改革有现实指导意义。四是经济结构视角，具体划分为企业、产业和政府三个层面来分析供给侧结构性改革问题，这可以实现理论性、系统性和现实指导性的折中。本文就从这个视角入手，在分析2015年和2016年上半年工业经济运行特征的基础上，分析工业供给侧结构性改革的意义，并进一步从企业、产业和区域三个层面论述推进供给侧改革的重点任务，提出相应的政策建议。

二、从当前工业经济运行看工业供给侧结构性改革意义

进入2015年，中国整体经济发展面临着“四降一升”，即经济增速下降、工业品价格下降、实体企业盈利下降、财政收入下降和经济风险发生的概率上升的突出问题，而这些问题主要反映在工业上。如果说，经济发展面临的“四降一升”问题正是推进供给侧结构性改革要解决的关键问题，那么，工业就是供给侧结构性改革的主战场。

（一）2015年工业增速呈现加速下行态势，是近几十年来的最低工业增速。2016年上半年工业增速缓中趋稳，工业品价格、工业企业利润和工业出口都呈现了一些积极迹象，而在积极迹象背后隐藏着粗放经济增长方式回头的担忧

如图6－2所示，改革开放以来，按照经济波动，中国的工业增长大体可以划分为四个波动周期，分别是1978～1985年、1985～1992年、1992～2007年、2007～2015年。其中1992年为改革开放以来最高增速，全部工业增加值增速高达21.2%，而2015年全部工业增加值增速为5.9%，是自1992年以来两个周期长达23年中的最低工

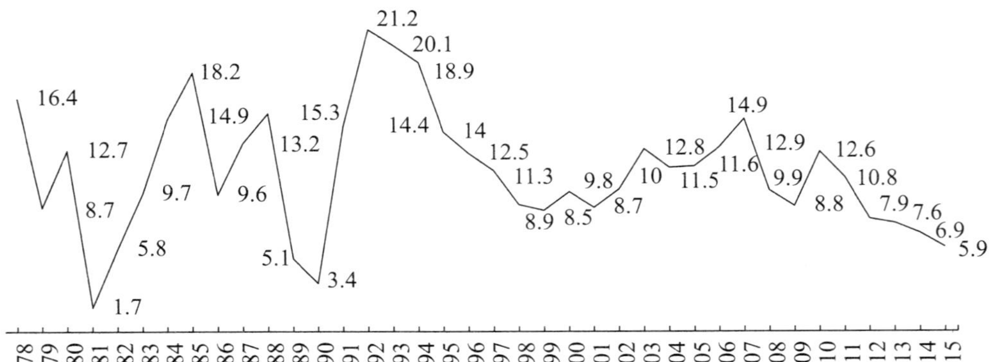

图 6-2　改革开放以来全部工业增加值同比增速变化

资料来源：根据国家统计局网站数据绘制。

业增速（黄群慧、张航燕，2016）。如果按照经济学家最近热烈讨论的L形增长轨迹，2011～2015年规模以上工业增加值增速分别为13.9%、10%、9.7%、8.3%和6.1%，分别下降1.8个、3.9个、0.3个、1.4个和2.2个百分点，大致可以认为中国工业经济运行在整个“十二五”期间属于加速下滑的“竖线”过程。

2016年上半年工业增速呈现缓中趋稳，规模以上工业企业增加值增速为6.0%，比2015年全年略低0.1个百分点，其中第一季度增长5.8%、第二季度增长6.1%，第二季度比第一季度加快0.3个百分点，从月度数据看，1～2月、3月、4月、5月、6月和7月及规模以上工业企业增加值增速分别为5.4%、6.8%、6.0%、6.0%、6.2%和6.0%，3月以来增速也趋于稳定。另外，从工业品出厂价格看，到2016年7月，工业品出厂价格已经达到了前所未有的53个月的负增长（见图6-3），但是进入2016年以后，PPI降幅持续收窄，企业库存压力有所缓解，2016年1～7月工业品出厂价格分别同比下降5.3%、4.9%、4.3%、3.4%、2.8%、2.6%、1.7%，连续7个月收窄；5月末工业企业产成品存货同比下降1.1%，已连续两个月减少。产成品存货周转天数为14.9天，同比减少0.5天（见图6-4）。从工业企业盈利状况看，图6-5为2011～2015年规模以上工业企业利润同比增速，2015 年首次出现负增长，为 -2.3%。进入 2016 年以后工业企业利润也出现转折，1~7 月全国规模以上二业企业实现利润总额 35235.9 亿元，同比增长 6.9%。从工业品出口看，2015 年中国工业企业出口交货值实现 118581.8 亿元，为负增长（-1.8%）。如图 6-6 所示，从 2015 年 5 月开始，中国工业出口同比增速连续负增长。但进入 2016 年后，形势逐步好转，2016 年上半年规模以上工业企业实现出口交货值 55117 亿元，同比下降 0.7%，降幅比 2015 年全年收窄 1.1 个百分点，比 2016 年第一季度收窄 2.3 个百分点。6 月工业企业实现出口交货值 10491 亿元，同比名义增长 2.3%，连续两个月实现正增长。

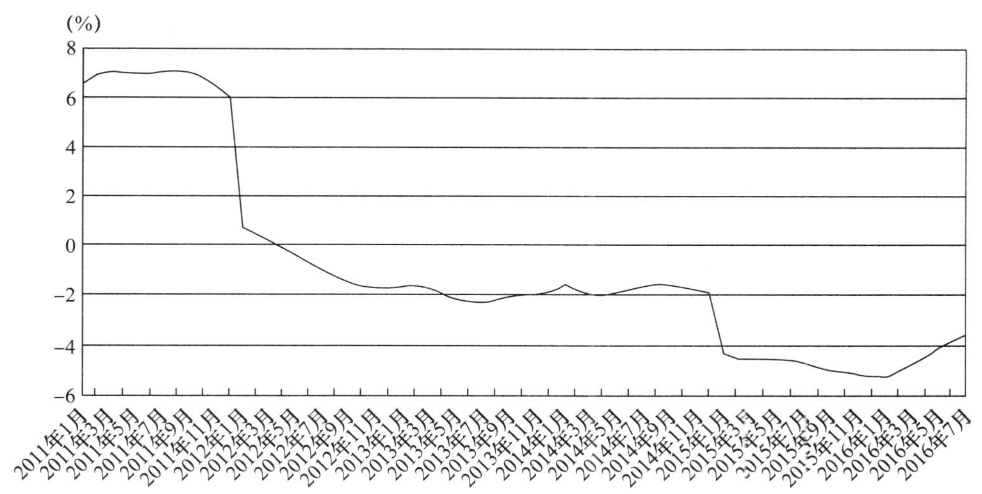

图 6-3　2011~2016 年 7 月以来工业品出厂价格指数变化

资料来源：根据国家统计局网站数据绘制。

2016 年的数据初步表明中国工业增长开始趋于稳定，但现在还不能判断已经出现拐点——工业经济步入 L 形轨迹的横线。这不仅仅是因为迄今只有 7 个月的数据支撑，更因为一些数据表明，中国上半年的经济趋稳，除了国际大宗商品价格回调以外，可能要更多地归于粗放经济增长方式的回头趋势。2015 年底以来，在金融政策的刺激下，

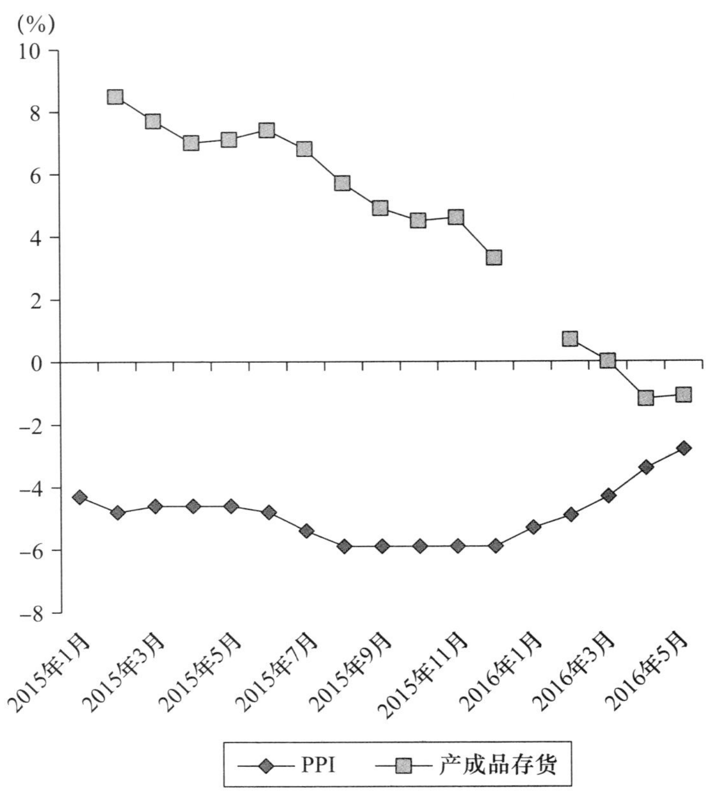

图 6－4　2015 年以来 PPI 和产成品库存增速

资料来源：根据国家统计局网站数据绘制。

房地产价格、成交面积和投资等指标“疯狂”上升，进而带动以钢铁为代表的产能过剩行业复苏，一些停产但尚未关闭的“僵尸”钢厂也在恢复生产。数据表明，2016 年 5 月煤炭开采业、黑色金属冶炼和压延加工业、有色金属冶炼和压延加工业利润同比分别增长 2.5 倍、1.6 倍、32.1%，2016 年 3～6 月中国粗钢产量同比分别增加 2.9%、0.5%、1.8% 和 1.7%，结束了自 2014 年 10 月以来持续负增长的态势（见图 6－7）。4 月中国日均粗钢产量创历史新高，5 月全国百家中小型钢铁企业中高炉开工率保持在 85% 以上。现在来看，没有一定的需求侧刺激，工业增速会下降过快，经济和社会都可能由于下行压力过大而难以承受，但不是通过推进供给侧结构性改革提高潜在工业增长率而形成的增长则是不可持续的，还可能给未来经济运行埋下更大的风险，工业政策要在稳增长与调结构、短期与长期、适度扩大总需求和深入推进供给侧结构性改革中艰难地寻求平衡（黄群慧，2016）。

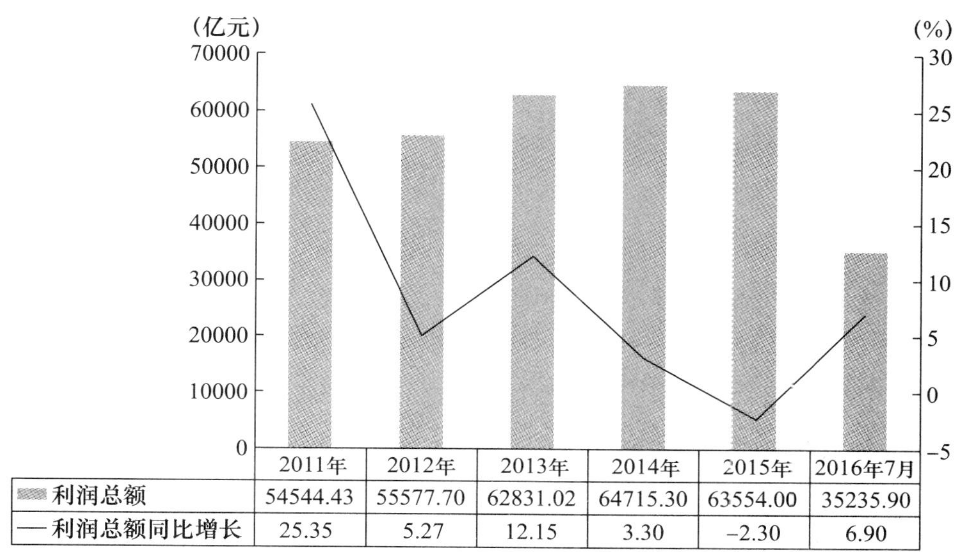

	2011年	2012年	2013年	2014年	2015年	2016年7月
利润总额	54544.43	55577.70	62831.02	64715.30	63554.00	35235.90
—利润总额同比增长	25.35	5.27	12.15	3.30	-2.30	6.90

图 6－5　2011～2016 年 7 月工业企业利润变化

资料来源：根据国家统计局网站数据绘制。

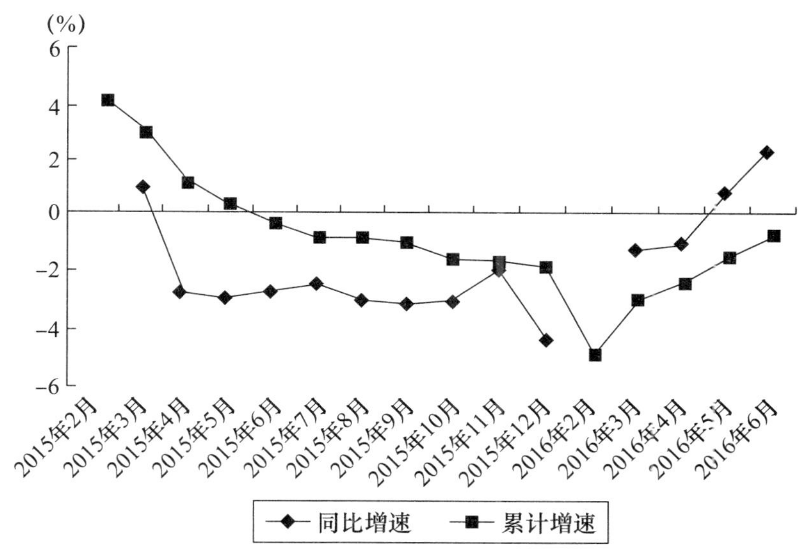

图 6－6　2015 年以来工业出口交货值同比和累计增速

资料来源：根据国家统计局网站数据绘制。

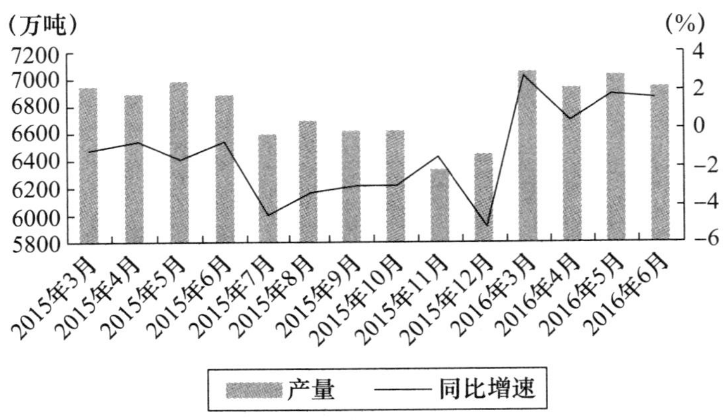

图 6－7　2015 年以来粗钢月度产量及同比增速

资料来源：根据国家统计局网站数据绘制。

（二）2015 年工业行业结构分化特征明显，2016 年上半年结构继续呈现高级化发展趋势，但强选择性产业政策可能引起的战略性新兴产业产能过剩问题需要警惕

从工业三大门类看，2015 年制造业增速远远大于其他两大门类，工业结构向高级化发展的分化趋势明显。2015 年制造业规模以上增加值增长 7.0%，采矿业增长 2.7%，电力、热力、燃气及水生产和供应业增长 1.4%。其中，制造业中的高技术产业增加值比上年增长 10.2%，比规模以上整体工业增速快 4.1 个百分点，占规模以上工业比重从 2014 年的 10.6% 提高到 2015 年的 11.8%，比上年提高了 1.2 个百分点，而同期采矿业占比从 11.0% 下降到 8.6%，六大耗能产业占比从 28.4% 下降到 27.8%。2016 年上半年继续保持了这种趋势，制造业增长 6.7%，采矿业增长 0.1%，电力、热力、燃气及水生产和供应业增长 2.6%（见图 6－8）。尤其是上半年战略性新兴产业、高技术产业和装备制造业同比分别增长 11.0%、10.2% 和 8.1%，分别比规模以上工业快 5.0 个、4.2 个和 2.1 个百分点，其中高技术产业和装备制造业占规模以上工业比重分别为 12.1% 和 32.6%，分别比上年同期提高 0.7 个和 1.2 个百分点，工业结构高级化的趋势十分明显。

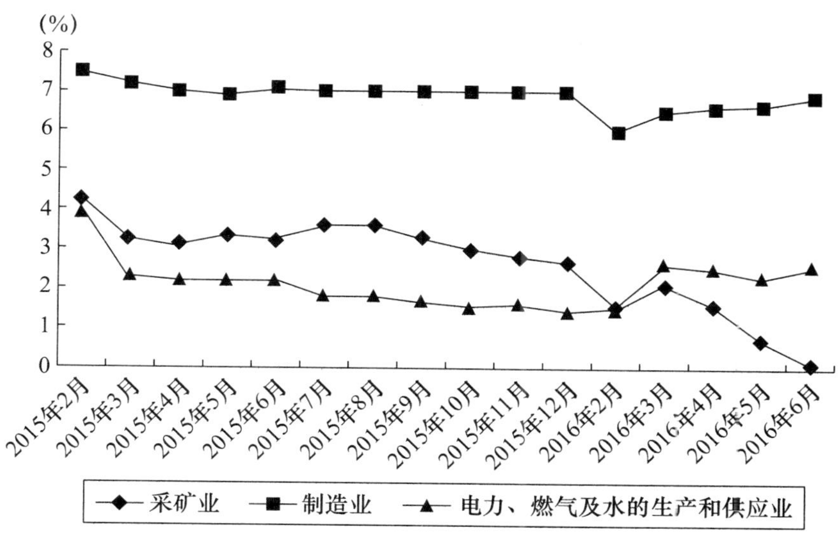

图 6－8　2015 年以来三大门类规模以上工业增加值累计增速

资料来源：根据国家统计局网站数据绘制。

从行业结构看，在 41 个工业大类行业中，一些高技术及其相关行业和一些经济下行时的逆周期性行业（如废弃资源综合利用业）在 2015 年保持了较高的增速，而一些资源开采、原材料产业下滑严重。例如，石油和天然气开采业、煤炭开采和洗选业和黑色金属矿采选业的主营业务收入分别下降 32.6%、14.8% 和 20.7%，利润则分别下降高达 74.5%、65.0% 和 67.9%（黄群慧、张航燕，2016）。总体而言，41 个工业行业中技术密集型行业增速相对较快，体现了工业结构高级化趋势，汽车、医药表现抢眼，电子信息、生物医药、智能制造、节能环保、新能源和新材料等相关产品迅猛发展。

但是，值得高度注意的是，近几年作为战略性新兴产业代表的新能源汽车增速过快，截至 2015 年，中国的新能源汽车，无论是当年产量还是累计产量，中国均排名世界第一，2009～2015 年全国累计生产新能源汽车已占全球的 30%，2016 年上半年新能源汽车产量同比增长高达 88.7%（黄群慧，2016）。在中国新能源汽车销售超高速增长的背后，是对新能源汽车的强补贴政策以及对传统汽车车号歧视限购的双方面挤压扭曲需求。在为新能源汽车迅猛发展欣喜的同时，其背后的强选择性产业政策的推手的确令人担忧。一方面，从全生命周期角度看，现有技术新能源汽车的综合污染程度是否比传统汽车低，还有很大争议；另一方面，必须警惕由此而可能产生的竞争无序和新的产能过剩问题。

（三）从工业增速看，东部、中部、西部地区工业发展的协同程度继续增加，但由于主导产业增长分化而导致的新的区域发展差距问题日益突出，新区域协同发展战略需要加大推进力度

“十一五”时期以来，多年改革开放形成的东部、中部、西部三大区域差距逐步缩小，中西部工业化水平加速。2015 年和 2016 年上半年延续了这种趋势，2015 年中部、西部地区规模以上工业增加值增速分别快于东部地区 0.9 个和 1.1 个百分点，2016 年上半年东部地区规模以上工业增加值同比增长 6.4%、中部地区增长 7.3%、西部地区增长 7.2%，中部、西部地区继续快于东部地区接近 1 个百分点（见图 6－9）。但是，一些地区因主导产业为采掘、重化工制造业而高

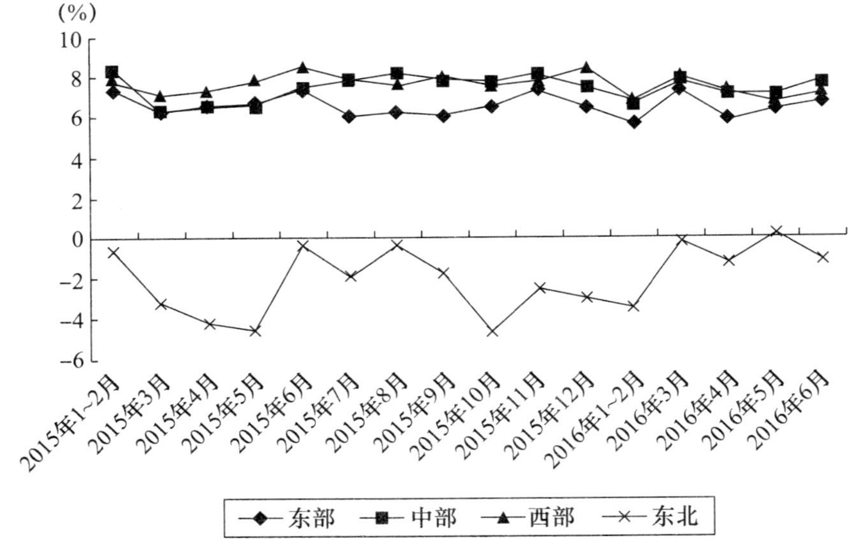

图 6－9　2015 年以来四大区域规模以上工业增加值同比增速

资料来源：根据国家统计局网站数据绘制。

技术产业占比低，引起地区工业及整个经济增速持续下滑，比较有代表性的地区包括东北地区、山西和河北等，这些地区近两年经济增速都列全国倒数几位。从东北地区看，在“十二五”初期，东北三省工业增速基本是高于或者等于全国工业增速的，2011 年吉林高于全国水平 4.9 个百分点、辽宁高于全国水平 1 个百分点、黑龙江略低于全国水平 0.4 个百分点。但是到 2015 年，辽宁、吉林、黑龙江的工业增加值增速分别为 -4.8%、5.3%、0.4%，均低于全国平均增速 6.1%，2016 年上半年东北地区工业增加值同比下降 1.5%，继续负增长。从山西看，因以煤炭为主导产业，受到“资源诅咒”的影响，近几年山西经济增速下滑明显，2015 年山西规模以上工业增加值负增长为 -2.8%，2016 年上半年为 -1.5%。从河北看，因为钢铁产业作为河北的工业支柱，受产能过剩的影响，河北工业持续低迷，“十二五”期间，河北规模以上工业增速从 16.1% 下降到 4.4%，而天津 2015 年规模以上工业增加值增速达到 9.3%，高于全国 3.2 个百分点，更是与河北相差 4.9 个百分点。2016 年上半年因钢铁复苏这种差距略微收窄，但从京津冀协同发展角度看，绝对差距还在扩大。面对“十二五”期间出现的新的区域发展问题，京津冀协同发展、东北老工业基地振兴等新的区域发展战略亟待加大推进力度。

（四）工业呈现出的增速显著下行、行业和区域结构分化的经济新常态特征，以及当前工业运行中面临的产能过剩顽疾、制造业投资增速回落、民间投资意愿大幅下滑、累积债务风险日趋增大等突出问题，表明工业经济亟待通过推进供给侧结构性改革实现新旧动能转换，工业供给侧结构性改革势在必行

当前中国工业运行中的增速显著下行以及一些地方的工业“塌方式”下降，实际上还是结构性原因，工业行业结构分化特征也给出了很好的解释和说明。一方面，高新技术和战略性新兴产业虽然增速高于总体工业增速，但是产业规模还不够，在整个工业中所占比例还不高，经过几年的快速增长，2015 年高技术产业增加值占比也只有 11.8%，促进工业经济增长动力不够。另一方面，一些原材料、重化工产业在整个工业中规模还很大，2015 年钢铁、有色金属、建材、石油加工及炼焦、化工、电力六大耗能增加值占比还有 27.8%，当这些产业因产能过剩问题突出出现了断崖式下降的时候，会对整个工业增长带来巨大的下行压力。虽然现在中国工业已经呈现出结构优化、新旧动力转换的趋势，但这种转换的速度和力度还远远不够，这种新动力“增少”、旧动力“减多”的动力转换格局必然影响整体工业的增速。可以预计的是，这种趋势在 2016 年和 2017 年还会继续下去。基于中国社会科学院工业经济研究所工业经济形势分析课题组（2016）的模型预测，2016 年 12 月规模以上工业增加值增速降至 5.5%、2017 年 6 月工业规模以上工业增加值增速降至 5.0% 的概率很大。因此，对于工业而言，通过深入推进供给侧结构性改革培育增长新动力、实现工业增长动力转换的确必要和急迫。不仅如此，如上所述经济运行中出现的一些突出问题，包括粗放经济增长方式回头趋势、强选择性产业政策对战略性新兴产业正常成长的“破坏效应”初现、一些区域工业发展大幅度下滑，都意味着必须坚定不移地推进工业的供给侧结构性改革。

另外，2016 年上半年工业经济运行中还出现了工业投资明显放缓、民间投资大幅度下滑以及债务风险加大等新问题，这些问题表明一些关键领域推进供给侧结构性改革还不够。一是工业投资明显放缓问题。2016 年上半年第二产业固定资产投资 101702 亿元，同比增长 4.4%，增速比第一季度回落 2.3 个百分点，尤其是制造业固定资产投资同比增长 3.3%，增速比第一季度回落 3.1 个百分点。在当前新一轮科技和产业革命大背景下，中国正在大力推进“中国制造 2025”、实施制造强国战略，制造业投资增速大幅回落，其影响不仅仅是工业转型升级，更为重要的是会影响未来经济增长新动能培育和新经济的发展。二是关于民间固定资产投资增速大幅下滑问题。2016 年上半年民间投资同比增长 2.8%，增速比全部投资低 6.2 个百分点，占全部投资比重的 61.5%，比上年同期下降 3.6 个百分点。2016 年 3 月开始，第二产业民间固定资产投资增速下滑成为固定资产投资增速下滑的主导力量。虽然民间投资下滑有多种原因，但不容置疑的是有很多体制机制原因影响了民营企业投资的积极性，尤其是作为供给结构性改革的重点任务，深化国有企业改革、形成一个公平的竞争环境亟待推进。三是关于债务风险问题。政府一直非常关注企业债务风险问题，并在努力降低财务杠杆风险，但2016年债务风险还在加大，2016年5月规模以上工业企业资产负债率为56.8%，较2015年12月提高0.6个百分点，到5月末，工业企业应收账款同比增加8.6%，增速比1~5月主营业务收入高出5.7个百分点，1~5月应收款平均回收期39.1天，比上年同期增加了2.3天（黄群慧，2016）。这意味着“降杠杆”的任务还有待强化。

总之，从工业运行角度看，面对当前速度下行的压力，要实现工业经济增长的筑底成功，实现健康的、可持续L形增长轨迹，关键是实现工业增长动力转换。随着人口红利快速消失、企业制造成本不断上升、资本边际回报逐步下降，中国工业增长的主要源泉必然是提高工业生产要素质量和创新工业生产要素资源配置机制，这正是工业供给侧结构性改革的应有之义。如果借用生态经济学的表达，这种通过推进供给侧结构性改革来推进工业增长动力转换，实际上就是再造一个工业发展的新生态系统，可以由企业、产业和区域三个紧密相连的子系统构成，系统运行的核心是提高工业创新能力与全要素生产率。这个新工业生态系统与原有的工业生态系统的关键区别是具有更高的创新能力与全要素生产率，工业增长方式从劳动力和物质要素总量投入驱动主导转向知识和技能等创新要素驱动主导，是中国从工业大国向工业强国转变的根本需要（黄群慧，2016）。

三、推进企业层面的工业供给侧结构性改革

推进企业层面的工业供给侧结构性改革，主要是为了解决当前中国企业素质结构、企业产品结构和企业所有制结构还不适应需求结构

的变化问题，在当前和“十三五”时期，需要面对的关键任务是处置“僵尸企业”、降低实体企业成本和深化国有企业改革，完善企业创新发展环境。

（一）积极稳妥处置“僵尸企业”，提升中国整体工业企业素质，形成市场主导资源配置的体制机制

“僵尸企业”（Zombie Company 或 Zombie Firm）一般认为是已经不具有自生能力、由于种种原因不能市场出清，主要依靠政府补贴、银行贷款、资本市场融资或借债而勉强维持运营的企业。“僵尸企业”的定量鉴别十分复杂，学术界定量分析界定“僵尸企业”的标准包括：一是扣除非经常损益后每股收益连续 3 年为负数；二是企业获得的贷款利息率低于正常的市场最低利息率或者最优利率；三是实际亏损、负债高但借款总额高于上年的过度负债法，或者综合采用这些标准。从处置“僵尸企业”看，政府一般还要考虑企业是否符合能耗、环保、质量、安全等标准，是否长期亏损或者资不抵债，是否处于产能过剩行业，是否处于停产或半停产状态。由于标准不同，实际上，实证研究中国现阶段有多少“僵尸企业”比较困难。近两年来，受经济增长放缓、产能过剩问题加剧、市场需求疲软的影响，许多企业的经营状况持续恶化而市场又不能自动出清，形成了众多的“僵尸企业”。中国现阶段的“僵尸企业”大多分布在产能过剩的行业，既包括处于钢铁、水泥、电解铝等产能绝对过剩行业中，也包括存在于光伏、风电等产能相对过剩行业中。从所有制结构看，“僵尸企业”大多属于社会包袱重、人员下岗分流难度大、容易获得银行贷款的国有企业。“僵尸企业”的形成成因较为复杂，宏观经济环境、产业所占所处生命周期、企业自身经营管理水平和技术水平都是重要的因素，但是，从根本上说，当前“僵尸企业”存在主要是因为中国市场机制不完善、政府过度保护、产业政策选择性过强，使市场无法快速出清而造成的。“僵尸企业”的大量存在会降低资源使用效率，恶化市场竞争秩序，加剧金融风险，严重影响中国经济的健康发展。

虽然“僵尸企业”的大量存在会引起上述风险，但并不意味着所有“僵尸企业”都应被淘汰。20世纪90年代后期到21世纪早期，日本“僵尸企业”中的大部分并没有破产或退市，而且大部分存活下来的“僵尸企业”的绩效在近年来还有了显著的提高。“僵尸企业”情况千差万别，切忌采取“一刀切”的相同处置办法，而应全面分析企业经营困难程度、成因和未来发展潜力，以此为基础抓住重点，分类化解，精准施策，协调推进。一是全面评估。对具有资产负债率高企、无法准时偿还银行到期利息、纳税额明显减少、用电量明显降低、拖欠职工工资等特征的企业进行重点排查，委托专业机构对“僵尸企业”的资产负债状况和发展潜力进行评估。二是要精准处置。根据“僵尸企业”情况差异，清理退出一批、兼并重组一批、改造提升一批。对落后、绝对产能过剩产业和衰退产业中长期亏损和停产的企业要加快清理退出，对主要由于管理水平落后、暂时性的产能过剩而出现亏损但企业技术装备水平较高、产业发展前景长期看好的企业重在兼并重组或者改造提升。三是要协调配套推进。具体包括创新金融手段和工具，推进金融体系改革与处置“僵尸企业”相结合，通过市场化的多种融资手段支持“僵尸企业”在市场出清；完善社会政策，社会政策与“僵尸企业”破产政策相协调；健全法律制度，更多地依靠法律手段推进“僵尸企业”的破产、兼并、重组相协调；转变产业政策，纠正不恰当的财政补贴等市场扭曲行为，实现从选择性产业政策向对所有企业一视同仁的功能性产业政策转变；深化国企改革，积极引进民营资本开展混合所有制改革，推动民营企业对“僵尸企业”中的优质资产进行兼并重组（黄群慧、李晓华，2016）。

（二）有效降低制造企业成本，提高制造企业国际竞争力，形成有利于实体经济健康发展的体制机制

实体经济是一国经济之本，实体经济中制造企业是主体。当前，中国经济步入工业化后期并呈现出明显服务化趋势，2013年中国服务业占比超越工业成为第一大产业，2015年第三产业占比超过50%，经济“去实体化”的内在结构演进风险在不断加大。更重要的问题

是，由于体制机制原因，金融业和房地产业的畸形发展严重抑制了制造业的正常健康发展。2016 年麦肯锡的一份针对中国 3500 家上市公司和美国 7000 家上市公司的比较研究表明，中国的经济利润 80% 由金融企业拿走，而美国的经济利润只有 20% 归金融企业（邹晨辉，2016）。当前制造业对于经济发展的意义已主要不在于通过提高在整个经济中占比而吸纳就业和提高经济增长率，而在于制造业对提高国家创新能力的决定性作用。制造业不仅是技术创新的主要来源，而且还是技术创新的使用者和传播者。但是，由于大量的资源流入房地产业，制造业的创新活动受到了很大抑制。研究表明，在那些房地产投资增长越快的省份和地区中，创新投入和发明专利授权量的增长率都低。中国金融机构对房地产贷款期限结构的偏向效应，对中国工业部门的创新活动形成了更为突出的抑制（张杰等，2016）。再加上中国制造业面临着发达国家的高端挤压和新兴经济体低端挤出的国际竞争格局，在这种背景下，制造企业面临的国内外环境越来越严峻，生存发展的压力越来越大，制造企业发展的制约因素逐步增多。

在众多制约制造业健康发展的因素中，成本快速上涨是近年来影响制造企业发展的一个最为突出的问题。国家发展和改革委员会产业与技术经济研究所课题组（2016）的一份研究表明，除了小时人工成本低于主要发达工业国外，养老保险费用、土地成本、能源成本、税收成本、融资成本、物流成本都相对高于主要发达工业国，而平均工资也已经超过了大多数东南亚国家。这也表明我国通过推进供给侧结构性改革降低制造企业成本的空间还很大。因此，政府一方面要进一步简政放权，降低制度性交易成本；另一方面要围绕降低实体养老保险、税费负担、财务成本、能源成本、物流成本等各个方面进行一系列的改革，出台切实有效的政策措施，营造有利环境，鼓励和引导企业创新行为。2016 年 8 月 8 日国务院颁布《关于印发降低实体经济企业成本工作方案的通知》，在方案中提出，3 年左右使实体经济企业综合成本合理下降，盈利能力较为明显增强，具体包括六个方面的目标：一是税费负担合理降低，年减税额 5000 亿元以上；二是融资成本有效降低，企业贷款、发债利息负担水平逐步降低，融资中间环节费用占企业融资成本比重合理降低；三是制度性交易成本明显降低，简政放权、放管结合、优化服务改革综合措施进一步落实；四是企业“五险一金”缴费占工资总额的比例合理降低；五是能源成本进一步降低，企业用电、用气定价机制市场化程度明显提升，二商业用电和工业用气价格合理降低；六是物流成本较大幅度降低，社会物流总费用占社会物流总额的比重由目前的4.9%降低0.5个百分点左右，工商业企业物流费用率由8.3%降低1个百分点左右。应该说，这些目标和措施都已经十分具体，关键还在落实。中国企业联合会发布的2016年中国企业500强报告中指出，在全国大力减税的过程中，500强中的490家可比企业2015年综合税负（纳税总额/营业收入总额）为7.18%，而2014年同口径企业综合税负为7.01%，企业税收负担进一步加重。因此，关键不是通过3年方案来降低多少税收负担，而是有没有形成有利于实体经济健康发展的体制机制。尤其是，必须下决心彻底扭转资源“脱实向虚”的倾向，在金融业长期“暴利”、房地产价格“没有最高只有更高”的环境下，制造企业就难以吸引资金要素、高素质劳动力等资源支持，企业创新能力就会大打折扣，制造企业也就不能提高多品种、高品质和高技术含量的产品，高端有效供给也就无从谈起，供给侧结构性改革的目标也就无法达到。还应指出的是，成本高低是相对的，2005～2010年中国规模以上制造业主营业务成本年均增长了22.8%，但同期主营业务收入和利润总额增速分别为22.9%和29.1%，这个阶段企业会感觉成本负担不突出；而2011～2014年中国规模以上制造业主营业务成本年均增长了12.7%，虽远远低于2005～2010年的平均增速，但是同期主营业务收入和利润总额增速分别为12.2%和6.5%，企业反而会感到负担沉重（国家发展和改革委员会产业经济与技术经济研究所课题组，2016）。因此，直接出台措施降低企业成本，只属于是临时给制造企业松绑，长期看还必须建立长期的有利于制造业企业发展的体制机制。

（三）实质推进国有企业改革，在产能过剩行业和自然垄断性行业的改革有突破性进展，建立有利于各类企业创新发展、公平竞争发展体制机制

党的十八届三中全会对新时期全面深化国有企业改革进行了战略部署，明确了新时期全面深化国有企业改革的重大任务。在经过了近两年的探索后，国有企业改革取得了进展，2015 年 9 月 13 日《中共中央国务院关于深化国有企业改革的指导意见》下发。之后，相应配套文件陆续发布，深化改革的主体制度框架初步确立，新时期全面深化国有企业改革的“1 + N”指导政策体系正逐步形成。但是，在实践层面的实质推进还只是在局部地区或领域起步，国资国企改革总体进度相对较缓，改革系统性、针对性、时效性不强，国有企业改革的目标和改革阻力克服路径有待进一步明确，试点进展不均衡，改革动力有待进一步培育，社会感知的改革效果不显著，国有企业改革与供给侧结构性改革、财政金融体制改革等方面改革的联动性有待进一步增强。深化国有企业改革的意义不仅在于国有企业自身的发展，还在于营造一个良好的公平竞争的市场化环境。当前，中国整体经济下行压力较大，供给侧结构性改革正在发力，无论是从整体经济发展需要看，还是从国有企业自身改革发展看，实质推进新时期国有企业改革都具有必要性和急迫性。因此，当务之急是扫清改革政策与改革实践之间的障碍，建立改革激励相容机制，紧密围绕改革实践中的重点和难点问题来开展工作并取得实效，开启全面深化国有企业改革的实质性推进新阶段（黄群慧，2016）。

一是实质推进国有企业改革要以国有企业功能分类为基本前提。党的十八届三中全会开启了新时期全面深化国有企业改革的新阶段，以国企功能分类为前提，可以概括为分类改革阶段。根据中央关于国有企业改革指导意见，国有企业可以分为公益类、主业处于充分竞争行业和领域的商业类，以及主业处于关系国家安全、国民经济命脉的重要行业和关键领域、主要承担重大专项任务的商业类国有企业。不同类型的国有企业，将会有不同的国资监管机制，混合所有股权结构

中的国有持股比例要求不同，企业治理机制也有差异。由于现有的国有企业没有明确其具体定位，大多是三类业务混合，因此，需要推进国有资本战略性调整来实现企业功能定位和分类。实质推进国有企业改革，必须先对每家国有企业进行功能定位和类型确定，并向社会公布，这是当前国有企业改革的当务之急。

二是实质推进国有企业改革要坚持整体协同推进的基本原则。新时期深化国有企业改革是一项复杂的系统工程，实质推进过程中一定要注意各项改革任务和政策措施的协同性。无论是国有企业功能定位和国有经济战略性重组，还是推进混合所有制改革和建立以管资本为主的国有资本管理体制，以及进一步完善现代企业制度，这些改革任务都不是割裂的，在具体推进过程中需要注意其系统性、整体性和协同性。推进国有企业改革的整体协同原则，要求"十三五"时期根据经济新常态的要求对国有经济布局有一个整体规划。在国务院国有资产监督管理委员会开展的国企改革试点的过程中，各项试点也不应该是对一个企业单向推进，而应该将试点企业作为一个综合改革试点。

三是实质推进国有企业改革要努力在两个领域实现突破。这两个领域分别是煤炭、钢铁等产能过剩行业的国有企业改革和石油、电信、电力、民航、铁等具有自然垄断性行业的国有企业改革。这两个领域的国企改革对营造公平的竞争环境、支持"新常态"下我国经济发展具有重大意义。第一个领域改革涉及化解产能过剩、处置"僵尸企业"和国有经济在这些行业的逐步退出等难点和重点问题，这些问题也是供给侧结构性改革的关键任务，能否成功推进，在很大程度上决定了国有经济布局的优化和整体经济结构的转型升级，具有全局战略意义。第二个领域改革的行业大多是基础性行业，对整体经济效率影响巨大，其改革能否成功推进，对市场经济公平竞争环境的形成以及下游产业的成本降低等具有决定性的作用。因此，这两个领域取得突破，是工业供给侧结构性改革的重要内容。

四、推进产业层面的工业供给侧结构性改革

从产业层面推进工业供给侧结构性改革，核心目标是要进一步推进工业转型升级，推进工业产业结构高级化、工业价值链条高端化。当前工业产能过剩问题十分突出，从产业层面推进工业供给侧结构性改革的关键任务是化解产能过剩和积极推进“中国制造2025”战略“双管齐下”，实现工业经济增长的动能转换。

（一）把握新常态下产能过剩的新特征，进一步完善市场机制，主要利用市场手段积极推进工业的去产能

对于步入工业化后期的中国工业，化解在工业化中期所积累的庞大的工业产能，无疑是供给侧结构性改革的重大任务。产能过剩不是中国经济中的新问题，多年来政府已经多次推进化解产能过剩问题。从2009年至今，国务院和各个相关部委已经出台了19个针对产能过剩的文件。在供给侧结构性改革背景下，关于产能过剩有两个方面问题必须清楚认识。一是当前的产能过剩具有长期性和绝对性的新特征，因为本次产能过剩所涉及的主要行业及许多产品，其需求峰值已经或即将到来，未来需求增长空间已极为有限，很难再出现新的需求高峰而将过剩产能消化掉。因此，现在的产能过剩会是长期的和绝对的，必须有充足的思想和战略准备。二是化解产能必须主要依靠市场机制对过剩产能实现市场出清，这是工业供给侧结构性改革任务的重中之重。2016年中央经济工作会议专门提出五方面的要求来加大推进去产能，包括加强宏观调控与市场监管，更为注重利用市场机制、采用经济手段、法治手段来化解产能过剩，加大政策力度积极引导过剩产能主动地退出，营造良好市场条件与氛围，要以煤炭、钢铁等行业为重点突破，从中可以看出强调要发挥市场机制的去产能。2016年2

月国务院相继出台《关于钢铁行业化解过剩产能实现脱困发展的意见》、《关于煤炭行业化解过剩产能实现脱困发展的意见》，再次强调要通过市场倒逼、充分发挥市场机制，用法治化和市场化的手段来化解过剩产能。从供给侧改革要求看，当然要充分依靠市场手段去产能，但是单纯依靠市场机制完成压缩产能的指标难度较大。2016 年 1 ~7月全国 28 个产钢地区和中央企业累计压缩炼钢 2126 万吨，完成全年任务的 47%；而煤炭去产能完成 9500 万吨，仅完成退出产能任务 2.5 亿吨的 38%。2016 年上半年，由于煤炭、钢铁需求复苏，无论是地方政府还是企业本身，都没有更大的积极性来压缩产能。还有一些地区以补短板为借口，继续扩大产能。因此，针对具有长期性和绝对性过剩的特征，主要依靠市场机制来实现去产能，还任重而道远。

（二）积极推进《中国制造 2025 规划纲要》与“互联网 +”战略，大力发展新经济，加快培育工业经济增长新动力

当今世界正在步入新一轮科技革命拓展期，颠覆性技术不断涌现，产业化进程加速推进，新的产业组织形态和商业模式层出不穷，由此而产生的经济增长的新要素、新动力和新模式不断壮大，“新经济”浮出水面。所谓新经济，其本质是由于新一轮科技和产业革命带动新的生产、交换、分配、消费活动，表现为人类生产方式进步、经济结构变迁和经济增长与发展。新经济的技术革命基础以互联网、物联网、云计算、大数据、新一代通信等信息技术为主，还包括智能机器人、增材制造、无人驾驶汽车等智能制造技术，以及以纳米、石墨烯等新材料技术，氢能、燃料电池等清洁能源技术，基因组、干细胞、合成生物等生物技术。新经济既表现为基于这些新技术产生的各类新产业、新业态和新模式，还表现为传统产业与新技术融合发展。新经济对经济增长的促进作用至少表现在三个方面：一是由于信息（数据）独立流动性日益增强而逐步成为社会生产活动的独立投入产出要素，进而增加了信息边际效率贡献信息（数据）；二是以“云网端”为代表的新的信息基础设施投资对经济增长的拉动；三是生产组

织和社会分工方式更倾向于社会化、网络化、平台化、扁平化、小微化，从而适应消费者个性化需求、进一步拓展了范围经济作用，进而成为新经济的效率源泉。

在当前我国工业经济下行压力较大、产业结构分化、工业经济增长动能亟待转换的背景下，大力发展新经济既是积极应对新产业革命挑战的战略选择，也是中国通过供给侧结构性改革优化资源配置的战略要求。虽然当前中国步入工业化后期阶段，面临巨大经济下行压力，但值得庆幸的是，中国赶上了新一轮科技和产业革命及新经济蓬勃发展的历史机遇。2015 年推出的《中国制造 2025 规划纲要》战略和“互联网 +”行动计划是中国努力抓住新一轮科技和产业革命机遇、大力发展新经济、培育经济增长新动能、提高工业供给质量的一个核心战略。推进制造强国战略，实施“中国制造 2025”和“互联网 +”，应该着重从以下几方面着手。

一是完善技术创新生态，提高技术创新能力。制造强国战略的核心是提高制造业的技术创新能力。基于创新生态系统理论，一个国家技术创新能力的提升，不仅需要研发资金和人才投入等要素数量的增加，更重要的是创新要素之间、创新要素与系统和环境之间的动态关系优化，即整个创新生态系统的改善。因此，通过供给侧结构性改革，完善制造业创新生态对提升中国制造业创新能力、推进制造强国建设具有重要意义。这具体要求深化科技体制和教育体制改革，修补制造业创新链，提高科技成果转化率；构建制造业创新网络，提高创新生态系统开放协同性；改善中小企业创新的“生态位”，提高中小企业制造创新能力；加强各层次工程技术人员培养，提高技术工人的创新能力（黄群慧，2016）。

二是构建科学的政策机制，落实《中国制造 2025 规划纲要》和“互联网 +”。一定要坚持功能性产业政策主导，避免强选择性产业政策，要强调通过支持建设广义基础设施建设（包括物质性基础设施、社会性基础设施和制度性基础设施）来推动和促进技术创新和人力资本投资，维护公平竞争，降低社会交易成本，创造有效率的市场环境，从而完善技术创新生态系统，进而提升整个产业和国家的创新能力。

三是加强制度创新和人力资本培育，加大“云网端”基础设施投资。一方面，要深化教育、科技和行政管理体制改革，围绕产业工人的技能提升培训、钻研精神奖励、创新导向激励、职业社会保障等各方面建立完善相应的激励制度体系，逐步引导培育产业工人的精益求精的行为习惯，形成超越制度的体现为“工匠精神”的行为准则和价值观念（黄群慧，2016）；另一方面，加快推进大数据、云技术、超级宽带、能源互联网、智能电网、工业互联网等各种信息基础设施的投资，弥补中国智能基础设施发展的短板，提升中国顺应新一轮科技和工业革命、培育经济增长新动能的“硬实力”。

四是以智能制造为先导积极构建现代产业新体系。智能制造的发展能加快信息技术对传统产业改造，进一步推动了制造业与服务业的融合，三次产业在融合发展逐步实现转型升级，促进了具有更高生产率的现代产业体系的形成。为此，要深化体制机制改革，调整产业发展的指导思想，由强调增长导向的规模比例关系向强调效率导向的产业融合和产业质量能力提升转变。要打破政府主管部门界限，突破只站在本部门角度思考产业发展的思维定式，鼓励生产要素和资源跨部门流动，以智能制造发展和打造智能制造体系为先导，促进农业向智慧农业转型和向服务业延伸，以服务智慧城市建设和智能制造发展为目标推动服务业尤其是生产性服务业大发展，培育城乡一、二、三产业融合的新业态。另外，由于总体上中国制造业处于机械化、电气化、自动化和信息化并存的阶段，不同地区、不同行业和不同企业的智能化发展水平差异较大，因此，要基于中国国情制定智能制造发展新战略。可以借鉴日本“母工厂”做法培育智能制造新组织。智能制造具有技术集成特性和工程密集特性，需要一批能够明确提出先进制造系统技术条件和工艺需求、具备与先进制造技术相适应的现代生产管理方法和技能的现代核心工厂，这个现代核心工厂就是智能制造技术在企业组织层面进行应用、互动和持续改善的平台。而这恰恰就是日本的“母工厂”的定位功能。因此，中国需要借鉴日本“母工厂”做法，培育智能制造的现代核心工厂，奠定智能制造体系建设的高效工厂组织基础（黄群慧，2016）。

五、推进区域层面的工业供给侧结构性改革

推进区域层面的工业供给侧结构性改革，旨在通过优化区域工业资源配置体制机制，促进工业生产要素跨区域的有效流动，化解工业资源配置在全球和地区间不平衡、不协调的结构性矛盾，提高工业生产要素空间上的配置效率，拓展工业发展空间。区域层面的工业供给侧结构性改革的推进具体要和对外开放战略和区域发展战略相结合，一方面，这些战略的实施有赖于工业供给侧结构性改革，有赖于工业供给要素的跨区域有效流动；另一方面，这些区域战略实施也极大地促进了工业供给侧结构性改革、拓展了工业增长的空间。从国家角度看，区域层面工业供给侧改革的重点任务涉及在深入推进“一带一路”倡议、自由贸易区等对外开放规划，京津冀协同发展、长江经济带和东北老工业基地振兴等区域发展战略下的区域工业生产要素配置问题；从各地区角度看，重点任务是推进本地区经济发展战略与工业供给侧结构性改革相结合，实现工业生产要素的有效配置。

（一）积极推进“一带一路”倡议，促进中国工业产能合作和企业“走出去”，实现工业生产要素在全球有效配置

2013 年 9 月和 10 月习近平主席提出建设“新丝绸之路经济带”和“21 世纪海上丝绸之路”的“一带一路”构想。基于这个倡议，中国要主动地发展与沿线国家的经济合作伙伴关系，共同打造政治互信、经济融合、文化包容的利益共同体、命运共同体和责任共同体。“一带一路”发端于中国，贯通中亚、东南亚、南亚、西亚乃至欧洲部分区域，东牵亚太经济圈，西系欧洲经济圈，涉及 65 个国家（包括中国在内），覆盖约 44 亿人口，经济总量约 21 万亿美元，人口和经济总量分别占全球的 63% 和 29%。从工业化视角看，“一带一路”

倡议的推出，表明中国这个和平崛起大国的工业化进程正在产生更大的“外溢”效应。我们的研究表明，“一带一路”沿线65个国家之间的工业化水平差距较大，处于前工业化时期的国家有1个、处于工业化初期阶段的国家有14个、处于工业化中期阶段的国家有16个、处于工业化后期阶段的国家有32个，而处于后工业化时期的国家只有2个。其中有14个国家的工业化水平高于中国，有44个国家的工业化水平低于中国，中国在“一带一路”沿线国家中工业化水平处于上游的位置，按照“雁阵理论”，中国的工业化经验将对大多数“一带一路”国家具有借鉴意义。“一带一路”沿线国家处于不同的工业化阶段，拥有不同的经济发展水平，并形成了不同的优势产业类型。而这些产业也形成了三种不同的梯度，即技术密集与高附加值产业（工业化后期国家）、资本密集型产业（工业化中期国家）、劳动密集型产业（工业化初期国家）。这就决定了中国与这些国家的产业合作空间巨大。在“一带一路”倡议下，中国将与“一带一路”沿线国家开展工业产能合作，重点推动钢铁、有色、建材、铁路、电力、化工、轻纺、汽车、通信、工程机械、航空航天、船舶和海洋工程等领域的产能合作，通过“工程承包+融资”、“工程承包+融资+运营”、BOT、PPP、投资、工程建设、技术合作、技术援助等机制推动一批重点产能合作项目，形成若干境外产能合作示范基地和工业园区，培育一批工业产能国际合作的骨干企业。这不仅有利于中国工业生产要素的全球有效配置，也促进了“一带一路”沿线国家产业升级、经济发展和工业化水平的进一步提升，这对世界工业化进程的推进意义巨大。“一带一路”倡议具体需要全国各地进行有效对接，对全国各地工业经济发展也是巨大的发展机遇。

（二）推进京津冀协同发展、长江经济带和东北老工业基地振兴等区域发展战略，实现工业生产要素区域间合理流动和有效配置，构造区域工业发展新生态

京津冀协同发展战略旨在优化空间格局和功能定位、有序疏解北京非首都功能、构建一体化现代交通网络、扩大环境容量和生态空间、推动公共服务共建共享等措施，探索人口经济密集地区优化开发新模式，形成以首都为核心、辐射带动环渤海地区和北方腹地发展的世界级城市群，这不仅可以创造在基础设施方面的巨大工业投资需求，同时也努力构造研发与制造产业链条京津冀三地跨区域协同发展的新的工业生态系统；长江经济带战略覆盖全国 11 个省市，将中国东部、中部、西部三大地带连接起来，有利于优化城市空间布局和工业分工协作，形成东中西部互动合作的制造业协调发展带，有望形成若干符合《中国制造 2025 规划纲要》战略方向的、世界级的、有竞争力的先进制造业集群；东北老工业基地振兴则旨在到 2030 年将东北地区打造成为全国重要的经济支撑带，具有国际竞争力的先进装备制造业基地和重大技术装备战略基地，国家新型原材料基地、现代农业生产基地和重要技术创新与研发基地。这些大的区域协调发展战略，既以工业生产要素有效配置为基础，也促进了工业生产要素的合理流动，正是这些区域层面的工业供给侧结构性改革的有利抓手和服务目标。

由于各个省级区域资源禀赋、发展水平、产业结构、历史沿革和文化习惯等差异，在现有的行政管辖格局下，推进整体区域发展战略并不容易。以京津冀协同发展为例，据 2015 年和 2016 年上半年工业运行数据表明，河北与天津的发展差距进一步拉大，这是与其产业结构直接相关的。河北因钢铁产业占比“一柱擎天”，在化解产能过剩的大背景下，整个工业增速受到严重影响。而天津 2015 年装备制造业增加值占规模以上工业的 36.2%，全年高技术产业增加值占规模以上工业的 13.8%，高于全国 2 个百分点，这样的产业结构支撑了天津仍能保持较高的增速。可以预计，在未来相当长的时间内，这种产业格局不会有大的变化，相应的协同发展水平短期内难以迅速提升。因此，推进大的区域发展战略，要从长期着手，应该通过工业供给侧结构性改革，整体优化工业资源在各地的区域配置和产业价值链分工格局，提高供给要素质量，促进工业要素合理流动，逐步打造出工业发展的新产业生态系统。这要求，无论是处置“僵尸企业”、过剩产业去产能，还是房地产市场去库存；无论是利用金融创新去杠杆，还是降低工业企业制度性交易成本、人工成本、税费负担、财务成本、能源成本、物流成本等，以及发展先进制造业等高新技术产业补短板，都要在区域内整体作为一个产业生态系统考虑和规划。从积极推进交通一体化建设入手，推进区域内产业对接和生态环境保护，最终构造一个新的工业生态系统。

（三）地区层面的工业供给侧结构性改革的推进，要充分考虑本地区发展水平和区域战略，体现地区的差异化特征

虽然供给侧结构性改革的核心任务都是针对由于供给结构不适应需求结构变化的结构性矛盾而产生的全要素生产率低下问题所进行的结构调整和体制机制改革，但是具体到各个地区，由于其发展阶段、基础条件、产业结构、资源禀赋、所有制结构等方面的差异，供给侧结构性问题的表现会有很大的区别，无论是去产能、去库存、去杠杆，还是降成本和补短板，具体的重点、对象、程度都会有很大差别。例如，从大的区域看，东部地区和中西部地区的问题就会不同，而不同城市也会有很大差别，资源型城市和制造业密集城市也不同。因此，各地区在推进工业供给侧结构性改革时，应结合本地区基本情况，因地制宜，差异化推进。但是，这种差异化推进只是意味着尊重分工差异和本地比较优势，鼓励地方通过差异化的创新将比较优势转化为真正的竞争优势，并不意味着可以补短板的借口重新回到粗放经济发展的轨道上。

在从实际推进角度对企业、产业和区域三个层面的供给侧结构性改革进行论述以后，还必须回到供给侧结构性改革的理论本意上。供给侧结构性改革本意在于通过体制机制改革激发创新活力，通过创新提高全要素生产率，进而提高潜在经济增长率，保证中国经济保持中高速稳定增长。所以，创新发展必然是中国未来发展的首要发展理念。一方面，要继续推进大众创新、万众创业的“人民本位”的创新理念；另一方面，要重视技术创新中的企业家的核心角色。企业家角色的核心内涵是创新，实质推进工业供给侧结构性改革，无论是从企业层面处置“僵尸企业”、降低实体企业成本和深化国有企业改革，还是从产业层面化解产能过剩和实施《中国制造2025规划纲要》以及从区域层面推进“一带一路”倡议及京津冀协同发展、长江经济带和东北老工业基地振兴等新区域发展战略，都要高度重视发挥企业家的核心作用，充分调动企业家创新积极性，政府在体制机制设计中要充分考虑到这一点。

参考文献

[1] 曼昆．经济学原理：微观经济学分册［M］．梁小民，梁砾译．北京：北京大学出版社，2012.

[2] 汤正仁．供给侧结构性改革辩证论［J］．区域经济评论，2016（3）：11－14.

[3] 杨沐、黄一乂．需求管理应与供给管理相结合——兼谈必须尽快研究和制订产业政策［J］．经济研究，1986（2）：12－20.

[4] 吴敬琏．供给侧改革的根本是改革［J］．中国改革，2016（5）．

[5] 文建东，宋斌．供给侧结构性改革：经济发展的必然选择［J］．新疆师范大学学报，2016（2）：20－27.

[6] 陈小亮，陈彦斌．供给侧结构性改革与总需求管理的关系探析［J］．中国高校社会科学，2016（3）：67－78.

[7] 余永定．“供给侧结构性改革”不是大杂烩［J］．财经，2016（16）．

[8] 张鹏．供给侧结构性改革的“三四五”［N］．京华时报，2016－05－23.

[9] 刘霞辉．实施供给侧改革重启高增长之路［N］．经济参考报，2016－05－09.

[10] 习近平．习近平在省部级主要领导干部学习贯彻党的十八届五中全会精神专题研讨班上的讲话［N］．人民日报，2016－05－10.

[11] 龚雯，许志峰，王珂．七问供给侧结构性改革（权威访谈）——权威人士谈当前经济怎么看怎么干［N］．人民日报，2016－01－04.

[12] 蔡昉．认识中国经济减速的供给侧视角［J］．经济学动态，2016（4）：14－22.

[13] 蔡昉，都阳．积极应对我国制造业单位劳动力成本过快上升问题［J］．前线，2016b（5）：24－25.

[14] 白重恩，张琼．中国的资本回报率及其影响因素分析［J］．世界经

济，2014（10）：3－30.

［15］江飞涛，武鹏，李晓萍．中国工业经济增长动力机制转换［J］．中国工业经济，2014（5）：5－17.

［16］Cai，Fang，Yang Lu. The End of China's Demographic Dividend：The Perspective of Potential GDP Growth［M］// Garnaut R，Fang Cai，Ligang Song. China：A New Model for Growth and Development. Canberra：ANU Press，2013.

［17］黄群慧，张航燕．工业经济新常态愿景下的分化与突破——2015年工业经济运行特征与2016年展望［J］．区域经济评论，2016（3）：53－60.

［18］黄群慧．中国工业在稳增长与调结构之间寻求平衡［N］．上海证券报，2016－07－21.

［19］中国社会科学院工业经济研究所工业经济形势分析课题组．中国工业经济运行夏季报告（2016）［M］．北京：中国社会科学出版社，2016.

［20］黄群慧．实质推进工业供给侧结构性改革［N］．经济日报，2016－04－28.

［21］何帆，朱鹤．僵尸企业的识别与应对［J］．中国金融，2016（5）：20－22.

［22］黄群慧，李晓华．"僵尸企业"的成因与处置策略［N］．光明日报，2016－04－13.

［23］邹晨辉．麦肯锡：中国超80%经济利润来自金融业［N］．新京报，2016－07－08.

［24］张杰，杨连星，新夫．房地产阻碍了中国创新么？——基于金融体系贷款期限结构的解释［J］．管理世界，2016（5）：64－80.

［25］国家发展和改革委员会产业经济与技术经济研究所课题组．降低我国制造业成本的关键点和难点研究［J］．经济纵横，2016（4）：15－30.

［26］黄群慧．国有企业改革步入实质推进阶段［J］．紫光阁，2016（6）：46－47.

［27］黄群慧．以供给侧结构性改革完善制造业创新生态［N］．光明日报，2016－04－27.

［28］黄群慧．工匠精神的失落与重塑［N］．光明日报，2016－06－29.

［29］黄群慧．以智能制造为先导构建现代产业新体系［N］．光明日报，2016－06－08.

第七章　经济新常态下的中国工业经济运行分析*

改革开放以来，按照经济波动，我国的工业增长大体可以划分为四个波动周期，分别是1978～1985年、1985～1992年、1992～2007年、2007年至今。在最近周期中，2010年以来工业增长呈现明显连续下滑态势。2014年中央经济工作会议指出我国经济逐步步入速度趋缓、结构趋优的新常态。2015年，我国工业增速创最近23年最低，2015年中央经济工作会议给出了经济增速下降、工业品价格下降、企业利润下降、财政收入下降和经济风险概率上升的“四降一升”的基本判断，并提出通过“去产能、去库存、去杠杆、降成本、补短板”的“三去一降一补”的供给侧结构性改革来实现经济稳定持续发展。在这种背景下，经济新常态下的2016年中国工业运行情况和2017年工业发展分析就备受关注。

一、2016年中国工业经济运行的总体特征

2016年，中国工业呈现出“缓中趋稳、稳中向好”的总体特征，

* 本文原载《河北经贸大学学报》2017年第1期，原文题目是《经济新常态的工业经济运行分析——2016年特征与2017年挑战》。

工业增速下降、工业品价格下降、企业利润下降的格局得到了根本性的扭转，工业增速趋稳、出口转正、工业品价格大幅度逆转、工业企业利润增速由负转正实现大幅回升，工业行业结构继续呈现高端迈进态势。

（一）工业增加值增速缓中趋稳，工业品价格、工业出口和工业企业利润都呈现积极变化，供给侧结构性改革初见成效

2016年，全年全部工业增加值247860亿元，比上年增长6.0%，与上年持平。2016年全国规模以上工业增加值比上年实际增长6%，虽然增速较上年回落0.1个百分点，但分季度看，一季度同比增长5.8%，二、三、四季度均增长6.1%，从月度看，自4月以来，工业生产增速基本维持在6%以上小幅波动，企稳态势明显，2017年1~2月达到6.3%，更加固了这种判断。

从工业品价格看，2016年全年下降1.4%，降幅较上年大幅收窄3.8个百分点。分月度看，2016年1~8月，工业生产者出厂价格同比降幅逐月收窄，9月由负转正，终止了54个月连续下滑的走势，10~12月同比上涨1.2%、3.3%、5.5%。到2017年1月和2月更是大幅上涨到6.9%和7.8%。从工业品出口看，2016年，规模以上工业出口交货值比2015年增长0.4%，而2015年该数值下降为1.8%，2016年各个季度分别是同比-3%、0.8%、1.3%和1.9%，呈现逐季回升走势。工业出口增速实现正增长。

2016年全年规模以上工业企业实现利润68803亿元，比上年增长8.5%。而2015年规模以上工业企业利润总额比上年下降2.3%，其中，2016年11月规模以上工业企业利润同比增长14.5%，增速为2014年7月以来第二高点，企业效益明显改善。其中，分门类看，2016年采矿业实现利润1825亿元，比上年下降27.5%，降幅比上年全年和2016年上半年分别收窄13.3个和38.7个百分点；制造业实现利润62398亿元，比上年增长12.3%，增速比上年全年和2016年上半年分别加快9.5个和0.2个百分点；电力、热力、燃气及水生产和供应业实现利润4580亿元，比上年下降14.3%，降幅比上年全年和

2016 年上半年分别扩大 27.8 个和 12 个百分点。

企业效益改善在很大程度上得益于原煤、钢材、成品油等大宗商品价格上涨，拉动了煤炭、钢铁和石油加工等企业利润快速增长。2016 年 1～11 月，因主要大宗商品价格反弹，按照国家统计局的测算，原材料行业对全部规模以上工业利润增长的贡献率达到 67.9%，其中，石油加工炼焦和核燃料加工业贡献 21.6%，黑色金属冶炼和压延加工业贡献 19.9%。1～11 月，煤炭开采和洗选业，石油加工、炼焦和核燃料加工业，黑色金属冶炼和压延加工业利润同比分别增长 1.6 倍、2.2 倍和 2.7 倍。另外，成本降低也提升了企业盈利空间，全年规模以上工业企业每百元主营业务收入中的成本为 85.52 元，比上年下降 0.1 元。年末规模以上工业企业资产负债率为 55.8%，比上年末下降 0.4 个百分点。这表明供给侧结构性改革效果初步显现。

（二）工业行业结构继续呈现高级化趋势，结构趋优、新旧动能转换的经济新常态的特征更加显著

2016 年，在工业三大门类中，制造业一直保持最高增速，而采矿业大幅下滑，电力、热力、燃气及水的生产与供应业相比 2015 年大幅上升。41 个工业行业中技术密集型行业增速相对较快，体现了工业结构高级化趋势，其中汽车业，计算机、通信和其他电子设备制造业表现抢眼，产业增加值增速达到两位数，分别是 15.5%、10.0%，高于规模以上工业增速 9.5 个和 4 个百分点。

2016 年，节能环保产业、新一代信息技术产业、生物产业、高端设备制造产业、新能源产业、新材料产业、新能源汽车产业这七大工业战略性新兴产业增加值增长 10.5%，高于整个规模以上工业 4.5 个百分点；医药制造业，航空、航天器及设备制造业，电子及通信设备制造业，计算机及办公设备制造业，医疗仪器设备及仪器仪表制造业，信息化学品制造业这六大高技术制造业增加值增长 10.8%，高于规模以上工业增速 4.8 个百分点，占规模以上工业增加值的比重提高到 12.4%；金属制品业，通用设备制造业，专用设备制造业，汽车制造业，铁路、船舶、航空航天和其他运输设备制造业，电气机械和器

材制造业，计算机、通信和其他电子设备制造业，仪器仪表制造业这八大装备制造业增加值增长9.5%，高于整个规模以上工业3.5个百分点，占规模以上工业增加值的比重提高到32.9%；油加工、炼焦和核燃料加工业，化学原料和化学制品制造业，非金属矿物制品业，黑色金属冶炼和压延加工业，有色金属冶炼和压延加工业，电力、热力生产和供应业这六大高耗能行业增加值比上年增长5.2%，增速较上年回落1.1个百分点，占规模以上工业增加值的比重下降为28.1%。

这意味着伴随工业结构更高级化，高技术产业、工业战略性新兴产业等新经济增长动能持续较快增长，新旧动能转换加快。但是，我们还必须注意的是，一方面，传统产业去产能仍有不少困难，推进“三去一降一补”重点任务仍然艰巨复杂；另一方面，要高度注意的是一些新兴产业增速过快。例如，受补贴政策和限购挤压需求等因素影响，虽然出现了“骗补”风波和补贴不到位等问题，中国汽车工业协会对外发布的数据显示，2016年新能源汽车生产51.7万辆，销售50.7万辆，比上年同期还分别增长51.7%和53%。其中纯电动汽车产销分别完成41.7万辆和40.9万辆，比上年同期分别增长63.9%和65.1%。在为新能源汽车迅猛发展欣喜的同时，其背后的强选择性产业政策的推手令人担忧，我们必须警惕由此而可能产生的新的产能过剩问题。

（三）中部地区工业领跑，西部地区工业回落较快，东北地区工业总体内部分化显著，京津冀工业增长差距扩大速度有减缓迹象

分地区看，2016年1～11月，东部、中部和西部地区工业增加值同比增长6.0%、7.4%和7.3%，增速比上年全年分别下滑0.4个、0.1个和1.1个百分点。中部地区增速最高，下滑程度也最大；西部地区工业增速下滑明显；东部地区增速最低。我们的研究表明，大部分东部地区已经到工业化后期或者后工业化阶段，因而工业增速相对较低是符合工业化阶段特征的，而中西部地区多处于工业化中期，因而总体工业增速要相对较高，但西部工业增速下滑相对较大，应该引起高度重视。

2016 年 1 ~11 月，东北地区工业增加值同比下降 3.0%，除 5 月同比增长 0.2% 外，其余月份均为负增长，表明东北地区工业复苏相对乏力。但东北地区内部工业分化显著，2016 年，在东北地区 3 个省份中，吉林、黑龙江工业增加值同比分别增长 6.3% 和 2.0%，增速同比分别提高 1.0 个和 1.6 个百分点；辽宁同比下降 15.2%，降幅比上年扩大 10.4 个百分点，与 1 ~11 月相比收窄 0.5 个百分点。从中可以看出，吉林工业增加值同比均为正增长，并且 2016 年下半年以来工业增加值增速保持平稳，没有出现大的波动。辽宁工业处于负增长态势且波动较大。由于东北各省分化严重，因此东北三省工业振兴更应该分省施策。当然，从着力完善体制机制看，东北三省都应该向东部地区学习、借鉴甚至复制其具体市场化机制，但从产业结构调整看，各省有自己的突出问题，很难按照“齐步走”的方式来推进振兴政策。对辽宁而言，推进产业结构调整的关键应是防范制造业快速衰退风险，实现装备制造业转型升级的突破；对黑龙江而言，推进产业结构调整的着力点应该是努力破除“资源诅咒”，进一步推进工业化进程；对吉林而言，推进产业结构调整的重点应是改变经济结构双重“一柱擎天”问题，加快建设现代产业体系。

京津冀地区工业增速走势分化，北京工业增加值增速呈现单边上扬态势，天津工业增加值增速呈现走低态势，河北工业增加值增速呈现前高后低的走势。北京工业增加值累计增速自 2016 年 2 月以来持续上升，由 2 月累计增长 -2.5% 上升至 11 月的 4.7%；天津工业增加值累计增速由年初的 9.2% 逐步降至 11 月的 8.3%；河北工业增加值增速由年初的 4.2% 逐步上升至 9 月的 5.6%，11 月略降至 5.2%。1 ~11 月，北京、天津和河北工业增加值增速比上年全年分别加快 3.7 个、-1.0 个和 0.8 个百分点，比 2016 年上半年分别加快 3.0 个、-0.6 个和 0.1 个百分点。2015 年天津工业发展一枝独秀，但 2016 年这种差距呈现收窄的趋势。由于河北与京津处于不同的工业化阶段，河北经济发展水平较低，要实现协同发展，还需要对河北给予更多支持，这包括加大中央对河北的转移支付力度，可考虑加大对河北增值税的返还比例，或者可考虑将北京、天津的每年新增财力的 5%

左右转移给河北省，在建立跨区域税收分享制度、土地占补平衡制度建设方面向河北进行倾斜、供给要素市场建设方面向河北倾斜。

二、2017年中国工业经济面临的主要挑战

在以供给侧结构性改革为主、适度加强需求管理等一系列政策的大力推进下，2016年工业经济开局呈现出“缓中趋稳、稳中向好”的总体特征，工业增速下降、工业品价格下降、工业企业利润下降的格局有了积极变化，但是，对于2017年和未来的中国工业经济而言，工业运行风险概率依然较大，供给侧结构性改革仍任重而道远。中国工业经济仍然艰难地在稳增长与调结构之间寻求平衡。

（一）工业投资增速回落，存在民间投资与国有投资、国内投资与对外投资的结构失衡现象，制造业空心化风险加大

2016年工业投资特别是制造业投资增速回落，2016年全年工业投资总额231826亿元，增长3.5%，增速比2015年全年和2016年上半年分别减少4.2个和0.7个百分点。其中，采矿业投资10320亿元，同比下降20.4%，降幅比2015年全年和2016年上半年分别扩大11.6个和0.7个百分点；制造业投资187836亿元，同比增长4.2%，增速比2015年全年和2016年上半年分别扩大－3.9个和0.9个百分点；电力、热力、燃气及水生产和供应业投资29736亿元，同比增长11.3%，增速比2015年全年和2016年上半年分别减少5.3个和10.6个百分点。在当前新一轮科技和产业革命大背景下，我国正在大力推进“中国制造2025”、实施制造强国战略，工业中制造业投资增速大幅回落，其影响不仅仅是工业转型升级，更为重要的是会影响未来经济增长新动能培育和新经济的发展。

在投资的内外结构中，存在国内投资与国外投资失衡问题。2016

年全社会固定资产投资（不含农户，下同）596501 亿元，增长 8.1%，增速较 2016 年上半年减少 0.9 个百分点，比 2015 年全年减少 1.9 个百分点。自 2001 年以来，我国固定资产投资均保持在两位数以上的增速，而 2016 年固定资产投资首次跌破 10%。与此形成鲜明对比的是，我国 2016 年全年对外直接投资额（不含银行、证券、保险，下同）11299 亿元，按美元计价为 1701 亿美元，比上年增长 44.1%，其中制造业对外直接投资 310.6 美元，增长高达 116.7%。而 2016 年全年实际使用外商直接投资金额 8132 亿元（折 1260 亿美元），比上年增长 4.1%，逆差达 441 亿美元，其中制造业吸引外资 2303 亿元（折 357 亿美元）。如果将这三个增长数据放在一起比较，2016 年国内制造业投资增长 4.2%，而制造业吸引外商直接投资增长为 -6.1%、我国制造业对外直接投资增长为 116.7%，可以初步判断中国制造业外移、制造业"空心化"的风险正在加大。

在投资的所有制结构中，存在国有投资和民间投资失衡问题。2016 年全社会固定资产投资（不含农户，下同）中国有控股企业固定资产投资 213096 亿元，同比增长 18.7%，增速比上年全年增加 7.8 个百分点；而民间投资 325619 亿元，同比仅增长 3.2%，增速比上年全年减少 6.9 个百分点。一方面，国有投资增速大幅度增长；另一方面，民间投资增速大幅度下滑，这反映出政府驱动型经济增长特征和政府投资挤出效应明显。另外，由于民间投资在制造业占比较大，民间投资增长大幅下滑，也说明民营企业不愿意继续投资于国内的制造业。2016 年关于中国制造业税费负担重的争议一直在持续。因此，进一步降低制造业成本、改善制造业投资环境无疑对我国未来制造业发展至关重要。

（二）当前我国存在实体经济与虚拟经济的重大结构失衡问题，由此而引发的经济风险在不断积聚

工业尤其是制造业是实体经济的主体。实体经济是一个国家的强国之本、富民之基。但是，近些年随着我国经济服务化的趋势加大，我国经济发展中呈现出"脱实向虚"问题。这主要表现在以下几个方

面：一是虚拟经济中的主体金融业增加值占全国GDP比例快速增加，从2001年的4.7%快速上升到2015年的8.4%，2016年初步核算结果也是8.4%，这已经超过所有发达国家，美国不足7%、日本也只有5%左右；二是我国实体经济规模占GDP比例快速下降，以农业、工业、建筑业、批发和零售业、交通运输仓储和邮政业、住宿和餐饮业的生产总值作为实体经济口径计算，从2011年的71.5%下降到2015年的66.1%，2016年初步核算结果是64.7%；三是从上市公司看，金融板块的利润额已经占所有上市公司利润额的50%以上，这意味着金融板块企业超过了其他所有上市公司利润之和。根据麦肯锡的一份针对中国3500家上市公司和美国7000家上市公司的比较研究表明，中国经济利润的80%由金融企业拿走，而美国的经济利润只有20%归金融企业；四是实体经济中的主体制造业企业成本升高、利润下降、杠杆率提升，而且在货币供应量连续多年达到12%以上、2011~2015年货币供应量M_2是GDP的倍数从1.74倍上升到2.03倍比例的情况下，面对充裕的流动性，制造业资金却十分短缺、资金成本较高，大量资金在金融体系空转、流向房地产市场，推动虚拟经济自我循环。这种“脱实向虚”问题表明，实体经济供给与金融供给之间、实体经济供给与房地产供给之间存在严重的结构性失衡。

造成这种供给结构性失衡问题的原因是复杂的，有金融部门对于实体经济部门具有垄断地位、金融市场服务实体经济效率不高、房地产顶层设计缺乏和房地产市场亟待规范等众多原因，然而，必须认识到由于实体经济供给质量不高进而引起实体经济自身供求失衡、无法提供高回报率才是“脱实向虚”的一个根本原因。在经过了快速的工业化进程、进入“十二五”时期后，中国逐步进入工业化后期，中国的实体经济规模已经十分庞大，但是我国是实体经济大国而不是实体经济强国，实体经济的供给质量还不高，一个突出表现为劳动生产率还较低。这意味着面对由于工业化后期城市化进程加快推进而带来的人口结构变化和收入水平提高，消费结构升级明显，实体经济的供给要素和供给体系无法适应消费需求结构转型升级的需要，进而造成实体经济投资回报率低下。这一方面会导致大量资金脱离实体经济转向虚拟经济，另一方面，在开放经济下，大量的消费力量和制造业投资将转向国外，这又进一步导致实体经济萎缩。如果这个问题不从根本上解决，会出现经济结构高级化趋势明显，但效率反而降低的逆库兹涅茨化问题。对于处于中等收入阶段的中国而言，效率下降会使我们加大步入中等收入陷阱的风险。促进产业转型升级、提高实体经济的供给质量，不仅是扭转经济发展“脱实向虚”的需要，还是决定我国经济能否跨越中等收入陷阱的关键。

（三）世界经济环境不确定性加大，围绕制造业国际竞争日趋激烈，2017 年中国工业经济增速保持稳中趋缓的可能性很大

当前世界经济呈现出“新平庸”的特点，世界经济增速持续低迷，潜在增长率在下降，国际贸易和国际投资增长乏力，尤其是受 2017 年美国特朗普的新政、欧洲大选、逆全球化趋势的影响，世界经济的不确定性加大。对于中国制造业而言，我们将同时面临发达国家的高端挤压和新兴经济体的低端挤压。一方面，国际金融危机以后，发达国家开始反思制造业空心化，纷纷推进“再工业化”战略，并以制造业信息化和制造业服务化为核心，制定各类制造业发展战略和规划。美国提出“先进制造业国家战略计划”、德国提出“工业 4.0”，试图在第三次工业革命中牢牢占据制造业高端，特朗普更是提出各种政策来吸引制造业流回美国，这一切对中国制造业形成高压态势。另一方面，快速崛起的新兴经济体将以相对低廉的成本优势，实现对中国制造的替代。随着这些新兴经济体的发展，其制造业区位吸引力会快速提升，这会对中国制造业形成低端挤压。因此，中国制造业发展面临国际竞争日趋激烈。

在这种国际背景以及我国国内工业行业固定资产投资和工业投资回报率下滑等国内趋势性因素的影响下，2017 年上半年我国工业趋缓压力依然巨大。基于中国社会科学院工业经济研究所工业经济形势分析课题组的模型预测，2017 年全国规模以上工业增加值增长 5.8% 左右，比 2016 年 6.0% 的增长低 0.2 个百分点。因价格上涨、营收上升、成本下降及低基数效应等原因，2017 年规模以上工业企业效益延续上升势头预计至少将持续到2017年年中，上游利润增速继续回升，中游整体小幅回升，下游基本稳定。考虑到房地产周期的影响以及汽车产业政策回归正常，到2017年第三季度，工业可能再次承受压力。

三、未来中国工业经济发展应处理好的几方面关系

2016年中央经济工作会议提出，必须从供给侧结构性改革入手努力实现供求关系新的动态均衡，而供给侧结构性改革，最终目的是满足需求，主攻方向是提高供给质量，也就是要减少无效供给、扩大有效供给，着力提升整个供给体系质量，提高供给结构对需求结构的适应性。工业经济是供给体系的主体内容，提升工业经济的供给质量，无疑是供给侧结构性改革的重中之重。这意味着，中国工业经济增长的重点应该从数量扩张转向质量提升，为此，应该处理好以下几方面关系。

（一）正确处理降低成本与提升质量关系，持续提升中国工业产品质量

虽然中国工业体系完整，能生产联合国工业门类中的所有产品，但在低成本工业化战略驱动下，产品档次偏低，标准水平和可靠性不高，缺乏世界知名品牌，2016年世界500强制造业品牌数量仅占2%，中国制造的产品质量和品牌在消费者心目中的地位一直没有得到有效提升。工业转型升级的终端体现是产品质量和企业品牌的提升，工业强国首先一定是质量强国。中国工业一定要走出为了降成本而牺牲质量的误区。围绕提升质量，企业必须持续强化全面质量管理，不断进行管理创新和工艺创新，建立精益求精的“工匠精神”文化，而国家必须加强计量、标准、认证认可和检验检测等国家质量技术基础（NQI）建设，其中计量是控制质量的基础、标准是指引质量

提升的基础、认证认可是建立质量信任的基础、检验检测是衡量质量的基础。

（二）正确处理服务业和工业的关系，生产性服务业发展要有利于提升促进工业转型升级

近几年，我国经济服务化趋势明显，工业比重持续下降，但由于服务业鲍莫尔成本病以及服务业自身结构转型升级缓慢，服务业的效率远低于工业，我国存在经济结构升级、效率降低的逆库兹涅茨化风险。中等收入陷阱问题本质上是一个效率问题，跨越中等收入陷阱要求工业和服务业之间形成一个互相促进转型升级进而提高效率的良性机制。生产性服务业要大力发展，但一定要以促进工业转型升级、提升工业效率为目的，资本市场建设要围绕培育战略性新兴产业、利用新技术全面改造传统工业这个中心，坚决避免虚拟经济过度偏离工业而形成泡沫经济。

（三）正确处理对外开放与自主创新的关系，重视发挥外资对中国工业转型升级的作用

虽然我国进入更加强调自主创新的发展阶段，但是自主创新与对外开放、消化引进国外先进技术、促进公平市场竞争等政策并不矛盾，何况消化引进再创新本身就是自主创新的一种重要方式。毋庸置疑，任何一个国家都需要培育自身自主创新能力，努力占领技术制高点，减少技术对外依存度，但是当今的世界，自主创新能力培育的方式不是闭关锁国，而是在扩大开放的基础上交流、融合、创新。当前我国需要进一步营造公平竞争环境，推动新一轮高水平对外开放，充分发挥外资在高端、智能、绿色等先进制造业和工业设计、现代物流等生产性服务业的作用，促进中国工业沿着高端化、智能化、绿色化、服务化方向转型升级。

（四）正确处理产业政策与竞争政策的关系，重视发挥竞争政策对工业产业组织的优化作用

当前中国进入工业化后期，虽然产业政策在培育战略性新兴产业、激励创新、淘汰落后产能等方面还有重要作用，但我国长期以来习惯采用的强选择性产业政策的不适应性日益突出，而以完善市场竞争秩序、创造有利于技术创新的生态环境为基本导向的竞争政策的意义则更为显著。在这种背景下，2015 年 10 月 12 日《中共中央国务院关于推进价格机制改革的若干意见》明确指出，加强市场价格监管和反垄断执法，逐步确立竞争政策的基础性地位，加快建立竞争政策与产业、投资等政策的协调机制。因此，建立和完善竞争政策的作用机制，促进民营企业、中小微企业公平参与市场竞争，优化工业产业组织结构，发挥民营企业、中小微企业在颠覆式创新中的作用，对工业转型升级具有重要意义。

参考文献

[1] 国家统计局：《中华人民共和国 2016 年国民经济和社会发展统计公报》，http：//www. stats. gov. cn/tjsj/zxfb/201702/t20170228_1467424. html，2017 - 02 - 28。

[2] 黄群慧：《中国工业在稳增长与调结构之间寻求平衡》，《上海证券报》2016 年 7 月 21 日。

[3] 黄群慧、张航燕：《工业经济新常态愿景下的分化与突破》，《区域经济评论》2016 年第 3 期。

[4] 黄群慧：《着力提升实体经济供给质量》，《光明日报》2017 年 2 月 7 日。

[5] 黄群慧：《振兴实体经济要着力推进制造业转型》，《经济日报》2017 年 2 月 10 日。

[6] 赵云城：《工业稳中提质》，http：//www. stats. gov. cn/tjsj/sjjd/201701/t20170122_1456821. html，2017 - 01 - 22。

[7] 中国社会科学院工业经济研究所工业经济形势分析课题组：《中国工业经济运行年度报告（2016 ~ 2017）》，中国社会科学出版社，2017 年。

第八章　东北三省工业经济下行的原因分析及对策建议*

2014年以来，伴随中国经济步入“新常态”，东北三省经济下行压力较大，形势严峻。2015年，辽宁、吉林、黑龙江三省GDP增长分别为3%、6.5%和5.7%，全国排序除山西以3.1%的增速列倒数第二，倒数四个省份东北地区占三位。同时，东北三省GDP占全国的比例也滑落到8.58%。2015年12月30日，《中共中央国务院关于全面振兴东北地区等老工业基地的若干意见》出台，提出东北地区要在2020年同步实现全面建成小康社会目标的基础上，争取再用10年左右时间，成为全国重要的经济支撑带，具有国际竞争力的先进装备制造业基地和重大技术装备战略基地，国家新型原材料基地、现代农业生产基地和重要技术创新与研发基地。在东北地区经济从“共和国长子”衰退到“共和国短板”的背景下，该意见的出台具有重大意义。本文在分析东北地区工业经济下行的原因基础上，提出了有针对性的振兴东北地区经济的政策建议。

一、东北三省的总体情况

东北地区是我国山海关以北，漠河以南，乌苏里江以西的辽宁、

* 本文原载《学习与探索》2016年第7期，与石颖合作。

吉林和黑龙江三省的总称。东北地区土地、煤炭、矿产、石油、木材、野生动植物等资源优势明显，地理位置险要，历史上一直是我国重要的战略物质储备地和农副产品生产基地。在计划经济时代，国家提出优先发展重工业的指导方针，在东北形成了以钢铁、机械、石油、化工为主导的相对独立、完善的工业体系，并迅速成为当时国家重要的重工业基地。有关数据显示，当时东北的汽车、石油、煤炭产量均居全国第1位，电站成套设备占全国的1/3，机床产量占全国的1/3，造船产量占全国的1/3，冶金设备占全国的1/4，乙烯产量占全国的1/4，钢产量占全国的1/8（潘石、孙世强，2004）。直到1978年，东北三省人均GDP仅次于京、津、沪三大直辖市，成为“中国工业化的排头兵”。

改革开放以后，我国经济体制由计划经济向市场经济转型，将深圳、珠海、汕头、厦门等东南沿海地区作为开放的前沿，东北三省没有被及时纳入国家战略规划，对外开放步伐较慢，经济发展遇到了特殊的困难（钱津、刘伟东，1999）。同时，东北地区自身的体制改革滞后、产业加工链条较短等主观因素也造成了与沿海发达地区的差距不断拉大。计划经济体制遗留的矛盾凸显，大批职工下岗失业。体制性的矛盾、思想上的保守使东北三省出现引起多方关注的“东北现象”。面对“东北现象”，2003年10月，中共中央、国务院发布了《关于实施东北地区等老工业基地振兴战略的若干意见》，标志着东北地区振兴战略正式启动。该意见明确提出“加快体制创新和机制创新，消除不利于经济发展和调整改造的体制性障碍”，并决定成立国务院老工业基地调整改造领导小组。2005年6月，国务院办公厅发布《关于促进东北老工业基地进一步扩大对外开放的实施意见》，鼓励外资参与国有企业改组改造，加快体制和机制创新。2009年9月，国务院发布《关于进一步实施东北地区等老工业基地振兴战略的若干意见》，指出东北振兴要优化经济结构，建立现代产业体系，加快企业技术进步等九个方面的改革意见。

振兴战略实施10年以来，国家围绕棚户区改造、农村基础设施建设、产业集聚区发展、接续替代产业、东北亚开放合作等各个方面

（赵传君，2006），有针对性地出台了若干扶持政策，启动了转型升级、自主创新、城市功能、现代农业、基础设施、生态保护等领域重大项目，投入了大量的人力、物力和财力，有力促进了东北地区经济社会全面发展。数据显示，2003～2013 年的 10 年间，东北三省名义 GDP 总量从 12722 亿元增长到 58058 亿元，增长了 3.6 倍，年均增速保持在 13.49%，明显高于全国平均水平。但 2013 年以后，东北地区经济下行压力持续加大，2014 年和 2015 年的主要经济指标不理想，经济增长呈现出断崖式下跌，东北问题再次凸显出来，被称为“新东北现象”。面对“新东北现象”，2014 年 8 月国务院发布了《关于近期支持东北振兴若干重大政策举措的意见》，2015 年 6 月国家发改委发文《关于促进东北老工业基地创新创业发展 打造竞争新优势的实施意见》，从创新创业体制机制、技术创新体系、促进大众创业、创业人才队伍、政策和组织保障等方面提出了具体的措施，积极推动东北老工业基地发展方式由主要依靠要素驱动向创新驱动转变。2015 年 12 月，中央政治局召开会议通过了《关于全面振兴东北地区等老工业基地的若干意见》，会议提出东北地区要在 2020 年同步实现全面建成小康社会目标的基础上，争取再用 10 年左右时间，成为全国重要的经济支撑带，具有国际竞争力的先进装备制造业基地和重大技术装备战略基地，国家新型原材料基地、现代农业生产基地和重要技术创新与研发基地。

二、东北三省工业经济下行的主要表现

如表 8－1 所示，首先，在“十二五”初期，东北三省工业增速基本是高于或者等于全国工业增速，2011 年吉林高于全国平均水平 4.9 个百分点，辽宁高于全国平均水平 1 个百分点，黑龙江略低于全国平均水平 0.4 个百分点。但是，到 2015 年，辽宁、吉林、黑龙江

的工业增加值增速分别为 -4.8%、5.3%、0.4%，均低于全国平均增速6.1%，尤其是辽宁增速已明显滑出合理区间。其次，从绝对位次来看，在除香港地区、澳门地区以及台湾地区的全国31个省份中，辽宁位列倒数第一，黑龙江位列倒数第四，较为乐观的吉林也仅位列倒数第十位。此外，从相对位次来看，虽然三省增速整体都在下滑，但辽宁下滑了9位、吉林下滑了8位、黑龙江下滑了2位。整体来看，东北三省工业经济形势严峻，运行情况堪忧。

表8-1　“十二五”期间全国和东北三省工业增加值增速及位次

单位:%

年份 地区	2011		2012		2013		2014		2015	
	增速	位次	增速	位次	增速	位次	增速	位次	增速	位次
全国	13.9	—	10.0	—	9.7	—	8.3	—	6.1	—
辽宁	14.9	22	9.9	26	9.6	24	4.8	28	-4.8	31
吉林	18.8	14	14.1	18	9.6	24	6.6	24	5.3	22
黑龙江	13.5	26	10.5	25	6.9	29	2.9	31	0.4	28

资料来源：国家统计局。

从具体的月度数据看，如图8-1所示，2014年3月，辽宁的规模以上工业增加值增速与全国基本持平，但2014年7月以后，逐月加速下滑，到2015年12月，辽宁规模以上工业增加值增速下降到 -12.7%；2014年3月~2015年12月，黑龙江的规模以上工业增加值增速一直保持与全国相差4~5个百分点；而吉林除了2014年8月规模以上工业增加值增速略高于全国外，其他绝大多数月份基本都低于全国1~2个百分点。

从工业企业盈利情况看，如图8-2所示，由于能源价格大幅下降的影响，黑龙江企业的盈利情况最差，2015年1~12月利润累计增速下降 -58%。另外，辽宁和吉林企业利润累计增速下降分别为 -38.1%和 -16.4%，东北三省均远低于全国平均水平 -2.3%。在中国宏观经济面临下行压力的大环境下，东北三省的企业盈利状况更加不乐观。

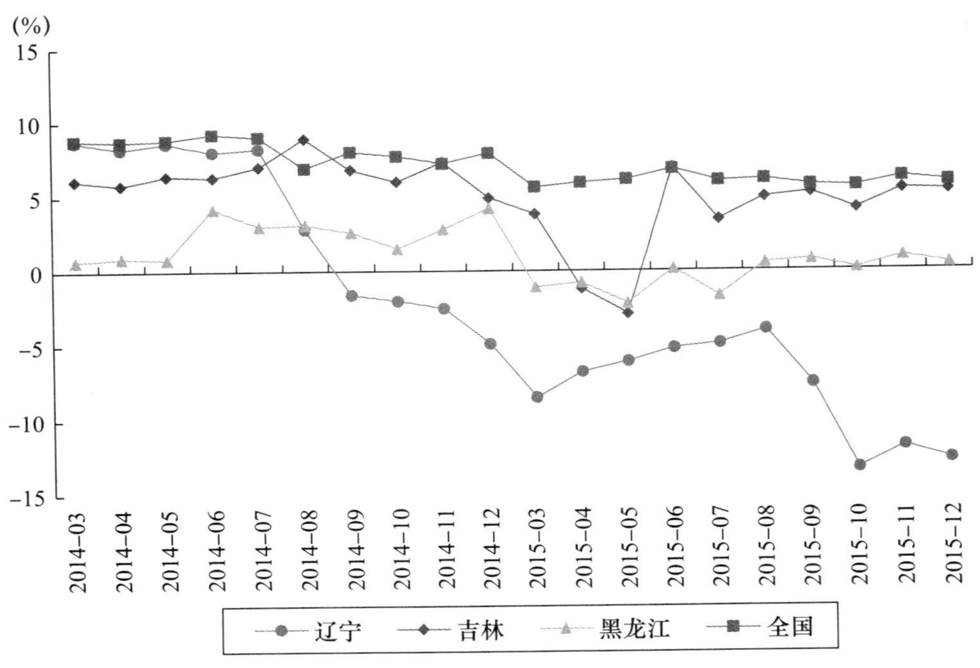

图 8-1　东北三省规模以上工业增加值
月度同比增速（2014 年 3 月~2015 年 12 月）

资料来源：国家统计局数据。

从固定资产投资看，2015 年，以固定资产投资完成额累计增速为标准，辽宁为-17.82%、吉林为 10.79%、黑龙江为 2.48%，东北三省均低于全国平均水平 11.36%，这表明东北三省固定资产投资低迷。如图 8-3 所示，2015 年辽宁固定资产投资问题重重甚至出现负增长态势，全年固定资产投资完成额累计增速均小于 0，最低达到-27.8%的水平。黑龙江接力了辽宁的固定资产投资低迷问题，从 2015 年 4 月固定资产投资完成额累计增速降到 2%以下，7 月达到最小值 0.6%，呈现出糟糕的固定资产投资局面。吉林的投资局面较为乐观，与全国平均水平基本持平，但 2015 年下半年开始逐步下行，与全国差距正在逐步拉开。

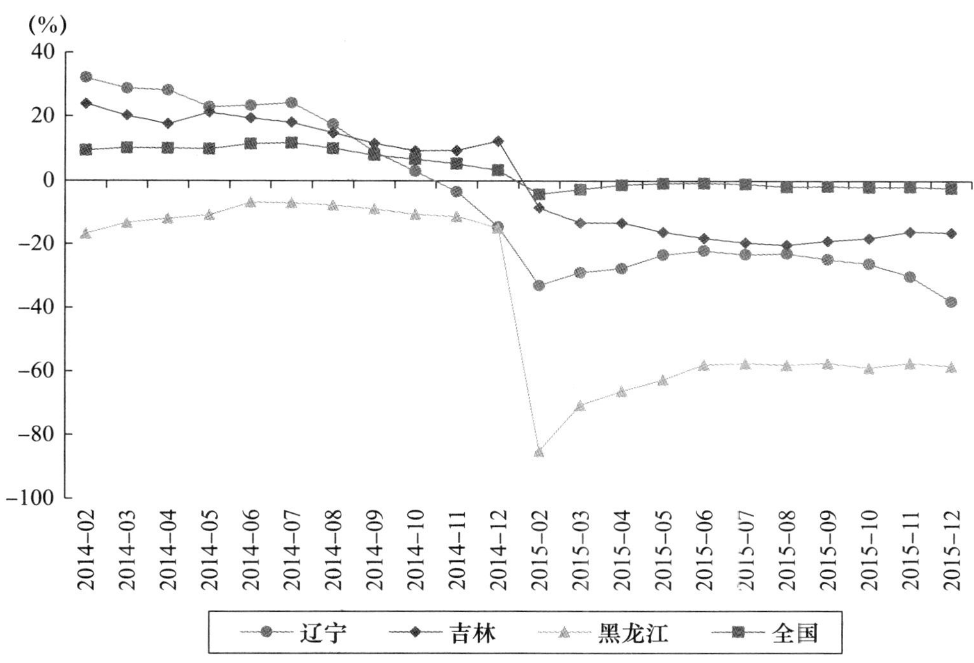

图 8－2　东北三省规模以上工业企业利润总额累计增速（2014 年 2 月～2015 年 12 月）

资料来源：国家统计局数据。

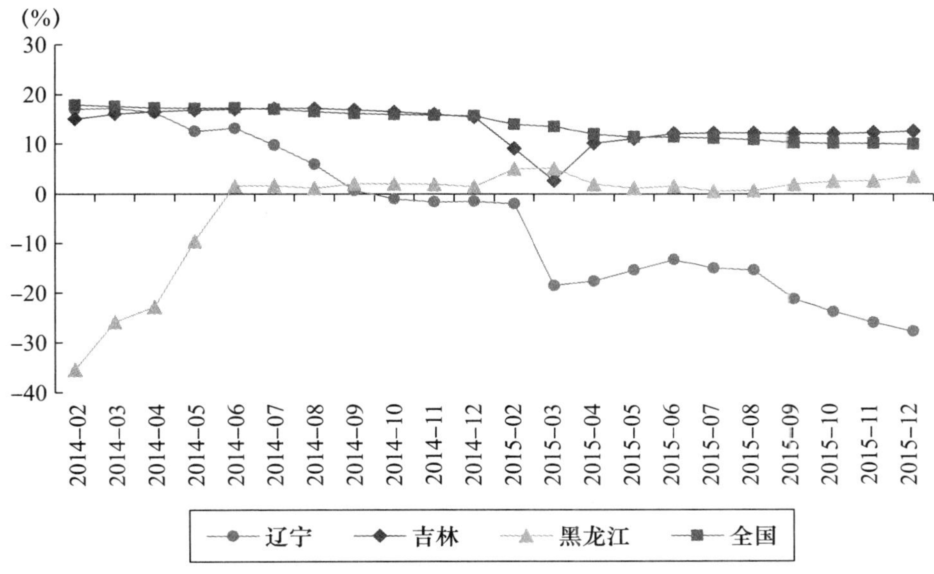

图 8－3　东北三省固定资产投资完成额累计增速（2014 年 2 月～2015 年 12 月）

资料来源：国家统计局数据。

三、东北三省工业经济下行原因的共性方面

关于东北老工业基地问题，学界基本一致归为三大方面：一是产业结构问题，东北三次产业中工业比例过大，服务业比例低，这被表述为工业“一柱擎天”，工业内部结构中重化工业比例过高，或者说资金密集型或者资源密集型占比过大，而高新技术产业占比过低。二是体制机制问题，其中一个具体指标是，东北地区国有经济所占比例过重，影响了经济的活力。另外，政府优化创业创新发展环境还不够，中小企业培育发展不足。三是要素供给问题，其中关键是人口问题，东北地区人口流失问题严重，影响了其经济增长。

（一）产业结构

1. 重化工业比重大，高新技术产业发展滞后

东北三省作为我国的老工业基地，产业发展惯性较强，工业在经济结构中的比重过高，而服务业占比较低。从产业结构来看，如图8－4所示，2015年，辽宁三次产业增加值占地区生产总值的比重分别为8.3%、46.6%、45.1%，吉林三次产业分别占比11.2%、51.4%、37.4%，黑龙江三次产业分别占比17.5%、31.8%、50.7%。不难发现，辽宁、吉林工业占比地区生产总值一半以上，且东北三省第三产业所占比重均低于50.5%的全国平均水平。同时，在第二产业内部，辽宁装备制造、冶金、石化三大产业占工业总产值比重超过70%，汽车制造及相关产业占吉林工业总产值的50%以上，黑龙江能源产业占全省工业比重最高达73%，依然依赖重化工业（刘洋，2015）。东北三省还存在高新技术产业不发达。东北三省的高新技术产业发展，1999～2012年，产业比重从7.6%下降到4.8%，下降了2.8个百分点，而全国高技术产业比重从4.5%上升到11%，上

升了6.5个百分点。高新技术产业与传统装备制造业之间的关联性增强（方毅等，2010），发展缓慢意味着东北三省的装备制造业转型升级仍然面临严峻挑战。

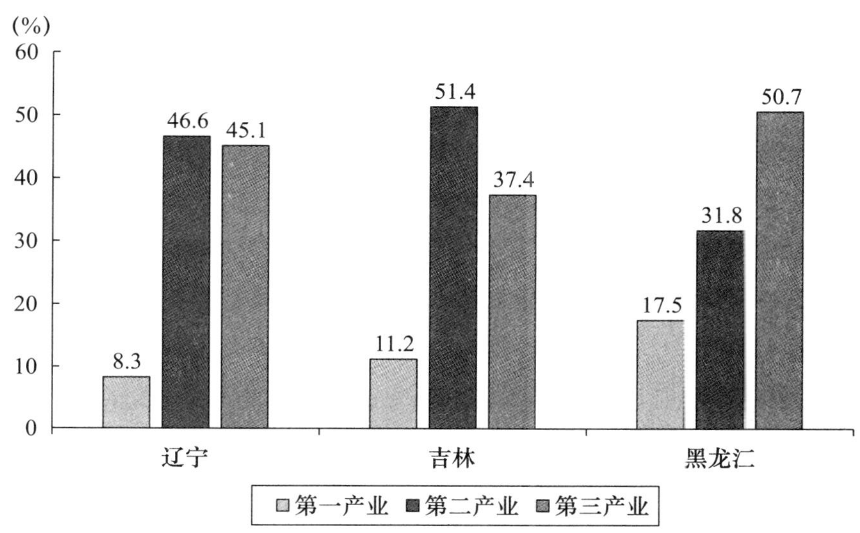

图8－4　2015年东北三省三次产业占比

资料来源：国家统计局数据。

2. 过度依靠投资拉动，但投资效益明显偏低

2003年振兴东北老工业基地战略实施以来，东北三省投资占GDP的比重从2003年的28.22%上升到2014年的76.87%，最高一年甚至达到了83.22%（如表8－2所示）。同时，投资额年均增长幅度超过30%，无论是投资额的增速还是投资占GDP比重均远高于全国平均水平，由此可见，东北地区的经济增长高度依赖于投资，投资是东北地区经济增长态势的关键性因素（杨东亮、赵振全，2015）。然而，投资转化为经济增长的效率却相对不高。2014年，东北三省固定资产投资对地区生产总值增长的拉动率平均为－1.29，拉动效果不仅小于1，而且远小于0，说明固定资产投资反而拖累了地区的经济增长。

表 8-2 东北三省固定资产投资占比与拉动率 单位:%

地区	辽宁		吉林		黑龙江		东北三省		全国	
年份 \ 指标	占比	拉动率	占比	拉动率	占比	拉动率	占比	拉动率	占比	拉动率
2003	27.74	—	31.91	—	25.01	—	28.22	—	31.40	—
2004	38.67	0.73	34.01	2.17	27.72	2.27	33.47	1.72	36.67	1.52
2005	45.60	1.27	44.08	0.93	29.71	2.38	39.80	1.53	40.61	1.52
2006	53.49	0.96	55.34	0.85	32.85	1.72	47.23	1.18	43.21	1.69
2007	58.90	1.16	63.33	1.03	36.91	1.54	53.05	1.24	44.17	2.08
2008	64.96	1.09	72.94	0.85	40.51	1.61	59.47	1.18	47.18	1.56
2009	76.29	0.56	81.86	0.67	54.69	0.21	70.95	0.48	56.95	0.58
2010	81.84	0.93	85.32	0.97	60.69	1.11	75.95	1.00	60.13	1.28
2011	78.43	1.61	68.33	-11.11	57.27	2.44	68.01	-2.35	63.82	1.18
2012	86.67	0.64	79.25	0.61	68.48	0.51	78.13	0.59	70.23	0.74
2013	91.56	0.68	76.11	2.50	82.00	0.29	83.22	1.16	74.24	0.95
2014	85.33	-4.17	81.53	0.60	63.75	-0.30	76.87	-1.29	78.87	0.74

资料来源：根据全国及东北三省历年《国民经济和社会发展统计公报》整理所得。

3. 产业集中度低，且产业链条不完整

东北三省经过长时间的建设与发展，已经形成了以装备制造业产业链、重化工业产业链、种植业产业链以及新兴的医药、新型材料产业链为代表的多条产业链条。然而，从产业集中度来看，东北地区特色产业链中的龙头企业多为国有企业，在产业发展上依然秉承着机械性的板块结构，“聚而不集”的问题比较突出。如今，产业链呈现国际梯度转移趋势，东北地区产业集中度偏低，可以寡头称雄的企业数量在减少。不仅如此，从产业链条来看，东北三省大多数企业处于产业链上游或中低端，产业链短、上下游产业不完整的问题突出。企业以提供原材料、初级产品、粗加工产品为主，产品附加值不高。另外，从产业链的区域合作来看，产业链上的大多数企业分散独立，组织程度较低，企业间缺乏有效的生产经营和市场协作（赵玉红、王广林，2003），整体优势还未得到充分发挥，产业链配套服务水平也有待提高，大企业的产业优势和原料优势不能得到有效发挥，依靠市场机制建立的大中小企业配套融合发展以及产业集群发展局面远未形成。

（二）体制机制

1. 国有经济占据主导，民营经济比重过低

国有经济处于主导地位，民营经济发展滞后是东北三省经济发展长期存在的一个问题，主要表现为“三个过低”。一是民营经济占地区生产总值的比重过低。东北三省是全国最早进入计划经济体制、相对较晚退出计划经济体制的地区，10 多年来的国有企业改革的确取得了不少进步，东北地区国有经济占比从 21 世纪的 2/3，降到现在的一半左右，但除辽宁外，黑龙江和吉林两省的国有经济占比仍高于全国平均水平。而 2014 年辽宁、吉林、黑龙江民营经济占地区生产总值比重为 55%、51% 和 53%，低于全国平均水平（65%）10 个、14 个和 12 个百分点，同江苏、浙江等东南发达省份相比差距更大。二是国有经济效益过低。2014 年，辽宁国有及国有控股企业资产占全省规模以上工业企业总资产的 43.8%，但主营业务收入和利润仅占 24.7% 和 7.2%；在吉林国有经济 10 大产业中，除汽车和机械工业外，其他 8 个行业营业收入利润率均低于全国国有企业同行业平均水平；在黑龙江国有工业 10 大产业中，除石油和天然气开采业外，其他 9 个行业主营业务收入利润率均低于本省同行业平均水平，也低于全国国有企业同行业平均水平。三是民营经济创造就业岗位数目过低。东北地区民营企业实力较弱，经济活力不足。在全国工商联评选的“2015 年中国民营企业 500 强”中，东北三省只有 8 家企业上榜，而经济发达的江浙两省总共有 229 家企业上榜，差距十分巨大。民营经济发展滞后在一定程度上导致了东北地区的失业率高于其他地区。

2. 创新能力较弱

尽管东北地区创新基础牢固，拥有众多国内一流的科研机构和一批高水平的高等院校，但创新成果不理想，科技创新与经济发展融合

度不高，对当地经济发展支撑力不强。优秀人才流失严重，高素质人才很难引进，企业和科研单位领军人才与顶尖专家后继乏人。从研发投入来看，2014年，辽宁研发投入占地区生产总值的比重为1.74%、吉林为0.9%、黑龙江为1.1%，三省均低于2.8%的全国平均水平。东北地区共有2.7万家规模以上工业企业，而研发机构占比仅为3.57%，远低于8.07%的全国平均水平。此外，从创新成果来看，2014年东北三省的专利授权数占全国的比重仅为4%，高新技术产业对经济的贡献率为6.5%，比全国平均水平低近13个百分点。由于创新能力不足，导致经济的发展缺乏持续的支撑力（见图8-5）。

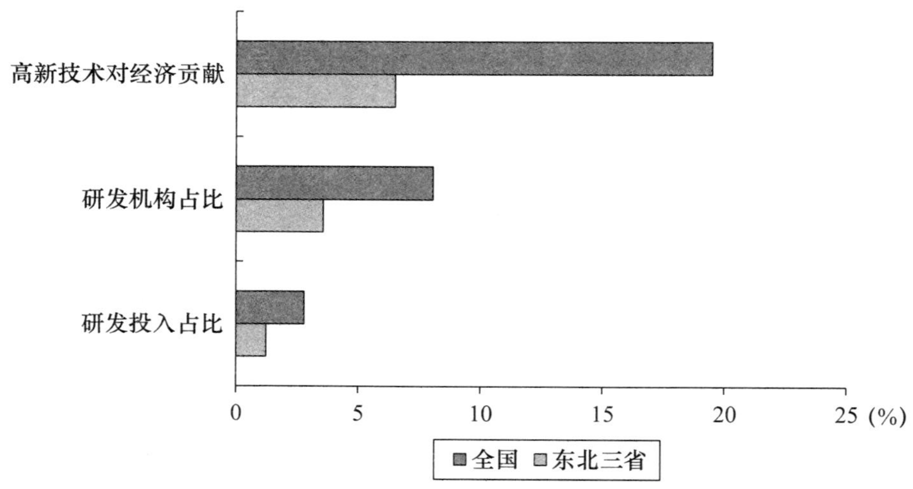

图8-5 东北三省创新能力主要指标

（三）要素供给

东北三省人口红利逐渐消失，这是东北三省要素供给面临的首要问题，也是制约东北地区发展的一大瓶颈。一是人口数量下降。作为老工业基地的东北，城镇化水平较高，计划生育执行较好，年轻人观念上的转变以及经济上的现实压力，即使鼓励生育，也有很多人不愿意多生。如图8-6所示，2010~2015年，东北三省人口自然增长率

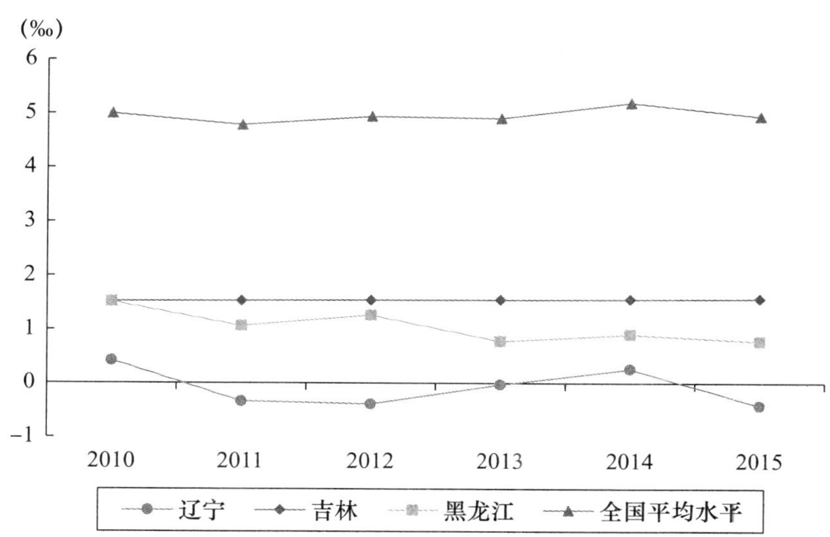

图 8-6　东北三省人口自然增长率

低于全国平均水平，特别是辽宁，人口一度呈现负增长态势。2015年，辽宁人口自然增长率为 -0.42‰、吉林为 1.58‰、黑龙江为 0.78‰，大幅度低于全国 5.21‰的平均水平，东北三省面临严峻的人口老龄化问题。另外，根据 2010 年第六次全国人口普查数据显示，辽宁、吉林、黑龙江三省的生育率分别为 1.0、1.03、1.03，远低于 1.53 的全国平均水平，要知道我国的香港地区和台湾地区的生育水平是 1.0，已经是世界上数值很低的了，日本为 1.2。超低的生育率同时也意味着东北地区的老龄化问题比全国其他地区更为严峻，社会负担不断加重。二是人口流失严重。2010 年的普查数据显示，东北三省共流出人口 400 万人，减去流入的人口，人口净流出 180 万人。不仅如此，30～49 岁/0～29 岁人口之比，全国为 1.39，东北三省为 2.09，为全国各省之最。东北三省的老年人口占比要高于全国平均水平，儿童和青壮年人口占比又都低于全国平均水平，年轻人的大量外流让本来严峻的人口问题雪上加霜。东北地区一方面面临着超低的出生率，另一方面则是现有人才特别是年轻人的大量外流，对于东北老工业基地的振兴来说无疑是釜底抽薪。

除了上述三方面问题，东北对外开放度低也是一个重要问题。2014年，东北三省GDP占全国经济总量的9%，进出口总额占全国的3.6%，过境贸易总额仅相当于广东的16.6%、江苏的31.8%、山东的64.7%，对外贸易依存度为19.8%，这个数字低于全国平均水平28.2个百分点。对外开放度低，是东北经济发展的重大短板，也是产业结构调整之后、体制机制改革难以破题的关键症结所在。

上述三方面问题，都可以从思想观念方面寻找到根源。东北三省思想观念较为陈旧，相对优越的自然资源条件逐渐消磨了东北人早期最具代表性的“闯关东”创业精神，东北人甚至被评为全国“最贪恋体制的动物”。2003年以来，支持东北振兴的一系列政策措施频频出台，令一些地方政府和企业产生了“等政策、等文件，靠国家、靠政府，要资金、要项目”的思维禁锢，抱怨和希望国家补偿的思想大量存在。部分地方政府主体作用发挥得不够，对重大政策的先行先试等存在等待、观望和畏难情绪，一些干部中存在懒政、怠政和不作为现象。另外，在创新创业热火朝天的大环境下，东北仍然创业举步维艰，整体投资环境有待改善，个别地方在招商引资中还存在以各种理由对民营企业进行罚款的现象。正是“等靠要”等思想惰性以及传统观念的束缚，为东北经济振兴戴上了无形的枷锁。

四、东北三省工业经济下行原因的个性方面

由于这四个方面的共性问题，东北经济下滑压力巨大，甚至被认为是最有可能步入区域性中等收入陷阱的区域。应该说，总体上这三个角度的分析是正确的，但是，东北地区具体到每个省在产业结构与工业内部层面存在的问题是有差异的，要分析不同省份发展存在的具体短板，从而对症下药补短板来解决问题。也就是说，国家层面不仅要关注东北三省老工业基地的共性问题，更要关注各个省份的工业发

展个性问题。

整体上看，三次产业结构的数据显示，虽然东北三省都是老工业基地，但三省并不存在产业同构现象，其中，辽宁的主要问题是服务业增长过快、吉林的主要问题是工业“一柱擎天”、黑龙江则面临农业比例过大的问题。另外，东北三省工业行业内部、制造业内部、主要工业产品相似性系数相对较低，也不存在工业产业同构问题。从省际层面的具体分析如下：

（一）辽宁服务业增长过快，出口下降引起经济下滑

按三次产业分类来看，2014 年辽宁三次产业分别占比为 8.0%、50.2%、41.8%，而经过一年，2015 年服务业比重快速上升到 45.1%（提高了 3.3 个百分点）。其中，2015 年前三季度，全省第三产业增加值快于全省地区生产总值增速 4.5 个百分点，快于第二产业增速 7.9 个百分点。因此，从经济增长率来看，辽宁产业结构的主要问题是服务业比例上升过快。服务业比重上升从一定程度上反映了第二产业的蓬勃发展，不过，从国际经验来看，产业结构变化如此之快是世界上各主要经济体发展过程中罕见的。因此，服务业过快的上升应引起足够的重视，因为这可能隐藏了制造业下降过快的事实以及服务业内部结构优化的问题。

从工业内部来看，辽宁的装备制造业和原材料工业占规模以上工业比重超过 70%。辽宁在通用设备制造业方面优势突出，其金属切削机床产量在全国同类产品中所占比重超过 20%；以沈阳和大连为例，二者均在机械装备制造业方面具有较大优势，但沈阳主要以生产数控机床和大型电力、化工等重型成套装备为主，其金属切削机床的产量在全省同类产品中所占比重达到 63.85%；大连以生产船舶、机车、制冷设备等工业产品为主，辽宁铁路机车均在该市生产制造。但是，2015 年，机械行业普遍出现增速放缓迹象。2015 年 11 月，金属制品业，通用设备制造业，专用设备制造业，铁路、船舶、航空航天和其他运输设备制造业，电气机械及器材制造业，仪器仪表制造业，金属制品、机械和设备修理业主营业务收入累计同比增逗分别为 4.7%、

0.8%、3.3%、5.5%、4.7%、6.4%和14.8%，除金属制品、机械和设备修理业外，普遍较上年增长幅度下降一个台阶，通用设备制造业、专用设备制造业2015年11月利润总额累计增速分别为-0.7%、-4%。各行业下滑的主要原因中有很大比例来自出口下降。2015年10月，大部分机械行业出口交货值负增长，铁路、船舶、航空航天和其他运输设备制造业，仪器仪表制造业出口交货值增速下滑。

（二）吉林工业“一柱擎天”，汽车产业下降过快

如图8-7所示，从2010~2015年吉林第二产业增加值占地区生产总值比重的走势来看，各年比值均高于50%，其中最高一年占比53.4%。2015年，吉林三次产业分别占比为11.2%、51.4%、37.4%，明显高于全国平均水平40.5%。由此可见，吉林工业比例过高，工业“一柱擎天”问题比较突出，吉林的问题也是整个东北的缩影。长期以来，吉林工业经济呈现出工业化早期水平的显著特点，政

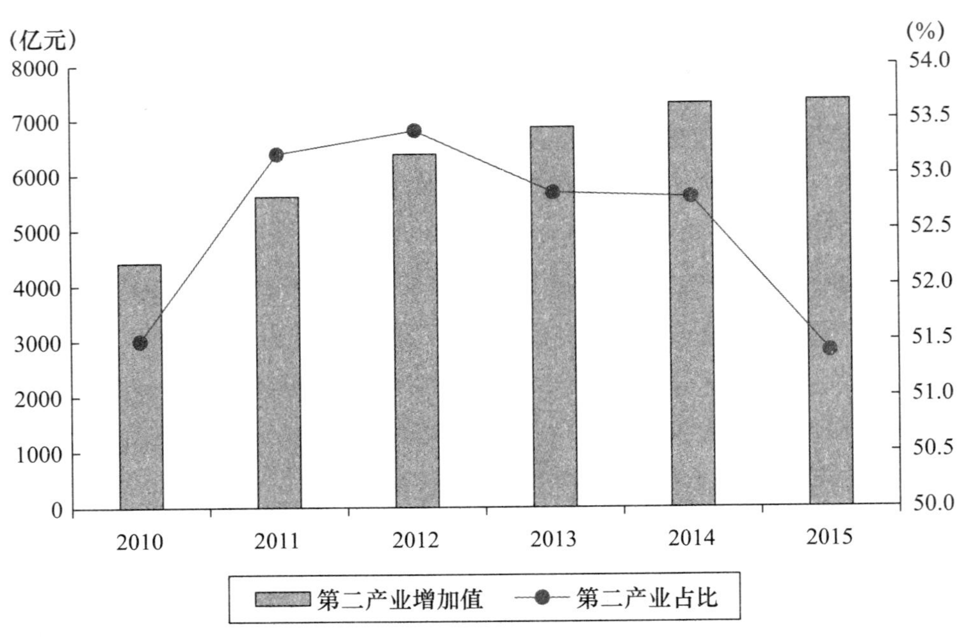

图8-7　2010~2015年吉林省第二产业增加值及占比走势

府投资多集中在国有企业，往往是传统产业的国企，致使传统产业比重过高，而新兴产业成长缓慢。东北地区作为老工业基地仍然没有摆脱计划经济的阴霾，“强势政府”在经济发展中可以集中大量资源办大事，但是往往未能把握好度，错位、越位、缺位等现象较为普遍，经济手段、法律手段、道德手段发挥得不充分。

在工业内部，吉林以交通运输设备制造业为主要优势产业，汽车产业居全国领先水平，铁路客车与汽车产量在全国同类产品中所占份额较大；以长春和吉林为例，长春产业优势主要体现在汽车产业，要生产汽车、摩托车等工业产品，汽车制造占长春工业产值的60%（2008年峰值时占比为67.8%）。吉林则在石化产业具有明显优势，主要生产合成橡胶、乙烯等化工类工业产品。2015年，虽然全国汽车行业进入微增长时代，但到11月累计增长仍维持在6.1%的水平。如表8－3所示，吉林汽车制造业增速下降14%，面临的工业问题主要是汽车产业下降过快。中国经济放缓、产能过剩，再加上销售量持续下滑是造成汽车产业下滑的重要原因。

表8－3　吉林省规模以上重要产业工业增加值

年份／指标／因素	2014			2015		
	增加值（亿元）	增速（%）	占比（%）	增加值（亿元）	增速（%）	占比（%）
规模以上工业总计	6492.93	6.6	—	6054.63	5.3	—
重要产业合计	5339.99	6.7	82.2	4891.22	0.9	80.8
一、汽车制造业	1615.89	6.2	24.9	1456.38	－14.0	24.1
二、石油化工产业	886.10	4.5	13.6	720.12	13.9	11.9
三、食品产业	1136.31	3.4	17.5	1068.37	4.0	17.6
四、信息产业	129.73	6.4	2.0	133.38	13.5	2.2
五、医药产业	502.26	15.4	7.7	533.78	12.2	8.8
六、冶金建材产业	835.33	9.0	12.9	742.19	4.7	12.3
其中：冶金产业	402.18	11.5	6.2	345.79	4.1	5.7

续表

年份/指标/因素	2014			2015		
	增加值（亿元）	增速（%）	占比（%）	增加值（亿元）	增速（%）	占比（%）
建材产业	433.15	6.7	6.7	396.39	5.4	6.5
七、能源工业	98.52	2.8	1.5	107.76	-4.2	1.8
八、纺织工业	135.86	14.9	2.1	129.25	3.4	2.1

资料来源：根据历年《吉林省国民经济和社会发展统计公报》归纳整理。

五、黑龙江农业比例过大，能源行业负向拉动工业经济

从三次产业结构来看，2015 年黑龙江三次产业比重为 17.5%、31.8%、50.7%。其中，黑龙江服务业比例超过了一半，但农业比例高达 17.5%。另外，从近 5 年的发展趋势来看，黑龙江第一产业占地区生产总值的比重不降反增，呈现出一定程度上的逆工业化趋势。同时，2010~2015 年第一产业占地区生产总值的比重显著高于全国平均水平（见图 8-8）。因此，黑龙江面临的主要问题是农业比例过大，这与黑龙江大力发展高效农业、食品加工业有很大关系。

从工业内部来看，黑龙江以石油和天然气开采业为支柱产业，其天然气开采量虽然在全国同类产品中所占份额不大，但在东北三省同类产品中所占比重超过 60%，占黑龙江工业比例达到 54%（2006 年时占比竟达 72.9%）。以哈尔滨和大庆为例，哈尔滨在航空设备制造业和医药制造业具有明显优势，其飞机制造、微型汽车制造及汽车发动机制造等均位于全国发展前列；大庆在石化工业发展上优势明显，其石油和天然气开采业在本省和全国均占有绝对优势。由于 2015 年能源行业的不景气，1~8 月，10 大行业中，有 9 个行业增加值同比增长，

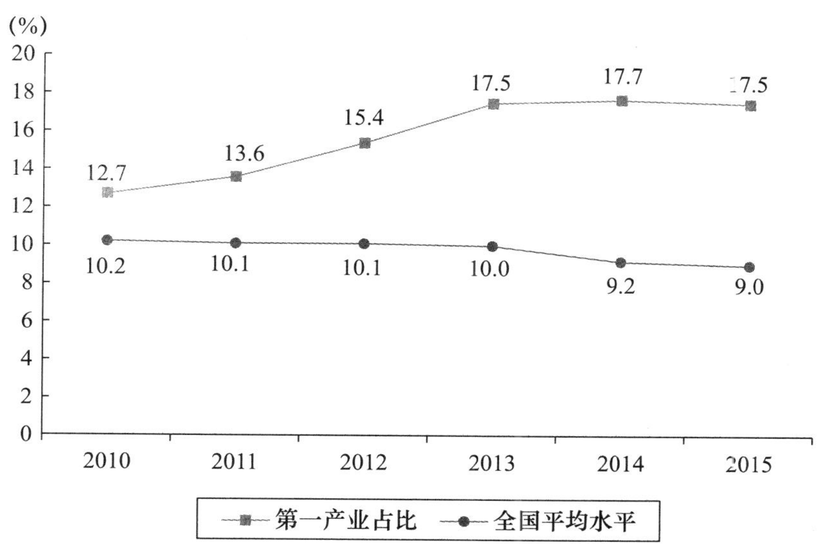

图 8－8　2010～2015 年黑龙江第一产业占比与全国平均水平走势

以烟草行业为主的其他行业增长最快，增长 12.7%；总量较大的食品、石化和装备行业分别增长 5.9%、6.0%、0.3%；纺织、林木、建材、医药、冶金 5 个行业分别增长 9.2%、8.3%、6.6%、4.1%、3.9%，9 个行业合计拉动黑龙江 2.3 个百分点，比前 7 个月增加 0.1 个百分点。冶金、纺织、石化、食品、林木、建材和以烟草为主的其他行业增速环比回升，医药、装备行业增速环比回落。能源行业下降 3.8%，降幅比前 7 个月收窄 0.3 个百分点，负向拉动黑龙江 2.2 个百分点，是唯一负增长行业。

六、政策建议

东北是受到体制机制约束的老工业基地，振兴东北战略的实质是通过解决体制性障碍促进东北工业转型升级，最终促进东北地区与全国同步实现小康，并在2030年走在我国经济现代化的前列。为此，基于上述分析，我们认为东北地区需要围绕深化供给侧结构性改革，在企业、产业和区域三个层面积极推进体制机制改革和经济结构战略调整。

（一）企业层面

从企业层面来看，主要从五个方面着手：一是处置“僵尸企业”，降低企业交易成本；二是进一步深化国有企业改革，大力鼓励民营经济的发展；三是向企业简政放权，建设服务型政府；四是完善企业创新激励机制，培育技术创新生态系统；五是进一步深化国有企业改革，大力鼓励民营经济的发展。

1. 处置“僵尸企业”，降低企业交易成本

所谓“僵尸企业”，是指那些名存实亡的企业，这些企业不能产生经济效益，但是由于政府扶持而免予倒闭。由于民营企业没有机构为其长期“输血”，亏损几年无法继续运营就会被所有者关掉或卖掉，因此，大量的僵尸企业群体存在于国有企业中，尤其集中分布在一些重污染、过剩产能的行业，如钢铁、煤炭、水泥等。从宏观层面来看，“僵尸企业”占据大量社会资源，必须“死掉一批、卖掉一批、重组一批”，为政府和国家经济松绑减负，同时优化资源在企业群体中的配置。从微观层面来看，淘汰那些产能落后、长期亏损、市场前景萧条的国有企业，符合优胜劣汰的森林法则，可以盘活资产、增强企业的灵活性，降低企业的交易成本。

2. 进一步深化国有企业改革，大力鼓励民营经济的发展

针对东北三省的国有企业，应进一步深化国有企业改革，确立企业市场主体地位，完善现代企业制度、国有资产监管体制，提高国有资本运行和企业管理效率（唐现杰、徐泽民，2004）。同时，东北地区的市场化程度相对于其他地方来说仍然较低，民营经济不发达，社会资本活跃度不高，应将混合所有制改革作为国企改革的突破口，积极引导社会资本的有序进入，消除民营企业与国有企业之间体制上的“寄生”关系，真正发挥民营企业促进经济转型升级的主力军作用。

应该说，东北三省的短板在民营经济，潜力也在民营经济，出路与新的增长空间更在民营经济。政府应积极鼓励民营经济的发展，充分发挥民营经济在吸纳就业方面的优势，为民营企业提供积极的融资支持和投资环境，以激发东北地区经济活力。

3. 向企业简政放权，建设服务型政府

地方政府对于经济的过度干预是东北地区经济发展的重要特点之一，在全国简政放权的大背景下，推动东北地区政府职能的转变是大势所趋，同时也是新时期东北经济发展的必然要求。简政，就是要该管的事情管好；放权，就是要把该放的权力放掉。通过简政放权，激发市场主体的活力和创造力。地方政府应牢固树立依法执政的理念，做到“法无授权不可为、法定职责必须为”，明确自身职能边界，同时应努力提升自身的工作效率，推进行政审批改革、投资审批改革、职业资格改革、收费清理改革、商事制度改革、强化事中事后监管等，精简审批环节，建设服务型政府。

4. 完善企业创新激励机制，培育技术创新生态系统

东北地区要进一步优化创新生态系统，通过供给侧结构性改革改善要素资源配置机制、培育增长新动力，从劳动力和物质要素总量投入驱动转向知识和技能等创新要素驱动，放大创新的倍数效应。如地方政府积极营造有利于创新创业的政策条件，鼓励工业企业的创新活动，重视对于知识产权的保护，激发科技人才对于创新的积极性，积极改善相关基础设施，大力吸引高素质的创新创业人才，同时发挥东北地区高校众多的优势，积极培育创新人才，通过创建积极的创新创业条件等政策措施激励高素质人才留下来，为地方经济发展提供智力支持和人才保障。不仅如此，对于当地的民营企业，政府应鼓励小微企业或个人进行创业，将“大众创业、万众创新”的时代理念贯彻到每一个新兴企业家的创业发展蓝图中。同时挑选东北地区比较有优势的产业，鼓励当地民营企业与外部企业合作，借此影响民营企业的观念意识。

5. 重视培育企业家市场，发挥企业家的核心作用

优秀企业家是企业的主体。企业作为市场经济的主体，是通过企

业家的作用体现出来的。从计划经济向市场经济转化的过程，是一个政府官员与企业家在市场中主导角色的变换过程，即政府官员由主导角色转换为附属角色，企业家由附属角色转换为主导角色，因此，振兴东北经济，要提振的就是企业家的精气神儿，把企业家推到台前，推到一线。尤其东北经济发展面临的最大障碍来自社会观念，振兴东北要靠具有先进思想的企业家来改变东北落后的社会意识。只有优秀企业家成为真正的市场主体，政府对市场实施宏观调控的微观基础才能建立起来。

（二）产业层面

从产业层面来看，主要从三个方面着手：一是化解产能过剩与壮大新兴产业；二是深入“中国制造 2025”与“互联网+”；三是打破生产性服务业管制，大力发展现代服务业。

1. 化解产能过剩与壮大新兴产业“两手”都要硬

2009 年至今，新一轮的产能过剩问题凸显。本轮产能过剩涉及领域更广、程度更严重，不仅存在于钢铁、水泥等传统产业，而且光伏、风电等战略性新兴产业也存在严重的产能过剩。同时，由于东北三省第二产业特别是工业所占比重较高，新兴产业比重过低，传统产业为主的产业结构仍然未能有较大改变，产能过剩问题在东北尤其突出。解决问题的关键就在于治理产能过剩与培育新兴产业“两手抓”，这也是供给侧改革的要求。就需要我们做好“加减法”，所谓“加法”，就是大力发展战略性新兴产业，培育新的增长点；而“减法”就是坚决淘汰落后产能，化解产能过剩。

2. 深入实施“中国制造 2025”与“互联网+”

2015 年 5 月，国务院正式印发了《中国制造 2025 规划纲要》，为中国从制造大国迈向制造强国绘制了蓝图，是中国实施制造强国战略第一个 10 年的行动纲领。在当前经济面临较大下行压力的情况下，东北老工业基地应创新思维，加快体制机制转变，积极对接“中国制造 2025”，加快产业转型升级。如大连高新区创建中国制造 2025 技术创新中心和产业示范基地，实施“IT+”行动，将信息技术在工业生产中融合应用，推动行业转型升级提质增效，促进形成以信息、技术和知识为主导的高级化工业体系。

3. 打破生产性服务业管制，大力发展现代服务业

推进产业结构优化升级，大力发展现代服务业。一方面要积极推进东北地区传统产业的转型升级，挖掘传统产业的发展潜力，提高传统产业的竞争力（周丰滨等，2004）；另一方面应平衡工业和服务业的发展，积极支持现代服务业的发展，加强对城市商业基础设施的升级改造，积极引进和鼓励现代商业的投资，同时推进电子商务、现代物流、产业金融等生产性服务业的加速发展，以服务业的发展来改善消费结构，促进经济发展。现代服务业的发展能够吸收大量劳动力的就业，这对东北地区人口人才的流失可以起到一定的缓解作用（黄涛、谢慧梅，2011）。实现工业与服务业的深度融合，推动制造业的全球化、信息化、服务化，将为东北制造走向东北创造增添新的动力。

（三）区域层面

1. 通过劳动力、资金的跨区域流动，促进区域协调发展

东北三省近年面临相当严峻的人口形势。只有全面深化改革，大力破除体制机制的顽疾，才能用良好的环境吸引人才回溯东北，建设东北。在人才引进培养方面，出台相关优惠政策是必要的，如实施特殊人才引进政策，给予稀缺专业毕业生或者特别引进人才不同程度的福利待遇，提高人才引进水平，为区域经济发展提供智力支持。另外，随着我国区域间生产要素的流动越来越频繁，资本作为生产要素的重要投入之一，已经成为影响我国各地区经济发展的重要因素。资金的跨区域流动可以带动其他生产要素的配置，促进地区经济增长以及区域间协调发展。

2. 抓住“一带一路”倡议机遇，加速对外开放步伐

扩大开放将成为“十三五”时期东北振兴的新动力。鼓励优势传统产业“走出去”，积极对外输出产能。由于国内钢铁、能源等行业都面临着产能过剩的问题，而这些产业作为东北地区的传统优势产业

应抓住“一带一路”倡议的发展机遇，积极对外拓展市场，在海外建立生产基地，降低对于国内市场的过度依赖，地方政府应积极推动各种政策措施，如加大金融机构改革，为企业“走出去”提供融资支持，与投资国政府进行深入的政策沟通，确保“走出去”企业的根本利益能够得到切实保障，为企业提供良好的对外投资环境。同时，东北三省应服务“一带一路”倡议，全面推进国际大通道建设，加快建设面向东北亚开放的基础设施网络，重点完善黑龙江对俄铁路通道和区域铁路网（王荣成、张英，2002），以及东北三省与俄远东地区海陆联运合作（李传勋，2008）。如黑龙江努力构筑“龙江丝路带”产业支撑和促进体系。2015 年，黑龙江对“一带一路”沿线 59 个国家进出口实现 149.3 亿美元，占全省进出口总额的 71.2%。

参考文献

［1］潘石，孙世强．东北经济落后原因诸说评析［J］．东北亚论坛，2004（2）：12－17.

［2］钱津，刘伟东．东北经济发展中的难题、矛盾及战略［J］．中国工业经济，1999（5）：45－50.

［3］曹阳，赵英才，马林．东北经济区产业结构特征与区域发展模式探析［J］．吉林大学社会科学学报，2007，47（6）：107－113.

［4］黄泰岩，窦乐，杨洪波．从经济区域比较看东北经济的振兴［J］．经济理论与经济管理，2006（8）：12－18.

［5］张奎燕，张万强．振兴东北经济区装备制造业的战略构想［J］．社会科学辑刊，2003（4）：78－82.

［6］赵传君．东北经济振兴与东北亚经贸合作［M］．北京：社会科学文献出版社，2006.

［7］刘洋．东北地区经济下行特征与成因分析［J］．宏观经济管理，2015（8）：43－46.

［8］杨东亮，赵振全．东北经济失速的投资性根源［J］．东北亚论坛，2015（5）：94－107.

［9］赵玉红，王广林．东北经济区经济内在联系与合作开发的战略构想［J］．黑龙江社会科学，2003（2）：41－44.

[10] 李春艳，徐喆，刘晓静．东北地区大中型企业创新能力及其影响因素分析 [J]．经济管理，2014 (9)：36 - 45.

[11] 方毅，林秀梅，徐光瑞．东北三省高技术产业竞争力提升策略研究 [J]．软科学，2010，24 (3)：56 - 59.

[12] 唐现杰，徐泽民．振兴东北老工业基地的现实选择 [J]．管理世界，2004 (5)：136 - 137.

[13] 周丰滨，刘文革，梁琦．东北老工业基地产业自生竞争力研究 [J]．中国工业经济，2004 (7)：63 - 69.

[14] 黄涛，谢慧梅．东北地区服务业的就业效应研究 [J]．中国软科学，2011 (S2)：192 - 198.

[15] 王荣成，张英．东北经济区综合运输通道建设与区域可持续发展研究 [J]．经济地理，2002，22 (5)：589 - 593.

[16] 李传勋．中国东北经济区与俄远东地区经贸科技合作战略升级问题研究 [J]．西伯利亚研究，2008 (3)：5 - 14.

第九章　新经济的基本特征与企业管理的变革方向*

20 世纪下半叶以来，世界一直孕育和发展着以信息化和工业化融合为基本特征的新一轮科技和产业革命。当今世界正在步入新一轮科技革命拓展期，颠覆性技术不断涌现，产业化进程加速推进，新的产业组织形态和商业模式层出不穷。由此而产生的经济增长的新要素、新动力和新模式不断壮大，新经济浮出水面，所谓新经济，其本质是由于新一轮科技和产业革命带动新的生产、交换、消费、分配活动，这些活动表现为人类生产方式进步和经济结构变迁、新经济模式对旧经济模式的替代。在当前我国经济下行压力较大、产业结构分化、经济增长动能亟待转换的背景下，大力发展新经济既是积极应对新产业革命挑战的战略选择，也是我国通过供给侧结构性改革优化资源配置的战略要求。特别是 2016 年 3 月李克强总理在《政府工作报告》中明确提出新经济，体现出国家层面上对新经济的高度重视。

一、新经济的提出

“新经济”这个词本身并不新，在 20 世纪 90 年代末至 21 世纪初

---

* 本文原载《辽宁大学学报》（哲学社会科学版）2016 年第 5 期。

美国一直在提新经济。当时对新经济理解不同，甚至一种美好的观点认为，新经济是在信息技术和全球化驱动下呈现高增长、低通胀、低失业率、低财政赤字等特征的经济。但到2000年下半年以后，以互联网技术和金融主导的新经济泡沫最终破灭。其根本原因是没有把互联网这种技术和制造业结合在一起。离开制造业，仅仅停留在科技发明和金融追逐而衍生出来的经济大多都会成为泡沫。如果说在21世纪末美国提新经济还为时过早，现在由于信息技术的突飞猛进使信息技术成本大幅度降低、信息技术已与制造业深度融合并广泛地应用改变着社会经济生活，此时提新经济则是水到渠成。

现在新经济已不再是主要指美国的经济现象，而是指世界范围新一轮科技和产业革命所驱动的经济活动和经济形态，其技术革命基础虽然还是以互联网、物联网、云计算、大数据、新一代通信等信息技术为主，但还包括智能机器人、增材制造、无人驾驶汽车等智能制造技术以及以纳米、石墨烯等新材料技术，氢能、燃料电池等清洁能源技术，基因组、干细胞、合成生物等生物技术。新经济既表现为基于这些新技术产生的各类新产业、新业态和新模式，还表现为传统产业与新技术融合发展。目前关于新经济的内涵、本质、测度及其未来发展的政策和方向等很多问题都没有形成共识，再加之在新一轮科技革命中，颠覆性技术不断产生，新的业态、新的商业模式层出不穷，因此，新经济还没有“定型”，这意味着从统计角度看很难测度新经济。虽然一些地方政府称当地“新经济”的贡献在整个地区经济中占比达到60%或70%，但其实很难有统一的统计口径来测度“新经济”。

二、新经济的基本特征

新一轮科技和工业革命还处于不断演进中，要准确把握和全面分析基于新一轮科技和工业革命的新经济特征并不容易。从技术—经济范式角度分析，新经济至少已经呈现出以下四方面的特征。

（一）以信息技术突破应用为主导形成的物理技术、数字技术、生物技术相互渗透的新一轮科技和工业革命，构成了支持新经济发展的技术和产业基础

从历史看，科学技术发展的一个重要的表现形式是“革命”。基于美国哲学家托马斯·库恩（2003）的观点，科学革命是一个在时间和空间上有结构的过程，其主要的实质在于用新范式取代旧范式，而范式是指那些公认的科学成就，包括在一段时间里为实践共同体所接受的科学概念、规律、理论及工具等。虽然严格地说，科学革命和技术革命不同，科学革命为技术革命提供了理论基础，技术革命为科学革命创造了技术条件，但随着科学和技术的边界日益模糊，一般用科技革命表示科学革命和技术革命的统称，也可以将库恩的观点引申，科技革命是科学范式和技术范式转换的统称。而且，更进一步地随着科技革命和产业革命相互作用和影响日趋加强，虽然在语义上二者还各有所侧重，但在现实使用中一般并不将二者进行严格区分，或者并列使用。

从生产力发展看，生产力的巨大变化更直接来自产业革命或者说工业革命，产业革命是指由于技术革命而引起的新经济模式取代旧经济模式的活动和过程，内容涉及人类生产方式和经济结构的巨大变迁，其本质可以认为是技术—经济范式的转变，也就是技术经济系统原有基本运行方式的根本变化。马克思在《资本论》中对工业革命所具有的促进生产力发展的作用进行了论述：“生产方式的变革，在工厂手工业中以劳动力为起点，在大工业中以劳动资料为起点。”马克思进一步指出工业革命不是产生于劳动资料中的蒸汽机，而是产生于蒸汽机驱动的工具机：“机器的这一部分——工具机是 18 世纪工业革命的起点。在今天，每当手工业或者工场手工业生产过渡到机器生产时，工具机也还是起点。17 世纪末手工业时期发明的、一直存在到 18 世纪 80 年代初的那种蒸汽机，并没有引起工业革命。相反，正是

由于创造了工具机，才使蒸汽机的革命成为必要。”[①]

关于在人类历史上曾经发生过多少次科技和产业革命，迄今为止学术界并未达成共识，大体上有 2～3 次科学革命、3～6 次技术和产业革命等不同分类。例如，美国经济学家佩蕾丝（2007）按照技术经济范式转变，认为自 1771 年第一次技术革命以来，人类大体经历了早期机械时代、蒸汽机与铁路时代、钢铁和电力时代、石油和汽车时代、信息与通信时代 5 次产业革命。2008 年国际金融危机以后，英美一些学者发表了一批文献，研究总结世界技术变革趋势、制造业发展和国家竞争力等问题，有关三次工业革命观点广为传播。在我国，有三篇文献对我国影响巨大，使第三次工业革命在我国成为一个流行词。一是 2012 年 1 月 11 日《华盛顿邮报》发表的“为什么中国开始担心自己的制造业了”；二是 2012 年 4 月 21 日出版的英国《经济学人》杂志专题论述了全球范围内正在经历的第三次工业革命；三是里夫金 2011 年出版的《第三次工业革命》一书在我国翻译出版发行。虽然对第三次革命的内涵理解有不同，但学者和社会都基本认为世界已经在经历第一次工业革命带来蒸汽时代、第二次工业革命带来电力时代后，进入第三次工业革命带来的信息时代。而德国人则从工业化阶段入手将信息时代又细分为基于信息技术的自动化阶段和基于物理信息系统（CPS）的智能化阶段，于是有所谓的从工业 1.0 到工业 4.0 的四次工业革命的分类。依靠世界经济论坛这个平台，施瓦布（2016）提出蒸汽机的发明驱动了第一次工业革命，流水线作业和电力的使用引发了第二次工业革命，半导体、计算机、互联网的发明和应用催生了第三次工业革命，而在社会和技术指数级进步的推动下第四次工业革命已经开始，其核心是形成通过智能化与信息化驱动的高度灵活、人性化、数字化的产品生产与服务模式。

无论如何划分，一般认可的是，20 世纪下半叶以来，世界一直孕育和发展着以信息化和工业化融合为基本特征的新一轮的科技和产业革命，计算机芯片处理技术、数据存储技术、网络通信技术和分析计

① 马克思：《资本论》（节选本），人民出版社，1998 年。

算技术获得巨大突破，以计算机、互联网、移动通信和大数据为主要标志的信息技术、信息产品和信息获取处理方法得到指数级增长，并在社会经济中广泛运用和与实体世界深度融合，由此带来诸如电子商务、智能制造、工业互联网等生产生活方式的革命性变革。与此同时，能源技术、材料技术和生物技术等创新也取得程度不同的突破性进展，以信息技术为核心共同构成了新一代高新技术簇，为社会生产力革命性发展奠定了技术基础。新一轮的科技和产业革命影响是巨大的，根据麦肯锡全球研究机构（2013）研究，新一轮科技和产业革命有12项颠覆性技术（见表9-1），这些颠覆性技术对未来经济可能带来16万亿~40万亿美元的潜在影响。

在新一轮科技和产业革命驱动下，整个工业系统将逐步发生内涵丰富、多层次的巨大变革。现在看来，这种变革表现为四个层面：一是以高效能运算、超级宽带、激光粘结、新材料等为代表的通用技术层面；二是在通用技术基础上的以人工智能、数字制造、机器人、3D打印等为代表的制造技术层面；三是以柔性制造系统和可重构的生产系统为代表的各种集成技术系统层面；四是信息物理融合系统层面，而信息物理融合系统正是德国“工业4.0”的目标和要求。与德国“工业4.0”相对应，美国提出的工业互联网，就是把互联网和制造业深度融合，形成一个以智能制造为核心，能够实现个性化定制、智能化生产、网络化协同、服务化转型的工业生产体系。

表9-1　12项改变未来的颠覆性技术　单位：万亿美元

排序	名称	2025年的潜在影响
1	移动互联网	3.7~10.8
2	知识型工作自动化	5.2~6.7
3	物联网	2.7~6.2
4	云计算技术	1.7~6.2
5	先进机器人	1.7~4.5
6	自动或者半自动交通工具	0.2~1.9
7	新一代基因组技术	0.7~1.6

续表

排序	名称	2025 年的潜在影响
8	能量储存	0.1～0.6
9	3D 打印	0.2～0.6
10	先进材料	0.2～0.5
11	先进油气田勘探开采技术	0.1～0.5
12	可再生能源	0.2～0.3

资料来源：方陵生：《12 种改变未来的颠覆性技术》，《文汇报》2013 年 7 月 4 日。

（二）信息（数据）作为独立的供给要素可获得性和流动性日益增强，成为新经济发展的核心投入

人类的社会活动与信息（数据）的产生、采集、传输、分析和利用直接相关，信息或数据是客观存在的，但以前这些信息或数据独立性和流动性都弱。随着信息技术的突破发展，云计算、大数据、互联网、物联网、个人电脑、移动终端、可穿戴设备、传感器及各种形式软件等“云网端”信息基础设施的不断完备，相对于以前信息（数据）与其他要素紧密结合，现在信息（数据）的可获得性和独立流动性日益增强，以前经济供给要素主要是资本、劳动力、土地、创新等，现在信息可以独立出来作为新供给要素。信息（数据）不仅逐步成为社会生产活动的独立投入产出要素，而且还可以借助信息物理系统（CPS）等大幅度提升边际效率贡献，成为社会经济运行效率和可持续发展的关键决定因素，信息（数据）被认为将会成为决定未来现代化水平的最稀缺的要素，而“云网端”信息基础设施的重要价值也将更为凸显。

实际上，如果基于日本经济学家藤本隆宏（Fujimoto Takahiro，2007）提出的“产品 = 信息 + 载体（介质）”的界定，可以更清楚地说明信息的独立性。藤本隆宏认为，提供给消费者的任何产品或者服务，都可以理解为是一个满足消费者需求的功能信息，但这个信息需要通过一定的载体或者介质来传递给消费者，也就是说，所有的产品

或者服务都是“信息＋载体（介质）”。由于载体（介质）类型多样，食品、钢材、汽车、大脑、纸张、胶片等，于是形成了不同的产业，有了一次、二次和三次产业的划分，但无论是什么样的产业，本质都是为了提供满足消费需求功能的信息。从这个角度理解，所有产业本质上都是广义的信息产业。研发设计环节可以认为是信息创造过程，生产制造环节可以理解为信息记录到载体（介质）的传递转换过程，销售环节则是向消费者推销信息的过程。在传统工业化时代，人们更多强调的是承载功能信息的有形载体（介质），如制造业提供的制成品、流水线生产方式中的工件等，而信息就隐含在有形的产品中。现在则可以通过传感器、互联网、软件、仿真、数据分析等各种信息设施和信息技术对整个产品生命周期、全流程的实时感知，把信息（数据）显性化，形成独立的信息数据流，通过对信息（数据）独立处理来提供投入产出效果。例如，通过工业数据分析，可以在生产流程设计、生产流程优化、排产计划、客户关系管理等方面实现更高效率。实际上，信息（数据）作为独立供给要素驱动的经济变革刚刚开始，未来应用场景将越来越多，作用也会越来越大。也正是信息（数据）作为新供给要素，一方面拉动了信息基础设施的进一步发展，包括大数据、云技术、互联网、物联网、智能终端、APP 等这些基础设施的进一步发展，必然带来的大量投资从而促进经济增长；另一方面，作为一种供给要素的信息（数据）流动性和可获得性的大幅度提高，进一步引发大规模社会分工协作方式变化，协作的方式、人与人之间的分工协作方式变了，于是出现了共享经济、网络协同和众包合作等，产生了新的经济增长源泉。

（三）不断创新的社会分工形态和商业模式更适应了消费者的个性化需求，进一步拓展了范围经济的优势，进而成为新经济的效率源泉

以专业化分工为基础的传统分工强调的是规模经济，亚当·斯密很好地解释了分工是如何带来规模经济的。大规模流水生产将分工的规模经济推到了极致。但是，强调规模经济往往是符合以生产者为中

心的理念，虽然满足了消费者低价购买产品的一般性的从无到有的需求，但无法适应消费者的个性化需求。以数据为核心要素、“以云网”为基础设施的新一轮科技和产业革命，促进生产组织和社会分工方式更倾向于社会化、网络化、平台化、扁平化、小微化，大规模定制生产和个性化定制生产日益成为主流制造范式，不仅适应消费者的个性化需求，而且企业组织边界日益模糊，基于平台的共享经济和个体创新创业获得巨大的发展空间，从而促进了新经济的快速发展。从本质上说，新经济的发展实际是发挥了范围经济的作用，范围经济成为新经济的主要效率源泉。

具体而言，如图 9 - 1 所示，由于信息技术这种新的数据投入、新的云网端技术，解决了数据可获得性和数据流动性的提高，数据要素丰富，并且能够处理，大大缓解了信息不对称问题。信息不对称程度的降低解决了两个问题：一是企业内部范围经济问题。过去企业内部规模经济的实现是因为分工越细，设备越专用，设备越专用，效率就会越高。但是，由于设备越专用，资产的通用性越低，没有通用性，产品的品种不够丰富，虽然质量提高了，数量增加了，成本降低了，效率也提升了，但是唯独解决不了品种的多样性。现在由于对数据信息的处理能力提高了，从而缓解了信息不对称，大量的数据软件提高了资产通用性，通过柔性生产可以增加产品种类，于是企业内部获得了范围经济。二是企业外部范围经济问题。由于社会各个交易主体之间的信息不对称程度大幅度降低，进而降低了组织与组织之间、消费者与企业之间的交易成本，于是可以基于信息技术发展出各种平台、众包、共享等各种新的经济合作形式和商业模式，提高了企业组织之间、消费者和企业之间、消费者和消费者之间的经济协作水平，这就极大地拓展了外部经济范围经济。因此，可以基于范围经济理解新经济的效率源泉，而传统经济学主要是基于规模经济来解释效率源泉的。

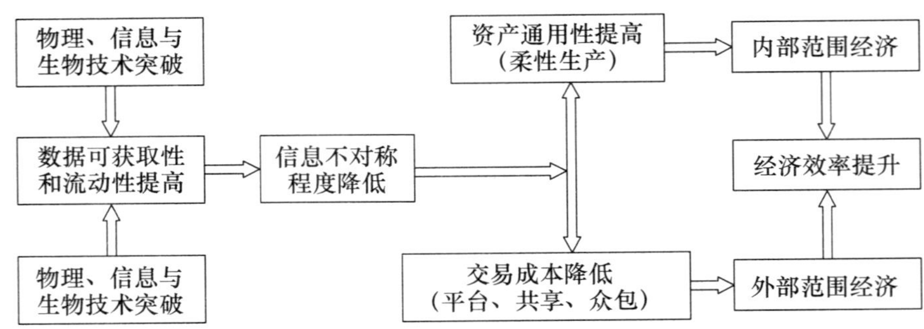

图9－1　范围经济作为新经济的效率源泉的基本逻辑

（四）以智能制造为先导、一二三产业逐步融合，是新经济的产业体系特征

传统发展经济学认为，伴随工业化进程推进，存在一个产业体系中三次产业依次主导的高级化过程，现代产业结构往往表现为现代服务业主导、占比可以达到70%的产业结构。但是，在新工业革命背景下，工业化和信息化深度融合，三次产业边界日趋模糊，新技术、新产品、新业态、新模式不断涌现，现代产业体系的内涵正在发生变化，统计意义的三次产业结构数量比例关系越来越难以度量产业体系的现代化程度。随着信息技术的突破发展，信息（数据）要素就成为产业体系的核心现代要素，产业体系的现代化程度主要表现为信息（数据）作为核心投入对各传统产业的改造程度以及新兴产业的发展程度，从所度量的经济指标看，则主要表现为由于信息（数据）要素投入而导致的产业边际效率改善和劳动生产率提升程度。随着信息（数据）作为核心要素的不断投入，在计算机、互联网和物联网（或者说是物理信息系统）技术的支持下，现代产业体系正沿着数字化、网络化、智能化的发展主线不断演进，现代产业体系的最终方向是智能化，并进一步地支持了整个社会向智能化方向转型。

虽然我国得益于规模超大、需求多样的国内市场，近年来电子商务率先取得跨越式发展，但是，现代产业体系的先导产业不是电子商务，而是智能制造。智能制造可以理解为依靠数据和软件等核心要素投入，以物联网为支撑，实现从设计制造、使用维修、回收利用全生命周期过程的高效化、绿色化、社会化、个性化的制造过程，可以包括智能产品、智能生产、智能服务和智能回收等方面内容。智能制造之所以成为构建现代产业体系的先导产业，至少有两方面原因。一方面，伴随着芯片技术的突破发展、互联网设施的发展完善、传感器价廉量大的供给、先进制造技术不断创新，智能制造产业作为新工业革命的先导正在迅速发展，成为现代产业体系中发展潜力巨大的行业；另一方面，制造业可以为其他产业提供通用技术手段，制造业不仅是技术创新的需求方，也是技术创新的供给方，现代产业体系的创新发展主要驱动力来自制造业发展。智能制造的发展可以进一步支持和带动智慧农业、智慧城市、智能交通、智能电网、智能物流和智能家居等各个领域的智能化发展，满足生产者和消费者的智能化、个性化需求。而且，没有智能制造的发展支撑，新业态、新商业模式也将成为空中楼阁。正因如此，无论是德国“工业 4.0”，还是美国提出的先进制造业国家战略计划，都是把智能制造作为主攻方向。对我国而言，智能制造也是《中国制造 2025 规划纲要》的核心、中国制造强国建设的关键。未来的制造强国一定是一个智能制造强国。所以，未来我国发展新经济，也应该以智能制造为先导，大力推进现代产业新体系的构建和优化。

三、新经济下的企业管理变革方向

新经济下传统的企业管理模式面临着巨大的挑战，为了适应新一轮科技和产业革命的趋势以及新经济发展的要求，企业管理需要从规模经济主导的生产者驱动向范围经济主导的消费者驱动转变，具体需要从以下五个方向进行变革。

（一）生产管理从大规模流水生产范式向个性化智能制造范式转变

一个优秀生产管理系统可以快速生产出来高品质、低成本、多品种并且能及时送到消费者手中的产品，这是所谓的生产管理四要素。以前大批量地生产强调能满足低成本、高质量，其生产缺点就是难以快速响应消费者的个性化需求。新经济要求突破福特模式下低成本的大规模生产，也区别于高成本的个性化定制，生产企业利用智能化的生产系统可以在差异化产品和生产成本之间寻求有效平衡。以重排、重复利用和更新系统组态或子系统的方式，实现快速调试以及制造，具有很强的包容性、灵活性以及突出的生产能力。飞利浦电子公司设在荷兰的一个工厂里有 128 部具有高超柔韧性的工业机器人，可以永不停息地工作，来完成工人无法完成的精细工作。

（二）人力资源管理要从针对传统简单劳动者的科学管理向针对现代知识型员工的人本管理转变

从宏观上看，由于制造过程的数字化、智能化，从事生产制造的人数将减少，劳动力成本在整个生产成本中的比例也将随之下降。这将会弱化我国的要素成本优势，并可能恶化我国的收入分配结构。据统计数据预测，现在我国是美国制造业员工成本的 30% 或 50%，而到 2020 年是 60% 或 70%，成本优势变弱。从微观上看，作为企业管理的员工不再是原有的传统的简单劳动者，而是现代知识型员工，人力资源管理就要求转变管理的风格甚至管理的方法，要更加强调弹性、灵活和“以人为本”的管理方式。

（三）营销管理从以生产者为中心的专业分工模式转向以消费者为中心的一体化模式

传统的营销管理遵循基于专业分工的产品、定价、分销、促销 4Ps 模式，这种模式是以生产者为中心的，主要从提高销售工作效率出发。而新经济模式下，企业的服务和制造从分离到整合是趋势，制造部门和服务部门慢慢融合，最终成为一个联合体，直接面对顾客，给顾客是完全的、一体化的服务契约。从设计、开发、制造和使用的“线性过程”将发展成“一体化并行”的过程，企业不仅单纯追求核心产品优势，也不仅试图通过售后服务等手段来实现推销，而是要通过提供基于产品的一体化服务来实现营销。

（四）战略管理从核心能力战略主导向平台战略主导转变

新兴制造技术不仅可以改变制造企业的生产过程，也可以改变产业组织形态，生产组织中的各环节可被无限细分从而使生产方式呈现出社会化生产的重要特征，产业组织形态从产业链条向网络化、生态化发展。以3D打印机为代表的个性化制造和网络开放社区的发展将大大促进以个人和家庭为单位的“微制造”和“个人创业”等极端分散组织方式的发展。在这种产业组织形态下，平台战略更为重要。平台战略的精髓在于打造一个完善的、成长潜能强大的“生态圈”。它拥有独树一帜的精密规范和机制系统，能有效激励多方群体之间的互动，达成平台企业的愿景。综观全球许多重新定义产业架构的企业，我们往往就会发现它们成功的关键——建立起良好的“平台生态圈”，连接两个以上群体，弯曲、打碎了既有的产业链。

（五）组织管理从针对金字塔层级结构的机械管理模式向针对网络组织结构的有机管理模式转变

在新经济下，高度集权的、自上而下的层级结构将逐步向具有扁平化、合作、共享、互动特征的网络结构转变。在层级组织中，确定性是常态，无法适应新经济下外部环境的动态变化。而新经济下，网络组织结构是一个复杂的生态系统，由平台加上无数个自组织构成，不确定性和灵活性是常态。具有这种网络结构的企业往往是社会化的企业，组织成员有共享的基本理念，注重沟通和协作，共享与合作是网络组织员工关系的最核心的内容。

参考文献

[1] Manyika J, Chui M, Bughin J, et al. Disruptive Technologies: Advances That will Transform Life, Business, and the Global Economy [R]. McKinsey Global Institute, 2013.

[2] Fujimoto T. Architecture - Based Comparative Advantage: A Design Information View of Manufacturing [J]. Evolutionary and Institutional Economics Review, 2007, 4 (1): 55 - 112.

[3] 方陵生:《12 种改变未来的颠覆性技术》,《文汇报》2013 年 7 月 4 日。

[4] 库恩:《科学革命的结构》,上海科学技术出版社,2003 年。

[5] 佩雷丝:《技术革命与金融资本》,中国人民大学出版社,2007 年。

[6] 施瓦布:《第四次工业革命——转型的力量》,中信出版集团,2016 年。

[7] 里夫金:《第三次工业革命》,中信出版集团,2015 年。

第十章　第三次工业革命与中国经济发展战略调整*

未来学者对技术发展趋势的概念化，加之新闻媒体的积极传播，使第三次工业革命引起了社会的广泛关注。然而，经济学家对第三次工业革命似乎还缺乏足够的热情，这突出表现在恰当运用理论工具对该问题进行系统、严谨分析的经济学成果还不多见。Jewkes 等（1960）曾给出为什么经济学家对技术变革赞同多但深入研究少的三个原因：一是经济学家对自然科学技术知识的缺乏；二是经济学家将更多的研究热情投向贸易周期和就业等在经济学框架下更容易分析的问题；三是缺少对技术变革问题进行实证研究所必需的历史资料和统计数据。

Jewkes 等学者的观点也可以在一定程度上解释当前我国经济学界对第三次工业革命缺少深入研究的原因。当前我国正处于经济发展方式转变的攻坚期，有众多的现实经济问题亟待深入研究，许多经济学家无暇顾及在其看来也许仅仅是为了吸引眼球的第三次工业革命。

但是，不可否认的是，20 世纪 70 年代以来，随着信息通信技术、纳米技术，新材料、新能源和生物电子等新技术的迅速发展和推广应用，人工智能、数字制造、工业机器人、添加制造等现代制造技术不断突破，市场逐步成熟，加之 2008 年金融危机以后主要工业化国家推出的一系列旨在通过发展先进制造技术复兴或加强其制造业的战略

* 本文原载《中国工业经济》2013 年第 1 期，与贺俊合作。原文题目为《第三次工业革命与中国经济发展战略调整——技术经济范式转变的视角》。

和政策安排，全球工业发展模式正发生着巨大的变革。这场变革以智能化、数字化、信息化技术的发展为基础，以现代基础制造技术对大规模生产流水线和柔性制造系统的改造为主要内容，以基于可重构生产系统的个性化制造和快速市场反应为特点，将从根本上解决传统制造系统下新产品开发周期、产能利用率、生产成本、产品质量、个性化需求等主要产业竞争要素之间的冲突，实现生产制造的综合优化和运营效率的大幅提升。相对于能够提供新功能、满足新需求、开辟新市场的突破性产品创新，发生在车间现场的制造技术创新更不容易为一般消费者和非专业人员观察或体验到，因此，这场以先进制造技术突破为核心的工业变革更像是一场静悄悄的革命；此外，由于先进制造技术的突破和完善是在实际生产应用过程中持续学习和改进的过程，且突破性制造技术和制造系统的应用往往涉及整个企业管理系统和员工能力结构的转变，因此，第三次工业革命同时也是一场影响深远且历时长久的革命。

如果这场变革能够实现，那么，工业产品竞争力的内涵就需要重新诠释,制造业竞争力所依赖的资源基础和要素结构就会发生根本变化，并最终影响各国在全球产业体系中的分工地位和切实利益。实际上，历史上每一次制造技术和制造系统的革命都会重塑全球产业竞争格局，如大规模生产成就了美国工业强国的地位，柔性制造实现了日本制造业的赶超。对于经济总量世界第二、正面临转型升级重大任务的中国而言，无论是否同意第三次工业革命的这种提法，都要对这种工业发展变革趋势的本质特征及其可能产生的影响进行深入研究，以未雨绸缪地提出未来中国经济发展战略调整的方向，做好前瞻性的战略部署和政策准备，保证中国经济的长期健康可持续发展。

一、第三次工业革命的驱动因素与技术特征

工业和工业革命是多层次、多维度的概念。遵从理论概念应当服从于有利于问题界定和分析的方法论要求，我们认为，从当前及今后对经济发展和产业竞争格局可能产生更重大影响的角度看，从制造技术视角定义的第三次工业革命更具有理论分析价值和现实指导意义。

（一）三次工业革命的划分

现实的工业发展是多种因素协同作用且常常互为因果的系统变迁过程。这就决定了，由于不同的研究者对工业发展史的关注点和观察视角不同，其对工业发展阶段的划分也会存在差异。但无论如何，对工业革命的界定至少应当符合以下三个方面的概念要求：一是对不同阶段的划分应当遵循相同的标准，从而能够逻辑一致地刻画工业发展的脉络；二是所指的工业革命应当以重大的技术范式转变为基础，这种突破性的转变应能够开辟巨大的技术机会和广泛的应用前景；三是工业革命应能够对产业结构和产业竞争格局产生深远的影响。基于这样的理解，在既有的研究或论述中，有两类观点值得关注：一是传统工业史研究提出的以工业通用技术（General Purpose Technology）的突破为依据来界定工业发展阶段的理论。按照这种观点，第一次工业革命肇始于18世纪60年代蒸汽机的改良和应用，标志着工业社会步入蒸汽时代，19世纪下半叶发生的第二次工业革命开创了工业社会的电气时代，第三次工业革命则是“二战”以后开启了信息时代的计算机的发明以及随后几十年ICT技术的快速发展。沿袭通用技术突破的思维，近年来也有以英国皇家工程院生物医学与生物工程学部主席Kitney院士为代表的学者提出，以系统生物学与合成生物学耦合为核心的生物技术突破正在酝酿人类的第三次工业革命。二是工业的主导性

动力来源和通信方式的根本性变革。按照这种观点，第一次工业革命的核心内容是由于蒸汽机的出现和推广，以煤炭为主体的能源结构和以印刷品交流为主的信息系统的形成，第二次工业革命是电子通信技术发展和以石油为燃料的内燃机大规模应用催生的产物，而正在发展中的第三次工业革命则是基于互联网的通信技术和可再生能源系统融合发展的结果（Rifkin，2011）。有别于既有的研究，本文从工业生产所依赖的主导性制造系统的技术经济特征的角度来界定三次工业革命，即第一次工业革命是18世纪中后期以后由于蒸汽机的改良和大规模应用形成的机械化生产方式，第二次工业革命是20世纪早期出现的以“福特制”为代表的流水线生产方式。而当前方兴未艾的第三次工业革命是由于人工智能、数字制造和工业机器人等基础技术的成熟和成本下降，以数字制造和智能制造为代表的现代制造技术对既有制造范式的改造以及基于现代制造技术的新型制造范式的出现，其核心特征是制造的数字化、智能化和个性化。

（二）第三次工业革命的驱动力量

第三次工业革命的发生和发展是外生的技术进步和内生的国家政策安排共同驱动、协同作用的结果。第三次工业革命首先是外生的技术积累和技术创新进入特定周期和阶段的必然结果。作为现代制造技术系统中最底层技术的信息技术的快速进步使信息存储、传输和处理的成本呈几何级数下降。1992年，1M数据的平均传输成本为222美元，但到2010年，该成本大幅下降到0.13美元；同期，1G数据存储的成本从569美元大幅下降到0.06美元。信息的工业服务能力提升和使用成本下降，大大推动了现代生产所依赖的基于ICT的人工智能、数字制造和工业机器人等基础制造技术的成熟，基础制造技术的成熟和成本下降又进一步促进了这些前沿制造技术在大规模流水线和柔性制造系统中的应用，并通过与新材料、新能源、光电等外围技术的融合催生了可重构生产系统和3D打印等新型制造系统的出现，这种多层次、多领域的技术创新和互动共同构成了第三次工业革命技术演进的基本脉络。需要强调的是，之所以说在今天提出第三次工业革命的概念是恰当的，并不是因为这些基础制造技术刚刚出现（事实上，这些基础制造技术的发明和工业应用大多已经经历了几十年的时间），而是由于经过了长期的科学探索和技术积累，这些基础技术的技术成熟度和经济成本已经达到了使其在制造领域进行较大规模应用和推广的水平（Wadhwa，2012）。

促进第三次工业革命不断深入的根本性技术驱动力量在于数字制造、人工智能、工业机器人和添加制造（Additive Manufacturing）等基础制造技术的创新和突破。近几年，这四项关键基础技术的技术路线、技术创新速度和应用广度都发生了重要的变化，从而分别在不同程度上替代或补充了传统工业生产方式下的实物制造、劳动技能、简单劳动和减材制造（Reductive Manufacturing）：①数字制造技术的基本功能是对在虚拟环境中的产品工艺规划、工艺设计等信息进行辅助设计和仿真，使在虚拟环境中开发设计的产品在被投入车间正式生产之前可以在虚拟环境中进行工艺规划、工艺设计和工艺仿真。数字制造在保证产品设计能够达到性能要求的同时，也保证了产品制造能够达到设计上的要求。近年来，数字制造的工业应用飞速发展，一方面，数字制造与产品设计和产品制造融合渗透，促进工业生产朝着全数字化制造的方向发展；另一方面，数字制造不断被应用到更加复杂的产品设计和开发中。美国最大的50家制造业企业已经全部应用了高效能运算技术，福特汽车公司使高效能运算和计算机辅助工程成为产品开发过程的基础性技术驱动力，卡特彼勒利用计算机辅助设计技术将重型推土机的设计周期从原来的6～9个月缩短到不到1个月（美国竞争力委员会，2011）。②人工智能是分布式人工智能与多智能主体系统、人工思维模型、知识系统、知识发现与数据挖掘、遗传与演化计算等多知识领域的交叉技术，人工智能在工业领域的快速应用使新的工业制造系统具备了自行决策、自行维护、自行学习甚至自行组织的能力。而随着高效能运算、云计算和超级宽带等信息技术的发展，人工智能技术以数据挖掘和智能决策为主的工业应用能力大幅提升。③传统的工业机器人在工业生产的作用主要是替代人工做单调、频繁和重复的长时间作业以及危险、恶劣环境下的作业，如在冲压、压力铸造、热处理、焊接和简单装配等工序，以及在原子能工业中完成对人体有害物料的搬运或工艺操作。近年来，工业机器人正朝着具有多种感知能力以及对作业环境具有自适应能力的方向发展，现代工业机器人集精密化、柔性化、智能化、软件应用开发等先进制造技术于一体，可以对生产过程进行检测、控制、优化、调度、管理和决策，成为工业自动化水平的最高体现。④通过利用3D打印设备的逐层添加工艺“打印”实物产品，一次成型而不再需要像传统制造工艺那样先制造零部件再拼接组装。添加制造技术使工业生产能够在产品性能、制造成本和加工时间等方面同时满足生产的经济性和灵活性。例如，在传统的减材制造工艺下，超声设备中超声探头的制造需要长时间的切割和打磨，这使超声探头成为超声设备中最昂贵、劳动最密集的部件，而最近GE通过运用新型添加制造工艺一次“打印”成型超声探头使其成本大幅下降。近年来，添加制造的应用领域不断拓展。据统计，到2011年，全球通过添加制造生产的产品市场规模已经达到12亿美元，添加制造和服务本身的市场规模达到6亿美元，过去10年间的复合增长率达到26.2%（美国竞争力委员会，2011）。

技术创新和制度演进从来都是工业发展过程中两条并行的主线。因此，除了技术的外生驱动，第三次工业革命的发生、发展同时也是主要工业化国家体现其战略意图的制度安排和政策设计内生诱致、拉动的结果。在金融危机过程中，作为始终强调实体经济发展的德国经济的稳定表现和具有全球最快制造业增长速度的中国经济的快速恢复，与多数欧美国家的经济疲软甚至债务危机形成了鲜明的对比。这样的事实促使主要工业化国家反思制造和制造业在其国家创新系统和产业体系中的经济功能和战略意义。权威经济学家的宏观研究和管理学家的微观论述为欧美复兴制造业的政策主张提供了强有力的证据。来自哈佛大学和MIT的Hausmann和Hidalgo两位教授（2011）发表的一项研究显示，在过去60多年间，由工业产品复杂性所反映的一国制造业能力是所有预测性经济指标中能够最好地解释国家长期增长前景的指标，国家间的制造业能力差异能够解释国家间收入差异的至少70%。这种从能力视角解释制造业经济功能的发现意味着，虽然制造业在发达市场经济国家经济总量中的比重不断下降，但制造业本身所蕴含的生产能力和知识积累却是关系一国经济长期发展绩效的关键。因此，制造业对于国民经济的意义，不仅仅在于该部门直接创造了多少经济价值，更体现在它对国民经济长期增长的驱动作用。2012 年 3 月，《哈佛商业评论》邀请 Porter、Pisano 和 GE 总裁等一大批学界泰斗和业界领袖辟专刊讨论重塑美国制造业问题。他们提出，对先进制造能力、本地供应链网络和员工技能的投资不足已经成为美国经济发展中最大的隐患（Porter & Rivkin，2012）；制造能力的弱化已经严重制约了美国高新技术的产业化，美国在平板显示、光电子、机床、新能源电池等高技术领域竞争力的丧失是由于制造能力的弱化侵蚀了这些产业的产品创新能力（Pisano & Shih，2012）。重振制造业和实体经济，逐渐成为金融危机以后欧美经济社会的共识。而把握先进制造技术快速发展提供的机会窗口、通过发展和应用现代制造技术和制造系统恢复与加强其制造业优势，几乎成为金融危机以后欧美最有力、最鲜明的产业政策主张。例如，美国的《制造业行动计划》提出，要通过技术创新和智能制造实现下一代生产率；加快部署新的制造工具和技术的创新和实施，应用计算机建模和模拟技术促进美国高效能运算能力达到超大规模级，促进建模和模拟技术的工业应用，加强科学、技术、工程和数学教育，并促进这些学科与工厂的结合。欧洲的《未来工厂计划》则提出，要加大对现代制造技术的研发投资和政府企业间合作，加快发展可持续的绿色制造、ICT 智能制造、高效能制造和基于新材料的制造。

（三）第三次工业革命的技术特征

新的基础制造技术和制造系统使第三次工业革命背景下的工业生产正逐步呈现出一系列新的技术特征：

1. 生产系统控制的一体化

在新的生产系统中，每台设备都成为生产系统中的一个模块，这些模块与材料传输系统共同构成完整的生产系统。设备控制不仅在每台设备本身，同时被集成到整个工厂，从而在工厂层次、而不是单台设备的层次实现了系统性的控制。

2. 制造过程的智能性

智能制造通过综合运用控制技术、统计和信息处理技术，不仅可以在生产过程中全程检测不合格的部件和产品，而且可以对生产系统本身进行检测和诊断，即具备了生产系统的自检性。智能制造通过将工厂和企业的数据系统化来实现制造成本、安全性和环境影响的大幅改善，通过计算机模拟、建模和数据处理的结合提高制造的柔性、生产速度和产品定制化程度。

3. 制造系统的微型化

未来制造技术将能够生产具有复杂内部结构和梯度材料结构的、三维拓扑优化的部件。工业产品、生产工具和一体化生产系统的微型化将成为制造系统设计的关键。快速微制造技术、三维微部件的生产、具有自调节能力的微型机床和机器人以及微型制造系统和微型工厂都将在工业生产体系中扮演越来越重要的角色。

4. 全生命周期产品的制造能力

随着产品的市场生命周期越来越短，过去单一产品生产系统的高额固定成本、缺乏弹性的产能逐渐失去了经济合理性。为了适应高度动态的市场环境，新的具有更强适应性和灵活性的生产系统能够根据产品功能的变化不断调整自己的功能，从而实现全生命周期产品，而不是单一产品的生产。例如，一条最初针对产品 A 建设的生产线，可以根据市场需求的变化调整为可以同时生产产品 A 和新产品 B，未来还可以根据新的市场需求同时生产产品 B 和更新的产品 C，如此等等，保证生产制造与市场需求的动态匹配。

5. 友好的人机关系

新的制造系统所反映的工业关系不仅体现在制造的资源节约和环境友好上，更体现在以人为核心的生产系统设计中。工人的生产环境不仅是安全、健康的，而且人机工作界面是非常友好的，人机合作通过人的自然语言甚至动作就可以实现，生产系统可以最大限度地利用人的技能和知识，而不是简单、重复的机械操作。人在工业生产中的作用，既不是用单调、重复的手工劳动替代机械生产，也不是用经验式的技能补充机械生产，而是利用自己的知识创造性地主导生产过程。

二、技术经济范式转变与第三次工业革命的影响

第三次工业革命源于制造技术突破，但其对工业经济发生作用的机理和影响效果却绝不局限于制造技术本身。第三次工业革命背景下先进制造技术、制造系统和制造范式对传统制造方式的替代与革新，将导致作为工业企业最核心的生产性资产的功能和性质的根本变化——制造不仅决定生产成本，而且直接影响企业的产品创新能力和动态效率，知识相对于设备和一般劳动在制造系统中的重要性进一步凸显。工业技术发展的历史表明，与新的技术、经济条件相适应的新的制造范式的出现，不仅伴随着制造技术的发展，更伴随着新的人力资本投入、调整了的企业战略方向和投资结构以及新的产业组织形态的出现。因此，第三次工业革命将是一场技术经济范式（Perez，1998）意义上的技术、管理、制度和政策的全面协同变革，这场变革终将带来工业组织结构、产业竞争范式和全球工业竞争格局的重大调整。

（一）制造技术进步与技术经济范式转变

要准确理解工业革命的本质特征，必须首先了解工业发展过程中先后出现的各种制造范式、各种制造范式所对应的制造系统以及各制造系统所依赖的基础制造技术的变迁规律。自人类进入工业社会以来，具有主导性的制造范式大致经历了从单件小批生产到大规模生产，到大规模定制，再到全球化个性制造的三次转变（见表10－1）。回顾工业发展过程中制造技术和制造系统变迁的历史，我们可以发现，每一次新的制造范式的出现都是特定的社会制度和经济因素发挥

作用的产物；反过来，新的制造范式又会改变社会资源配置的激励结构，并对既有的制度和管理方式提出新的要求，从而推进微观企业管理模式、中观产业组织方式和宏观制度环境的变革。正因如此，制造范式的更迭不仅是制造技术的变革，更是与这些技术相适应的企业管理方式和社会制度基础的变革。

单件小批制造是工业生产发展的起点。单件小批制造范式的特点是生产完全按照不同客户的个性化要求进行，由技能工人使用通用机械每一次生产只能完成一件或者几件独特的、非标准化的产品。19世纪末期这种制造范式应用范围和技术复杂度达到顶峰。当时欧洲和美国大量的马车生产商开始转向汽车的生产。由于零部件的生产高度依赖工匠个人的技能，因此，汽车零部件的生产、车体制造和组装都大量分散在配备了通用机床的手工作坊中。在这种制造范式下，厂商的基本商业模式是，首先，提供拟向客户提供的汽车设计概念，客户选择设计概念后与厂商签订订单；其次，根据设计概念和客户要求进行详细的产品设计；最后，根据产品设计生产并提供产品。由于销售、设计和生产的各个环节都是高度个性化的，因此手工生产的产品产量非常有限。到19世纪末期，整个欧洲每年的汽车产量也仅有约1000台。由于工业生产高度依赖个人的技能，而不是机器的规模经济，因此产业组织处于高度分散化的状态。作为今天竞争性行业中集中度最高的行业之一的汽车行业，在19世纪末到20世纪初的很长时间里其市场结构却是高度分散的，当时在欧洲和美国存在数百家利用手工方式生产汽车的制造商。直到今天，手工生产方式仍然有其适用性，在跑车和定制家具等少数领域，这种生产方式仍然在被使用。伴随着第一次工业革命的成果不断普及，单件小批生产范式发展到后期，由于蒸汽机的改良和推广，由轧棉机的发明者Whitney开创、由Clot、Evans、Singer等不断改进的所谓“美国制造系统”在技术上不断完善，以专业化机械、可更换零部件、组织化的工厂、科学管理的工序为特点的批量生产方式日益普及，成为后来大规模生产的雏形。

大规模生产是推进工业社会发展最重要的加速器之一，是第二次工业革命的成果，其核心内容是利用由专业化设备组成的流水线来大批量生产标准化的产品。大规模生产的专业化和标准化，不仅充分利用了生产的规模经济，从而显著降低了生产成本，同时也大大提高了产品的精度。大规模生产的强大经济生命力在于，它通过降低生产成本扩大了市场需求，扩大了的市场需求反过来又为大规模生产提供了更大的空间，从而形成市场需求和生产规模相互增强的机制。大规模生产方式的特点是“大规模、少品种”。仍以汽车行业为例，在福特推出流水线生产方式后的13年里，其产量迅速由4万辆增长到200万辆；到1955年，通用、福特和克莱斯勒的仅6款车型的产量就占全美汽车销量的80%。大规模生产大大提高了劳动生产率。通过用流水线替代过去的并行生产方式，福特公司将平均单个工人花在一辆车上的直接劳动时间由9小时降到了2.3分钟。从福特的T型车流水线出现直到20世纪80年代，大规模生产始终是主导的工业生产方式。为了提高生产效率，减少人工带来的精度和可靠性损失，大规模生产方式尽可能用机器来替代人工。因此，相对于单件小批生产和其他的生产方式，大规模生产对工人技能的要求是最低的。实现这种替代的技术基础主要在于高质量的、可更换的零部件的出现和应用，这种技术进步和产品架构的变化使生产设备专业化，从而产品的标准化程度大大提高。而在大规模生产出现以前，整个生产过程都涉及异常精细且耗时的人工劳动。与单件制造生产方式不同，大规模制造范式下的商业模式具有典型的生产驱动特征，即企业首先设计出可以通过大规模生产方式制造出来的产品，假定所有生产的产品都有市场，最后将产品尽可能销售给顾客。由于大规模生产提高了生产的规模经济性以及工作标准化带来的管理的规模经济性，工业社会开始步入大企业主导的时代。

大规模定制是20世纪80年代由信息技术与制造技术融合而催生的一场生产方式变革，是第三次工业革命孕育阶段的产物。大规模生产使工业产能和供给能力爆发式增长，买方市场成为市场经济的常态。当大部分传统工业的市场趋于饱和时，消费者对产品差异性的要求变得越来越高。为了适应这种社会性的需要，企业必须能够提供更加丰富的产品选择，大规模定制生产方式应运而生。大规模定制的基本思想是通过产品架构和制造流程的重构，运用现代化的信息、新材料、柔性制造等新技术，把产品的定制生产问题全部或者部分转化为批量生产，为小批量、多品种市场提供低成本的产品。产品模块化是大规模定制之所以能够以足够低的价格向消费者提供丰富的产品选择的重要技术基础。产品模块化设计，一方面可以通过不同模块的替代和匹配形成多样化的产品组合；另一方面，虽然产品种类增加，而无法像大规模生产那样在产品层次实现规模经济，但由于多样化的产品共用大部分的模块，因此可以在模块层次利用生产的规模经济，从而很好地解决了大规模生产范式下规模经济和产品差异化之间的矛盾。与大规模定制对应的一般商业模式是，企业根据对客户需求的理解进行产品设计，然后按照设计方案提供可能的产品组合，最后由消费者进行产品选择。可见，这种商业模式兼具生产推动和需求拉动的特点。由于大规模定制强调产品的多样性，因此整个供应链的效率和灵活性成为决定产品和企业竞争力的关键，产业的垂直组织结构，而不是大规模制造范式下以市场集中度为主要度量的产业水平组织结构，成为决定产业整体效率和竞争力的主要因素。

由美国密歇根大学 Koren 教授（2008）提出的全球化个性化制造范式是全球化浪潮下企业为适应日益激烈的跨国竞争而发展起来的一种新兴生产范式，其核心特征是制造对全球的个性化市场需求的快速反应，可以认为是第三次工业革命取得突破和深入发展后的结果。全球化使市场的国家间边界变得越来越模糊。因而，一方面，由于全球企业参与全球市场的争夺，过去稳定的市场结构变得不再稳定，每个企业的剩余需求都变得难以预测，制造和产能的灵活性在竞争中的重要性凸显出来；另一方面，越来越挑剔的消费者和更加激烈的企业间竞争共同推动了消费需求由规模化向小众化甚至个性化发展，即企业生产的产品不仅要能够满足细分市场上具有相似偏好的消费者，而且要以消费者能够承担的价格满足其独特需要。可重构的生产系统和添加制造技术的快速发展大大提升了工业满足这些新的市场要求的能力，是实现全球化制造范式的最主要的技术支撑。按照 Ulrich（1995）提出的产品架构理论，个性化产品包括两种类型：一是模块化产品，这种产品以机械电子产品为代表；二是非模块化的一体化产品，这种产品以服装和鞋等个人消费品为代表。对于前一种个性化产品，产品创新的关键是根据产品功能的要求设计包含模块序列和界面标准在内的开放架构，然后由消费者根据自己的偏好选择由独特的模块组合构成的个性化产品。模块化个性产品所依赖的主要生产系统是可重构生产系统。可重构生产系统的技术要点在于，生产系统本身而不是被生产的产品被模块化，被模块化的生产系统可以通过基于不同界面的模块重组来生产差异化的产品，并实现产能的灵活调节。相对于大规模生产，柔性制造系统较好地解决了产品差异化和生产成本之间的矛盾。但和大规模生产一样，大规模定制所依赖的柔性生产系统的产能很难进行调整，因此这种制造范式更适于消费者需求比较稳定的市场环境。相比之下，可重构的生产系统可以在柔性生产系统的基础上进一步解决生产成本、产品多样性、产能和生产周期等多目标之间的冲突，因而能够更好地适应全球化时期消费者需求千差万别且快速变动的市场环境。以 3D 打印机为代表的添加制造技术是生产一体化个性产品的主导技术范式，对于这类非模块化的产品，在产品设计阶段就要充分体现消费者的个性需求，产品制造是根据个性化设计进行的。也就是说，虽然模块化个性产品和一体化个性产品都满足了消费者的个性需求，但模块化个性产品设计的开放架构是统一的，而非模块化个性产品在产品设计阶段就是个性化的、非标准的。生产方式的改变同时也伴随着企业市场竞争行为的转变：大规模定制范式提供的丰富产品选择吸引了更多的细分市场消费者，但同时也增加了生产的成本和复杂性，因此大规模定制范式下企业战略决策的关键变量是提供的产品选择的数量；而在全球化制造范式下，产品架构、能够兼容各种模块的技术界面以及个性化产品的类型和功能等要素，都必须纳入企业的战略决策。全球化制造范式对产业组织的影响，不仅促进了市场结构由线性向网络和生态化的转变，而且超越了传统产业的边界，重新定义了供给和需求、厂商和消费者之间的关系。例如，在以 3D 打印为代表的个性化制造系统中，消费者不再被动接受或仅仅从企业给出的产品清单中选择自己喜好的产品，而是亲身参与产品的设

表 10－1 工业社会四种制造范式的技术经济特征比较

制造范式	特点	典型案例	竞争的关键资源	技术基础	战略决策的关键维度	产业组织特点
单件小批生产范式	丰富的产品多样性；单件或者小批生产；客户拉动型的商业模式；通用机械；高技能的工人；第一次工业革命的结果	19 世纪末出现以手工方式生产汽车	技能工人、通用机床	1876 年磨床的出现；1882 年电站的开发	客户喜好	技术能力主要体现为个人技能，大量小规模的手工作坊
大规模生产范式	有限的产品种类；大批量的产品数量；生产推动型的商业模式；尽可能用机器替代人工；标准化的设备和流水线；相对低技能但高熟练度的工人；第二次工业革命的结果	福特 T 型车的流水线生产	大规模的流水线	可更换的、高质量的零部件	成本、产能和主导的消费需求	产业资本不断向大企业集中；高度一体化
大规模定制范式	丰富的产品组合；相对低的价格；商业模式兼具生产推动和需求拉动的特点；生产管理的作用和复杂程度提高；用人员的技能弥补机器本身的不足；第三次工业革命孕育阶段的产物	DELL 的大规模定制	柔性制造系统；运营管理能力；工人技能	模块化设计；计算机和信息技术在制造过程中的大规模应用	产品组合和细分市场、质量	产业链逆向分解，非核心模块和制造环节大量外包；产业的垂直组织结构变得更加重要
全球个性化制造范式	满足个人的独特需求；进一步解决了产量和生产成本之间的矛盾；生产系统本身可以进行重构，从而满足产能和产品功能的任意调整；“产品—工艺—商业模式”一体化；第三次工业革命取得突破和深入发展后的产物	3D 打印在航空和汽车制造业的应用	可重构生产系统；技术平台；人的技能和知识	基于模块的开放架构；人工智能、数字制造、工业机器人、添加制造技术	对多样化、多变市场需求的快速反应	产业组织向网络化和生态化发展；研发、设计的社会化参与

资料来源：笔者根据相关资料整理。

计过程，并直接成为产品生产者。

（二）第三次工业革命与全球产业竞争格局重构

第三次工业革命之所以可以称为工业革命，而非一般的科技革命，是因为其影响不仅仅囿于科技的范畴，而是在产业或经济的层面使市场竞争的资源基础、产业竞争范式以及国家间的产业竞争格局发生了深刻变革。

第三次工业革命将改变企业核心竞争力所依赖的资源基础。一方面，制造的战略功能被重新定义。在传统的创新系统中，产品生产的一般模式是产品设计—产品开发—产品制造，所谓的产品创新主要是指实验室的产品设计和开发，制造仅仅是实现创新的一个环节。而随着全过程数字制造技术的成熟，设计、开发和制造的一体化产品发展将使传统的“线性”创新过程变为一体化的“并行”创新过程，制造直接成为创新的一部分，现场像实验室一样成为创新的场所，制造资产成为企业创新系统的一部分（Pisano & Shih，2012）。在这种情况下，技术领先企业所采用的“产品创新 + 制造外包”的经典商业模式就会损害企业的核心竞争力。通过发展现代制造技术和制造系统来加强企业的产品创新能力，同时保证足够低的生产成本，将成为技术领先企业的战略方向。另一方面，制造企业的关键人力资源基础将由操作型员工和技能型员工向知识型员工转变。像大规模生产一样，第三次工业革命背景下的机械化和自动化必然会导致机器和系统对人的替代。但由此得出大规模生产和第三次工业革命都使人在生产中的重要性下降的推论却是错误的。在机器与人的关系方面，大规模生产与第三次工业革命的根本区别在于，在前一种制造技术范式下，劳动是重复性的机械式劳动，劳动是成本，最优的制造决策是如何尽可能节约劳动、降低人工成本；而在第三次工业革命的制造范式下，劳动者的核心人力资源不再是大规模生产模式下的简单的机械操作能力，也不仅仅是传统大规模定制范式和丰田精益生产方式所要求的掌握了多种机械工作原理、熟悉机械操作诀窍的能力，而是兼具能够准确理解市场需求和产品架构并能直接参与产品设计和生产的创造能力和执行能力。这种具有稀缺性和差异性的创造性劳动不仅是经营成本，更是企业竞争的战略性资产。

第三次工业革命将重塑国际产业分工格局，后发国家必须寻求新的产业赶超路径。第三次工业革命背景下现代制造技术和生产设备大规模应用的过程，就是现代机械和知识型员工对传统机械和简单劳动逐步进行替代的过程。这种替代的经济合理性，不仅在于现代制造提高了劳动的边际生产率，更在于现代制造体系生产出的产品具有更好的性能、更强的功能和更短的产品开发周期。现代制造降低了工业对简单劳动的依赖，同时赋予产品更加丰富的竞争要素。因此，制造的价值创造能力从而在产业价值链上的战略地位将变得与研发和营销同等重要，甚至超越其他的价值创造环节，过去描述价值链各环节价值创造能力差异的“微笑曲线”有可能变成“沉默曲线”甚至“悲伤曲线”。发达工业国家不仅可以通过发展工业机器人、高端数控机床、柔性制造系统等现代装备制造业控制新的产业制高点，而且可以通过运用现代制造技术和制造系统装备传统产业来提高传统产业的生产效率，通过装备新兴产业来强化新兴技术的工程化和产业化能力，同时，由于现代制造系统与服务业的深度融合（典型如开放的软件社区和工业设计社区），发达国家在高端服务业形成的领先优势也可能被进一步强化。第三次工业革命不仅会削弱发展中国家的传统比较优势，而且有利于发达国家形成新的竞争优势。如果后发国家不能充分利用现代制造技术创造的技术和市场机会，第三次工业革命将使不利于发展中国家的中心—外围世界分工体系被进一步固化。第三次工业革命为发达工业国家重塑制造业和实体经济优势提供了机遇，曾经为寻找更低成本要素而从发达国家转出的生产活动有可能向发达国家回溯，导致制造业重心再次向发达国家偏移。传统“雁阵理论”所预言的后发国家产业赶超路径可能被封堵。在基于传统制造技术的国际分工体系下，后发国家凭借比较优势通过承接产业转移在劳动密集型产业和技术密集型、资本密集型产业的劳动密集环节形成初步的制造基础，然后通过制造工艺的改良提高产品的性价比和国际竞争力，在制造能力的基础上进一步通过产品的模仿性创新和原始创新实现技术和产业赶超（Kim，1997）。但随着现代制造技术和制造系统的大规模应用，发达工业国家不仅可以在产品创新和品牌方面抑制后发国家，甚至能够利用具有更高生产效率的制造直击后发国家的初始优势，后发国家的工业赶超将面临来自发达国家的全方位抑制。

第三次工业革命将促进国家间产业竞争范式由企业间竞争和供应链间竞争向生态系统间的竞争转变。现代制造技术发展对产业组织结构的影响可能是二元的：一方面，由于前沿制造技术的开发和应用仍然需要大规模的研发投入和前期投入，因此只有那些具有多元的产品线和足够高市场份额的大企业才有动力率先投入和使用先进制造技术和制造系统；与此同时，设计、开发和制造的一体化也会一定程度上逆转过去几十年发生的由外包导致的全球价值链逆向分离趋势，制造与研发的协同效应可能加强一体化大企业的竞争优势，从而推进生产性资源的集中。另一方面，新兴制造技术也可能提高小型化、分散化经营的经济性。例如，以 3D 打印机为代表的个性化制造和网络开放社区的发展将大大促进以个人和家庭为单位的微制造和个人创业等极端分散组织方式的发展。又如，云计算使企业可以将信息处理功能更多地外包给提供信息服务的第三方企业，加之数据挖掘技术的快速进步和服务模式的创新，即便是地理上远离提供信息服务企业的小微企业也能够以足够低的成本获得更强的数据存储和计算能力。产业组织结构多元化的背后，是产业组织形式的生态化。制造业的“软化”和服务化、制造技术的融合将使企业之间的需求—供应关系变得越来越开放，企业的同一个产品或服务可能供应完全不同的行业，而不仅是同一行业的不同企业，不同产业链相互交织，形成开放的、多维的、复杂的网络结构。虽然通常情况下平台企业掌握产业竞争的关键资源，但平台自身的竞争力常常是脆弱的，而且往往是多个企业共同支撑一个平台，或者同一个产品涉及多个平台（如数字制造同时涉及超级运算和超级宽带等平台），因此很难识别决定产业长期竞争力的核心资源的“位置”在哪里。不是某个核心技术或某个企业决定产业的竞争力，而是整个系统的质量决定了产业的生命力。如果说开始于美国的大规模生产使具有技术和市场投资能力的大企业成为蕴含一国产业核心竞争资源的主体，发端于日本的柔性制造使紧密合作的供应链成为体现一国产业竞争力的组织形式，现代制造技术则使一国的整个创新生态系统的适应性和动态能力以及本国企业在全球创新生态中的位置成为获得产业长期竞争力的关键。

三、应对第三次工业革命的战略与政策调整

（一）应对第三次工业革命的战略

第三次工业革命突出了发达工业国家更具比较优势的知识和技术在生产制造中的重要性，因而可能对我国基于劳动成本优势的制造业发展构成严峻的挑战。但制造技术特别是制造技术应用所具有的特殊技术特点决定了，第三次工业革命也可能为我国由工业大国向工业强国跨越提供宝贵的机会窗口。对于中国这样的后发国家而言，参与全球竞争最突出的优势是已经形成了完备的工业体系和庞大的制造基础。第三次工业革命对工业产生作用和影响的过程不是一蹴而就的，而是不断试错和学习、逐步演进的过程，这就为中国利用制造基础优势不断吸收现代制造技术、形成动态比较优势提供了机会。20 世纪日本制造业的振兴为今天中国利用先进制造技术加速工业发展提供了很好的模板。70 年代，日本在钢铁、纺织等劳动密集型和资本密集型行业实现了对美国的赶超，当时美国的主流观点认为是日本的“低工资”促成其在这些产业的比较优势。在这种背景下，美国将自己的工业重新定位于高技术产业。到了 70 年代末 80 年代初，美国在半导体、计算机和高端装备等高技术产业也被日本赶超，美国国内的主流观点将其归咎于日本政府的贸易和投资保护。日本工业的全面崛起促使美国学术界、商界和政界都开始反思过去对日本产业竞争力来源的判断。以哈佛大学 Skinner 教授为代表的学者系统研究和比较了美日

制造业的生产效率差距，提出美国制造业衰落、日本制造业振兴的根本原因不在于相对要素价格和政策差别，而在于日本对制造技术的持续创新（Skinner，1986）。尽管数控机床和柔性制造系统都发源于美国，但日本通过精细的生产管理和持续的制造技术改良形成了更有竞争力的制造能力。也就是说，虽然领先工业国家率先掌握了前沿制造技术，但由于现代制造技术和制造系统转化为现实产业竞争力是一个不断应用、持续改进的过程，后发国家完全可以凭借积极的组织学习和互补性资产的培育从技术进步中获取更大的利益。

第三次工业革命将是嵌入在整个技术经济社会系统中的多维度的变革，因此，迎接这场革命的战略准备不能狭隘地停留于前沿制造技术的突破：首先，制造技术应嵌入在更大的技术创新系统中。第三次工业革命是将包括数字、电子和材料在内的基础技术以及模拟、数字建模、机器人、人工智能、过程控制传感器、测度等技术工具向设计、开发、制造、配送和服务的各个环节应用和渗透的过程。因此，一国先进制造技术的突破必须打破传统僵化、静态的技术和产业边界，或者能够形成独立的创新能力，或者具备接入和利用全球创新资源的能力，通过培育、整合各领域的技术能力才能形成具有竞争优势的现代制造能力。其次，制造技术应嵌入在企业的管理系统中。新一代制造技术的应用和执行过程从来都是制造技术与企业战略、营销和基础管理工作的系统性协调变革（Lester，1998）。对美国柔性制造系统的一项调研发现，90 年代初期其采用的柔性制造系统中高达 20% 的设备并没有实际投入使用，而制约这些设备使用效果的主要原因就是企业管理和员工能力没有与新的设备匹配（Koren，2008）。可以预见，第三次工业革命必然伴随着产品创新、管理、商业模式等方面的变革，发生在工厂的制造革命是企业系统性战略变迁的一部分。全球领先制造企业在加大先进制造技术投资的同时从来没有忽视对互补性资产和能力的投资。例如，GE 总裁在论及美国重拾制造业优势的策略时，就强调除了发展先进制造技术和材料工艺，还要加大人力资本创新，包括通过资本与工会的谈判形成更加灵活的用工制度、培养具备高技能和现代知识的员工，等等。最后，制造系统应嵌入在企业的治理结构和组织结构中。无论是传统大规模生产方式下的操作型员工，还是柔性生产方式下的技能型员工，作为资本家和管理者的代理人的基本任务都是贯彻执行管理者的指令。而在新的生产方式下，员工不仅要执行指令，还要在现场决策，现场工人成为能够参与产品设计和调整生产过程的知识型员工。员工知识在生产系统中的重要性和在契约网络中的投资专用性都大幅提高。信息、能力的重新配置要求与之相适应的产权的重新配置。与新的生产方式相匹配的公司治理结构要能够激发知识型员工的积极性。这种情况下，更能体现员工利益诉求和决策参与的共同治理结构和机制将变得更加重要。制造技术和制造系统的嵌入性意味着，在通过加大制造技术的研发，促进现代制造技术和制造系统的突破和应用的同时，更要注重与现代制造技术和制造系统具有战略互补关系（Milgrom，1990）的配套技术、现代生产管理方法、知识型员工培养、企业组织结构和运行机制的完善。只有在发展现代制造技术的同时，加强互补性能力的培育和提升，才能真正将现代制造技术转化为现实的产品、企业和产业竞争力。

（二）应对第三次工业革命的政策调整

第三次工业革命的演进性和嵌入性对于思考我国第三次工业革命背景下的发展战略、产业政策调整具有极其重要的含义。与这种演进性和嵌入性相适应，未来我国工业发展战略计划和政策设计必须充分体现视野的长期性和部署的系统性。第三次工业革命对我国的经济发展既是挑战也是机会，对于第三次工业革命，既要有紧迫感，也要有信心。这种紧迫感不同于2007年我国应对国际金融危机所需要的那种“应急反应”意义上的紧迫感，而是加快制定长期发展战略并有计划、分阶段稳步推进的紧迫感；而信心则来自在对第三次工业革命科学认识基础上的及时正确的战略调整。要在总体战略部署的指导下，通过加强前沿制造技术突破和制造系统优化，抢占第三次工业革命的技术制高点；通过完善适宜现代制造培育、发展的生态系统，加强先进制造在优势产业和新兴产业的推广应用，构筑我国制造业新的竞争优势。具体来说，一是在加强前沿制造技术突破和储备的同时，要加快适用性现代制造技术的应用，以应用导向的技术开发推动制造技术的持续改进和不断完善，促进局部制造技术优势向制造技术能力的转化；二是在加强现代制造技术突破和应用的同时，积极促进适用性先进制造技术的扩散和推广，形成制造技术群体性突破和创新的生态，促进个别企业技术能力向整个工业技术能力的转化；三是在技术突破和推广的同时，加强与现代制造技术相适应的现代生产管理、组织管理理念、方法的总结和传播，将制造技术竞争力转化为现实的产业竞争力和经济效益；四是促进先进制造技术在传统产业应用的同时，加快推进现代制造技术在战略性新兴产业发展过程中的新产品开发、工程化、产业化中的融合应用，最终形成先进制造技术发展与完整创新过程实现、价值链优化和产业结构转型的贯通衔接。在这种长期性、系统性战略观的指导下，为全面迎接第三次工业革命带来的挑战，未来我国产业政策调整的要点是：

1. 转型升级战略调整

重新诠释经济转型升级的内涵，从“承接制造＋产品创新”向“产品创新＋过程创新”的模式转型。从产业层面看，过去的转型升级主要包含两层含义：一是从产业结构的角度提高技术行业的比重；二是从全球价值链的角度从加工制造环节向“微笑曲线”的两端升级。而受到第三次工业革命冲击的恰恰是劳动密集型的产业和价值链环节。按照既有的产业政策思路，针对以劳动密集型为主的传统产业，转型升级的主要任务是技术改造，即既定制造系统（主要是大规模流水线生产）下的技术改进和设备更新。但如果新的制造技术和制造系统真的在这些行业实现对既有制造系统的替代，则中国传统产业下一步发展需要解决的就不仅仅是技术改造的问题，而是制造系统的重新选择以及与新的要素投入结构相适应的整个制造系统的优化。因此，未来的工业转型升级不仅仅是改造传统产业、发展高技术产业和高附加值环节的问题，还要包含如何利用现代制造技术赋予传统产业和制造环节新的竞争优势的问题。从企业层面看，过去30多年中国制造企业的成长基本遵循了承接制造能力—市场开拓—改进型创新—自主创新的路径。按照这样的路径，当中国本土企业已经掌握了足够规模和足够水平的制造能力时，资源投入的重点就应当从生产转向产品创新，或者从工厂转向实验室。在这种背景下，有学者提出“自主产品开发是中国企业自主创新的关键”（路风，2006）。在这种理论的指导下，近年来我国的科技资源不断向产品创新倾斜。然而，在第三次工业革命背景下，我国的产业赶超必须从“承接制造+产品创新”向“产品创新+过程创新”的模式转型：首先，中国工业参与国际分工的形式不能仅仅停留于组装和搭配标准化的模块化架构产品。中国缺乏竞争力的领域不仅体现在高技术产业和价值链环节，还体现在需要制造能力和技术诀窍的一体化架构产品领域（Fujimoto，2008）。对高技能和多技能要求更高的一体化架构产品优势的形成需要中国企业在产品创新和工艺创新两个方面进行高强度的学习和赶超。其次，产品技术和工艺技术融合发展的技术趋势决定了中国必须坚持产品创新和工艺创新同时推进的全面自主创新道路。现代制造要求在产品设计阶段就能够充分体现产品稳定性、可靠性和可制造性等工艺要求，在这种情况下，产品设计和生产工艺之间的互动变动越来越重要。当生产过程特殊或不易于理解时，产品设计所需要的决策参数就不容易形成，这时，不掌握足够工艺制造能力的企业或国家不仅无法完成后续工程化和产业化，连产品设计本身都无法顺利完成（Ulrich，2011）。最后，人口大国的基本国情决定了中国必须坚持产品创新和工艺创新同时推进的全面自主创新道路。对于中国这样的一个人口众多、将长期面临巨大就业压力的国家来说，工艺创新具有尤为重要的经济社会意义。相对而言，产品创新强调正式研发和实验室的作用，强调科学家和研发人员等少数技术精英；而过程创新是涉及所有劳动者的集体性能力提升，除了生产装备现代化和现场管理方式的优化外，过程创新还要求将现场工人由简单劳动者转化为技能和知识型员工，因而是一种更加普惠性、包容性的创新。生产设备可以外购获得，但制造能力的形成却必须是自主培育的。大规模定制在日本企业成功应用的一个重要原因，就是日本企业建立大规模定制制造系统的过程，不是像大多数美国企业那样完全从外部采购设备和系统，而是加强企业与设备供应商的合作，加强零部件和系统的内部研发，使制造技术成为自身的专有技术和独特竞争优势（Kotha，1995）。更多体现为隐含知识和组织能力的制造能力，更需要以我为主的自主创新。

2. 全球竞争战略调整

促进由个别要素优势向形成综合成本优势和新的竞争优势转变。在机械替代劳动的压力下，未来发达工业国家向发展中国家的制造业国际直接投资增速可能逐渐放缓甚至出现回流。在这种情况下，中国如果希望继续通过吸引国际投资来引进技术和管理，就必须提高基于综合成本的区位吸引力。制造的区位优势不仅仅由劳动力成本决定，而是由包括劳动力、税收、管制、贸易条件、知识产权保护、土地、资本、能源、交通、商业信誉、物流等因素在内的综合成本决定。以美国为例，过去10年间，其对外直接投资的最大经济体不是中国，而是劳动力成本相对高但综合成本更低的欧洲国家，其中仅对爱尔兰一国的直接投资总额就是对中国直接投资总额的3倍多。因此，未来中国加强比较优势的思路，不是一味抑制传统低价格要素的成本上涨，而是通过降低制度性的经营成本，形成综合成本比较优势。在加强综合成本优势的基础上，要进一步通过先进制造技术的应用促进形成中国工业新的竞争优势。加强政策引导和环境建设，促进精细制造“从上而下”地贯穿企业的整个管理过程，使生产管理成为企业管理者和员工的基本管理理念和基本工作理念。将产品质量、新产品制造周期等生产管理目标提升到企业的战略管理层面，并将这些目标纳入包括总裁在内的高层管理者、技术人员和现场工人的绩效评价体系中。针对现代制造技术对技能和知识提出的新要求，加强对员工的生产管理培训，使其与高层管理者、中层管理者和工程技术人员共同形成完整的生产管理循环。

3. 产业发展战略调整

在加快产品技术创新的同时，协同推进战略性新兴产业与先进制造技术融合发展。一方面，先进制造技术的突破离不开战略性新兴产业的支撑，如云计算、云储存、新材料等新技术和新产品是现代制造技术和制造系统的基础技术，这些领域的技术突破常常成为制造技术突破的“瓶颈”。另一方面，战略性新兴产业的发展离不开现代制造技术的推动。首先，多数战略性新兴产品仍然处于实验室的概念化和初步设计阶段，以数字制造为代表的现代制造技术可以大幅提高新产品设计的可制造性，缩短产品原型的开发成本和制造时间，从而缩短战略性新兴产品的工程化、产业化周期，有利于抢占战略性新兴产业发展的先机。美国生物产业发展的经验表明，没有与产品技术相适应的制造技术和工艺的支撑，没有有效的制造、研发一体化组织，大量的生物技术只能停留于实验室的概念研发和以技术交叉许可为主的技术交易，频繁的技术市场内部交易并不能转化为现实的产业利益（Pisano，2006）。其次，在新兴产业市场化的初期，通常都具有主导设计不明确、需求多样、细分市场规模小的技术经济特点（Geroski，2003），传统的大规模生产并不适用于这种市场容量小、高度细分的市场结构。在这种情况下，可重构生产系统和添加制造等个性化制造就能够充分发挥其多品种、小批量、低成本的优势。因此，战略性新兴产业的发展必须与现代制造技术的研发、应用结合起来协调推进，通过战略性新兴产业发展为先进制造技术突破提供应用场所和市场支撑，通过先进制造技术的发展为战略性新兴产业的工程化、产业化提供工艺保障。

4. 技术创新战略调整

在加强前沿制造技术突破的同时，更要注重适用性先进制造技术的攻关、应用和扩散。制造技术的复杂性和先进性并不能决定工业生产的有效性。20 世纪 80 年代初期美国制造业企业应用柔性制造系统失败的一个重要原因，不是这些企业购置的设备不够先进，恰恰相反，当时美国企业的柔性制造系统的开发时间通常为 2.5 ~ 3 年，系统开发的平均人力投入为 25000 人工作时间；而日本企业柔性制造系统的平均开发时间为 1.25 ~ 1.75 年，系统开发的平均人力投入为 6000 人工作时间。然而更大的系统开发投资反而成为美国企业制造系统的“祸根”：由于更大的投入，美国企业的制造系统较日本企业更加复杂，但过度复杂的系统设计和冗余技术也导致生产运营中出现更多的缺陷。因此，中国的制造技术战略不应是放弃目前主导的大规模生产方式，并简单用高度信息化、自动化、数字化的大规模定制系统和个性化制造系统取而代之。事实上，在同一间工厂甚至同一条生产线在不同的领域合理地组合运用大规模生产和大规模定制，恰恰可以达到更好的制造绩效（Kotha，1995）。在未来相当长的时期内，适用性的、多技术路径的、持续改进型的制造技术创新和发展模式对于我国的制造能力提升更有意义。此外，发展先进制造要综合考虑我国企业的技术应用能力，在加强前沿制造技术开发的同时，集中资源促进适用型的现代制造技术在广大企业特别是中小企业的推广和应用，不仅将制造技术转化为企业竞争力，而且要通过适用技术的扩散将企业竞争力转化为产业竞争力。在技术开发和推广过程中，要注重加强中央政府、地方政府、企业、消费者、社会性组织、研究型大学、公共研究机构以及企业内部的管理者、研发人员、工程师与工人等利益相关者的积极协作，将技术突破过程与技术示范、应用过程结合起来，在克服技术壁垒的同时，注重克服制造技术转化为生产效率和创新能力的各类管理因素和社会制度因素，使制造技术真正转化为竞争力。

5. 国家信息战略调整

加强信息基础设施建设和国家工程数据库建设。由于人工智能、数字制造等都是基于ICT发展起来的基础制造技术，因此信息技术成为现代制造技术体系中最底层的技术，信息存储、传输和处理能力成为决定先进制造技术和制造系统的技术成熟度和应用效果的关键因素，工业信息的计算和处理能力已经成为新的影响制造业竞争力的战略性资产。美国竞争力委员会（2011）甚至提出将高效能运算定义为“改变全球制造业游戏规则的机器”，并建议通过积极的政府企业合作来推进美国计算资源的协调和整合，将美国的前沿计算能力转化为制造业竞争力。而德国和日本等工业强国也纷纷出台计划和政策加大对高效能运算的研发和应用支持。例如，德国在斯图加特大学设立了专门的高效能运算中心，为德国的企业应用和学术研究提供高效能运算服务。面对发达工业国家针对现代制造技术发展的要求在信息基础设施领域的积极部署，我国应当通过建立国家高效能运算研发中心和高效能运算服务中心，在加快高效能运算前沿技术突破的同时，重点加快促进既有的高效能运算技术储备转化为商业应用和公共服务。制约我国现代制造技术发展和精细制造水平提升的原因，除了现代信息基础设施的缺失外，还有作为生产管理质量持续改善基础的工程数据库的缺失。针对我国制造业企业的质量管理缺乏系统工程数据支撑的问题，建议加快推进国家级工程数据库的建设。工程数据库建设可以采取政府出资、独立非营利性社会组织运营的组织方式，数据库数据采取会员企业自愿提供、共同分享的工作方法，形成持续投入、有效运营的可持续发展机制，通过基础技术进步促进我国工业产品质量和性能的大幅提升。

参考文献

［1］ Jewkes J, Sawers D and Stillerman R. The Sources of Invention［M］. London, Macmillan, 1960.

［2］ Rifkin J. The Third Industrial Revolution: How Lateral Power is Transforming Energy, the Economy, and the World［M］. Palgrave Macmillan, 2011.

［3］ Wadhwa V. Why it's China's Turn to Worry about Manufacturing［M］. Washington Post, 2012.

［4］ Council on Competitiveness. "Make", An American Manufacturing Movement［EB/OL］. http://www.compete.org/publications/detail/2064/make/, 2011.

［5］ Hausmann R & Hidalgo C A, et al. The Atlas of Economic Complexity: Mapping Paths to Prosperity［EB/OL］. http://www.cid.harvard.edu/documents/complexityatlas.pdf, 2011.

［6］ Porter M & Rivkin Jan. The Looming Challenge to U.S. Competitiveness［J］. Harvard Business Review, March, 2012.

［7］ Pisano G & Shih W. Does America Really Need Manufacturing?［J］. Harvard Business Review, March, 2012.

［8］ Perez C., Technological Revolutions, Paradigm Shifts and Socio－institutional Change［C］//E. Reinert (ed). Globalization, Economic Development and Inequality, An Alternative Perspective. Edward Elgar, Cheltenham, 2004: 217－242.

［9］ Koren Y. The Global Manufacturing Revolution［M］. John Wiley & Sons, 2008.

［10］ Ulrich K. The Role of Product Architecture in the Manufacturing Firm［J］.

Research Policy, 1995 (24).

[11] Kim L. Imitation to Innovation [M]. Harvard Business School Press, 1997.

[12] Skinner W. The Productivity Paradox [J]. Harvard Business Review, 1986 (7).

[13] Lester R. The Productive Edge: How U. S. Industries Are Pointing the Way to a New Era of Economic Growth [M]. Norton, 1998.

[14] Milgrom P & Roberts J. The Economics of Modern Manufacturing: Technology, Strategy, and Organization [J]. American Economic Review, 1990 (3).

[15] Fujimoto T. Architecture - based Comparative Advantage in Japan and Asia, in Manufacturing Systems and Technologies for the New Frontier [M]. Springer, 2008.

[16] Ulrich K. Product Design and Development [M]. McGraw Hill Higher Education, 2011.

[17] Kotha S. Mass Customization: Implementing the Emerging Paradigm for Competitive Advantage [J]. Strategic Management Journal, Summer Special Issue, 1995 (16).

[18] Pisano G. Science Business [M]. Harvard Business Press, 2006.

[19] Geroski P. The Evolution of New Markets [M]. Oxford University Press, 2003.

[20] 路风:《走向自主创新》,广西师范大学出版社,2006 年。

第十一章　产业融合与制造业服务化*

随着消费者需求的变化、经济全球化、竞争加剧和技术进步，产业之间的边界日渐模糊，特别是制造和服务之间的融合日益增强，以一体化解决方案为代表的制造业服务化趋势日益流行，IBM、罗尔斯等企业通过向一体化解决方案转型，重新获得了竞争优势，改善了财务绩效。随着企业转型的成功，学术界的研究讨论也逐渐深入。Vandermerwe（1988）最先提出制造业服务化的概念，指出制造业服务化是指企业以顾客为中心，提供更加完整的“包”（Bundles），包括物品、服务、支持、自我服务和知识等，而 White（1999）将服务化定义为制造商的角色由物品提供者向服务提供者转变，从业务视角来看，制造业服务化是联合顾客创造价值或改变市场规模、收入方式的服务创新，是制造企业为了满足顾客需求而提供产品相关服务或整体解决方案的商业模式创新（Visnjic，2009）。一体化解决方案是制造业服务化的一种表现形式。Stremersch（2001）认为整体解决方案提供综合包（产品和/或服务）为充分满足客户对特定的事件或问题的愿望和需求。关于一体化解决方案的因素可分为三类：经济因素，即产品服务系统能够获得稳定、高边际收益的收入（Gebauer，2005）；竞争优势因素，即通过服务化获得差异化竞争优势（Gebauer，2007）或通过附加服务销售更多的产品（Mathieu，2001）并获得顾客忠诚度（Correa，2007）等；顾客因素，顾客的需求越来越复杂，需要企

* 本文原载《财贸经济》2015 年第 2 期，与霍景东合作。原文题目为《产业融合与制造业服务化——基于一体化解决方案的多案例研究》。

业做出应对。案例研究是一体化解决方案的重要研究方法，如 Alstom 提供维修、升级、操作培训和信号系统服务；Ericsson 提供设计、建造和运营移动电话网络（Davies，2004）；Oce 提供打印设备的设计、交付和定价整体解决方案（Filippo，2012）以及资本品制造业（Romeo，2012）的研究。Brady（2005）指出，企业提供整体解决方案，需要拓展系统整合、商务咨询、人力资源管理、基础设施支撑、运营和财务能力等；Saara（2011）将整体解决方案分为交易项目主提供、项目主导方案和全生命周期解决方案三类，并分析选择的依据，即客户的结构、客户的技能水平、项目需要客户掌握知识复杂度、供应商的营销方式、客户的核心商务流程与财务资源以及客户、供应商的组织结构等。本文从产业融合的视角分析一体化解决方案的内涵、驱动力和主要模式，并利用多案例研究方法进行比较分析，提出推动制造服务化的对策建议。

一、产业划分、产业融合与制造业服务化

（一）产业边界与产业划分

产业是指从事相同性质的经济活动的所有单位的集合，产业边界是产业经济系统诸多子系统构成的与其外部环境相联系的界面。周振华（2003）从理论抽象的角度将产业边界细化为技术、业务、运作和市场四种基本类型（见表 11 - 1），而且产业边界具有动态变化性、边界模糊性和相互渗透性。

关于产业分类，费希尔从发展过程中的产业结构变动的阶段性对产业进行分类，提出第三产业的概念，并把它和已经出现的第一产业、第二产业并列用于国民经济产业结构划分，形成三次产业的分类方法。然而，随着经济发展和技术进步，按照产业发展顺序的分类方

式不能满足宏观经济统计分析、管理的需求，这就催生了新的分类方法。新的产业划分方法按其依据的标准不同，主要分为两种：一是根据产品（包括实际产品和服务产品）特征为主要依据；二是根据产品生产过程的特点为主要依据（曹曼、叶文虎，2004）。最具有权威性和广泛应用性的是联合国于1948年根据产品特征为主要依据制定的《所有经济活动的国际标准产业分类》[①]，其核心特征是基于生产过程属性区分制造业和服务业，而在制造业、服务业内部则主要根据产品特征来区分，目前，世界上绝大多数国家都参考这一标准制定了本国的国民经济产业部门分类标准。

表11－1　产业边界的分类

边界类型	定义	定义符	表征指标
技术边界	由生产的技术手段与装备及其相适应的工艺流程定义	生产	专用性程度
业务边界	由产业提供的产品与服务的活动方式定义	产品	差异性程度
运作边界	由产业活动的基础平台及配套条件定义	组织	专用性程度与可容量
市场边界	由同一或替代产品与服务的竞争关系定义	交易	市场结构性质

资料来源：周振华（2003）。

（二）产业融合的动力与模式

1. 产业融合的动力

产业融合是通过采用数字技术，将以前独立产品汇合为统一功能（Stieghtz，2003），为适应产业发展而发生的产业边界的收缩或消失（Greenstein，1997），产业融合可以划分为替代性融合与互补性融合。从产业融合的动力来看，包括消费者需求的变化（消费者追求更加方便、快捷、高满意度并且低成本满足需求的方式）；重大技术创新（重点是通信与信息技术的日益成熟和完善）；产品、服务和协议的标准化（模块化设计，提高了各类资源的共享程度、通用化程度）；政

① 后经数次修订。

府放松经济性管制和企业竞争压力加大等方面。

2. 产业融合的典型模式

从产业融合的路径来看，主要包括以市场需求为主线形成的产业融合路径、以知识扩散为主线形成的产业融合路径和以科学技术交叉渗透为主线形成的产业融合路径（单元媛、赵玉林，2012），其主要类型包括高科技产业间的交叉融合、传统三次产业之间的延伸融合、传统产业内部的重组融合、高科技产业对传统产业的渗透融合等（见表 11－2）。

表 11－2　产业融合的主要类型

类型	具体表现
高科技产业间的交叉融合	生物芯片、纳米电子、三网融合等
传统三次产业之间的延伸融合	现代农业生产服务体系；工业中服务比例上升；工业旅游、农业旅游等
传统产业内部的重组融合	农业内各子产业的融合；工业内部上下游关联产业融合；金融证券保险的混业经营等
高科技产业对传统产业的渗透融合	农业高科技化；生物和信息技术对传统工业的改造，如机械仿生、光机电一体化、机械电子；电子商务、网络型金融机构等

资料来源：吴颖、刘志迎（2005）。

（三）制造和服务的互补性融合与边界漂移：制造业服务化

制造和服务的互补性融合导致产业边界模糊与漂移，出现了介于第二产业和第三产业之间的产业，即 2.5 产业。2.5 产业突出生产性服务，构架生产和服务一体化，突破过去产品传统的生产流通方式，以市场发展需要为支撑，以生产性服务为主体，以研发设计、虚拟工厂为表现手法，从而把整个产业价值链联系起来。而制造业服务化就是这样一种产业形态，它以顾客为中心，提供更加完整的“包”（Bundles）或提供物（Offering），集成物品、服务、支持、自我服务和知识等。制造业服务化的内涵十分宽泛，总结起来主要有产品服务系统、一体化解决方案与服务化转型三种形式。

二、一体化解决方案的动力、挑战及潜力行业

一体化解决方案是制造业服务化的一种形式，本质上是制造和服务的共生融合。Stremersch（2001）指出一体化解决方案是提供综合包（产品和/或服务），以充分满足客户对特定事件或问题的愿望和需求；而Söderström（2003）指出一体化解决方案是供应商提供有形产品、耗材和服务的组合，来保证客户在无须拥有、维护或修理有形产品的情况下，能够从功能或产品服务获益，并根据获益水平来支付。由此可见，一体化解决方案提供的不仅是产品或服务，而是一种独特的提供物（Offering），这种提供物一般由安装基础、解决方案系统平台、信息提供和服务四个部分组成（Brax，2009），而且这四个部分依据客户定制化需求有机组合在一起，其最终目的是满足客户的需求。

（一）一体化解决方案的驱动力

1. 外部驱动力

一是客户需求变化。这是一体化解决方案的重要驱动力，客户越来越要求范围更广的服务，这些服务能够完全覆盖需求或者更加复杂的产品（Karmarkar，2004）。二是全球化及竞争加剧。随着交通、信息技术的进步，资源和要素在全球配置的可能性和便利性大大增强，国际分工高度发展，国际贸易自由化程度大幅提高，国际贸易规模快速增长的同时国际直接投资与并购迅速发展，跨国生产体系不断扩大。随着国际竞争的加剧，企业的边际利润下降，推动了企业采取服务化战略，提供一体化解决方案（Windahl，2010）。三是全球价值链转移。“微笑曲线”理论说明，随着全球进入服务经济时代，产品的

价值环节向产品的两端转移，产品前端的创新研发、品牌、设计和产品后端的售后服务、市场、物流等环节占据了价值链的大部分，据统计，从全球价值链来看，生产服务环节创造了产品价值的4/5，而制造环节仅创造产品价值的1/5。随着制造环节利润的降低，利润向“微笑曲线”的两端转移，企业为了获得可持续利润，迫切需要向上游或下游的服务环节转移，一些企业甚至将制造环节剥离，转而发展服务业务，转变成以提供一体化解决方案为主的企业。四是环境驱动。有些制造业企业实行产出服务化战略的重要推动力是改进企业产品的环境性能（White，1999），由于一体化解决方案可以降低资源的消耗与环境的污染，因此一些企业尤其是化工企业纷纷采取这一战略。

2. 内部驱动力

推动企业实施一体化解决方案的内部因素主要包括获取竞争优势、获得财务收益、满足客户需要等。一是获取竞争优势。企业提供一体化解决方案是为了获得持续竞争优势。一般来讲，通过服务获得的竞争优势通常具有持久性、不可见性、劳动力依赖性以及更难被模仿复制性（Baines，2007），可以在环境改变导致的生产和消费模式变化时，保持竞争优势（Mont，2002）。另外，整体解决方案是有效应对低成本进口产品竞争，创造独特的客户关系的有效途径（Tukker，2004）。二是获取财务收益。对于企业来讲，获取财务收益是推进服务化战略的最主要原因。Mathieu（2001）认为与物品相关的服务能够增加收益，降低现金流的脆弱性和易变性，有助于提高股东价值。Gao（2009）指出一体化解决方案能够获得稳定、高边际利润的收入。三是满足客户需求。一体化解决方案关注客户在整个产品生命周期的需求，进而提供量身定制的整体解决方案，来满足客户的特定需求。Tukker（2004）指出专注于客户需求的一体化解决方案，能够使企业明确客户和提供者之间的联系，进而加快创新速度，提高忠诚度，促进客户保留（Kuo，2010）。

（二）一体化解决方案的挑战

尽管制造业企业采取产出服务化战略可能带来更多的收益，但是大多数制造商的服务化转型相当缓慢和谨慎，这主要是因为企业实施产出服务化战略会遇到一些挑战和障碍。其一，企业习惯于严格规范的招标客户协议，这样供应商通常强调价格竞争优势而不是最具价值的方法来满足客户需求；其二，企业组织难以调整产品为新的解决方案，企业组织有严格定义的内部角色，部门之间的水平协作难以满足提供定制解决方案的要求（Ryynanen，2012）；其三，企业不习惯与其客户合作，共同创造解决方案（Tuli，2007）。具体来讲，向一体化方案解决商转型，需要克服顾客层面适应性，重新定义接触面，收入、定价和营销策略调整，产品服务系统设计，供应网络调整，组织构架变革，文化转型和组织衡量等层面的挑战（见图 11－1）。

顾客层面	文化转型	绩效衡量
□如何培养理解客户需求变化的能力？ □获取顾客需求变化的方法、工具和技术。	□员工需要何种技能和行为方式，如何获取或开发？ □什么是恰当的管理/领导方式来引领转型？	□如何衡量全生命周期价值，标准是什么？ □在评价提供物生命周期价值时，如何专注于顾客？
重新定义接触面 □如何设计经济可持续的取悦顾客的方法？ □在每种方法中，如何规避风险和最大化激励？	一体化解决方案的八个挑战	**组织构架** □在组织中，哪些组织结构或基础设施需要变革？ □如何获得或管理服务化过程中需要的知识？
收入、定价和营销 □如何合理化定价？ □需要什么样的能力和相关资源（如销售系统）？	**提供物设计** □设计一体化解决方案需要的工具和技术有哪些？ □需要什么样的组织能力和相关资源？	**供应网络** □如何重新构架与供应商的关系？ □是否需要垂直整合？范围和程度如何？

图 11－1　制造业服务化过程中的八大挑战

资料来源：Nudurupati（2012）。

（三）一体化解决方案主要模式

根据设备（系统）的所有权归属和提供物体的定位可以将一体化解决方案分为租赁提供物（设备所有权归供应商、基于产品定位）、维护提供物（设备所有权归客户、基于产品定位）、绩效提供物（设备所有权归供应商、基于流程定位）以及运营提供物（设备所有权归客户、基于流程定位）四种类型。而且，不同类型的一体化解决方案，客户和供应商的依赖程度不同，一般来讲，客户和供应商对租赁提供物的解决方案的相互依赖程度较低，而他们对绩效提供物的解决方案的相互依赖程度较高。

三、一体化解决方案模式与产业融合路径：基于案例比较视角的分析

（一）案例选取依据及分析框架

本研究的目的是归纳分析。案例分析所要解决的问题是“总结产业融合背景下，企业由产品供应商向一体化供应商转型的模式”。尽管单一案例研究更容易进行深入分析，但是单一案例分析容易出现偏差，而且不能分析差异性，因此我们选择多案例研究分析。同时，对案例研究方法来说，随机样本一般是不可取的（Eisenhardt，1989），选取典型和极端的情形才更为合适。本研究选取案例的原则主要包括：一是代表性，即所选取的案例在行业中有代表性，而且向一体化转型的模式具有可推广性；二是成功性，即通过一体化解决方案，企业收入、利润、价值得到大幅改善；三是便利性，相关数据和材料容易获得。基于以上原则，选择 Rolls - Royce、IBM、Alpha 和陕鼓动力等行业龙头企业的代表解决方案作为研究对象。根据整体解决方案的

特点、分类和产业融合的模式，借鉴商业模式画布框架，确定案例分析的主要框架，主要包括提供物、产品、服务、产品所有权、收入方式、客户关系等方面（见图 11－2）。

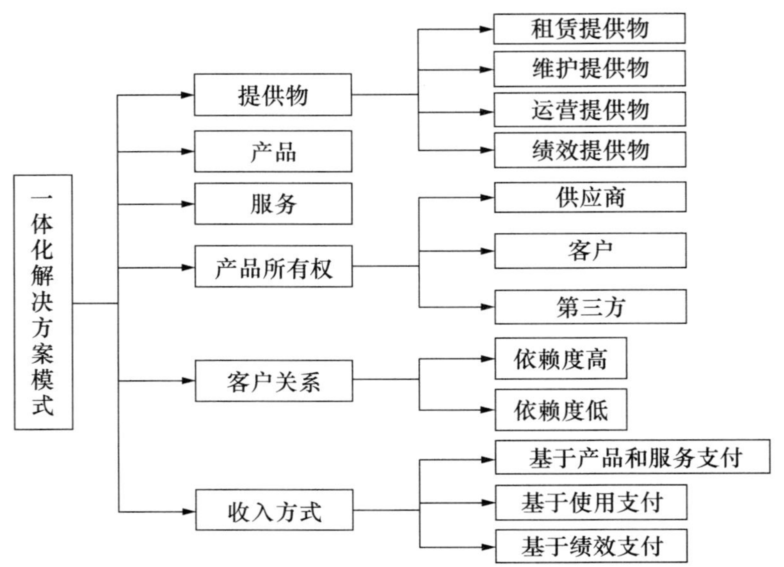

图 11－2 分析框架

（二）案例描述

1. 航空运输产业——罗尔斯—罗伊斯（Rolls－Royce）的全面维护协议（Total Care）

罗尔斯—罗伊斯公司是全球最大的航空发动机制造商。引擎的使用寿命一般为 20 年或更长，随着时间推移，需要更换的零件价值超出了引擎成本本身，这意味着让引擎更可靠反而会降低公司的利润。因此，在 20 世纪 90 年代中期，公司将服务扩展到发动机维护、发动机租赁和发动机数据分析管理等领域，通过服务合同绑定客户，增加服务收入，即提供全面维护协议。全面维护由发动机固定维护菜单和附加服务构成，其核心元素是服务集成、发动机健康状况监控和全面发动机大修以及发动机可靠性改进和劳斯莱斯专业启动维护等，而附加服务包括技术档案管理、发动机运输、备用引擎部件支持等。全面维护协议一般是 10～15 年的长期协议，罗尔斯—罗伊斯按照飞行小时收费，公司不再向客户收取零件费用，而是承担维护引擎最佳状态所需的全部零件成本，然后按每个飞行小时消耗的引擎成本收费。2010 年，公司 65% 以上的引擎通过全面维护协议出售。全面维护协议是基于流程的运营服务，实现由产品向维护一体化解决方案的转型。

2. 电子信息产业——国际商务机器有限公司（IBM）的云计算解决方案

20 世纪 90 年代初期，IBM 陷入了财务困境，因此 IBM 开始向服务转型，逐步实现全球整合，并向高价值业务转移，目前 IBM 已经由一家硬件制造商转变为整体方案提供商，2012 年 IBM 已经成为全球最大的 IT 服务提供商、外包提供商、咨询提供商和产品支持服务公司，其服务收入占总收入的 83%，利润占 94.9%。IBM 的云计算解决方案包括，帮助企业统一管理 IT 基础设施，实现对 IT 资源的有效掌控；可以将标准流程和模板融入 IT 管理流程，降低运维风险。如在荷兰的 iTricity 数据中心解决方案中，为应对不同地区多个数据中心管理成本高、托管、租赁服务模式单一、客户需求不能快速响应等问题，IBM 提供了所有数据中心资源由蓝云来管理、让客户按“资源×小时”付费、所有数据中心统一服务接口、定义更灵活的服务模式（自动化服务）和符合 ISO 27002 标准的安全性解决方案，实现了集中管理、节约成本，更多服务模式、客户自助式服务，响应更快、客户满意度提高以及云架构更利于数据中心的扩展目标。在云计算解决方案中，IBM 扮演了软件、硬件和知识整合商，实现了从产品到运营的整体解决方案。

3. 工程技术行业——阿尔法（Aphla）的污泥项目

阿尔法公司是经营离心分离、热交换、流体处理等资本品（Capital Goods）的跨国企业，该公司生产高速分离器、卧螺离心机（离心机）及过滤器、板式和螺旋式热交换器、热交换泵等一系列的产品，客户群包括天然气、石油、能源产生、海洋、食品加工和饮料、生物技术、制药、供水和污水处理等行业。阿尔法推进服务化战略，提供行业整体解决方案，为众多行业提供了许多整体解决方案。在污泥项目中，污水处理厂需要固化污泥以减少污泥处理成本，阿尔法公司开发脱水过程的具体知识流程，增加与其他程序交互的知识，提供集成软件和系统，客户按照初始安装费用和节约费用的一定比例付费。在污泥项目中，阿尔法公司提供了知识、软件、硬件等服务，同时按照绩效收费，属于介于运营和绩效之间的整体解决方案。

4. 机械装备行业——陕西鼓风机集团的气体业务

陕西鼓风机（集团）有限公司是提供全方位动力设备系统问题的解决方案商和系统服务商，产品有轴流压缩机、离心压缩机、离心鼓风机、通风机、汽轮机及智能测控仪表、智能变送器、工业流程能量回收发电设备等。主要生产氧、氮、氩、二氧化碳及其他稀有气体等产品，集团通过整合融资平台、研发设计、工程建设、项目运行、集中管控、人才队伍等产业投资基本要素，实现合缝对接和相互支撑，形成连锁经营网络化运作，为客户提供专业化和个性化的服务，目前，已经在唐山、开封、徐州、石家庄、渭南等地建立了工业气体工厂。集团的气体业务是由空分设备制造商向气体供应商转型，是基于绩效的整体解决方案。

表 11－3　四个案例中核心要素描述

要素	整体维护协议	云计算解决方案	污泥项目	工业气体项目
提供物	客户需要成本相对稳定的引擎维护，罗尔斯提供全面整体维护	客户面对数据中心管理成本高、服务模式单一、客户需求不能快速响应等问题。IBM 提供统一灵活高效的数据处理中心	客户需要降低脱水成本，阿尔法公司提供包括工程设计、软件等降低成本的方案	通过工业气体厂建造，为企业提供氧气等工业气体
产品	大型飞机引擎和零部件	服务器和网络硬件	硬件设备	空分设备等

续表

要素	整体维护协议	云计算解决方案	污泥项目	工业气体项目
服务	引擎改造、监测和维护维修以及延误损失弥补等	软件、知识流程等	软件、知识、财务、法律服务等	工程设计、建造等
收入方式	引擎销售+按飞行小时付费的维护，零部件等不单独收费	一次性付费	固定费用+成本节约比例	按气体使用量付费
客户关系	飞机制造商、航空公司等	园区、企业等数据中心	污水处理厂	工业企业
产品所有权	客户	客户	客户	供应商

（三）一体化解决方案模式比较分析

在罗尔斯—罗伊斯公司的全面维护协议中，发动机属于客户，而罗尔斯—罗伊斯公司主要提供基于产品的运营维护，因此全面维护协议属于维护性提供物的整体解决方案。在 IBM 的云计算解决方案中，硬件和软件的归属权均属于客户，而 IBM 公司主要提供基于流程的知识和软硬件，因此云计算解决方案属于运营性提供物的整体解决方案。在阿尔法的污泥项目中，阿尔法公司主要提供基于流程的知识和软硬件，虽然硬件和软件的归属权均属于客户，但是阿尔法公司初始收费相对较低，此后按照费用节约比例收费，因此污泥项目是介于运营性提供物和绩效提供物之间的整体解决方案。在陕西鼓风机集团的气体项目中，集团提供所有的建造设计、设备等，而且气体生产厂的所有权归陕西鼓风机集团，而客户根据气体使用量付费，因此工业气体项目属于绩效提供物的整体解决方案（见图 11－3）。在四个案例中，由于污泥项目和云计算解决方案的流程与客户需求或原有设备高度相关，所以这两个案例中，客户和供应商之间的依赖程度较强；虽然工业气体项目属于绩效提供物，但是工业气体的差异性较小，客户和供应商之间的依赖程度较弱（见图 11 -4）。

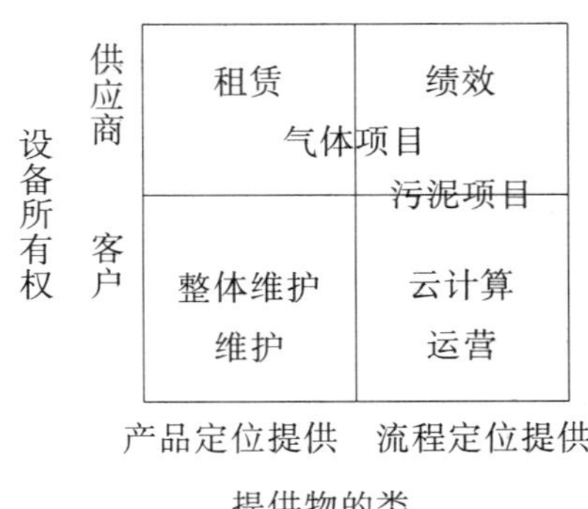

图 11 -3　四个案例的模式比较

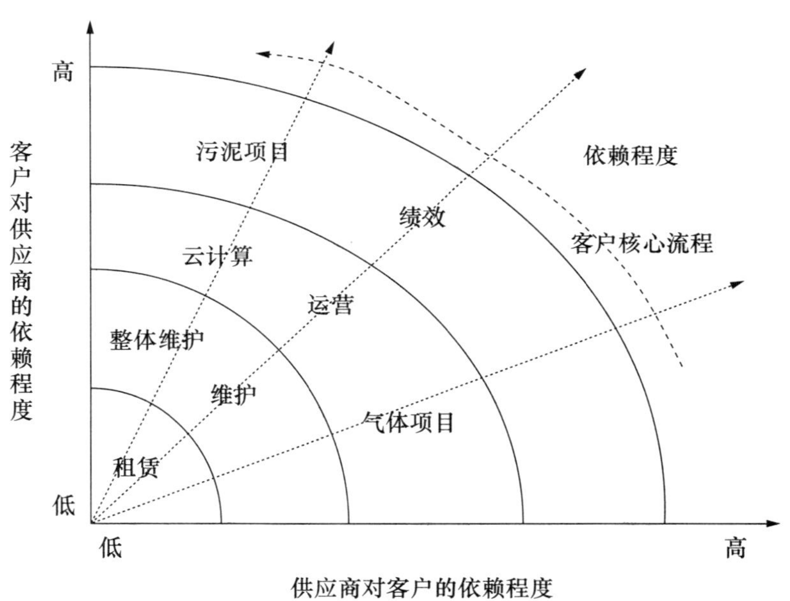

图 11 -4　四个案例中供应商和客户依赖程度比较

（四）产业融合路径比较分析

1. IBM 的跨行业并购与横向一体化

IBM 在 20 世纪 90 年代中期，制定了新的转型战略，即由一家提供软硬件产品的公司转向提供包括综合服务在内的整体解决方案的公司。在转型初期，收购了 Lotus（莲花）公司，填补了 IBM 在中间件业务领域的空白；并购了 Tivoli 系统公司，进入分散式系统管理软件产品市场。进入 20 世纪后，在收购普华永道咨询公司的基础上，IBM 利用资本市场运作，继续收购软件服务商，并用 IBM 的客户资源、知识资源、文化资源整合软件、硬件和知识服务，逐步形成了包括应用系统和协作软件、信息管理软件、办公协作、服务管理软件、开发软件等软件服务体系、大型服务器硬件体系的整体解决方案提供商。因此，IBM 由 PC 和硬件制造商向整体方案转型的路径主要通过跨行业并购实现横向一体化，最终将不同产业的产品和服务集成到整体解决方案中，通过横向一体化实现软件和硬件的融合（见图 11－5）。

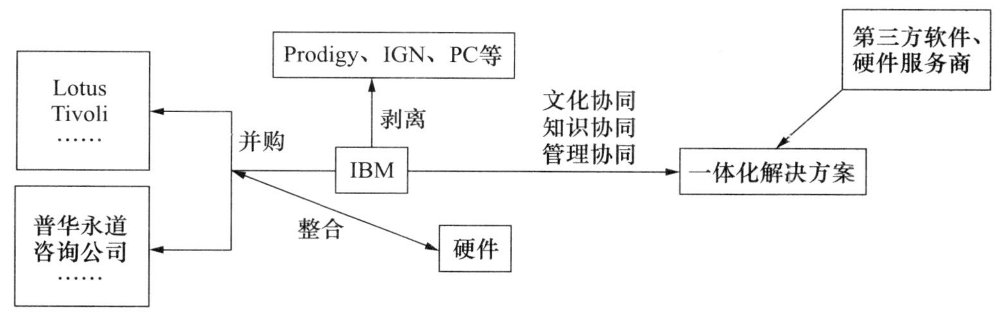

图 11－5 IBM 产业融合路径示意

2. 阿尔法跨行业合作与价值网络

在污泥项目中，主要的参与者包括阿尔法、顾客（废水处理工厂）、软件提供商、研发组织以及商业咨询等（见图 11－6）。

在不同的管理层面中，不同合作伙伴在网络中扮演的角色也不同，既要承担核心企业的角色，还要处理双边关系、多边关系，同时要建立良好的联结通道。在污泥项目解决方案中，Alpha 是整体解决方案的最终提供商，其与客户——废水处理工厂形成紧密的联系。为了提供整体解决方案，Alpha 高度依赖于软件合作伙伴，因为 Alpha 本身不具有软件开发能力，而这些软件是集成解决方案的核心，因此

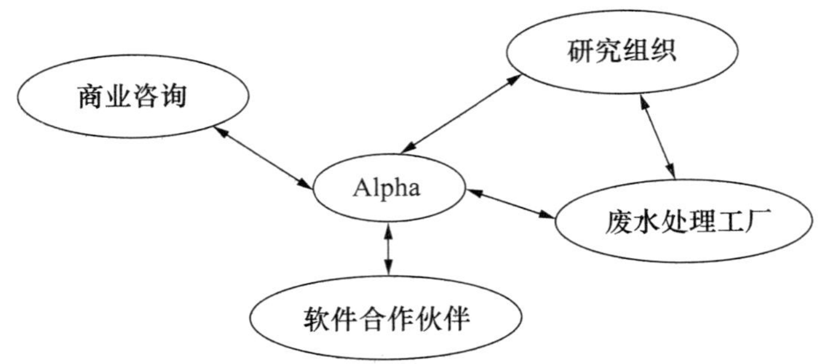

图 11－6　Alpha 污泥项目的价值网络示意

与软件合作伙伴的关系是强有力的，且一直贯穿整个项目；研究组织将污泥项目（Sludge Project）变为荷兰立法鼓励的项目，主要在项目前期发挥作用；商业咨询顾问更多的是通过对研究机构和 Alpha 公司的高层管理人员间接发挥作用（见表 11－4）。

表 11－4　Alpha 污泥项目角色关系表

管理层级	角色
核心角色（Alpha）	＊克服内部阻力，建立专业个体和团队成员之间的紧密合作关系，以推动项目继续 ＊终端顶层管理的关键是执行污泥项目，即创建任务
双边关系	＊Alpha 和最终客户之间的良好密切合作关系随着项目的进行逐步增加 ＊Alpha 对客户需要的知识促进业务系统商业协议大纲的形成 ＊软件企业与合作伙伴密切互动，并结合流程和软件知识、资源创造价值
多边关系	＊Alpha 是不同的行动者和最终客户之间的集成者，因此，价值创造过程关注管理、利用来自不同外部参与者的资源
关系连接	＊顾问和高级管理人员则重点从 Alpha 整体组织来考察污泥项目 ＊新立法鼓励研究机构和客户采用最佳脱水解决方案 ＊研究所对 Alpha 的潜在客户宣传污泥项目的信誉

四、政策建议

一体化解决方案的本质是以功能和价值为核心，打破行业边界，满足客户在特定事项上的需求，是新时期产业融合的新商业模式，政府应调整相关政策，推动产业融合下一体化解决方案的发展。

（一）建立一体化的产业政策

1. 树立制造业与服务业融合发展的理念

政府作为市场经济条件下宏观调控的主体，必须发挥其在推进制造企业实施服务化中的积极作用。中国是世界上最大的加工厂，也是重要的制造业基地之一，然而我国服务业的发展还与国外存在不小差距，不能满足制造业转型升级的需要。在信息技术革命不断深化的背景下，制造业和服务业的边界逐渐模糊，而消费者也越来越需要将产品和服务捆绑在一起的解决方案，只依靠制造或服务很难满足需求。因此，要树立制造和服务融合发展的理念，并将制造业服务化作为产业优化升级的方向。

2. 消除产业政策歧视，降低交易成本

一是完善税收制度。对于间接税，要加快营改增步伐，在试点的基础上，尽快在全国推行；并在税率设计上，鼓励发展商务服务、金融服务等生产性服务行业，适当降低生产性服务业税率；对于所得税，要调整服务企业无形资产的折旧政策，放宽无形资产的折旧标准；同时允许服务企业抵扣研发费用，如果服务企业确实有研究开发活动，不论是自然科学领域，还是人文社会科学领域，均可享受研发费用抵扣政策。二是完善土地制度。采取协议出让的方式，降低服务业用地成本。三是完善金融体系。解决服务企业融资难的问题，建立以中小金融机构为主体的产业组织体系，尽快培育一批中资中小银行，为具有比较优势的中小企业和民营经济提供金融服务；大力发展风险投资、担保等金融机构；加快推进多层次资本市场的建设力度，如创业板市场等，构建完善的融资服务体系。

3. 加强行业管理部门之间的协调

一体化解决方案的关键是以满足客户在某个特定事项的所有需求，这涉及一些行业和产品之间的融合，如在提供以绩效为主的提供物时要占用大量的资金，需要融资租赁服务的支持。然而，我国的金融、商务、制造、信息、研发、通信等产业的行业主管部门不同，各主管部门都从各自的视角制定了相关产业的支持、监管政策，这些产业在相互融合为客户提供价值时受到各种限制，制约了一体化解决方案的发展。因此，要从客户需求的视角整合行业管理部门的职能，制定相互协调融合的行业监管、支持政策，形成合力，推动一体化解决方案的发展。

（二）推动服务业创新，提高服务业效率

1. 改革服务业体制，提升服务业效率

推进国有服务型企业改革。建立起激励约束相容的公司法人治理结构，降低经营成本，提高企业效率。同时，要减少政府对国有企业的直接干预，强化出资人对国有企业的监督，建立企业家的公平竞争机制。加快事业单位改革。事业单位吸引了大量的优秀人才，而且许多事业单位从事高端服务提供，但是由于机制体制的弊端，事业单位的优秀人才并没有发挥应有作用，要把事业单位产权制度改革与单位内部配套改革、管理有机结合起来，以产权制度改革为重点，深化人事制度和分配制度改革，形成竞争合作、精简高效的用人制度和按劳分配与按生产要素分配相结合的分配制度。加快垄断行业改革，放宽市场准入，建立多元化的投资主体，打破行业的垄断。

2. 推动服务业创新，做实服务业

完善服务业收益获取模式，建立基于价值创造的收益获取模式，而建立基于此模式的核心是减少政府对于金融、房地产、通信、交通

等的保护，建立公平、透明的市场体制；加大服务业研发创新力度，提升为实体经济服务的能力。和制造业研发相比，服务业研发的内容非常广泛，它涵盖了技术性的R&D、人文社会科学的R&D甚至包括流程和组织构架的研发，而且往往是产品、过程、组织研发交互进行，这就加大了服务业创新的力度，也加大了政府识别服务业创新的难度。因此，要从更加宽泛的视角去认识服务业研发，同时要加大税收、财政、科技专项的支持力度。

3. 培育新兴服务业态

从制造业导入服务类型来看，主要是集中在工程总承包、系统集成、提供整体解决方案，供应链管理优化，融资租赁，再制造，增值服务等，同时，制造业服务化衍生出IT技术系统解决方案、3D虚拟仿真设计、逆向信贷等新兴服务业态，要加大支持力度。

（三）完善教育培训体系，提升人力资本水平

产品服务系统、整体解决方案主要是依托高新技术以及现代经营方式和组织形式而发展起来的，是知识密集、技术密集型产业。在制造企业导入服务的过程中，面向现代物流、电子商务、金融租赁、在线维护、研发设计、成套集成等高端服务，面向转型工程中新的商业模式要求供应商既要对自己的产品设备的特点、工艺流程、生产布局以及项目管理等有深入的了解，还要精通现代服务理念、服务模式。同时由于服务具有无形性、同步性、异质性和不可储存性，需要从业人员有良好的团队协作能力和服务意识、良好的沟通应变和实践技能。但是，我国现有的教育体系还是面向制造业或服务业的专业人才，还没有高等学校设立制造服务化方面的专业，人才培养模式和课程设计与制造业服务化的发展需求相脱节。因此，我国应调整高等教育、职业教育的发展重点和教育模式，大力发展实训基地，为制造业服务化提供合适的人才。同时，企业要制订符合自己特点的人才培养计划，并制定吸引人才、留住人才的制度、措施和机制，为服务化转型提供人才支撑。

（四）选取潜力行业，进行重点突破

1. 重点行业选择

从制造业服务化的典型案例和发展趋势来看，发展一体化解决方案的重点行业是装备制造业、电子信息产业。对于装备制造业服务化转型的路径主要是三条：一是大力发展融资租赁服务，依托企业在国内外市场上的品牌优势、渠道优势、资金优势、人才优势、广泛的客户资源和营销网络，联合金融服务机构，共同为客户提供专业化的工程机械融资、租赁等服务。二是发展整体解决方案，除为客户提供自产主体设备外，还提供设备成套（包括系统设计、系统设备提供、系统安装调试）和工程承包（包括基础、厂房、外围设施建设）等，同时向客户提供专业化维修改造服务，由设备的制造厂商提供设备的维修、检修、升级、改造，并向客户提供专业化远程设备状态管理服务，对客户装置实施全过程、全方位、全天候的状态管理。三是发展供应链管理服务，为每一位客户量身定制一步到位、全方位的运输解决方案。对于电子信息产业服务化的方向提供包括“硬件 + 软件 + 知识”的智能信息处理和智慧生活服务。

2. 对重点企业引导扶持

一是选取潜力企业，提高服务化意识。对规模较大、技术研发能力较强的龙头企业进行梳理，选取一些已经导入服务业务或者具有制造业服务化潜力的企业，支持潜力企业的管理决策层通过考察、培训等方式提高制造业意识，逐步培育一批制造业服务化标杆企业，进行经验总结、推广，引导制造业植入服务业务。二是实施制造业服务化引导辅助行动计划。每年选取一批有潜力、有基础、有意愿的制造企业，聘请专业的制造业服务化专业辅导团队对制造企业服务化模式、组织结构、组织文化、基础设施构建等进行设计；改变服务业引导资金、科技经费的投入方向，对制造业服务化的关键技术、关键平台、模式设计等给予资金支持。三是培育虚拟企业，打造制造业服务化网络。支持焦点企业培育整体解决方案合作网络，大力发展虚拟企业，对于建立密切业务支撑与合作的服务价值网络，给予参与企业增值税等税收优惠，或者一体化纳税，对建立网络型平台给予资金支持等。

（五）打造产业融合发展集聚区

制造企业服务化是大势所趋，但是，在现代市场经济体系里，产业融合发展更以集聚特别是在园区集聚发展为重要特征。因此，要在已有的制造业产业集群内部或者附近，建立起各种为其服务的公共平台，以降低制造业集群的交易成本，优化投资环境；在各种高技术园区，或者知识密集型制造业的集群内部或者周边，建立为其服务的研发平台以及法律、工程、融资、信息、咨询、设计、租赁、物流和政策支撑体系。这样做，既鼓励了生产性服务业发展，也促进了制造企业的专业化与分工，要么专注于制造业发展，要么向服务企业转型。

参考文献

［1］曹曼、叶文虎：《产业体系划分的理论探讨》，《经济学动态》2004 年第 6 期。

［2］单元媛、赵玉林：《国外产业融合若干理论问题研究进展》，《经济评论》2012 年第 5 期。

［3］吴颖、刘志迎：《产业融合——突破传统范式的产业创新》，《科技管理研究》2005 年第 21 期。

［4］周振华：《产业融合：新产业革命的历史性标志——兼析电信、广播电视和出版三大产业融合案例》，《产业经济研究》2003 年第 1 期。

［5］Baines, T., Lightfoot, H., Steve, E., Neely, A., Greenough, R., Peppard, J. State of - the - art in Product Service - systems. Journal of Engineering Manufacture, 2007, 221 (10): 1543 - 1552.

［6］Brady, T., Davies, A. and Gann, D. M. Creating Value by Delivering Integrated Solutions. International Journal of Project Management, 2005 (23): 360 - 365.

［7］Brax, S. A., K. Jonsson, Developing Integrated Solution Offerings for Remote Diagnostics: A Comparative Case Study of Two Manufacturers. International Journal of Operations & Production Management, 2009, 29 (5): 539 - 560.

［8］Windahl, C., N. Lakemond. Integrated Solutions from a Service - centered Perspective: Applicability and Limitations in the Capital Goods Industry, Industrial

Marketing Management, 2010, 39 (8): 1278 - 1290.

[9] Corrêa, H. L., Ellram, L. M., Scavarda, A., Cooper, M. An Operations Management View of the Services and Goods Offering Mix. Internacional Journal of Operations and Production Managemen, 2007, 27 (5): 444 - 463.

[10] Davies, A. Moving Base into High - value Integrated Solutions: A Value Stream Approach. Industrial and Corporate Change, 2004, 13 (5): 727 - 756.

[11] Eisenhardt, K. M. Building Theories from Case Study Research. Academy of Management Review, 1989, 14 (4): 532 - 550.

[12] Visintin, Filippo. Providing Integrated Solutions in the Professional Printing Industry: The Case of Oce. Computers in Industry, 2012 (63): 379 - 388.

[13] Gebauer, H., Fleisch, E. An Investigation of the Relationship between Behavioral Processes, Motivation, Investments in the Service Business and Service Revenue. Industrial Marketing Management, 2007 (36): 337 - 348.

[14] Gebauer, H. and Friedli, T. Behavioural Implications of the Transition Process from Products to Services. Journal of Business & Industrial Marketing, 2005, 20 (2): 70 - 80.

[15] Greenstein Shane, Khanna Tarun. What does Industrial Convergence Mean? //David B. Yoffe (eds.) Competing in the Age of Digital Convergence. Harvard Business School Press, 1997.

[16] Karmarkar, U. Will you Survive the Service Revolution? Harvard Business Review, 2004: 101 - 107.

[17] Kuo, T. C., Ma, H. - Y., Huang, S. H., Hu, A. H., Huang, C. S. Barrier Analysis for Product Service System Using Interpretive Structural Model. The International Journal of Advanced Manufacturing Technology, 2010 (49): 407 - 417.

[18] Mathieu, V. Service Strategies within the Manufacturing Sector: Benefits, Costs and Partnership. International Journal of Service Industry Management, 2001 (12): 451 - 475.

[19] Mont, O. Clarifying the Concept of Product - service System. Journal of Cleaner Production, 2002 (10): 237 - 245.

[20] Bandinelli, Romeo. Valentina Gamberi. Servitization in Oil and Gas Sector: Outcomes of a Case Study Research. Journal of Manufacturing Technology Management, 2012, 23 (1): 87 - 102.

[21] Ryynanen, H. , O. Pekkarinen, R. T. Salminen, Supplier's Internal Communication in Change Process to Solution Business – Challenges and Tentative Research Agenda. Journal of Business Market Management, 2012, 5 (3): 154 – 172.

[22] Saara Kujala, Jaakko Kujala, Virpi Turkulainen, Karlos Arttoa, Pertti Aaltonen, Kim Wikström. Factors Influencing the Choice of Solution – specific Business Models. International Journal of Project Management, 2011 (29): 960 – 970.

[23] Nudurupati, Sai S. , David Lascelles. Eight challenges of the servitization. Servitization Conference 2013, Birmingham on 20 – 21st May, 2013.

[24] Söderström, John. Från produkt till tjänst: utveckling av affärs – och miljöstrategier I produktorienterade företag, Doctoral Thesis, Stockholm School of Economics, EFI (The Economic Research Institute) Stockholm, Elanders Gotab, 2003.

[25] Stieglitz, N. Digital , Dynamics and Types of Industry Convergence: the Evolution of the Handheld Computers Market in the 1990s and Beyond//J. F. Christensen , P. Maskell, Cheltenham (eds.) . The Industrial Dynamics of the New Digital Economy, Edward Elgar, 2003.

[26] Stremersch, S. , Wuyts, Stefan and Frambach, Ruud T. The Purchasing of Full – service Contracts: An Exploratory Study within the Industrial Maintenance Market. Industrial Marketing Management, 2001 (30): 1 – 12.

[27] Tuli, K. , A. Kohli, and S. G. Bharadwaj. Rethinking Customer Solutions: From Product Bundles to Relational Processes. Journal of Marketing, 2007, 71 (3) : 1 – 17.

[28] Vandermerwe, S. and J. Rada. Servitization of Business: Adding Value by Adding Service. European Management Journal, 1998, 6 (4): 314 – 324.

[29] Visnjic, I. and Van Looy, B. Revisiting Servitization – when is service oriented business model innovation effective? . Academy of Management Annual Meeting. Chicago (USA), 7 – 11 August, 2009.

[30] White, A. L. , Stoughton, M. , and Feng, L. Servicizing: The Quiet Transition to Extended Product Responsibility. Boston: Tellus Institute, 1999.

战 略 篇

第十二章　中国的工业大国国情与工业强国战略*

无论是欧美发达国家，还是中国这样的发展中国家，无论是制定经济政策的政府，还是研究经济理论的经济学界，都从2008年世界金融危机中得到了一个重要启示：必须高度重视实体经济对于一个国家的经济安全和经济发展的重要意义。2011年底我国的中央经济工作会议指出，要牢牢把握发展实体经济这一坚实基础，也是基于这样的共识。近年来，我国虚拟经济表现为“暴利”，金融工程日益成为“显学”，实体经济对于资金、人才缺乏吸引力，这些现象都在很大程度上说明，我国对工业发展尤其是制造业发展重视还不够。虽然在国际金融危机爆发后，我国推出十大产业振兴与调整规划，在“十二五”规划中也提出构建结构优化、技术先进、清洁安全、附加值高、吸纳就业能力强的现代产业体系，并于2011年12月30日正式颁布《工业转型升级规划（2011～2015年）》。但是，对于一个处于工业化中期后半阶段的发展中大国而言，将工业发展问题仅仅从产业战略层面来认识是不够的，我国缺乏的是从基本国情高度和国家战略层面认识工业发展问题。

* 本文原载于《中国工业经济》2012年第3期。

一、工业大国的基本经济国情

基本经济国情是对一个国家的经济发展总体状况和阶段的基本概况，是一个国家制定经济现代化战略和国民经济发展规划的基本依据。在信息化和全球化的背景下，中国这个世界第一人口大国持续成功地推进了市场化改革和高速工业化进程，经济30余年保持高速增长，人均GDP从1978年不足100美元到2011年超过4000美元，发展成为世界第二大经济体。无疑，与改革开放初期相比，中国现实基本经济国情已经发生了巨大变化。长期以来，中国的基本经济国情被概括为农业大国。那么，如何描述发生巨大变化的中国现实基本经济国情呢？

2005年，我们提出了一个基于产业结构演进的基本经济国情分类框架（陈佳贵、黄群慧，2005）。该分类框架综合考虑经济总量维度和经济结构维度，认为一个大国的基本经济国情应该经历从农业经济大国（农业大国）到工业经济大国（工业大国）、从工业经济大国到工业经济强国（工业强国）、从工业经济强国到服务业经济大国（服务业大国）的国情变化阶段，大致应该对应工业化初中期、工业化中后期和后工业化社会三个阶段。该国情分类框架提出的重要意义在于为长期以来流行的关于农业大国、工业大国和工业强国等的国情描述提供了严谨的理论基础，使这些日常流行语或者政策用语变为经济学概念，进而可以拓展出一种发展经济学的分析范式。

基于这个国情分类框架，我们研究表明，到20世纪末21世纪初，中国已经成为名副其实的工业大国，这意味着中国的基本经济国情已经从农业大国转为工业大国，也就是说，中国的现实基本经济国情是工业大国，正处于从工业大国向工业强国转变的阶段，也就是工业化的中后期阶段。所谓工业大国是指以工业经济为主导、具有庞大的经济规模工业生产出口大国。具体而言，中国成为工业大国的基本经济国情，包括以下几点内涵：

第一，中国经济总量巨大。这里的“大国”是指国家的经济规模大，而不是国际政治学中大国概念。在国际政治学中，大国是指在军事实力上具有霸权地位的超级大国，能够发动战争并赢得战争，具备自主安全的能力（郭树勇，2006）。中国不仅有世界第一的人口总量，而且经济总量庞大，在2000年进入世界第6名，2005年位列第5名，2007年位列第3名，2010年位列第2名。

第二，中国工业在国民经济中占据主导地位。这里的工业大国主要是相对于农业大国而言的，是指工业在国民经济中占有主导地位，无论是在经济总量上，还是在经济增长率上，工业的贡献都远远超过农业。从三次产业结构看，在20世纪70年代以前，农业一直占主导地位，而近些年，工业增加值占GDP的比例一直在50%左右，服务业占比为40%左右，而农业只占10%左右，工业制成品出口占整个出口额的90%以上。这表明工业在国民经济中占有绝对的主体地位。

第三，中国工业生产总量占有世界工业的较大份额。这里的工业大国，是指其工业总量（包括品种、产量、产值等）在世界上占有较大的比例。到2000年，中国成了一个名副其实的工业生产大国，主要工业产品产量都居世界前列，粗钢、煤、水泥、化肥、电视机的产量居世界首位，发电、化学纤维和棉布产量居世界第2位，糖和原油产量分别居世界第4位和第5位。2010年，中国工业增加值为23640亿美元，是美国的1.04倍，中国制造业产值为19550万亿美元，在全球制造业总产值中所占的比例为19.8%。在世界500种主要工业品中，有220项产品产量居全球第1位。钢铁、造船、汽车、电力、化工、家电等行业均具有庞大的产业基础，其中粗钢、电解铝、水泥、精炼铜、船舶、计算机、空调、冰箱等产品产量都超过世界总产量的一半。

第四，中国还没有实现工业化。这里的工业大国不同于工业国，工业国是指实现工业化的国家，工业化的演进阶段是按照农业国、农业工业国、工业农业国和工业国的阶段发展的，这里的工业大国大致对应于工业农业国的发展阶段，所以不能将工业大国理解为大的工业国。我们的评价表明，中国是工业大国，但还不是一个工业国，到2008年，中国还处于工业化中期的后半阶段（黄群慧、钟宏武，2010），中国还没有实现工业化，还只是一个中等收入国家，面临“中等收入陷阱”问题。

第五，中国还不是工业强国。中国成为工业大国，其另一个相对含义是中国还不是工业强国，我国的经济国情是大而不强。虽然在某种程度上，大是强的一个方面，但二者本质上是不同的。大描述的是规模和数量，而强则说明效率和质量。中国已经是工业经济大国，还不是一个工业经济强国，不强主要表现在我国工业现代化水平低、国际竞争力弱、工业质量有待提高。我们的评价表明，“十五”中后期（2004年）中国工业现代化水平综合指数（满分为100）为36.44（陈佳贵、黄群慧，2009）。

关于我国是否是工业大国的基本国情的判断，还有悲观和乐观两种观点值得深入探讨。

悲观的观点认为，由于现在我国农业就业人数仍然最多，我国基本国情还应该是农业大国。1991年以来，农业就业人员一直在缓慢下降，到2009年，第一产业就业人数仍为29708万人，而第二产业就业人数缓慢上升，2009年为21684万人，第三产业就业人数增速最快，2009年为26603万人。三次产业的就业人数总体上呈现出近乎三足鼎立的局面，但农业就业人数仍然最多。但是，考虑到我国有1亿~2亿的“农民工”——以农民的身份从事非农生产，考虑到我国从事农业生产的人口大多为家庭农业，真正用于农业生产的时间很少，甚至是业余时间在务农，实际上真正从事农业生产的人数并没有统计上的那么多。因此，我们不能根据一次产业就业人数多就说我国是一个农业大国。由于巨大的人口和经济体制的约束造成了我国就业结构一定程度的扭曲，就业结构转变滞后于经济结构转变，这意味着根据三次产业就业人数来判断基本经济国情是不准确的。相对而言，国民经济的产值构成更能够反映我国的经济结构。因此，我国就业结构的偏差并不能够否认国民经济中工业经济主导地位的确立。同样，由于户籍制度约束、城市化进程慢于工业化进程等原因，我国的农业人口一直占多数，如果一定要基于这个现状给出判断，可以认为我国是农业人口大国，但不是农业大国。①

乐观的观点认为，1978 年我国就已经从农业大国转变为工业大国，2010 年中国就已经成为工业强国（胡鞍钢等，2011）。认为 1978 年我国就是工业大国的判断可能是出于当时我国已经建立起相对完整的工业体系、工业在三次产业产值比例中最大等因素的考虑。但是，当时我国人均国内生产总值很低，几乎很少的工业制成品出口，我国国内还是短缺经济，工业产品根本无法满足国内人民的基本需要。因此，称那时的中国已经成为工业大国，这种判断无疑是过于主观臆断了。关于我国到 2010 年是否已经转变为工业强国，不可否认，进入 21 世纪后，我国努力推进从工业大国向工业强国转变，并取得了巨大成就，但是，我国工业大而不强的问题并没有根本解决，这表现在：工业结构亟待转型升级，工业主要还处于国际产业分工链条的低端，能够在规模和技术水平方面都具有国际竞争力的大型跨国公司还较少，工业生产技术水平和研究开发能力与世界先进水平还有较大的差距，工业劳动生产率还较低，在出口产品构成中附加值高的技术密集型产品出口比重低，工业产品质量亟待提高等。这意味着我国现在的基本经济国情仍是工业大国，还不是工业强国。

二、工业强国的特征描述

工业大国之大是用来描述一个国家具有的规模庞大的工业体系和

① 到 2011 年，我国的城市化率才首次超过 50%。统计局最新数据是 2011 年城镇人口比重达到 51.27%，城镇人口为 69079 万人，农业人口为 65656 万人。由于在城镇人口中包括 1 亿 ~2 亿长期（6 个月以上）在某一固定地点打工的农民工，如果按照户籍制度，我国城市化率则远没有这么大，农业人口仍占多数。

数量巨大的工业品，而工业强国之强则用于概括一个国家具有现代高效的工业体系和先进优质的工业品。概括地讲，工业强国是指在整个世界工业或者某些工业领域的国际竞争与发展中占据强势地位、具有引领作用和发挥重要影响的国家。从上述界定中可以看出，工业强国可以具体包括两类：一是全面强势型，在整个工业领域的几乎各个方面、各个行业都具有强势地位和重要影响，美国、德国和日本可以归为此类；二是局部强势型，在某些工业领域具有强势地位和引领作用，英国、法国、瑞士等国大体属于此类。

考察当今世界的工业强国，一般表现出以下几方面特征：一是在技术方面，工业强国具有世界先进性特征，工业生产技术水平和创新能力位于世界先进行列，对整个工业创新发展具有引导作用。技术先进性特征是工业强国的强势地位的技术保证。二是在产业方面，工业强国的产业结构呈现高级化特征，既表现为产业普遍应用高新技术（含信息技术）、产品附加值高、产业处于全球价值链条高端、产业组织合理等产业内结构高级化，又表现在具有高新技术产业主导、高加工度产业主导、知识技术密集型产业主导的产业间结构高级化。产业结构高级化特征是工业强国具有现代产业体系的具体体现。三是在环境方面，工业强国呈现出可持续发展特征，建立了绿色工业生产体系，由于工业发展而导致的资源与环境问题得到基本解决，为经济可持续发展奠定了基础。可持续发展特征是工业强国能够有效满足现代社会发展需要的表现。四是在效率方面，工业强国具有高生产效率的特征，与一般的国家相比，工业强国的工业劳动生产率得到了大幅度提高，达到世界先进水平。高生产效率的特征是工业强国“强势”的综合体现。五是在企业方面，工业强国具有国际竞争力强的特征，工业强国具有一批具有国际竞争力、世界性著名品牌的大型跨国公司。企业国际竞争力强的特征是工业强国“强势”的微观经济组织体现。

为了更进一步描述工业强国的需要，表 12 -1 给出了描述工业强国可供选择的指标体系。该描述指标体系是对上述五方面特征进一步细化的结果。需要说明的是，表 12 -1 所列指标有的是需要计算分析的统计指标，有的是计算分析后的排名；有的是国际可比指标，有的则是国内特有指标；有的指标的数据易获得，有的指标的获得性较差。之所以罗列这些指标，并不是要用这些指标进行工业强国的强势程度评价，[①] 而是为了对工业强国的具体特性有更为具体的描述。

表 12－1　工业强国的一般特征描述指标体系

方面	可供选择的描述指标及说明
技术先进性	可以从技术创新投入和技术创新产出两个方面来描述工业强国的技术先进性，可供选择的投入方面的指标包括 R&D 经费占工业增加值比重、每万人从事 R&D 研究人员、产业中从事 R&D 的科学家和工程师数量占全体从业人员的比重、人均固定资产净值、技术装备率、固定资产新度系数等；可供选择的产出方面的指标包括拥有发明专利数量、新产品率、新产品销售收入占产品销售收入比重等指标。另外，不同的工业行业还有具体行业技术指标来体现技术先进性。工业强国应该在这些指标上都达到世界的前列水平
产业结构高级化	具体可以体现反映产业组织合理化的产业集中度、企业平均生产规模、产业集群数量等指标；反映工业信息化水平的主要行业中大中型企业数字化设计工具普及率、主要行业关键工艺流程数控化率等指标；反映产业高端化的工业增加值率（附加值率）、自主品牌数量（率）、自有研发中心数量等指标；反映产业产业结构高加工度化的工业制成品出口占工业增加值比例、工业增加值与原材料工业增加值比例、工业制成品出口占出口总额的比重等指标；反映产业结构知识技术密集程度的高技术产业产出占工业增加值的比例、高技术制成品出口占制成品出口的比例、我国提出的战略性新兴产业增加值占比等指标。工业强国应该在这些指标上都达到世界的先进水平，如美国、德国等国家的工业增加值率一般要超过 40%，而中国工业增加值率 2010 年仅为 26.5%
可持续发展	围绕节能减排两个方面，具体包括每千克能源产生工业增加值、单位水耗产生的工业增加值、工业碳排放强度、化学需氧量及二氧化硫排放强度、工业固体废物综合利用率、氨氮及氮氧化物排放强度等指标。工业强国的这些指标在世界上具有先进性

① 在这个指标体系中，选择一些可比性强、数据获得性强的指标，进一步进行数据收集和无量纲化处理，计算综合水平，可以实现这种评价，得出一个全球工业强国排名榜，但这不是本文的研究内容。

续表

方面	可供选择的描述指标及说明
总体经济效率	可以用全员劳动生产率（每个员工每年创造的工业增加值）、总资产贡献率、工业用地产能、工业经济效益综合指数、单位劳动报酬支出创造的工业增加值等指标来描述总体经济效率。全员劳动生产率达到世界前列水平是描述工业强国的核心指标，美国是全球全员劳动生产率最高的国家
企业国际竞争力	企业国际竞争力评价并没有直接的统计指标，可以考虑用世界500强中工业企业数、各个工业行业企业排名以及计算工业品贸易竞争指数等指标来分析描述。世界500强排名主要依据的是营业收入，属于规模指标，由于“大”也可以是“强”的一方面体现，因此这也可以在一定程度上反映工业强国的情况。工业强国要在这些指标上进入世界前列

三、工业强国战略的提出

既然中国的基本国情是工业大国，正处在一个从工业大国向工业强国转变的过程，那么将我国发展成为一个工业强国就成为中国经济发展的战略目标。实际上，进入20世纪90年代中后期以来，从工业大国向工业强国转变的进程一直在推进。在90年代中后期以前，与中国工业化进程相适应，中国工业发展主要表现为数量扩张，工业增长的方式为以外延为主、资源消耗巨大、环境破坏问题突出，在中国享受工业发展产生的巨大利益时，粗放的工业增长带来的问题也日益严重。1996年，“九五”计划明确地提出，要实现经济增长方式的转变，要从粗放的增长方式转到集约的增长方式。从1997年以后，我国开始关注从工业大国向工业强国转变问题，这种关注可以从表12－2中得到一定程度的说明。表12－2列出了中国最权威的反映中国工业发展状况的研究报告——《中国工业发展报告》的历年主题。从中可以看出，除了有一些总结性的主题（包括1996年对“八五”计划时期工业发展的总结，2006年对“十五”计划时期工业发展的总结、2008年对改革开放30年的总结、2009年对中华人民共和国成立60年的总结）外，《中国工业发展报告》的主题基本都是围绕推进从工业大国向工业强国转变展开的，具体包括这种转变本身（1997年的数量扩张向素质提高、1999年的告别短缺经济、2000年的从工业大国走向工业强国、2006年的科学发展观指导与经济增长方式转变、2011年的工业转型升级）、转变的国际背景（包括2001年的经济全球化、2002年的中国加入WTO、2003年国际分工体系、2010年的国际金融危机）和转变的关键问题（1998年的制度创新问题、2003年的中国制造业竞争优势问题、2004年的工业技术创新问题、2005年的资源与环境约束问题、2007年的工业发展效益）。表12－2中，2000年《中国工业发展报告》的主题就是“中国新世纪战略：从工业大国走向工业强国”，如果以此作为理论界正式提出工业强国战略的概念，那么到现在中国的工业大国向工业强国转变的进程已经推进了11年。在这11年中，实施工业强国战略的要求已经反映在党中央2003年提出的走新型工业化道路、2006年提出的科学发展观的精神中，在“十一五”发展规划、金融危机后提出的“十大产业调整与振兴规划”和“十二五”发展规划中，也都体现出了从工业大国向工业强国的转变的要求，但是，在国家战略规划和政策设计的实践层面，专门的工业强国国家战略一直并未正式提出。

表12－2　《中国工业发展报告》历年主题及含义

年份	主题	基本含义
1996	从辉煌的“八五”走向更富挑战的世纪之交	总结“八五”时期的中国工业发展的辉煌成就，展望“九五”时期中国工业发展前景，提出“九五”时期中国工业发展要注意的问题
1997	从数量扩张向提高素质转变	强调中国工业发展面临转型与提升，首次提出中国工业发展应该重视提高工业素质

续表

年份	主题	基本含义
1998	制度创新、组织变迁与政策调整	从经济体制改革、产业组织变化和政策选择三个影响中国工业发展的重要方面回顾中国工业的发展历程，并提出进一步推进体制改革、产业组织合理化和制订科学的工业发展政策的相关建议
1999	告别短缺经济的中国工业	经过20年的工业高速增长和快速工业化进程，中国经济告别了计划经济体制下的短缺经济状态，提出中国工业发展已经度过了“从无到有”的阶段，而走向“从有到好”的阶段，再次强调中国工业发展的重点应该是提高工业质量
2000	中国新世纪战略：从工业大国走向工业强国	无论是从工业生产的产品数量、增加值总量，还是三次产业比例以及工业品进出口数量，各方面数据都表明中国已经成为一个名副其实的工业大国，但是中国工业总体的国际竞争力还较差，工业大而不强，第三次强调未来（21世纪）中国工业发展的主题是提高工业增长质量和工业素质
2001	经济全球化背景下的中国工业	将中国工业发展置于全球化的背景下，开始关注中国工业质量提高的国际化背景问题
2002	WTO规则下的企业和政府行为	在中国加入WTO的大背景下，再次关注中国工业发展的国际环境问题
2003	世界分工体系中的中国制造业	中国工业品的国际竞争力主要体现在低成本优势，在当今世界分工格局下，如何从低成本的“中国制造”转向高附加值的“中国创造”，是中国制造业发展的主题
2004	中国工业技术创新	提高中国工业素质和国际竞争力的关键是提高中国工业的技术创新能力，关注中国工业的技术创新问题，也就抓住了中国工业发展、推进工业现代化进程的核心问题
2005	资源与环境约束下的中国工业	中国工业快速发展需要资源与环境的支撑，我国必须处理好工业发展与资源环境约束的关系，资源与环境约束要求中国工业转变增长方式，变数量扩张为质量提升

续表

年份	主题	基本含义
2006	科学发展观与经济增长方式转变	总结“十五”期间中国工业发展的成就，分析中国工业发展面临的资源环境约束、自主创新能力弱等问题，提出“十一五”期间中国工业在科学发展观指导下、转变工业经济增长方式的建议
2007	工业发展效益现状与分析	围绕正确处理工业增长与经济效益的关系，对我国工业发展综合、地区、行业和企业的经济效益现状进行了分析，提出了提高我国工业发展经济效益的政策建议
2008	中国工业改革开放30年	对改革开放30年来中国工业改革发展的历程进行了回顾，对我国工业改革开放以来取得的成就和经验进行了总结，并提出进一步推进改革开放的有关建议
2009	新中国工业60年	回顾了新中国成立60年工业发展的历程，分析不同发展阶段的特点，提出中国未来工业发展需要突破的问题
2010	国际金融危机下的中国工业	分析了国际金融危机下中国工业受到的冲击和表现，以及中国工业对中国应对金融危机做出的重大贡献，提出面对金融危机中国工业要推进转型升级
2011	中国工业的转型升级	围绕工业的转型升级，总结“十一五”时期中国工业发展方式转变的进展情况，并分析研究“十二五”时期中国工业发展应该注意的关键问题

资料来源：中国社会科学院工业经济研究所：《中国工业发展报告》，经济管理出版社，1996～2011年。该报告每年一本，到2011年共16本。

中国工业强国战略，是指基于中国的工业大国国情、围绕如何将中国建设成为工业强国这个目标而制定并实施的经济发展战略。在实践层面，政府需要制定工业强国战略规划，规划的内容包括使命、环境和条件分析、目标及其分解、实现时间和步骤、具体任务、所需条件、推进措施等。从战略的科学性看，这个规划要满足全局性、系统性、长期性、国际竞争性的要求。所谓全局性，要求该战略规划是一个国家的经济发展战略，立足国家整体经济发展，而不是一个单纯的工业发展规划。所谓系统性，要求该战略规划从国家系统角度思考工业强国建设问题，要包括工业强国建设的各个方面，包括科研、教育、行政、社会、文化等。所谓长期性，要求该战略规划期应该有10～20年甚至更长，从现在直到中国成为工业强国。如果初步设想，在未来20年左右的时间内，把我国建设成为一个工业强国，并努力一直保持工业强国的地位，那么战略规划期应该有20年，并对20年后进行展望。所谓国际竞争性，要求该战略规划应该动态地考虑到世界各国的竞争战略，既要立足于国情和国内经济发展的需要，又要立足于世情和应对国际竞争的需要。

我们认为，制定上述国家层面的工业强国战略规划十分必要。这至少体现在以下几个方面：一是转变经济发展方式的需要。我国的基本国情是一个工业大国，坚持科学发展观、转变经济发展方式的关键是工业发展方式的转变，虽然1996年提出转变经济增长方式、2003年提出走新型工业化道路、2006年提出科学发展观，但在转变经济发展方式方面进展并不突出，其根本原因就在于工业发展方式转变缓慢，而工业发展方式转变在很大程度上是由于缺少政府工作推进的“抓手”，一个专门的国家层面的工业强国战略规划，从政府推进经济发展方式转变的组织管理上看，就十分必要。二是大力发展实体经济的需要。一般而言，实体经济是相对于虚拟经济而言的，可以包括农业、工业、交通运输、商贸物流、建筑业等提供物质产品和服务的经济活动，但其中更为核心的是工业的制造活动。而虚拟经济是金融服务业中相对独立于实体经济的虚拟资本的经济活动，其本质是虚拟资本以增值为目的进行独立化运作的权益交易，虚拟经济应以实体经济为基础，发挥优化配置资金资源、促进技术进步和实体经济发展的功能，但现实中由于金融体系不完善等原因，虚拟经济脱离实体经济的真实价值而产生泡沫，进而引发经济危机。这次国际金融危机的主要原因就是西方发达经济体金融业过度膨胀，脱离了实体经济的发展。而在欧债危机中，制造业大国德国保持了较为稳健的态势，又从另一个角度说明，在国际化背景下，发达的实体经济对于应对国际金融危机至关重要。近些年，由于虚拟经济“火爆”，我国经济在一定程度上存在一种脱离实体经济、过度炒作资产的倾向，不少资本转向民间借贷、房地产等市场，造成以制造业为代表的部分实体经济融资难、融资贵，正常的发展受到冲击，这不仅影响经济发展，扩大了社会贫富差距，还增加了经济金融风险和社会风险。正是基于这样的认识，2011 年中央经济工作会议提出要牢牢把握发展实体经济这一坚实基础，2012 年初全国金融工作会议进一步要求确保资金投向实体经济，防止虚拟经济过度自我循环和膨胀，防止出现“产业空心化”现象。如何既要转变工业发展方式，又将发展实体经济的中央精神要求落到实处，国家层面的工业强国战略规划制定和实施，无疑是一个必要的行动选择。三是指导地方科学发展的需要。虽然工业强国战略一直没有在国家政策层面确定，但是，在地方政府层面，提出“工业强省”、“工业强市”的地方却比较普遍。贵州、安徽、河北、云南、甘肃、四川、湖北等省都明确提出的“工业强省”战略，而如果考虑到县级市，提出“工业强市”战略的城市应不下百座。[①] 但是，地方政府提出的“工业强省”、“工业强市”战略与这里提出的“工业强国”战略不同，这种不同一方面表现在国家、省、市的战略区域层次差异上，另一方面表现在战略具体实施中可能有本质上的差异。一些地方政府（尤其是中西部）提出所谓的“工业强省”战略、“工业强市”战略，在实施战略中主要是通过招商引资、扩大工业规模而提高本地区的总体经济增长水平，是通过工业发展“强”省或者“强”市战略，更多的是体现为工业化中期以前工业数量扩张。而工业强国的内涵则强调的是在工业化中后期工业质量的提升，是以建设“工业的强国”为目标的。我国正处于重化工阶段，资源和环境压力很大，在错误地实施“工业强国”、“工业强市”战略中，地方政府工业扩张的冲动可能会使得资源和环境问题更加突出。这意味着地方政府提出的“工业强省”战略、“工业强市”战略需要中央政府提出“工业强国”战略的统一指导，以促进地方经济的科学发展。

通过战略引导、制定工业尤其是制造业发展的国家战略，是发达

① 在百度搜索“工业强省战略”，可以得到 724000 项相关结果，而“工业强市战略”的搜索结果则高达 2210000 项。

国家的重要经验，也是政府推进工业发展的一种通行做法。表12－3罗列了美国、日本和德国为了支持制造业发展提出的系列战略规划和相应的政策措施。一些发展中国家也都制定了自己的国家制造战略，例如，南非在2002年以政府报告的形式提出了《南非国家先进制造技术战略》，印度在2006年由国家制造业竞争力委员会提出了《国家制造业白皮书》。金融危机后，发达国家意识到去工业化的问题，更加重视实体经济发展，纷纷推出了制造业振兴和发展国家规划。2011年6月24日，美国总统科技顾问委员会（PCAST）向美国总统奥巴马呈交了题为《确保美国在先进制造业的领先地位》的专题报告。该报告认为，虽然100多年来美国始终在制造业方面占据世界领先地位，但是近几十年来美国的制造业正在迅速衰退。报告呼吁政府、企业与学术界紧密地合作振兴美国的先进制造业。根据该报告，奥巴马提出并启动了美国“先进制造伙伴”（Advanced Manufacturing Partnership，AMP）

表12－3　美国、日本、德国等国的制造业发展战略规划与政策措施

国家	主要优势领域	政府推动发展的主要战略规划、政策措施
美国	信息技术、生物技术、新材料、新能源、汽车等	“先进技术计划”、“先进制造技术计划”、“下一代制造——行动框架”、“国家信息基础设施（NⅡ）计划”、“集成制造技术路线图计划”、“鼓励制造业创新”等
日本	汽车、信息家电、机床、机器人、新材料、纳米技术、燃料电池等	“科学技术创造立国”、“制造业基础技术振兴基本法”、“新产业创造环境调整计划”、“智能制造系统计划”、“极限作业机器人研究计划”、“新产业创造战略”、“面向光辉日本的新成长战略”、“制造技术国家战略展望”、“技术创新25法”等
德国	机械制造、电子、汽车、化工等	“制造技术2000年框架方案”、“2000年度德国综合技术创新能力报告”、“微系统2000计划”、“面向未来的生产”、“德国21世纪信息社会行动计划”、“欧盟信息高速公路”、“欧盟框架计划”“国家电动汽车发展计划”等

资料来源：上海市经济委员会、上海科学技术情报研究所：《2008年版世界制造业重点行业发展动态》，上海科学技术文献出版社，2008年。

计划。该计划由道氏化学公司和麻省理工学院共同领导实施，主要致力于四方面的工作，即建设国家安全关键产业的国内制造能力；缩短先进材料从开发到推广应用的时间；投资新一代机器人；开发创新型的节能制造工艺。法国在2010年3月4日，提出了法国工业发展的系列目标和措施，被业界看作是近年来法国雄心勃勃的振兴工业计划的新起点。法国计划在未来5年内使其工业产量增长25%，彻底扭转除能源领域以外的工业贸易逆差局面，法国工业附加值占欧洲共同市场工业总附加值的比例提高2%，在较长时间内维持现有工业领域的就业数量。国际上制定国家战略发展工业的经验非常值得我国借鉴，而且金融危机后，各个发达国家推出的工业振兴计划，使工业发展的国际竞争日趋激烈，在这种背景下，我国提出自己的工业强国战略，不仅十分必要，还非常紧迫。

2011年12月30日，国务院正式印发《工业转型升级规划(2011～2015年)》，该规划在全面分析“十一五”工业发展成就和“十二五”面临形势的基础上，提出了工业转型升级的总体思路、主要目标、重点任务、重点领域发展导向和保障措施。该规划指出，转型就是要通过转变工业发展方式，加快实现由传统工业化向新型工业化道路转变；升级就是要通过全面优化技术结构、组织结构、布局结构和行业结构，促进工业结构整体优化提升。作为改革开放以来第一个把整个工业作为规划对象，并且由国务院发布实施的规划，明确提出工业转型升级“是实现工业大国向工业强国转变的必由之路”，无疑该规划具有了里程碑意义。但是，该规划立足接续“十大产业调整与振兴规划”、立足工业发展“十二五”规划，而不是针对工业强国的战略规划，没有具体提出我国工业强国目标的实现时间和步骤，也不是一个长期规划①，该规划可以作为工业强国战略规划的近4年的阶段性实施计划，而不是工业强国战略规划本身。

① 虽然规划期是2011～2015的五年规划，但该规划在2011年12月30日印发，实际规划实施期充其量也只有4年。

四、工业强国战略的目标与任务

从现代化理论看，工业现代化一般指在一国或地区的经济现代化过程中工业质量和效率不断提高、逐步达到世界先进水平的发展过程。工业是国民经济的主导力量，工业现代化是国民经济现代化的“发动机”。在当今世界格局下，我国这样一个人口众多的社会主义国家要实现现代化，必须强力推进工业现代化，促进从工业大国到工业强国的转变，进而驱动整个经济现代化进程。因此，由工业大国向工业强国转变的过程实质就是推进工业现代化过程，我国工业强国战略的核心任务就是推进我国的工业现代化进程。基于此，我们可以将工业强国战略目标和工业现代化实现目标完全对应起来，从现代化时间进程来判断工业强国战略目标的实现时间。也就是说，成为工业强国的时间应该就是实现工业现代化的时间。

根据我们对我国“十五”期间中国工业现代化水平的总体评价，到“十五”期末我国工业现代化进程大约完成了 40%，如果不考虑其他影响，仅仅简单地按照“十五”期间工业现代化水平年均增长的趋势外推，大约在 2020 年前后，将完成工业现代化进程的 60%，而在 21 世纪 40 年代前后，将实现工业现代化（陈佳贵、黄群慧，2009）。这与邓小平提出我国现代化“三步走”的战略、到 21 世纪中叶基本实现现代化是大致吻合的。2020 年前后中国完成工业现代化进程 60%，就可以认为中国已经成为一个局部强势的工业强国，也就是基本建成世界工业强国，而到 2040 年前后，中国实现了工业现代化，也就意味着建成了一个全面强势的工业强国。工业和信息化部赛迪研究院的一份研究报告提出工业强国建设的时间表是，在 2015 年基本建成具备整体优势和局部强势的现代工业体系，在 2020 年基本建成世界工业强国，到 2050 年基本建成世界一流的工业强国（乔标等，

2011），这与我们的研究结论大致相同。又考虑到《国家中长期人才发展规划纲要（2010～2020年）》（2010年6月）、《国家中长期教育改革与发展规划纲要（2010～2020年）》（2010年7月）、《国家中长期科学与技术发展规划纲要（2006～2020年）》（2006年2月）分别提出在2020年将我国建成世界人力资源强国、人才强国和科技创新强国的三大目标，与之相协调，我国工业强国战略的目标应该是在2020年初步建成世界工业强国，2040年全面建成世界工业强国。

与工业强国的特征相对应，我国推进工业现代化进程、实施工业强国战略应该包括三个方面的重点任务：一是建立先进的技术体系；二是建立现代化的产业体系；三是建立高效的管理体系。

（一）大力开展科技创新，实现科学技术现代化，建立先进的技术体系

工业强国，必然要求是技术强国。虽然，我国作为一个工业大国已经具备了比较完整的技术体系，这些年，研发强调不断加强，科技创新活动日趋活跃，工业创新能力稳步提升，但是，与美国、德国、日本等国家相比，我国技术水平还比较落后，创新能力还有待加强，整体上还没有达到世界先进水平，尤其是核心技术突破还是制约我国科技现代化水平、技术体系先进性提高的瓶颈因素。从研发投入看，2008年OECD国家平均研发强度为2.33，美国、德国和日本的研发强度分别为2.89、2.64和3.42，我国只有1.54，到2010年也只达到1.71；从关键技术自给率看，中国的纺织机械、高端机床、高速胶印机、集成芯片制造设备和光纤设备制造设备产品进口分别达到70%、75%、75%、85%和100%；从专利看，2010年我国申请的国际PCT专利12337件，仅相当于美国的1/4、日本的1/3。2004～2006年，美国、日本、德国分别掌握了纳米技术领域的43%、17%和10%的专利，占全部专利的70%，而中国在纳米技术领域掌握的专利微乎其微。对于一个工业强国而言，具备世界领先的技术水平和创新能力，是其在国际竞争中具有强势地位的基本保证。我国企业在国际分工和国际竞争格局中处于不利地位的一个直接原因就是我国技术先进性不

够，还没有建立全面先进的技术体系。因此，实施工业强国战略，必须首先要通过科技创新、实现科技现代化，建立起先进的技术体系。这里值得强调的是，在一个越来越强调原创性和知识产权的世界里，中国这样的一个社会主义的工业经济大国，必须加大对基础科学领域的投入，保证持续的国际竞争力。由于工业技术的巨大落差和引进先进技术的巨大收益，一般而言，后起工业化国家在工业化过程中的技术进步，在相当长的时期内主要是通过模仿和引进先进国家的技术实现的。改革开放以来，我国技术进步战略也主要依靠技术引进。但是，我国已经成为工业经济大国，能否具有自主技术和创新能力，尤其是在战略性、基础性技术领域能否拥有自主创新能力和自主知识产权，是我国从工业大国到工业强国的关键。因此，必须有长远发展的战略眼光，不要仅仅强调引进消化吸收再创新，还要强调原始创新，重视对基础科学研究的支持。

（二）积极推动转型升级，实现产业结构高级化，建立现代的产业体系

我国在工业大国向工业强国转变阶段，产业结构转型升级的任务很重。这具体表现在：①我国企业长期处于全球价值链分工的低端，主要通过 OEM 方式嵌入全球价值链，价值实现主要集中在劳动密集、技术水平低的生产加工环节上，较少涉及产品设计、高端制造、品牌经营等高附加值环节。在 2009 年的世界品牌 500 强中，中国只有 18 个，远低于美国的 241 个、法国的 46 个和日本的 40 个（乔标等，2011）。②从产业组织上看，我国绝大多数产业集中度不够，2002 ~ 2011 年，虽然许多大企业规模在扩大，但多数行业集中度不仅没有上升，反而下降（李建明等，2011），中国 500 强大企业国际竞争力与跨国公司相比还有较大差距。③2010 年中国三次产业比例分别为 10.2%、46.9%、43%，二次产业比例还较高，服务业比例较低。工业中重工业所占比例在“十一五”期间一直达 70% 以上，工业结构重型化凸显。工业结构还没有完成从资本密集向技术密集转型，“十一五”期间装备工业是增长最快的大类行业，2009 年高技术产业和高

技术密集度产业在工业总产值的比重分别仅为27.6%和11%。④劳动生产率、工业增加值率、工业能耗水平等综合效率指标远远低于美、德、日等发达国家。2007年中国的装备制造业劳动生产率为1.9美元/人·年，而1996年美国为9.8美元/人·年、日本为11.0美元/人·年，2009年中国工业增加值率为26.5%，美国为68.0%、日本为43.6%、德国为43.4%，2008年我国万元国内生产总值能耗为1.1吨标准煤，是发达国家的3~4倍（乔标等，2011）。因此，如何通过转型升级实现产业结构高级化，就成为我国经济发展和产业政策的核心任务。也正是在这个背景下，刚颁布的《工业转型升级规划（2011~2015年）》就意义重大了。该规划提出着力提升自主创新能力，推进信息化与工业化深度融合，培育壮大战略性新兴产业，改造提升传统产业，加快发展生产性服务业，全面优化结构，不断增强产业核心竞争力和可持续发展能力。可以设想，该规划得到有效执行，农业基础稳定、工业结构优化、服务业快速发展、科技进步对经济发展贡献度不断提高的现代产业体系将会建成，这就为工业强国建设奠定了更加坚实的基础。这里需要明确的一点是，围绕工业强国战略的重点，第一产业和第三产业的战略使命和发展定位有所转变。第一产业的战略使命主要体现在对工业发展的市场贡献方面，也就是要通过给农业以资金支持，大力提高农民的收入，增加“三农”对工业技术和产品的市场需求，促进工业的发展（黄泰岩、王检贵，2000）。而第三产业的战略使命和发展定位主要体现在两个方面：一是使其成为吸收富余劳动力的主要渠道，既要吸收农业剩余劳动力的转移，又要承担由于工业现代化水平的提高、工业劳动生产率大幅度改善而产生的工业富余劳动力问题；二是随着现代生产型服务业和制造服务化的发展，推进我国工业结构的高级化，并进一步为我国由工业强国到服务业大国奠定基础。

（三）努力深化体制改革，实现管理组织科学化，建立高效的管理体制

改革开放以来我国的经济发展实践表明，经济现代化进程的推进

需要工业化和市场化改革两个“车轮”。这两个“车轮”已经使我国从农业经济大国发展成为工业经济大国，而从工业大国向工业强国的转变需要进一步推进市场化改革，进一步完善市场经济体制。当前，一些深层次的体制障碍还严重阻碍着我国的现代化进程。关于工业强国战略，从制定到实施是一个长期的、艰苦的、全方位的创新过程，需要科学的管理组织，需要建立高效的管理体制，现有的管理体制还有许多方面不适应工业强国战略要求。例如，工业领域的发展受到发改委、工信部、国有资产管理部门、科技部、经贸部、国土资源部和城建部等多头管理，需要建立一个多部门统一协调的工业强国战略实施的管理机制；又如，近些年，我国在科研投入方面大幅增长，2010年我国共投入研发经费7062.6亿元，比上年增加1260.5亿元，增长21.7%，远远高于GDP的增长。但是，由于科研管理体制原因，科技创新效率较低。据实证研究表明，中国基础研究经费投入每增加1单位，其SCI篇数增加0.852，而日本、韩国分别为1.263、1.755；中国研发经费投入每增加1单位，专利核准数增加1.386，而日本和韩国分别是2.652和1.676。为此，必须通过深化体制改革，建立起科学高效的管理体制，这涉及工业行业管理体制改革、教育管理体制改革、人才管理体制改革、科技管理体制改革等多方面。具体任务包括：深化行政管理体制改革，理顺各个行政管理部门之间的关系，形成高效的协调推进机制；深化垄断行业改革，完善投资体制机制，形成平等准入、公平竞争的市场环境；推进教育、人才管理体制改革，实现从人力资源大国向人力资源强国、教育大国向教育强国的转变，保证人才教育、培养和使用能够满足工业强国建设的需要；推进科技管理体制改革，提高科技管理现代化水平，保证企业技术创新的主体地位，提高科技创新效率。这里需要指出的一点是，工业强国战略的制定和实施，不是单纯的工业部门的任务，它是国家发展的顶层设计和系统规划，需要与科技强国、人才强国、人力资源强国等国家发展目标相协调，需要体现科技是关键、教育是基础、人才是根本的核心理念。也就是说，工业强国战略规划要与《国家中长期人才发展规划纲要（2010~2020年）》、《国家中长期教育改革与发展规划纲要

（2010～2020年）》和《国家中长期科学与技术发展规划纲要（2006～2020年）》协调统一，形成高效科学的协调推进机制。

五、工业强国战略的政策导向

提出工业强国战略、制定工业强国战略规划的过程，是一个统一思想、提高认识的过程，无疑具有重大意义，但这仅仅是第一步。问题的关键还在于该战略规划的具体实施。为了保证工业强国战略的有效推进，一方面需要严格按照科学的程序，即计划—实施—检查—处理的循环（PDCA循环）来开展工作；另一方面要制定相应的政策体系保证。由于近些年工业粗放增长造成了环境污染、能源消耗大等一些不良影响，加之工业转型升级和创新发展的风险较大，在资金、人才和土地等要素供给方面，工业相对于虚拟经济处于弱势。因此，工业强国战略的政策导向的重点，一方面应该有利于各种资源流入实体经济，支持工业的转型升级和创新发展；另一方面应该有利于充分发挥虚拟经济服务实体经济发展的作用，规范金融活动，打击各种投机行为。具体的政策导向要求是：

（一）在财政政策上

对于实体经济，尤其是对于制造业的技术创新和转型升级以及对于小微企业的发展，给予财政支持，包括结构性减税和各种政策性专项基金支持。连续多年财政收入的高速增长，我国财政应该在建设工业强国方面发挥应有的作用。

（二）在金融政策上

要在金融制度、金融结构和监管方式等方面深化改革和加强建设，逐步形成支持创新型经济增长的金融支撑体系，包括探索建立完善政策性金融体系、各种形式的创业投资体系、资本市场体系等。金融体系建设，必须将规范放在首位，必须以有利于发挥虚拟经济优化资源配置、服务于实体经济为目标，不能够再出现一方面工业经济融资难，另一方面资本市场流动性却十分充沛的不合理现象。

（三）在产业政策上

要明确优先发展现代制造业，提高工业现代化水平，尤其是大力发展战略性新兴制造业，淘汰落后产能。虽然在未来（大致应该在2020年以后），全国整体到了工业化后期（陈佳贵、黄群慧等，2007），制造业比例会逐步下降，但从国家战略角度考虑，作为中国这样一个大国，制造业比例也要保持在30%左右。对于服务业而言，发展的重点是包括研发、金融、物流、信息服务、售后服务等在内的生产性服务业，发展这些服务业的主要目的在于促进工业的效率改进和转型升级。

（四）在价格和收入政策上

一方面要扭转虚拟经济部门大量侵蚀实体经济部门的利润（如银行业平均利润远远高于制造业）、上游垄断性基础产业大量侵蚀下游生产性产业利润的现象，提升实体经济创新盈利空间；另一方面要分配向劳动倾斜，形成劳动致富、实业致富的收入政策环境。

（五）在竞争政策上

首先，要打破行政垄断，鼓励民营企业进入，保护实体产业的生产积极性。行政垄断可能会在某种程度上有利于工业大国的形成，但不利于技术创新和产业升级，不利于工业强国战略目标的实现。其次，要规范市场竞争秩序和行为，严厉打击各种市场投机行为，遏制通过投机炒作行为获取暴利。

（六）在人才与创新政策上

一方面要鼓励更多的创新型人才向工业创新发展流动，另一方面要推进我国教育体制改革、人才体制改革和科技管理体制改革，使人才管理体制、教育管理体制和科技管理体制更加适应我国工业强国战略的实施。

从长期看，通过上述政策体系的逐步实施，会促进工业强国战略实施的体制机制逐步完善，逐步形成有利于工业强国战略实施的社会氛围。

参考文献

［1］陈佳贵，黄群慧．工业发展、国情变化与经济现代化战略——中国成为工业大国的国情分析［J］．中国社会科学，2005（4）．

［2］陈佳贵，黄群慧等．中国地区工业化进程报告——1995～2005年31个省区工业化水平评价与研究［M］．北京：社会科学文献出版社，2007.

［3］陈佳贵，黄群慧．中国实现现代化了吗——对15个重点工业行业现代化水平的分析与评价［J］．中国工业经济，2009（4）．

［4］工业和信息化部产业政策司，中国社会科学院工业经济研究所．中国产业发展和产业政策报告（2011）——调整与升级［M］．北京：中信出版社，2011.

［5］郭树勇．大国成长的逻辑——西方大国崛起的国际政治社会学分析［M］．北京：北京大学出版社，2006.

［6］黄群慧，钟宏武．“十一五”中期我国工业化水平与问题的初步分析［M］//中国经济研究报告（2009～2010）．北京：经济管理出版社，2010.

［7］黄泰岩，王检贵．工业新阶段农业基础性地位的转变［J］．中国社会科学，2000（3）．

［8］胡鞍钢，鄢一龙，魏星．2030中国——迈向共同富裕［M］．北京：中国人民大学出版社，2011.

［9］李建明，缪荣，郝玉峰．10年来中国企业500强发展趋势［J］．中国工业经济，2011（10）．

［10］乔标，李亚光，孙虎等．新时期推进工业强国建设的思路与策略［R］．工业和信息化研究，2011（4）．

［11］上海市经济委员会，上海科学技术情报研究所．2008年版世界制造业重点行业发展动态［M］．上海：上海科学技术文献出版社，2008.

［12］中国社会科学院工业经济研究所．中国工业发展报告［M］．北京：经济管理出版社，1996～2011.

第十三章　中国工业发展“十二五”评估及“十三五”战略*

对于中国这样一个处于快速工业化进程中的大国而言，每经历一个五年计划期，经济社会都会取得重大的发展。“十二五”是一个具有巨大挑战性的时期，国际金融危机后国际经济环境发生巨大变化，国内处于经济增速的换挡期、经济结构调整阵痛期和前期刺激政策的消化期“三期叠加”，我国经济逐步步入增速趋缓、结构趋优、动力转换的“新常态”。“十三五”是我国全面建成小康社会、基本实现工业化的决胜时期，也是我国实现“两个百年”目标、跨越“中等收入陷阱”的关键阶段。在这种大背景下，总结“十二五”时期中国工业的主要进展，研究“十三五”时期中国工业的发展战略，无疑具有重大意义。

一、“十二五”时期中国工业发展评估

针对“十二五”期间中国已经步入工业大国但还不是工业强国的基本经济国情，我国工业发展的核心在于促进工业的转型升级。2011

* 本文原载《中国工业经济》2015 年第 9 期，与李晓华合作。

年3月发布的《国民经济和社会发展第十二个五年规划纲要》（以下简称《纲要》）提出的工业转型升级目标主要包括结构调整取得重大进展、科技教育水平明显提升、资源节约环境保护成效显著三个方面的内容。2011年12月发布的《工业转型升级规划（2011～2015年）》（以下简称《规划》）将《纲要》提出的工业转型升级目标进一步细化为六个方面，即工业保持平稳较快增长、自主创新能力明显增强、产业结构进一步优化、信息化和军民融合水平显著提高、质量品牌建设迈上新台阶、资源节约环境保护和安全生产水平显著提升。表13－1给出了这些规划有关工业发展指标的目标、进度及预期的完成情况。

表13－1　“十二五”规划工业发展主要相关指标及进度完成情况

类别	指　标	预期目标			进度情况		基本评估
		2010年	2015年	2010～2015年累计变化	2014年	2010～2014年累计变化	
工业经济运行	工业增加值增速（%）	12.6%		[8]①	7.0%	[8.3]	预计可以实现规划目标
	工业增加值率提高（百分点）			2			暂无数据
	工业全员劳动生产率增速（%）			[10]①		[6.7]③	预计实现规划目标比较困难
技术创新	研究与试验发展经费支出占国内生产总值比重（%）	1.75	2.2	0.45	2.09	0.36	预计能够完成规划目标
	每万人口发明专利拥有量（件）	1.7	3.3	1.6	4.02④	2.32④	已经提前实现规划目标
	规模以上工业企业R&D经费内部支出占主营业务收入比重（%）	0.69	>1.0		0.80④		预计实现规划目标比较困难

续表

类别	指标		预期目标			进度情况		基本评估
			2010年	2015年	2010~2015年累计变化	2014年	2010~2014年累计变化	
工业结构	服务业增加值比重（%）		43	7	4	48.2	5.2	已经提前实现规划目标
工业结构	战略性新兴产业增加值占工业增加值比重（%）		7	15	8			暂无数据
工业结构	产业集中度（%）[2]	钢铁行业前10家	48.6	60	11.4	36.6	-12	预计实现规划比较困难
工业结构	产业集中度（%）[2]	汽车行业前10家	82.2	>90	7.8	89.7	7.5	预计可以实现规划目标
工业结构	产业集中度（%）[2]	船舶行业前10家	48.9	>70	21.1	47.1[4]	-1.8[4]	预计实现规划目标比较困难
“两化”融合[5]	主要行业大中型企业数字化设计工具普及率（%）				23.3	55.1%	12.3	预计实现规划目标比较困难
“两化”融合[5]	主要行业关键工艺流程数控化率（%）				17.9	30.1%	11	预计实现规划目标比较困难
资源节约和环境保护	单位国内生产总值能源消耗降低（%）				16	0.74[4]	18.5[4]	已经实现规划目标
资源节约和环境保护	非化石能源占一次能源消费比重（%）		8.3	11.4	3.1	9.8[4]	1.5[4]	预计实现规划目标比较困难
资源节约和环境保护	单位国内生产总值二氧化碳排放降低（%）				17	1.73[4]	5.44[4]	预计实现规划目标比较困难

续表

类别	指　标	预期目标			进度情况		基本评估
		2010 年	2015 年	2010～2015 年累计变化	2014 年	2010～2014 年累计变化	
	单位工业增加值用水量下降（%）			30		34.90[a][④] 31.66[b][④]	已经完成规划目标
	主要污染物排放总量减少(%)——化学需氧量			8		7.8[④]	预计可以实现规划目标
资源节约和环境保护	主要污染物排放总量减少（%）——二氧化硫			8		9.88[④]	已经完成规划目标
	主要污染物排放总量减少（%）——氮氧化物			10		2.8[④]	预计实现规划目标比较困难
	主要污染物排放总量减少（%）——氨氮			10		7.1[④]	预计可以实现规划目标
	工业固体废物综合利用率（%）			3	62.3[④]	-6.7[④]	预计完成规划目标比较困难

注：①［　］内数值为年均增速；如未指明工业，均为全部国民经济部门数据。②按产品产量计算的产业集中度。③全员劳动生产率增速进度累计数据为到 2013 年第二产业全员劳动生产率增速平均值。④资源与环境指标、万人发明专利拥有量、规模以上工业企业 R&D 经费内部支出占主营业务收入比重、船舶行业集中度的进度数据均为 2013 年的数据。⑤“两化”融合的 2010～2015 年的累计进度数据为 2011～2015 年（估计）的累计数据。a 是按当年价格计算；b 是按 2010 年不变价格计算。

资料来源：2015 年目标引自《国民经济和社会发展第十二个五年规划纲要》和《工业转型升级规划（2011～2015 年）》（国发〔2011〕47 号）；资源与环境数据主要来自宣晓伟（2015）的估计；2013 年船舶行业集中度引自中国船舶工业经济与市场研究中心：《中国船舶工业发展研究（2013 年度）》，汽车行业集中度引自中国汽车工业协会网站，钢铁行业集中度根据国际钢铁协会粗钢产业数据计算；“两化”融合数据来自工业和信息化部关于《中国制造 2025 规划纲要》解读材料；工业固体废物综合利用率为发改委《中国综合资源利用报告（2014）》；未指明的数据均来自统计年鉴。

总体来看，“十二五”以来，面对国际金融危机和世界经济缓慢回升的国际环境、发达国家重振制造业和低成本发展中国家大力发展劳动密集型产业的挑战以及国内生产要素价格持续上涨的压力，我国工业保持了平稳较快发展态势，国家层面制定的有关工业发展的主要“数量型”指标基本实现。但与此同时，一些长期制约我国工业可持续发展的根本性问题特别是一些并不容易通过显示性指标刻画的问题，仍然没有得到很好的化解。表 13－1 所列的 22 项指标进度，除了 2 项暂无数据分析外，有 10 项指标已经完成或者预计可以完成，而 10 项指标完成比较困难。

（一）工业保持平稳较快增长，但增长动力机制转换尚未实现

2010 年我国工业增加值为 160722 亿元，2014 年增长到 227991 亿元，年均增长速度达到 8.3%，超过“十二五”期间年均增长 8% 的目标值。但需要注意的是，工业增加值增速呈现逐年下降的趋势，从 2011 年的 10.4% 下降到 2014 年的 7.0%，2015 年上半年进一步下降到 6.3%。如图 13－1 所示，“十二五”时期工业对 GDP 增长的贡献率和拉动作用不断降低。增长速度放缓的背后是过去工业增长长期依赖的投资和净出口增长出现乏力，而消费增长和生产效率提升又没能及时跟进。工业增长动力有待转换，导致生产率增速逐步下降，这已经成为当前及未来“十三五”我国工业发展面临的最严峻问题。2003 年以来，我国工业全要素生产率与资本产出效率急剧恶化。江飞涛（2014）的研究表明，2003～2012 年，我国工业全要素生产率增长率年均值为－0.051 个百分点，2008～2012 年全要素生产率增长率年均值更是下降至－1.82 个百分点。这一时期，中国工业边际资本产出率亦持续快速下降，2002 年工业边际资本产出率为 0.61，2012 年该值已下降至 0.28。工业边际资本产出率和全要素生产率的下降并非仅仅是国际金融危机冲击的结果。2003～2007 年，国民经济处于繁荣期，工业经济增速不断加快，与之背道而驰的是全要素生产率增长率与边际资本产出率的急剧下滑，2008 年金融危机及国内经济减速的冲击只是进一步加剧了效率恶化趋势。这表明，不是经济周期而是我国

工业经济增长动力有待转换导致了全要素生产率和资本边际产出率的下降。

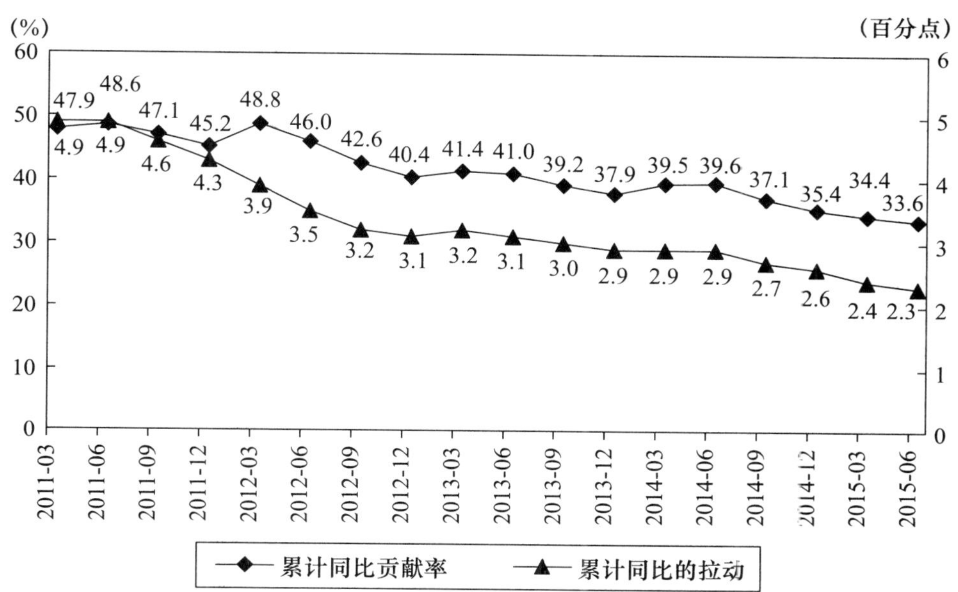

图 13－1 “十二五”时期工业对 GDP 增长的贡献率和拉动

资料来源：根据国家统计局数据资料整理。

（二）科技投入强度不断增强，但关键领域创新能力仍然低下

全社会 R&D 经费支出从 2010 年的 7063 亿元增加到 2014 年的 13312 亿元，增长 88.5%，年均增长超过 20%，2013 年和 2014 年 R&D 经费支出与国内生产总值之比相应提高到 2.09%。“十二五”规划目标为 2015 年 R&D 强度达到 2.2%，2013 年底已完成计划进度的 72.7%。“十二五”期间，我国也取得了探月“嫦娥”、入海“蛟龙”、中国高铁、“天河一号”、国产大飞机 C919、“天宫一号”等一批重大的科技成果。但是，工业领域研发投入不足的问题仍然较为突出。规模以上工业企业 R&D 经费支出与主营业务收入之比 2009 年为 0.69%、2011 年达到 0.71%、2013 年达到 0.80%，与 2015 年 1.0%

的规模目标尚有较大差距。更重要的是，一方面，在传统产业中的关键装备、核心零部件和基础软件严重依赖进口和外资企业的状况没有得到根本改观。以机械产业为例，多数出口机械产品是贴牌生产，拥有自主品牌的出口机械产品不足20%。从国内需求来看，80%的集成电路芯片制造装备、40%的大型石化装备、70%的汽车制造关键设备、先进的集约化农业装备等依靠进口；基础部件制造能力滞后，高参数、高精密和高可靠性的轴承、液压/气动/密封元件、齿轮传动装置及核心传动部件，大型、精密、复杂、长寿命模具及其他关键基础零部件、元器件、电器部件的质量和寿命还不能完全满足机械工业发展的需求，大量依靠进口。另一方面，新兴技术和产业领域全球竞争的制高点掌控不足。以目前快速发展的工业机器人产业为例，在由机械、控制、传感三个部分组成的复杂技术结构中，中国企业整体上仅掌握了机械中的硬件技术。在机器人本体产业，国外机器人制造企业占据中国近90%的市场份额，发那科、安川、KUKA、ABB四家公司合计占据中国国内约65%的市场份额。剩余35%的国内企业份额主要为低端市场。与此同时，国外厂商积极布局中国国内市场，遏制中国本土企业的发展。在核心零部件领域，控制器、驱动及伺服电机、减速机等主要依赖进口（黄群慧等，2014）。

（三）产业结构不断优化，但产能过剩问题还十分突出

2010年，我国三次产业结构为10.1∶46.7∶43.2，2014年三次产业结构为9.2∶42.6∶48.2，第三产业占比超过第二产业5.6个百分点，“十二五”规划目标是到2015年第三产业比重达到47%，2014年已经提前完成了规划目标。长期以来，大力发展服务业、推动产业结构的转型升级一直是我国的产业政策的激励导向和发展战略的目标方向，2013年服务业产值比例超过工业产值比例，这既在一定程度上表明了我国经济政策的有效性，也成为我国经济发展阶段变化的一个重要的标志（黄群慧，2014）。从工业产业内部结构变化看，高加工度化趋势明显，技术密集型产业和战略性新兴产业发展迅速。即使在经济增速明显放缓的背景下，工业中的原材料行业、装备制造业和消

费品行业中，装备制造业增长迅速，居三大行业之首；近年，高技术产业增速一直高于工业平均增速；节能环保、新一代信息技术产业、生物制药、新能源汽车等行业发展尤为迅速，产业化程度不断加快。但是，由于落后产能退出的市场化机制没有形成，钢铁、石化、建材等行业的产能过剩问题仍长期存在。2012 年底我国钢铁、水泥、电解铝、平板玻璃、船舶产能利用率分别仅为 72%、73.7%、71.9%、73.1%和 75%，光伏行业 2013 年产能利用率在 60%左右，多晶硅、风电设备产能利用率不到 50%，都明显低于国际通常水平（一般认为正常的产能利用在 80%～85%）。由于我国没有正式公布的统一的产能利用率统计指标，无法准确地反映我国产能过剩程度。但是，从工业生产者出厂价格指数 PPI 看，2012 年 3 月至 2015 年 7 月，已经连续 41 个月负增长。2015 年前 7 个月 PPI 分别是 -4.3、-4.8、-4.6、-4.6、-4.6、-4.8、-5.4。虽然影响这个指标的因素较多，但该指标创历史的连续 41 个月的负增长，实际上是在“十二五”时期绝大部分月份都是负增长，在很大程度上说明“十二五”时期我国工业存在严重的产能过剩、长期维持高库存以及实体经济紧缩的情况。

（四）信息基础设施建设加快推进，但“两化”融合水平仍有待提升

通信基础设施不断改善，电话普及率从 86.41 部/百人提高到 109.95 部/百人，互联网普及率从 34.3%提高到 45.8%。越来越多的企业采用互联网进行宣传和市场交易。2013 年，制造业每百家企业拥有网站数达到 68 个，有电子商务交易活动的企业比重达到 7.2%。在物联网、大数据、云计算等新一代信息技术成熟的推动下，商业互联网与工业互联网相互衔接融合，越来越多的工业企业开始将信息技术应用于制造过程。但是，一方面我国信息化基础水平还与发达国家存在较大差距，制约了工业化与信息化的融合。基于工信部的数据，2014 年我国的宽带人口普及率水平为 14.7%，但 2013 年美国、英国、OECD 国家、韩国、日本的宽带人口普及率已经分别达到 29.3%、35.8%、26.6%、38%、28.8%，只相当于这些国家的一半

左右水平。另一方面，多数工业企业特别是工业企业进一步利用信息化工具优化管理流程和运营流程的意识和能力还很薄弱，现在看来，到2015年，主要行业大中型企业数字化设计工具普及率、主要行业关键工艺流程数控化率等指标都难以达到规划目标。

（五）工业节能减排效率明显提升，但总量压力日益严峻

2010~2013年，全国亿元GDP能耗从0.81万吨标准煤下降到0.66万吨标准煤（如果按照2010年不变价GDP，2013年亿元GDP能耗为0.74万吨标准煤），下降18.5%，已提前完成16%的“十二五”规划目标。亿元工业增加值用水量从0.0090亿立方米下降到0.0067亿立方米（如果按照2010年不变价GDP，2013年亿元工业增加值用水量为0.0068亿立方米），下降34.9%（按2010年不变价格计算下降31.7%），也已提前完成30%的“十二五”规划目标。但全国能源消费总量仍然从324939万吨标准煤增加到375000万吨标准煤，资源利用和环境保护的总体压力仍然在加大。

（六）国际竞争力不断提高，但“双端挤压”困局亟待突破

工业制成品出口额从2010年的14765亿美元增加到2013年的20772亿美元，增长40.7%；工业制成品出口占商品总出口额的比重从94.8%进一步提高到95.1%。高技术产品出口额从4924亿美元增加到6603亿美元。制成品出口额占世界的比重从14.8%提高到17.5%。但出口贸易特别是高技术产品出口仍然严重依赖外资。“十二五”期间，多数年份外商投资企业占全国高技术产品出口的比重均超过60%，内资企业出口仍然主要分布于传统产业和高技术产业的低端环节。不仅如此，在我国进一步提升工业在国际分工价值链的地位时，将同时面临发达国家的高端挤压和新兴经济体的低端挤压。一方面，国际金融危机以后，发达国家开始反思制造业空心化，纷纷推进“再工业化”战略，试图牢牢占据制造业高端，对中国制造业形成高压态势；另一方面，快速崛起的新兴经济体将以相对低廉的成本优势，实现对中国制造的替代。例如，泰国的制造业劳动生产率与中国

大致相当，但人均工资水平却显著低于我国。随着这些国家的经济发展，其制造业区位吸引力会快速提升。2015 年初一些跨国公司关闭了在中国大陆的工厂，如微软关停诺基亚在东莞和北京的工厂，另外有的长期做代工的国内生产企业倒闭，如知名手机零部件代工厂苏州联建科技等，这在一定程度上反映了中国制造业面临的“双端挤压”困局（黄群慧，2015）。

二、“十三五”时期面临的重要机遇与挑战

“十三五”期间，一方面我国的经济发展步入经济“新常态”，工业化进程处于工业化后期阶段；另一方面我国的工业化又与发达国家的“再工业化”和新一轮技术革命周期相互叠加。发展阶段的转换和竞争环境的转变，使我国工业经济发展面临新的机遇与挑战。

（一）“一带一路”倡议实施的机遇

“一带一路”（One Belt One Road，OBOR）是“新丝绸之路经济带”和“21 世纪海上丝绸之路”的简称，2013 年 9 月和 10 月由中国国家主席习近平分别提出建设“新丝绸之路经济带”和“21 世纪海上丝绸之路”的倡议构想。“一带一路”倡议共涉及东南亚、中亚、中东欧等地区的 65 个国家（包括中国在内），是世界上跨度最长的经济大走廊，也是世界上最具发展潜力的经济合作带。“一带一路”发端于中国，贯通中亚、东南亚、南亚、西亚乃至欧洲部分区域，东牵亚太经济圈，西系欧洲经济圈，覆盖约 44 亿人口，经济总量约 21 万亿美元，分别占全球的 63% 和 29%。在我国工业产能过剩、外汇资产过剩，油气资源、矿产资源对国外的依存度高的背景下，“十三五”时期大力推进“一带一路”倡议的实施，对于我国工业尤其是工业的传统行业转向国际市场发展是一个巨大的机遇。我们初步研究表明，

“一带一路”沿线65个国家包括了工业化进程的所有阶段，与我国处于同一工业化阶段的国家有东南亚的马来西亚，中东欧的波兰、斯洛伐克及罗马尼亚，西亚中东的土耳其、巴林、黎巴嫩及约旦8个国家，有9个国家的工业化水平高于我国，有47个国家的工业水平低于我国，处于工业化初中期阶段。随着“一带一路”国家工业化水平的提升，无论是基础设施投资，还是居民消费需求，都会有巨大的空间。2013年我国与其他64个国家进出口贸易总量只占到所有64个国家贸易总量的11.5%，占我国贸易总量的25%，这意味着我国与“一带一路”国家的国际产能合作才刚刚起步，还有巨大的增长余地。因此，“一带一路”倡议的实施对中国传统工业行业发展的重要意义不言而喻。

（二）“中国制造2025”战略推进的机遇

2015年5月国务院颁发了《中国制造2025规划纲要》，该战略是着眼于国内国际经济社会发展、产业变革的大趋势制定的一个长期的战略性规划和高端产业、技术进步的路线图。该规划以应对新一轮科技革命和产业变革为重点，以促进制造业创新发展为主题，以提质增效为中心，以加快新一代信息技术与制造业融合为主线，以推进智能制造为主攻方向，以满足经济社会发展和国防建设对重大技术装备需求为目标，通过实施国家制造业创新建设、智能制造、工业强基、绿色发展、高端装备五大工程，促进产业转型升级，实现我国从工业大国向工业强国的转变。《中国制造2025规划纲要》规划了未来发展的十大重点领域，具体包括新一代信息技术、高档数控机床和机器人、航天航空装备、海洋工程装备及高技术船舶、先进轨道交通装备、节能与新能源汽车、电力装备、新材料、生物医药及高性能医疗器械、农业机械装备。这实质上给未来中国工业发展，尤其是高端产业指明了具体的创新和成长的方向。同时，《中国制造2025规划纲要》分三阶段建设制造强国：第一阶段，到2025年，基本实现工业化，中国制造业迈入制造强国行列，进入世界制造业强国第二方阵；第二阶段，到2035年，综合指数达到世界制造业强国第二方阵前列国家的水平，成为名副其实的制造强国；第三阶段，到2045年，乃至中华人民共和国成立100周年时，进入世界制造业强国第一方阵，成为具有全球引领影响力的制造强国。也就是说，“十三五”时期是实施《中国制造2025规划纲要》的第一个五年，是中国走向制造强国之路的第一个台阶，将成为能否实现制造强国梦重要的奠基阶段。围绕这个战略，国家将细化制定一系列政策，包括深化体制机制改革、完善金融扶持政策、加大财税政策支持力、健全多层次人才培养体系、完善中小微企业政策、进一步扩大制造业对外开放等。这无疑对“十三五”时期的中国工业发展提供了难得的重大利好。

（三）新时期全面深化改革的机遇

党的十八届三中全会提出了市场在资源配置中起决定性作用和更好地发挥政府作用，并要求在2020年在重要领域和关键环节上改革取得决定性成果。“十三五”时期是改革取得决定性成果的最后五年，一些重大的改革措施将落地，中国工业发展将迎来创新驱动增长的重大机遇。例如，坚持和完善以公有制为主体、多种所有制经济共同发展的基本经济制度，大力发展混合所有制经济，将充分激发各类所有制经济的活力和创造力，这将强化中国工业创新发展动力机制；加快建设统一开放、竞争有序的现代市场体系，形成公平竞争的要素市场，能够极大地完善工业发展环境，增加创新活力；加快转变政府职能，深化财税制度改革，形成有效的产业政策体系和合理的税收负担，在新时期将形成一个有利于工业发展的政府服务和政策体系环境；健全城乡发展一体化体制机制，推进新型城镇化建设，是扩大内需的最大潜力和我国工业发展的重要拉动力；构建开放型经济新体制，倒逼我国工业加快培育国际竞争新优势。

（四）第三次工业革命加速拓展的挑战

当前方兴未艾的第三次工业革命，是由于人工智能、数字制造和工业机器人等基础技术的成熟和成本下降，以数字制造和智能制造为代表的现代制造技术对既有制造范式的改造以及基于现代制造技术的新型制造范式的出现，其核心特征是制造的网络化、数字化、智能化和个性化。3D 打印、虚拟制造、工业机器人、智能化生产等一大批新兴生产技术集中、加快突破和应用，特别是与新兴产品技术相结合，不断改变传统的生产范式，实现了史无前例的成本、质量、功能、开发速度等全方位的综合运营指标优化。如果按照经济史的逻辑，一个完整的技术经济周期可以划分为导入和拓展两个阶段（Perez，1983），那么，我们判断，“十三五”将是第三次工业革命由导入期向拓展期转换的重要阶段。进一步看，金融危机以来美、日、德等工业强国积极推进的“再工业化”战略有望大大加速新工业革命的进程。例如，美国提出的《制造业行动计划》、德国提出的“工业 4.0 计划”以及欧洲提出的《未来工厂计划》，都不是简单地提高制造业产值比例，而是通过现代信息技术与制造业融合来提升复杂产品的制造能力以及制造业快速满足消费者个性化需求的能力，并以此来重塑其制造业优势。第三次工业革命成为世界工业化进程中突出的新趋势，这种趋势对我国工业化进程可能会形成冲击和挑战，可能会进一步弱化我国的要素成本优势，并对我国产业升级和产业结构升级趋势形成抑制（黄群慧、贺俊，2013）。

（五）全球贸易投资秩序重构的挑战

“十三五”将是美、欧等国家加速推进新一轮全球贸易、投资秩序新格局形成的重要时期。通过积极推进 TPP（跨太平洋伙伴关系协议）、TTIP（跨大西洋贸易与投资伙伴协议），美国正在组织创建超越 WTO 规范的全面性经贸自由化网络。美、欧、日等国以新一轮的市场自由化为名，推动双向互惠的高规格贸易、投资条件的形成，构筑有利于美欧等国的全球贸易新秩序。TPP 横跨整个太平洋地区，包括文莱、智利、新西兰、新加坡、美国、澳大利亚、秘鲁、马来西亚、越南、墨西哥、加拿大和日本 12 个发展水平不同的国家。TPP 谈判国的经济总量占全球的 40%，贸易规模约占全球贸易的 1/4、中国贸易的 1/3，将成为未来亚太自贸区的重要基础。而 TTIP 覆盖的欧美两大经济体占全球经济总量的 45% 以及高收入国家经济总量的 2/3。在全球前六大进口国中，TTIP 涵盖了除中国之外的其他五个。美国、法国、意大利、英国和德国在多数行业中均位列前十大出口国。如果 TPP 和 TTIP 最终达成协议，那么除中国和金砖国家之外的主要经济体都将进入这两大贸易区内。TPP 和 TTIP 将对全球制造业竞争格局乃至我国制造业参与国际竞争的方式产生深刻的影响：一方面，TPP 和 TTIP 所涉及的非关税壁垒将在很长时期内成为制约我国制造业融入新的贸易、投资秩序的重大障碍。从谈判内容看，TPP 和 TTIP 都是高规格的自由贸易协定，开创了新的投资和贸易秩序。美国主导的 TPP 和 TTIP 不仅将规定取消或降低商品的关税，还将涵盖国有企业、安全标准、技术贸易壁垒、动植物卫生检疫、竞争政策、知识产权、政府采购、争端解决，以及有关劳工和环境保护的规定，标准之高和覆盖领域之广远超一般自贸区协议。另一方面，TPP 将成为亚太地区新的竞争性区域合作机制并将改变亚太地区自由贸易格局，对我国在全球制造业竞争体系中的比较成本优势形成冲击。旨在保护 TPP 内部市场的高标准技术性壁垒将使成员国贸易结构及流向发生重大变化，从而对中国产品向 TPP 成员国出口造成威胁。例如，中国的出口产品会由于 TPP 国家之间的关税免除而遭受变相的成本提高，因而竞争力有所下降。再如 TPP 中“原产地规则”限制成员国使用来源于非 TPP 成员国的原材料以及中间产品，而中国有相当一部分出口产品为中间品贸易，这就间接限制了中国对 TPP 的出口。总体来看，由于 TPP 域内各国经济发展水平及出口产品有很大不同，这种资源禀赋的巨大差异和互补性有利于 TPP 内部发生投资及贸易转移。因为 TPP 中的新兴经济体与中国的产业结构及要素分配趋同，所以在产品出口的市场和结构上存在强烈同构性竞争，这些趋同必然导致对中国某些劳动密集型、资源型产业的冲击。

三、“十三五”时期工业发展的指导思想

到2020年，我国将基本实现工业化。但是，实现工业化不等于工业化时代的终结。对于刚刚步入工业化后期的中国而言，其工业化进程还远未结束，工业在我国经济发展中的重要性并没有下降：一是工业的效率提升作用将更加突出。作为技术创新的“土壤”，工业的主要功能不再是集聚资本和创造就业，而是通过促进新技术的创新和扩散，提高经济增长效率，并在这个过程中创造出更多高质量的工作岗位。二是工业对于经济增长的间接拉动作用更加突出。虽然从比重上看2013年以来工业开始落后于服务业，但是工业对服务业的拉动作用仍在增强，这种作用集中表现为生产性服务业的规模扩张和质量提升实际上是围绕“做强工业”展开的（黄群慧，2014）。因此，“十三五”时期中国工业在国民经济社会中的核心功能将会发生重大变化，将逐步由过去的促进经济增长和扩大就业向通过促进新技术的创新和扩散提高国民经济可持续增长能力、解决重大民生问题和提升全球竞争力转变。

工业发展的核心功能的转变决定了，工业的发展方向也必须适时进行调整。过去长期主导我国工业发展政策实践的以数量比例关系确定的产业结构思维已经越来越不能适应新的竞争环境和要素条件。随着国内外产业环境和竞争环境的变化，传统的产业结构概念对我国工业发展的理论意义和实践意义已经大打折扣，工业发展的“结构红利”日益弱化：①我国已经具备较为完整的产业结构，经典产业结构理论揭示的产业结构变动特征已经很难指导我国的产业结构升级战略。经过30多年的改革开放发展，我国本土企业的进口替代规模和外资企业的本地采购比例不断扩大，各类产业的分工水平不断深化，我国已经形成了产业门类齐全、行业覆盖广泛的制造业体系，中国已

经进入继美国、德国和日本后世界上极少数具备完整工业体系的国家行列。随着我国的产业结构日益完备，制造业产业体系中的"短板"在不同的周期中被逐渐弥补，通过资源在产业间再配置提升总体生产效率的空间越来越小，制造业增长的主要动力正快速由产业间配置效率向动态效率转变。②我国的工业贸易结构已经呈现出"稳态化"的特征。"十一五"以来，我国工业出口结构呈现出的一个重要特点就是主要行业的出口比重变动明显收窄、出口结构总体趋于稳定（宋泓，2010）：劳动密集型产业中的代表性行业如纺织服装、鞋帽的出口比重分别稳定在14%～16%和3%～4%的水平，以矿产品为代表的资源型行业的出口比重稳定在2%～3%的水平，以化工产品为代表的资本密集型行业的出口比重稳定在4%～5%的水平，而以机电产品为代表的技术密集型行业的出口比重稳定在55%～60%的水平。即随着我国经济发展水平的提高，我国制造业出口结构已经由"极化"向"多元化"发展，由"动态化"向"稳态化"发展，经典产业结构理论指导下的"增长极"战略的作用空间越来越小。③从工业促进国民经济增长的作用看，工业的能力而不是工业的结构决定了长期国民经济增长趋势。对制造业与国民经济增长关系的最新研究表明，在过去60多年间，由工业产品复杂性所反映的一国制造业能力是所有预测性经济指标中能够最好地解释国家长期增长前景的指标，该指标甚至能够解释国家间收入差异的至少70%（Hausmann & Hidalgo，2011）。如果说在经典的产业结构研究中，Fisher和Clark的三次产业划分强调的是产品的物理形态，Hoffmann对制造业的划分强调的是工业品的直接用途，新的研究显然更强调从产业所依赖的知识复杂性或者说工业所体现的技术复杂性来认识工业的功能。因此，无论是从工业自身增长还是从工业促进国民经济增长的角度看，工业的能力提升都较工业产业结构变得更加重要（贺俊、吕铁，2015）。所以，"十三五"及未来更长时期我国工业发展的指导思想要从体现为数量比例关系的结构优化主导向体现为产业技术复杂性的能力提升主导转变。

在明确工业发展指导思想从结构优化主导向能力提升主导转变的前提下，未来我国工业核心能力的提升应重点围绕两个方向：一是由标准化、模块化产品向一体化产品转型升级。以日本东京大学 Fujimoto 教授为代表的经济学家开创的基于产品架构概念的研究，通过利用产业一体化架构指数来测度不同产业的一体化程度（Integral Degree），他们发现了一国制造业在全球产业分工体系中的结构性特征——中国在劳动密集型的模块化产品具有优势、日本在劳动密集的高一体化程度产品更具优势、美国则在知识密集的低一体化程度产品更具优势（Fujimoto，2006）。基于技术模仿的大规模、标准化生产虽然有利于我国在短期内融入全球制造业分工，并快速形成完整的制造业体系，但产业创新能力弱、国际竞争力弱、分工地位低下的问题却长期难以改善。在这种情况下，未来我国制造业发展应当在依托既有的大规模生产优势的基础上，加强生产工艺提升、产业工人技能提升和前沿技术突破，实现制造业向技能密集和技术密集的一体化产品升级。二是由体现为装备引进的简单产品生产向以知识资源整合为核心的复杂集成产品转型升级。在一些关键设备和核心零部件领域，我国长期陷入"进口替代和循环引进"的怪圈——中国企业不断进入重大装备和核心零部件的生产领域，但重大装备和核心零部件受制于人的格局却始终没有改观。造成这种状况的根本原因在于，国内企业在进入重大装备和核心零部件领域的方式主要是依靠生产设备引进，而且大部分是交钥匙工程的设备引进。这种所谓的产业升级缺乏实质性的技术吸收和学习过程，因而最终陷入循环引进的怪圈。虽然从产业或产品的角度看，发达国家企业将大量的零部件甚至关键零部件生产外包给了中国企业，而且中国企业确实逐渐掌握了这些产品的生产工艺。但是，从知识分工的角度看，概念设计和检测等关键能力仍然由领先企业掌握，仅仅是细节设计和工业设计等技术环节外包到了发展中国家。例如，在飞机发动机产业，虽然空客等飞机发动机制造商将大量的零部件进行全球外包，但由于其直接参与零部件等的设计，因此仍在相当数量的核心零部件领域保留着技术优势。也就是说，简单的产业分工和产品分工模式实际上掩盖了企业间和国家间远远更为复杂的技术和知识分工形式（Brusoni & Prencipe，2001）。比自主生产更重要的是本土企业是否掌握了重大装备和核心零部件的设计知识。鉴于此，

“十三五”期间我国产业政策应当重点扶持兼具自主创新和开放式创新的集成创新，特别是复杂产品集成创新，通过全球知识资源的整合而不是“自主生产”，从根本上解决核心技术“受制于人”的问题。

四、“十三五”时期工业发展的重点领域

“十三五”工业发展应抓住新一轮科技革命和产业变革带来的战略机遇，积极应对生产要素价格上涨、发达国家重振制造业、低成本发展中国家发展劳动密集型产业等挑战，积极推进“中国制造2025”，提高传统产业的发展质量和水平、培育壮大战略性新兴产业、推进工业化和信息化的融合与制造业和服务业的融合发展、促进工业的绿色低碳转型，推动工业增长由人力资本和物质要素总量投入驱动向知识、技能等创新要素驱动转型，构建结构优化、技术先进、清洁安全、附加值高、吸纳就业能力强的现代产业体系，在保持传统优势产业国际竞争力的同时，积极抢占未来国际竞争的制高点并形成新的竞争优势领域，保持工业平稳较快和可持续增长。

（一）改造提升传统产业

1. 提高劳动密集型产业的技术水平

尽管随着以工资、土地为主的生产要素价格的持续快速上涨，我国劳动密集型产业的竞争力正在逐步削弱，但是由于劳动密集型产业以及资本和技术密集型产业的劳动密集型环节在制造业中仍然占有很高比重，吸纳大量的就业，因此仍然不能放弃。促进劳动密集型产业加快产品升级换代，提高产品质量，从而破解原材料、基础零部件受制于人的局面，为先进制造业的发展和中国制造由大到强奠定坚实的物质基础。促进劳动密集型产业增强创新能力，提高产品技术含量和附加价值，实现向全球价值链的高端环节攀升，从而化解要素成本特

别是工资上涨的压力，并使广大人民群众能够更多地分享经济发展的成果。促进劳动密集型企业提高管理水平，改进营销模式，打造知名品牌。

2. 加强传统产业的装备升级和技术改造

中国还有很大规模的落后生产能力存在，对环境造成很大破坏，对资源造成很大浪费。技术改造能够实现技术进步、提高生产效率、推进节能减排、促进安全生产，是促进产业结构调整和工业转型升级的重要方式。大力推广新技术、新工艺、新流程、新装备、新材料，对现有企业生产设施、装备、生产工艺条件进行改造。严格能耗和排放标准，加强环境执法，促进企业采用节能环保的设备、工艺。设立重点行业转型升级示范工程，支持纺织、服装、电子信息装配等产业应用新工艺、新装备特别是信息技术，促进商业模式创新，提升产品质量、增加产品附加价值。技术改造中要注意与技术创新的结合，一方面努力采用技术创新的最新成果，另一方面在技术改造中促进技术的创新，优化生产设备、工艺路线、生产流程和产品。新投资、新工厂、新产能要高起点，尽量采用全国乃至世界范围内的先进、适用技术，避免低水平重复建设。

3. 促进产业合理转移、优化产业布局

坚定不移地实施主体功能区规划，根据国家西部大开发、振兴东北等老工业基地、促进中部地区崛起、支持东部地区经济率先发展等区域发展战略要求，综合考虑环境容量、能源资源、交通运输条件、产业配套基础、市场容量等因素，优化重点产业生产力布局。重点推进钢铁、有色、石化等对运输条件要求高、环境容量要求大、依赖进口矿石资源的产业新增产能在沿海沿江地区布局；有序引导满足经济发展、城镇化推进和消费升级的投资在中西部地区落地；加快中西部地区基础设施建设，加强劳动力培训，积极开展东西部产业对接，承接东部沿海地区因土地限制、成本上涨向外转移的产业；依托“一带一路”倡议，促进在国内丧失竞争优势的产业和严重产能过剩产业向周边国家转移。重点推进京津冀、长江中游城市群各地区和城市间的产业协同发展，打造一批新的产业增长极和具有国际竞争力的制造业基地。促进地方产业向重点产业园区集中，形成以产业园区为载体、产业特色鲜明、产业内配套服务体系完善、园区间有效分工合作的现代产业集群。

4. 促进制造业服务化与生产性服务业发展

随着加工组装活动的标准化以及与制造业相关服务活动的复杂化，服务环节占制造业附加价值的比重不断提高。推动制造业由生产制造型向生产服务型转变，提高制造业整体竞争力和附加价值，减轻制造业对资源的消耗和环境的破坏。促进制造业的服务化，推动专业化的生产性服务企业发展，重点发展研发设计、第三方物流、融资租赁、信息技术服务、节能环保服务、检验检测认证、电子商务、商务咨询、服务外包、售后服务、人力资源服务和品牌建设。促进制造业打破“大而全”、“小而全”的产业组织模式，聚焦于核心业务，而将非核心业务剥离和外包出去，更多地从市场购买生产性服务活动。鼓励制造企业加大研发投入，提高产品开发、原型设计和系统集成能力，促进价值链向整体解决方案延伸，加强按照客户需求进行个性化定制和生产的能力。支持大数据、云计算、物联网、电子商务、企业管理软件产业的发展，提升制造企业管理的信息化水平和加工制造过程的数字化和智能化。

5. 支持重点产业领域的转型升级

①装备制造业要抓住由于我国劳动工资上涨推动的对自动化装备快速增长的需求以及新一代信息技术、传感器技术推动的工业物联网发展趋势，针对我国替代劳动的市场需求、淘汰落后产能和节能减排的替代市场需求，在提高基础材料、基础元器件和加工工艺水平的基础上，重点提升产品的研发设计和系统集成能力，开发适应我国制造业整体升级需求的成套装备，推动装备的数字化、智能化和网络化。②汽车行业，一方面要适应我国整体市场需求增长趋缓的新环境，加强对二、三线城市市场的开发，加快整车出口、CKD 全散装出口、SKD 半散装出口和对外投资设厂步伐；另一方面要面对我国国内多元化的市场需求，重点开发市场需求增长较快的经济型乘用车、农用车和工程用车。加强研发投入和技术创新，努力破解汽车发动机、变速

箱和其他关键零部件的技术瓶颈，提高零部件的国产化率，增强整车设计开发能力，加大对新能源汽车创新和市场应用的支持力度，促进汽车产业实现弯道超车。③钢铁、有色产业要严格控制总量扩张，提高节能、环保技术水平，提升产品质量、优化产品结构、提高增加值率，在保持总产量不变甚至减少的情况下实现增长，并满足装备、汽车等行业升级对金属材料的需求。④纺织服装行业要抓住“90后”一代成长为消费主体和电子商务快速发展的机遇，提高设计能力、打造知名品牌、创新商业模式，实现在全球价值链上的攀升。⑤电子信息产业要适应工业物联网、可穿戴设备、智能家居、汽车电子等新的市场需求，提高核心芯片的设计能力、产品架构设计能力、外观工业设计能力和整体解决方案提供能力，促进软件与硬件、互联网与服务的融合，提高对平台、系统和核心零部件的控制力，从依靠装配环节的低成本为主的价格竞争转向综合实力的竞争。

（二）培育壮大战略性新兴产业

1. 加快推进前沿技术发展

围绕经济社会发展的重大需求，加大国家对新一代信息技术、生命科学、材料科学、新能源、航空航天等通用技术领域的基础科学、产业核心技术、产业共性技术创新的投入。发挥国家科技重大专项等国家科技资金的核心引领作用，实现战略性新兴产业一批关键核心技术的突破。通过建立工研院、企业界和大学共同参与的制造业创新研究所等方式，发挥政府资金对民间研发资金的带动作用，推进高端制造业的创新、研发和产业化。通过实施研发纳入GDP核算、研发费用加计扣除、科技资金后补贴等制度，调动地方和企业的创新积极性。加大实施产业化示范工程、政府采购和国产重大技术装备首台套政策的力度，积极推动战略性新兴产业领域的创新成果产业化，通过市场应用带动前沿技术的成熟完善和产业的发展壮大。建立和完善军民结合、寓军于民的武器装备科研生产体系，一方面发挥军工企业的工程集成技术优势、充分利用民用领域的前沿技术成果；另一方面加快军工领域高精尖制造技术在民用领域的合理扩散与改造应用。

2. 推动重点领域跨越发展

通过促进前沿技术开发、产业化和市场培育，促进节能环保、新一代信息技术、生物、高端装备制造、新能源、新材料、新能源汽车等战略性新兴产业领域的大发展。①节能环保产业要重点服务于我国当前亟待解决的空气污染、土壤污染、水体污染以及降低单位 GDP 能耗、减少二氧化碳排放的目标，重点发展煤炭的清洁利用、节能、环境治理、资源循环利用的工艺、装备、产品和服务。②新一代信息技术要以“核高基”国家科技重大专项为依托，实现核心电子器件、高端通用芯片及基础软件产品的技术突破与赶超，大力发展新一代移动通信、下一代互联网、物联网、云计算、大数据、超大规模集成电路、新型显示、高端软件等产品和服务，提高系统解决方案的提供能力。③生物产业抓住我国人口老龄化的市场需求和医改深入推进的政策契机，加强基因组和蛋白质组为核心的生命科学基础研究，重点发展原创化学药、基因药物、疫苗、转基因农产品、高效低毒农药、生物能源等产品。④高端装备制造业一方面重点发展航空航天装备、卫星及其应用服务、新一代轨道交通装备等产业，突破大型干线客气、大型运输机和第四代战斗机航空发动机关键技术、提高整机设计开发能力；另一方面重点开发工业机器人、快速成型技术、工业控制软件，发展数字化、智能化、网络化的装备，为智能工厂、智能产品的普及发展奠定坚实的物质基础。⑤新能源产业要服务于保障能源安全、实现节能减排国际承诺，重点发展新一代核能、太阳能光伏发电、太阳能热发电、风电、智能电网的产品、技术和装备，促进薄膜光伏电池、OLED 等技术的突破和产业化。⑥新材料产业重点发展特种金属功能材料、高端金属结构材料、先进高分子材料（高性能纤维和高性能膜材料）、新型无机非金属材料、高性能复合材料以及应用于生物医药、电子信息、节能环保、新能源等领域的其他前沿新材料。⑦新能源汽车产业要加强对高效固态锂电池、石墨烯电池、燃料电池等前沿技术的研发，提升电池管理系统的技术水平，突破制约新能源汽车发展的电池、电机、轻型材料等关键零部件技术瓶颈，提高整车集成能力和电池的安全性、使用寿命，增加续航能力和降低成本。促进先进信息技术、无人驾驶技术与新能源汽车的结合，提升新能源汽车的智能化水平。推进电动汽车充电桩的标准化和充电桩建设，为新能源汽车的普及建立良好的基础设施。

（三）全面提高信息化水平

1. 加强信息化能力和基础设施建设

加强对移动通信、互联网、数字广播电视网、卫星通信的新一代技术的研发投入，推动技术标准制定，适时启动实验网项目、发放牌照和部署实施新一代网络设施建设。加快“三网”监管体制改革，统一互联网、通信网和广播电视网监管职能，推动电信网、广播电视网、互联网的三网融合。建设超高速、大容量、高智能国家干线传输网络等数字基础设施，加快4G网络的全面覆盖，满足商业互联网、工业互联网发展和“工业4.0”战略所需的带宽和实时能力。实施“智慧中国”工程，实现主要城市光纤到楼入户、农村宽带进乡入村、大学宽带入舍，核心商业区、商务区和大学校园实现Wi-Fi覆盖。支持云计算、大数据和物联网关键技术研发、重点领域的示范应用和产业化发展。

2. 加快“两化”融合发展

加强作为电子商务基础的信用服务、网上支付等支撑体系建设，促进电子商务在生产企业采购和销售环节的应用、传统商业企业打通线上与线下并向电子商务转型。支持电子商务专业化示范村、镇建设，推动电子商务在乡镇和农村地区的普及。促进物流配送的信息化转型，提升物流体系的电子化、信息化水平，建立具有信息发布、交易撮合、资信评估、货物跟踪、物流金融等综合功能的现代化物流交易平台，打造集物流、仓储、分包、加工、检测、商贸配送功能为一体的现代物流枢纽。鼓励电子商务商业模式创新和商业业态创新，支持众筹、众包平台型企业发展。加快推动电子政务在经济运行、财政管理、综合治税、海关监管、强农惠农、城市管理、国土管理、住房管理、应急指挥、信用监管、劳动就业、社会保障、医疗卫生、文化教育等领域的应用，加强电子政务网站建设，不断创新政务服务方式和手段，提高便民服务水平。借鉴德国“工业4.0”战略的经验，加快建立中国特色工业4.0服务架构标准，使企业在基本结构原理、结构和数据方面达成一致；加强对机器人等智能装备的研发和产业化；设立数字工厂示范项目，及时总结经验，推广最佳实践。

3. 推进信息公开、保障信息安全

积极推进基础信息资源、宏观调控信息、社会管理信息、公共服务信息的跨地区、跨部门、跨层级共享，完善信息共享的制度、程序和机制。大力推动政府部门掌握的海量数据资产开放与共享，根据特定的原则定期更新和公开数据，制定确保公正平等获取数据、开发利用数据的政策法规。加强数据安全和对个人隐私的保护，完善信息安全体系和认证认可体系，制定专门的隐私与数据安全法律法规和政策，建立信息安全风险评估、预警和应急机制。加强工业4.0安全体系建设，开发工业控制系统的安保架构和标准，建立关于产品、工艺和机器身份识别的安全标识，推动制造系统从工业3.0设施向工业4.0的安全迁移。加强互联网安全的立法和监管，确保国家、企业和个人的信息安全。

（四）促进工业的绿色低碳转型

1. 优化能源结构，建立低碳发展机制

在充分发挥政府引导作用的基础上，重点通过建立市场化的机制促进新能源的发展和应用，将碳价格体现在企业的生产成本中，推动经济的低碳转型。①加强低碳技术的研发，将低碳技术的研发作为国家创新目标的重中之重，进一步加大对该领域R&D的公共支持力度。在低碳技术的选择上，既要着眼于近期有望实现产业化的太阳能发电、风能发电、智能电网、电动汽车等技术，又要密切关注氢能源、聚热式太阳能发电、核聚变等前瞻性技术。可以将低碳技术作为国家创新体系改革的试点，科研机构着重于面向基础科学和产业共性技术的研究，企业着重于面向产业化的技术研究，并实现产学研之间的合理分工与合作。②支持低碳应用市场的发展，在政府财力可承受范围内，加大对风能、太阳能等可再生能源以及核能、水电等能源应用的补贴支持力度、扩大政府采购规模，同时完善法律法规，为低碳产品的采用创造良好的制度环境，例如光伏发电、风力发电的无条件、优先上网，完善建筑节能标准和规范等。③建立促进低碳发展的激励机制，加快推进碳税和排放权交易的试点，在此过程中积累管理经验，制定适合中国国情的低碳发展市场制度。

2. 推动工业节能降耗

严格限制钢铁、水泥、有色等高耗能产业的发展和控制高耗能产业的规模，如果未来国内对这些产业的需求超过国内供给能力，一方面可以直接从国外进口解决，另一方面可以通过内资企业向国外转移产能复进口弥补。参考国内外相关环境标准，制定各工业产业的投资强度、环保、能耗、排放、安全等准入标准、排放限值。项目开工建设前严格进行环境影响评价，从源头上控制污水、废气、固体废弃物和噪声等各种工业污染，减少和避免对环境和生态的破坏。同时，通过税收等市场化手段，调节高耗能、高排放产业的生产成本、产品价格和利润率，引导企业的投资行为。推广全生命周期能源管理，从设计、制造、包装、运输、使用到报废处理的整个产品生命周期中提高资源利用效率、减少对环境的负面影响。进一步推进淘汰落后产能，提高产业的整体技术水平，促进生产能力向大型企业和优势企业集中。

3. 能源管理体制改革和能源基础设施建设

加快推进电力体制改革，建立并完善发电和用电价格由市场决定、输配电价由政府核定并严格监管的电价机制。完善《可再生能源法》及其实施细则，落实可再生能源发电全额保障性收购制度，推进光伏、风电等可再生能源发展。加强山西、鄂尔多斯盆地、内蒙古东部地区、西南地区和新疆等国家综合能源基地建设，加快西北、东北、西南和海上进口油气战略通道建设。支持新一代核电装备的开发，在能源供应紧张的负荷中心适度发展核电。加大对页岩气、可燃冰等非传统化石能源的地质勘探，突破关键技术和装备瓶颈。继续推进煤炭综合利用技术的发展与产业化，减少煤炭利用的污染物排放、提高煤炭的综合附加价值。积极推动新能源、微电网、新能源示范区等综合应用示范工程建设，鼓励分布式光伏在公共建筑物、工商业设施、居民住宅、工业园区等领域的应用，探索可再生能源基地能源就地利用模式和输出模式。加快分布式能源技术的发展，探索适应分布式电力发展的技术标准和政策体系，采用信息、控制和储能等先进技术，推进电网的智能化和能源互联网的形成。

五、“十三五”时期中国工业的政策调整

“十三五”期间，既有的产业政策必须根据新的环境和战略部署在政策作用对象、政策工具和政策作用机制等方面及时进行调整，通过更加合理的产业政策体系、更加科学的产业政策内容和更加有效的产业政策执行机制，促进我国工业发展战略的实现。表 13 -2 罗列了“十三五”时期我国产业政策调整的主要内容，具体展开内容如下：

表 13 -2　“十三五”时期我国产业政策调整的主要内容

政策内容		过去	“十三五’调整的方向
研发扶持政策	扶持领域	大规模生产和组装 技术改进	复杂产品集成、基于多科技的核心零部件、基础软件 科技基础设施建设
	扶持方式	事后扶持	事前扶持
技术改造政策	扶持领域	设备购置补贴	大企业的“母工厂”建设 中小企业工艺提升
	扶持和服务方式	资金扶持	“资金扶持 + 现场管理”和技能提升服务 提高评估过程透明度

续表

政策内容		过去	"十三五"调整的方向
产业组织政策	重点扶持对象	大型企业	前沿技术突破的大企业 创业企业和高技术中小企业
	企业主体	国有企业主要作为产业政策工具	更好地发挥国有企业对市场经济的补充和增强作用（战略性、公益性）
区域政策	区域间竞争标的	经济规模	可持续增长能力
	区域间竞争方式	要素价格扭曲	经营环境改善，公共服务能力提升
开放政策	国际直接投资政策重点	"引进来"	"走出去"，整合利用全球高端要素
	贸易政策	扩大出口	关注结构性的市场，特别是高端市场出口
人才政策	政策重点	精英型管理人才和研发人才	精英型管理人才和研发人才 工程师和高技能工人
	技能提升	以技校为主体的通用技能培训	"技校 + 研究型大学 + 企业 + 公共服务机构"的终身学习制度

（一）科技政策：从重点突破到全面创新

我国科技部、发改委、工信部等管理部门设立的各类科技扶持项目具有明显的"重产品创新、轻工艺创新"，"重技术创新、轻技术扩散"的倾向，这是导致我国新技术产业化能力弱、科技资金使用效率低下的一个重要原因。工业转型升级的过程，不仅仅是新产品技术突破的过程，同时也是与新产品技术相适应的新的生产工艺跟进突破的过程。在技术改造资金的扶持方面，既要重视先进制造技术和设备的应用，但不能唯技术和设备，而是要通过人的技能提升和现场管理的综合改善，将先进、适用的生产技术最大可能地转化为产业竞争力（贺俊、吕铁，2012）。因此，要尽快修正和调整我国当前工业规划和产业政策中存在的偏差和错误，加快完善旨在促进先进制造竞争力提升的产业政策体系：

1. 推出我国的《现代工厂建设计划》，加快培育中国的“母工厂”

组织技术、产业和管理专家，加快制定和出台我国的《现代工厂建设计划》，明确提出依托具有先进制造能力的优势企业，加快建设我国的制造业“母工厂”（名称上可以采取“现代工厂”的说法）。以“现代工厂”为平台，加快人工智能、数字制造、工业机器人等先进制造技术和制造工具的研发和应用。只有大力发展先进制造（我们强调先进制造而不是先进制造业），才能从根本上解决我国制造业越来越严重的“成本病”，并未雨绸缪地解决未来我国可能面临的“制造业大规模外迁”问题。

2. 切实提高科技资金的使用效率和透明度

在科技资金的使用方式上，我国的科技资金主要采用事后扶持的方式，即研发项目基本成熟的阶段才能获得政府的资金补贴。而反观美、日、德等发达工业国家，则更多采用事前补贴而不是事后奖励的方式，从而真正帮助被补贴企业降低创新风险；政府部门对被补贴企业通常都采用严格的资金使用和项目过程评估，从而确保资金的使用效率。另外，发达工业国家在关注补贴规模的同时，更加关注补贴资金的使用效率和透明度，从而最大限度地提高了公共资金对于提升创新能力和产业竞争力的效果。建议充分借鉴这些国家的成功经验，增加研发项目事前扶持的规模和比重，同时提高科技资会使用的透明度，通过社会治理提高科技资金使用效率。目前由工信部牵头管理的企业技术改造资金，主要用于激励企业进行既有生产设备的改进和新型生产设备的引进。我们建议，在技术改造扶持的同时，借鉴日本政府的“技术咨询师”和澳大利亚的“管理顾问”做法，建设一支专门包含了生产管理咨询和培训的管理服务专家的队伍，为企业提供质量管理、现场管理、流程优化等方面的生产管理指导和培训，切实提高我国制造业企业的生产制造水平。

3. 加快共性技术机构和科技基础设施建设

无论是在工业化中、后期还是当前，在绝大多数的领域，美国、日本、德国、韩国等工业强国对产业发展直接提供的扶持资金或基金都是非常有限的；相反，这些国家的工业成果与其将大量公共资源投入公共服务体系建设和科技基础设施建设方面直接相关。建议借鉴发达工业国家的经验，以海外高层次人才为依托，建设我国的工业技术研究院，为重点制造业发展提供共性技术支持。与此同时，加强我国先进制造业科技与产业化基础设施建设，加快我国的“先进制造业研究中心”的建设，加快我国在高效能运算、工程数据库等方面的科技基础设施建设。

（二）组织政策：从促进集中到培育生态

长期以来，我国产业政策的目标是以做大企业规模、提高市场集中度为主。在产业发展处于已形成充分利用规模经济和范围经济的大规模生产能力、政府的金融和科技资源有限从而需要向少数企业集中的阶段，以做大企业规模、提高市场集中度为主的产业组织政策有其合理性。但是，基于互联网的新兴技术范式的快速传播，使大企业不再是产业竞争力的唯一载体。首先，以云计算为代表的下一代信息技术使企业可以将信息处理功能更多地外包给提供信息服务的第三方企业，加之数据挖掘技术的快速进步和服务模式创新，即便是地理上远离提供信息服务企业的小微企业也能够以足够低的成本获得更强的数据存储和计算能力。与此同时，新兴制造技术也提高了小型化、分散化经营的经济性。例如，以 3D 打印机为代表的个性化制造和网络开放社区的发展将大大促进以个人和家庭为单位的微制造和个人创业等极端分散组织方式的发展。其次，产业组织结构向网络化和平台化方向发展。制造业的服务化以及制造技术的融合，将使企业之间的需求供给关系变得越来越开放，企业的同一个产品或服务可能供应完全不同的行业而不仅是同一行业的不同企业，不同的产业链相互交织，形成开放、多维、复杂的网络结构，从而很难识别、判定影响产业长期竞争力的核心资源的位置在哪里。不是某项核心技术或某个企业决定产业的竞争力，而是整个系统的质量决定了产业的生命力。在这种情况下，具有独特技术优势的高技术创业企业和小微企业的重要性凸显出来。一方面，这些企业的技术能力构成大企业技术优势的支撑；另一方面更重要的是，这些保证了技术多样性的小微企业群体维持了整个技术创新生态系统的动态性。

1. 加强国内企业在战略性新兴产业领域的技术合作

对于处于摸索阶段、具有较大技术差距的技术，加快联合攻关，对于已经具备技术基础的领域，把握机遇，加快推进工程化和产业化。以往我国的科技政策基本上遵循了一条不平衡发展的路径，即科学政策主要是促进资源向少数研究型大学和公共科研机构集中，技术政策主要向少数技术基础好、初步具备全球竞争力的企业倾斜。在过去科技资源相对有限的情况下，这种培育个别科学技术精英的做法有利于我国在少数关键技术领域的快速突破。但是，随着创新组织的生态化、关键知识的分散化以及知识产权竞争的“丛林化”，这种政策思路已经越来越不能适应产业发展的科技需求。例如，重大装备领域我国企业与国外的差距很大程度上不在于总成技术的能力差异，而在于基础材料和控制系统自主开发能力的缺乏，而基础材料和控制系统的突破又不是总成企业、材料企业或软件企业能够独立解决的。在这种情况下，通过合作研发来分散前沿技术突破的风险、实现创新主体之间的能力互补就变得更加重要。相应地，产业科技政策的思路就应当由培育科技精英向推动各类创新主体的合作转变。通过产业主导型的产学研合作加强基础研究对新兴产业的支撑作用。对于这类合作，政策的重点不应当是对科学研究不断施加越来越强的商业化激励和产业化研究任务，而应是在完善研究型大学和公共科研机构学术研究机制和共性技术开发、管理机制的基础上，加强企业在前沿技术领域的战略部署和项目组织能力。产业主导型的产学研合作不是体现在科技资源向企业的倾斜配置，而是体现在企业对技术路线选择和多主体合作复杂创新项目的管理能力上。

2. 推出更加适应高技术创业和高技术小微企业要求的全生命周期技术扶持项目，政策资源配置的重点逐渐由大企业向高技术小微企业转变

建议借鉴美国和日本 SBIR 项目的经验，按照技术创新生命周期

采取分阶段、竞争性、差异化的创新支持方式：第一阶段为技术可行性研究资助阶段，该阶段政府为企业提供相对小规模的资助。第二阶段是政府对第一阶段取得初步成功的项目提供进一步的资助。前两个阶段的政府资助都是无偿的。不同的是，在技术可行性阶段，采取小额普发原则，即大范围资助，但单项资助额度相对低，这样既避免了对失败项目的过度投入，又可以广泛培育技术种子。一旦进入研究开发阶段，资助就采取大额集中原则，以加快推进技术成熟。第三阶段是技术成果商业化的阶段，该阶段政府对企业的资助不是必然的，而是根据技术产业化的市场条件和企业能力相机给予，政府的主要功能是为技术产业化提供各类服务。

3. 加强对落后产能的退出援助

加快建立援助退出与辅助调整升级机制。在援助退出方面，重点做好过剩产能调整中的失业人员的社会保障工作，并对失业人员再就业提供培训、信息服务甚至必要的资助。对于产能过剩行业集中的地区，中央政府还应给予一定的财政支持，对于落后地区还可以提供特别的税收优惠政策，支持这些地区的发展经济。在辅助升级方面，积极支持产能过剩行业企业对职员进行职业培训提高劳动者技能，并支持企业组成联合技术创新与管理创新联盟，对于企业联盟在新产品开发、关键共性技术的突破、工艺流程与管理流程的改造与创新等方面的活动，予以资金支持以及税收优惠政策。

（三）区域政策：从激励投资到优化环境

地区间竞争是过去 30 多年驱动中国工业快速增长、产业体系趋于完备的主要力量。以地方政府财政分灶吃饭为特点的制度安排，激发了各级地方政府通过压低土地、环境、劳动等要素价格，通过给予投资者税收、金融方面的优惠性政策等措施，动员投资特别是能够快速带来增加值和税收的大规模工业投资。这样的激励机制充分调动了地方政府做大经济规模的积极性，对于鼓励各类企业的生产性投资具有明显的效果；但同时也导致了要素价格扭曲和产能过剩等一系列严重问题。扭曲的要素价格降低了整个经济系统的资源配置效率，而日趋严重的产能过剩以及与之相伴的恶性竞争又侵蚀了工业部门的盈利能力，不仅使工业企业特别是中小企业丧失了进行创新性投资的能力，而且导致了民间资本脱离实体经济的恶劣现象。地区间竞争本身是个中性的概念，从某种意义上讲，有效的地区间竞争应当是中国作为一个发展中大国的独特有利条件；问题的关键是如何设计恰当的激励结构引导地方政府竞争什么和如何竞争。

对于技术密集的先进制造业，各类主体的踊跃投资对产业发展是重要的，但是不同于成熟产业增长所要求的生产性投资，对于技术密集的新兴产业，具有多样性和探索性的创新性投资才是产业成长的关键。因此，既有的与成熟产业快速扩张相适应的地方政府激励结构，必须根据先进制造业的技术经济特点和转变经济发展方式的要求进行适时的调整：一是将目前以增值税、营业税等间接税为主的税收体系逐步转变为以所得税、房产税、遗产税、社会保险税等直接税为主体的税收体系，弱化地方政府的唯 GDP 最大化冲动，同时配合地方政府官员晋升和绩效评价体系的改革，引导地区间竞争朝着追求更加多元化经济社会目标和完善创新、创业环境等长期经济目标的方向发展。二是改变目前先进制造业政策遍地开花的思路，通过鼓励少数有条件的地区通过开辟和建设先进制造业发展特区的形式实现地区间的有控制的竞争。通过地区间的错位发展和多元创新，探索对于培育发展我国先进制造业至关重要的主导技术路线、主导产品设计和主导商业模式。

（四）开放政策：从驱动增长到整合资源

国际直接投资和技术、设备进口对于形成改革初期中国工业的基础生产能力至关重要。以往“承接国际产业转移＋打开国际市场”开放格局相对应的投资、贸易政策的基本逻辑，一是利用本土的要素成本优势，同时配合更加优惠的投资政策，吸引外资以及与这些资本相结合的设备和管理在本土落地；二是通过扩大对外贸易，积累引进国外生产设备和其他要素所需要的外汇，同时为国内快速增长的生产能力找到市场需求出口，从而形成产业不断扩张和快速增长的自我循环机制。虽然先进制造业的技术多样性和创新系统复杂性决定了其培育发展仍然要高度依赖国外的资源和市场，但由于先进制造业竞争的资源基础和竞争范式不同，其所要求的开放政策也与既有政策存在较大差别。

1. 开放政策的重点要逐渐从促进“引进来”到鼓励“走出去”转变

先进制造业所涉及的技术和装备关系到国家和企业的核心竞争力，掌握这些技术的企业和国家往往严格封锁这些技术的出口，中国企业不可能通过引进方式获得这些技术和设备，只能通过主动“走出去”的方式尽可能融入发达国家的本地创新网络，来逐渐积累相关的技术能力。在发达国家可能掌握先进制造业创新资源的各类主体中，中小企业、高技术服务企业和研究型大学是中国企业接入当地创新网络的重要端口。这是因为，中小企业规模小，中国企业通过并购等方式整合利用其技术资源的难度小、成本低；高技术服务企业以出售技术为业，中国企业容易与其建立技术交易和合作创新的机制；研究型大学以推进科学研究为主要目标，与中国企业之间的技术竞争和产业利益冲突小。

2. “引进来”的结构需要调整优化

过去针对传统产业发展引进来的主要是资金、设备和最终产品，这些要素对于先进制造业的发展仍然重要，但先进制造业发展最亟须的是承载了关键技术和隐含知识的人才。因此，“进口人才和知识”而不是进口设备和资金是未来我国国际贸易与投资政策调整的重点。对于后发国家而言，人才流动特别是既具备高深的专业知识又深谙发达国家研发组织流程的留学人员的回溯，是比跨国公司投资更加有效的高技术转移渠道。需要注意的是，与财务资本关注在中国投资的要素成本和市场规模不同，智力资本除了考虑成本因素外，更关注在中国的创业和生活环境。与此相适应，针对先进制造业的产业政策除了要为企业提供扶持性的帮助外，更要提供适宜的生活和经营环境。

3. 关注国际高端市场，调整出口结构

日本数控机床产业和韩国电子产业的发展经验表明，高端市场不仅为后发国家提供了更高的产品附加价值，更为后发国家提供了重要的用户创新资源。对于传统产业的发展，从占领国外低端市场和新兴市场逐渐向高端市场和发达经济市场升级的路径可能是最优的，但对于先进制造业而言，高端市场更有利于本土企业直接接入实验性消费者和关键创新资源。因此，从首先瞄准发达经济市场再向新兴经济市场拓展可能更有利于产业的技术能力和长期竞争优势的培育和积累。

（五）人才政策：从吸引精英到形成梯队

在人才政策方面，逐步由过去单纯重视精英型研发人才的培育和引进，转向同时关注工程师、高技能工人和一般产业工人通用技能提升的政策导向，重点是构建由企业、技术学校、研究型大学和改革服务机构共同组成的终身学习体系。

在继续贯彻落实国家引进高层次科技人才的一系列优惠政策的基础上，重点通过优化创业环境，形成海外高层次管理和技术人才回溯的市场机制。针对先进制造的人才要求，加强“精英型”的实用技术人才和工程人才的培养、培训，大学应当针对现代工厂中的班组长或车间负责人的工作要求来设置相应专业。建议设立“中国制造业产业技能提升资金”，对一流大学和企业合作培养工程师和产业技术工人给予资金扶持，通过培养高技能产业工人，填补我国“低端职业教育”不能满足“高端制造”发展要求的空白。

在加强工程师和高技能产业工人培训的同时，借助职业技术学校的发展不断提升广大产业公认的技能水平。与此同时，借助政府扶持的培训项目，针对机床操作、通用工业机器人操作等重点工艺设备进行有重点的培训，提升我国制造业的整体劳动生产率。加强企业、职业学校、工程型大学和政府公共服务机构之间的合作，形成“终身学习”制度。

参考文献

［1］曹忠祥：《当前我国海洋经济发展的战略重点》，《宏观经济管理》2013 年第 6 期。

［2］贺俊、吕铁：《从产业结构到现代产业体系：继承、批判与拓展》，《中国人民大学学报》2015 年第 1 期。

［3］贺俊、吕铁：《战略性新兴产业：从政策概念到理论问题》，《财贸经济》2012 年第 5 期。

［4］黄群慧：《经济新常态、工业化后期与工业发展新动力》，《中国工业经济》2014 年第 10 期。

［5］黄群慧、贺俊：《第三次工业革命与中国经济发展战略调整》，《中国工业经济》2013 年第 1 期。

［6］黄群慧：《中国制造当积极应对“双端挤压”》，《人民日报》2015 年 6 月 25 日。

［7］黄群慧、贺俊：《中国制造业的核心能力、功能定位与发展战略——兼评〈中国制造 2025〉》，《中国工业经济》2015 年第 6 期。

［8］江飞涛等：《中国工业经济增长动力机制转换》，《中国工业经济》2014 年第 5 期。

［9］李晓华：《中国工业的发展差距与转型升级路径》，《经济研究参考》2013 年第 51 期。

［10］刘光武、唐锐：《对城市综合交通枢纽建设理念的几点探讨》，《都市快轨交通》2013 年第 4 期。

［11］刘容子、刘堃、张平：《我国海洋产业发展现状及对策建议》，《科技促进发展》2014 年第 5 期。

［12］宋泓：《未来 10 年中国贸易的发展空间》，《国际经济评论》2010 年第 1 期。

［13］苏明：《促进我国海洋经济发展的财政政策研究》，《经济研究参考》2013 年第 57 期。

［14］宣晓伟：《“十二五”规划执行情况的分析及对“十三五”规划制定的启示》，《区域经济评论》2015 年第 1 期。

［15］杨卫东、邓润飞：《同城化背景下城市群综合交通发展对策》，《综合运输》2014 年第 1 期。

［16］张勇进、王璟璇：《主要发达国家大数据政策比较研究》，《中国行政管理》2014 年第 12 期。

［17］Brusoni S，A Prencipe. Unpacking the Black Box of Modularity：Technologies，Products，Organizations. Industrial and Corporate Change，2001，2（10）.

[18] Fujimoto T. & O. Takashi. Empirical Analysis of the Hypcthesis of Architecture based Competitive Advantage and International Trade Theory. MMRC Working Paper, 2006.

[19] Hausmann R, C A. Hidalgo, et al. The Atlas of Economic Complexity: Mapping Paths to Prosperity. CID Harvard University Working Paper, 2011.

[20] Perez C. Structural Change and Assimilation of New Technologies in the Economic and Social System. Futures, 1983 (15).

第十四章　中国制造业的核心能力、功能定位与发展战略*

一、未来我国制造业发展面临的根本性挑战

伴随着新一轮产业革命和全球产业竞争范式的转变，伴随着我国经济发展阶段逐渐步入工业化后期，经济增长正由高速转入中高速的新常态。2013 年，服务业在三次产业占比首次高于工业，经济服务业趋势不断强化，“十三五”时期我国工业的功能定位将面临重大调整。在这种大背景下，传统的粗放式的工业发展模式所积累下来的深层次矛盾和问题在未来特别是“十三五”时期将表现得更加集中和严峻。在诸多的“瓶颈”和问题中，我们认为，行为层面的技术学习难度、绩效维度的生产效率和环境层面的外部冲击三个因素是未来 10 年我国制造业发展所面临的最为根本性的挑战。其中，生产效率是制造业对国民经济的综合贡献和全球产业竞争力的根本体现，技术学习是生产效率提升的根本决定因素，而外部的技术、贸易、投资和产业竞争环境则在很大程度上决定了我国技术学习的路径和方向。

---

* 本文原载《中国工业经济》2015 年第 6 期，与贺俊合作。原文题目为《中国制造业的核心能力、功能定位与发展战略——兼评〈中国制造 2025〉》。

（一）全要素生产率增速持续下滑的风险

生产率增速下降已经成为当前及未来我国制造业发展面临的最为严峻的问题。基于不同方法的实证研究显示，2003 年以来，我国工业经济全要素生产率与资本产出效率急剧恶化。2003 ~2012 年，全要素生产率增长率年均值为 -0.051 个百分点，2008 ~2012 年全要素生产率增长率年均值更是下降至 -1.82 个百分点；2002 年中国工业边际资本产出率为 0.61，2012 年该值已下降至 0.28（江飞涛等，2014）。基于更长时期的测算显示，1991 ~2001 年、2001 ~2007 年和 2007 ~2010 年三个阶段，我国成品/半成品制造业的全要素生产率增速分别仅为 1.39、0.59 和 -0.27，尤为值得注意的是，在 2001 ~2007 年这一轮高速增长周期中，制造业的全要素生产率出现了大幅的下降，而且下降速度远远超过同期国民经济总体的降幅（1991 ~2001 年和 2001 ~2007 年两个阶段，国民经济全要素生产率增速分别为 1.79 和 1.57）（伍晓鹰，2015）。

对于我国制造业全要素生产率下降的解释，目前学术界比较主流的观点认为，以往我国制造业发展过程中政府过度的行政干预导致了要素使用效率的下降（伍晓鹰，2015；江飞涛等，2014）。我们认为，在制度转型的过程中，虽然“强政府”的制度特征始终存在，但总体来看，政府干预和产业政策对制造业干预的广度和深度还在不断收缩，因此除了考虑政府干预的累积效应对制造业生产效率变动的影响外，还需要纳入更丰富的视角和变量、在更广泛的分析框架下思考我国的制造业效率问题：首先，经济发展阶段是完整理解我国制造业生产率变动特征的一个重要维度。在经济发展的初期阶段，我国的制造业结构并不完整，收入增长和消费升级很容易拉动新兴的高生产效率部门的涌现和增长。而伴随着工业产业结构的日益完备，需求拉动的配置效率提升效应不断弱化。其次，与发展阶段相关，随着我国制造业技术水平的不断进步和向工业发达国家的收敛，技术引进的难度不断加大，后发优势不断弱化，在自主的技术创新能力尚未培养起来的情况下，生产效率下降就成为自然的现象。最后，从全球产业结构调整的长周期看，不同于20世纪七八十年代日本和韩国高速增长和赶超过程中出现了以汽车和电子为主体的一波新兴产业增长高峰，过去二十多年我国制造业的高速增长周期并没有遇到全球范围内大规模的新兴产业涌现和快速增长，制造业增长更多依赖来自发达工业国家的制造业转移，这样的产业发展模式必然制约了制造业技术效率提升的空间。

关于中国制造业的生产效率挑战，还需要补充的一点是，目前国内学术界和政府部门存在一种比较普遍的观点，即为了促进生产效率提升，就需要加强技术创新特别是企业的原始创新能力。我们认为，这种将生产效率问题简单归结为原始创新能力不足的观点存在严重的政策误导性。原始创新主要是技术领先企业的突破性技术创新问题，而过去十余年我国制造业生产效率增速的持续下滑所反映的是我国制造业作为一个整体已经出现了系统性的问题，而不仅是个别领域的技术突破不足的问题。仅从技术层面看，解决制造业整体效率下滑的问题，既需要前沿技术和新兴技术的突破，更需要促进先进适用技术在更广大企业中的推广和应用。制约技术扩散特别是那些生产运营领域的最佳实践在量大面广的中小企业扩散应用的深层次障碍到底是什么，以及是否存在“产品技术过度扩散、工艺技术扩散不足”的现象，是学术界和政策部门应该深入分析和思考的问题。

（二）技术学习难度不断加大的挑战

后发国家的产业发展阶段和技术进步的生命周期特征共同决定了后发国家技术学习和赶超的难度（Kim，1997）。按照经典的AU模型提出的假说，成熟市场经济中产业的技术进步大致会经历相互关联的三个阶段，即流动性阶段、转换阶段和成熟阶段（Abernathy & Utterback，1978）。但由于后发国家的产业发展和技术进步都是从承接产业和技术转移开始的，因此后发国家的技术进步呈现逆AU模型的特征，即技术进步从成熟阶段切入，通过引进生产设备形成初步的生产能力和技术能力，之后通过改进型的产品创新和工艺创新，通过基础研究能力和原始创新能力的积累实现成功的赶超（Kim，1997）。也就是说，对于成熟阶段的产业，后发国家更容易通过集中国内有限资源的大企业（如日本的财阀、韩国的财团和中国的国有企业）进行大规模的投资，结合经济起飞时的低成本优势，快速进行技术学习和赶超。但随着后发国家的技术进步，技术学习的难度会越来越大：一方面，在成熟产业中，随着向技术前沿的逼近，体现为组织层面而不是个别技术专家的技术能力，隐含知识而不是显性知识，基础研究能力而不是应用开发能力，逐渐成为技术竞争的关键，而这些恰恰是后发国家企业特别是那些缺乏技术积累的后发国家企业的短板；另一方面，在新兴产业领域，由于技术路线的多样性和研发投资的不确定性，后发国家的大企业主导的产业组织格局并没有优势，而中小企业和创业企业构成的创新生态的培育又需要克服深层次的制度和文化约束，因而需要长期的演化和探索，凡此种种构成了后发国家技术学习的成本和障碍。

我国的制造业技术在成熟阶段锁定的现象比较突出。一方面，传统产业中的高端生产装备和核心零部件技术长期受制于人，技术竞争力差距大。以机械产业为例，多数出口机械产品是贴牌生产，拥有自主品牌的出口机械产品不足20%。从国内需求来看，80%的集成电路芯片制造装备，40%的大型石化装备，70%的汽车制造关键设备、先进的集约化农业装备等依靠进口；基础部件制造能力滞后，高参数、高精密和高可靠性的轴承、液压/气动/密封元件、齿轮传动装置及核心传动部件，大型、精密、复杂、长寿命模具及其他关键基础零部件、元器件、电器部件大量依靠进口。我国工业增加值在2014年达到22.8万亿元，占GDP的比重达到35.85%。2013年，我国制造业产出占世界比重达到20.8%，连续4年保持世界第一大国地位。在500余种主要工业产品中，我国有220多种产量位居世界第一。但我国制造业的技术竞争力并不强。例如，根据欧洲专利局（EPO）2015年发布的报告数据，2014年EPO共收到27.4万项专利申请，其中，美国公司申请的专利数量最多，达到了7.17万项，占整体数量的26%，日本（4.87万）和德国（3.16万）紧随其后，我国则排在第四位，专利申请数（2.65万）仅为美国公司的约1/3。根据2014年美国商业专利数据库（IFI Claims Patent Services）发布的美国专利获得量数据，中国公司2014年获得的美国专利量只占总专利量的2%。另一方面，新兴技术和产业领域全球竞争的制高点掌控不足。以目前快速发展的工业机器人产业为例，在由机械、控制、传感三个部分组成的复杂技术结构中，中国企业整体上仅掌握了机械中的硬件技术。造成我国前沿技术和新兴技术能力落后的一个很重要的原因，是长期以来基础研究投入的不足。据统计数据显示，2013年，我国基础研究占全部研发投入的比重仅为4.7%，试验发展投入占全部研发投入的比重高达84.%，而工业强国美国、日本、韩国的基础研究投入占全部研发投入的比重分别高达16.5%、12.9%和18.1%（见图14－1）。如何提升全社会特别是企业部门对于基础研究进行持续投入的动力，是决定未来我国制造业能否由成熟技术优势向前沿技术优势和新兴技术优势跃升的决定性因素。

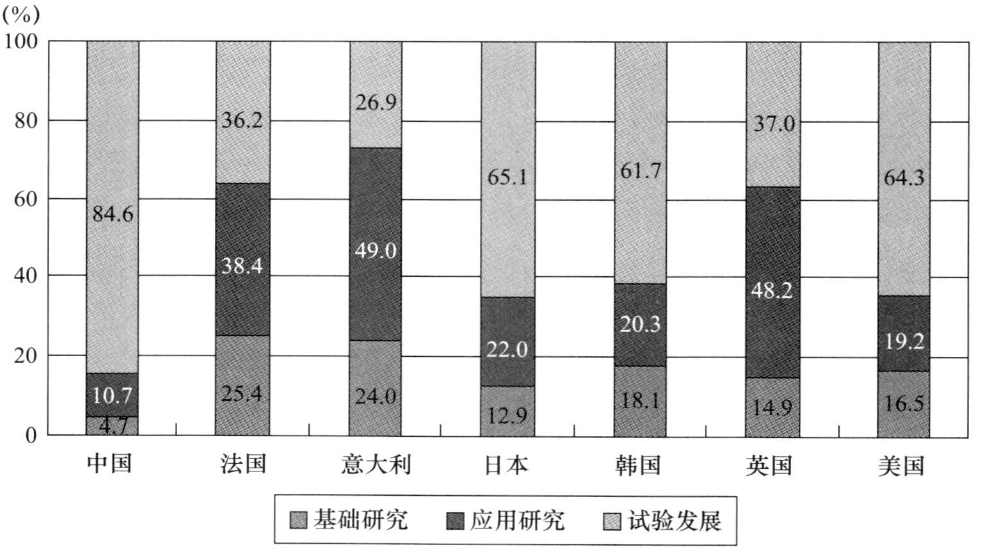

图14－1　主要工业国家研发支出的结构

注：中国数据为2014年，美国数据为2012年，其他国家数据为2011年。

资料来源：《中国科技统计年鉴（2014）》。

（三）第三次工业革命对传统比较优势的冲击

中国作为最大的发展中国家，其工业化进程呈现出快速、低成本、出口导向、不平衡发展等特征。从世界范围看，在中国进入工业化后期以后，其工业化又与发达国家的“再工业化”叠加，这使中国工业化进程又增加了一些“变数”。以重振制造业和大力发展实体经济为核心的“再工业化”战略，并不是简单地提高制造业产值比例，而是通过现代信息技术与制造业融合、制造与服务的融合来提升复杂产品的制造能力以及制造业快速满足消费者个性化需求能力，这种制造业信息化与制造业服务化的趋势使传统制造业强国可以重新获得竞争优势。特别是金融危机以后，美国、日本、德国等工业强国甚至英国、法国等传统的工业强国开始重新反思制造业在国民经济中的战略作用，并以更加积极的政策态势推动先进制造业发展，例如，美国政府提出《制造业行动计划》，德国工程院提出“工业4.0计划”，欧盟提出《未来工厂计划》，英国政府组织系统的制造业技术预见，等等，都在客观上大大加快了第三次工业革命的进程。

第三次工业革命有可能对我国传统的比较成本优势形成根本性的冲击，同时也可能阻断我国作为后发国家由比较优势向竞争优势跃迁的转型升级路径（黄群慧、贺俊，2013a；2013b），具体表现为：①进一步弱化我国的要素成本优势。第三次工业革命加速推进了先进制造技术的应用，必然会提高劳动生产率、减少劳动在工业总投入中的比重，我国的比较成本优势则可能会加速弱化。②对我国产业升级和产业结构升级形成抑制。现代制造技术的应用提升了制造环节的价值创造能力，使制造环节在产业价值链上的战略地位变得与研发和营销同等重要，过去描述价值链各环节价值创造能力差异的“微笑曲线”有可能变成“沉默曲线”甚至“悲伤曲线”。发达工业国家不仅可以通过发展工业机器人、高端数控机床、柔性制造系统等现代装备制造业控制新的产业制高点，而且可以通过运用现代制造技术和制造系统装备传统产业来提高传统产业的生产效率，曾经为寻找更低成本要素而从发达国家转出的生产活动有可能向发达国家回溯，导致制造业重心再次向发达国家偏移，传统“雁阵理论”所预言的后发国家产业赶超路径可能被封堵。③如果我国大规模的、掌握简单劳动技能的产业工人不能尽快适应新的生产制造范式，第三次工业革命的推进有可能造成我国制造业的失业或者被进一步锁定在更加狭窄的低附加值劳动环节。

二、现有发展思路与新挑战的落差

针对我国制造业发展过程中出现的问题和未来面临的根本性挑战，学术界从不同的角度提出了解决问题和破解瓶颈的思路。国内主流的观点认为，我国制造业转型升级的关键是由以往的投资驱动向创新驱动转变，而要解决创新驱动关键是制度创新。也就是说，多数经济学家将我国制造业竞争力低下的原因归结为制度性因素，例如，吴敬琏（2011）认为，“要重视制造业，同时要说制造业要转型、要提升……我们不能跨越或者碰到困难的主要问题在哪里呢？经营环境，体制、机制，关键在于改革，建立一个好的体制。”周其仁（2005）认为，制造业企业要消化不断上升的成本就需要提高管理和技术水平，但作者认为促使企业改进管理和技术的根本动力在于要素价格，特别是通过推进金融和土地市场的市场化形成倒逼机制。金碚（2014）认为，中国制造业转型升级的关键是创造公平竞争的市场环境，而创造公平竞争的市场环境的关键在于推进制造业领域以外的改革，特别是要素市场的改革。蔡昉（2014）认为，中国制造业的竞争力主要来自三个方面：一是随着劳动密集型制造业的区域转移，资源重新配置效率仍有巨大的提高潜力；二是随着我国经济社会的全面发展，尤其是人力资本的积累，技术效率将日益成为全要素生产率的主要来源；三是通过清除新技术使用的制度性障碍，获得全要素生产率中的技术效率源泉。伍晓鹰（2015）同样认为，提高制造业的全要素生产率关键在于政府职能转变为经济利益中性的政府，从竞争性的经济活动中退出来。可见，大多数学者的基本思路是在分解全要生产率的基础上，寻找不同因素的制度驱动因素，制度红利仍然是延续中国制造业竞争力的源泉。

基于制度创新的主流观点有其表面合理性，但是，其缺陷在于没有注意到发达工业国家制造业发展模式的差异性，特别是没有考虑到我国的制度环境、人力资源和市场需求的结构性特征对我国制造业发展模式的影响。这些学者所强调的有效的市场化体制、服务型的政府、功能性的产业政策、国有企业改革、提高技术创新能力、持续的教育投资、提高产业工人的技能等，是各个发达工业国家的共同特征，或者说是后发国家要想进入发达工业国家所要具备的必要条件，而不是必然导致其成为工业强国的充分条件。无论是理论分析还是国际经验都表明，经济发展和技术进步的实质是一个获得技术能力并在技术不断变化的过程中把这些能力转化为产品和工艺创新的过程（Kim & Nelson，2000），产业发展的过程是一个能力构筑的过程（Fujimoto，2007）。而能带来持续竞争优势的资源或能力是不可交易的、不易从公开市场上交易获得的。因此，核心的资源或能力不能买卖，只能由企业自己在探索的过程中逐渐构建起来。企业为在产品市场上有效竞争所必需的资源只能通过具有连贯性的投资才能积累出来，即被内生地发展出来。由于资源和能力的难以模仿性，实际上比模仿更具有威胁性的是对既有资源或能力的替代（Dierickx & Cool，1989）。而纵观工业发展的历史，后发国家之所以能够对先行国家进行赶超，恰恰是后发国家的资源或能力对先行国家的资源或能力形成了替代，即形成了自己的核心能力。在多元化的制度结构、资源结构、市场需求结构与实现了的产业竞争力之间，必然存在不同国家多样化的发展路径的独特的创造活动。任一工业强国都具有不易模仿、不易扩散的核心能力，而能够促成后发国家跃升成为工业强国的制度安排，必然要与该国制造业的核心能力相匹配。与核心技术能力相适应的制度安排，既具有发达工业国家制度安排的一般性，更具有路径依赖和一国核心技术能力所决定的异质性，而只有制度安排中的那些异质成分才能构成工业强国的组织能力，并与技术能力一起在具有战略互补性特征的演化过程中相互增强。但由于没有认识到制造业核心能力的特异性，制度观的研究常常在复杂的实证分析之后提出一些各国共性的制度安排作为其对中国建设工业强国的政策建议，在这种情况下，其作为规范研究的意义自然就会大打折扣。

国内学者路风（2006）较早认识到，制造业竞争力的源泉是基于知识的技术能力形成，而不是物化在产品上的技术知识。由于技术能力的很大部分是缄默知识，所以技术能力只能在技术研发的实践中才能形成；又由于现代技术的复杂性使有关产品和工艺的技术知识范围远远超过任何个人能够掌握的知识和技能，因此个人之间的知识分工使企业的技术能力主要体现为一种组织层面而不是个人层面的能力。因此，技术能力只能是组织的自主创新活动中内生的。路风（2006）通过对中国汽车、钢铁、大飞机等领域的深入扎实的调查研究揭示了技术创新主导权对于提升我国制造业技术能力的重要性。但遗憾的是，一方面，作者虽然关注到了异质性是技术能力概念的重要规定性，却并没有明确回答中国制造业技术能力相对于其他制造业国家的异质性到底体现在哪里；另一方面，由于作者没有关注到组织能力与技术能力的适应性问题，或者说根本没有将分析的焦点集中在组织能力问题，因此仅仅在探讨技术学习强度的时候，将组织能力简单地归因于政府和企业家的抱负水平，而没有对中国制造业企业的组织能力进行更为细致的、系统的、结构化的描述。也正是这样的逻辑缺陷使作者的政策建议常常具有较强的行政色彩。本文认为，应该遵循（Dosi et al.，2008）的分析框架，在区分技术能力和组织能力的基础上，强调技术能力和组织能力的匹配问题。其中，技术能力是指组织共同的科学技术知识以及应用这些科学技术知识的惯例，组织能力指的是有关组织内部协调和组织间互动治理的知识和惯例，组织能力既包括了协调交流，也包括了决定抱负水平的激励因素。技术能力和组织能力相互影响和适应。

在近年有关制造业功能和作用的讨论中，一些学者开始逐渐关注到不同国家工业发展模式的特异性。例如，不同于单一强调制度性因素的研究，刘世锦（2011）构建了一个包容了更多因素的制造业分析框架，在这个框架下，工业的发展过程就是市场空间不断扩大、技术潜力和物质资本积累持续增强且不断释放以及资本特别是人力资本的参与率不断提高的过程，而影响这个过程的因素包括一国初始条件、基础性的经济制度以及发展战略和政策，在经济制度安排和发展战略选择等方面的差异，加上初始条件的不同，使市场空间、技术潜力与物质资本和人力资本参与率形成了不同的互动格局，从而决定了各国工业化的模式和绩效。姚洋（2015a，2015b）提出，美国是超资本主义，其制造业创新得益于一些不可复制的条件，包括开放的移民政策、完善的法制、高度发达的金融等。德国的制造业不追求美国式的突破式创新，而是执着于对现有产品和技术的改进，由此牢固地占领了机械制造、汽车和化工等传统领域的高地。在新一轮科技革命的浪潮中，德国没有力图在底层的互联网技术领域与美国竞争，而是通过发展推广“工业 4.0”，在应用端掌握竞争的主动权。作者进一步提出，中国要走的制造业创新的路可能是美国和德国的结合。我们认为，从英国、美国、德国、日本、韩国等工业强国的工业化历史看，任何一个国家的工业化道路以及在工业化过程中形成的竞争能力都是独特的。中国如果能在未来成为制造业强国，其工业化路径必然受到自身独特的文化特质、制度结构、人力资源结构和需求结构的约束和影响，同时也会受到未来工业赶超过程中所面临的不同于其他国家工业化过程中所经历的技术、贸易、投资环境的影响，必然形成独特的竞争资源和竞争能力，而不可能是德国或任何国家制造业核心能力的简单移植和复合。

一个延伸的讨论是，新古典经济学所强调的比较优势是任何一国经济增长必然遵循的条件，因而仍然是各国制造业发展的共性（林毅夫，2012）。特别地，比较优势理论认为一国的产业结构和产业发展路径完全由要素的相对价格决定，如我国劳动力的低成本决定我国产业结构以劳动密集型产业为主导，而对于要素相对价格的决定机制，除外生的要素相对稀缺性以外，比较优势理论几乎没有任何见地，因而也就无法解释德国、日本、韩国等要素结构近似但产业发展路径却大相径庭的经济现象，更无法逻辑一致地解释 Fujimoto（2007）提出的诸如为何在动态储存、DVD 等日本的传统优势产业被韩国和中国这些后来者赶超的问题。与强调比较优势相关，一些研究者过于强调制造业发展的阶段性。虽然，从赶超国家制造业竞争力变动的过程看，各个国家的制造业发展确实会呈现出明显的阶段性，“产业升级、出口产品的结构、技术密集的程度、原创的比例等跟一个国家的人均GDP水平是正相关的，不大可能出现一个人均GDP在中等水平的经济体有高收入国家的产业和产品结构。即使有，那也可能是一个悲剧，即不恰当地将资源投入高科技领域，以牺牲整个经济健康为代价畸形发展一两个领域”（张军，2015）。但如果过度强调发展阶段，而忽视了不同国家各个发展阶段背后核心能力的连续性和根植性，就会丧失制造业发展的主动意识和战略意识。

与本文相关的另一类研究是长期在我国工业问题研究中占据主导地位的产业结构问题研究。该研究的主流逻辑是，将钱纳里和塞尔奎因等学者开创的多国经验研究所揭示的统计意义上的平均模式概括为一国经济发展过程中产业结构调整的标准模式或普遍模式，然后将中国的产业结构特征（如国民经济中的三次产业比重、工业经济中的重化工业比重等数据）与经典的产业结构研究的主要结论进行跨时期的比较，并将中国当期的产业结构与所谓可比时期（通常按照可比的人均GDP水平确定）的一般模式的差距视为中国的产业结构“偏差”，将经典研究所揭示的产业结构变动特征视为将来中国产业结构调整的方向。这类研究的共同错误在于，将内生的产业结构问题完全外生化，因而忽略了一国产业结构的特殊性和笼统的统计意义上的产业结构所掩盖的复杂的产品分工和知识分工以及这些复杂分工形式背后的能力差异（贺俊、吕铁，2015）。产业结构的边界是不断拓展的，产业结构研究本身不能回答为什么有些先发国家能够在较长时期内保持在产业结构拓展的前沿，有些传统工业强国却不能孕育出有竞争力的新兴产业部门？为什么有些后进国家能够后来居上、跃升至产业结构的前沿，有些后进国家却始终被锁定在低端？

总体来看，既有的制度变革观点、比较优势观点和产业结构研究都更加关注成就制造业强国的普遍因素和共同规律，而缺乏对不同工业化国家发展路径和深层能力的独特性的挖掘。而不能对中国制造业的核心能力的结构性特征以及这种能力形成的环境要素和行为载体进行刻画，就无法看到制度环境变迁、发展阶段转换过程背后制造业发展逻辑的连续性和一致性，也就无法从根本上解决生产效率、技术学习和外部冲击等根本性挑战。从不同的研究视角，可以刻画出不同工业国家制造业发展的独特模式和特征。仅仅从制造业规模和能力形成的角度看，中国与美国、德国、日本等制造业强国的一个显著差异在于，美国、日本、德国、韩国等工业强国的制造业核心能力既是其制造业快速增长的动因，同时也伴随着其制造业扩张（投资扩张和市场扩张）不断演进和强化，即核心能力和产业规模同步提升。例如，美国由研究型大学支撑的企业前沿技术创新能力从20世纪初期就开始表现出来，并贯穿美国制造业扩张的始终；德国制造业企业在19世纪末期最先开创实验室这种研发组织形式，形成了强大的技术开发和工程化能力（Lerner，2012），并不断加强技术在产品和工艺过程中的应用；日本的精益生产方式是促使其制造业实现后来居上的核心优势，而丰田等后来成为制造业典范的领先企业在“二战”后就已经开始了精益生产方式的探索；韩国大财团的大规模、侵略性投资能力是其制造业赶超的首要原因。与这些发达工业国家相比，中国制造业的核心问题在于，经过了长达30余年的改革和发展，直到今天，学术界仍然不能清晰地指出，产出总量已居世界第一的中国制造业，其核心能力的结构性特征到底是什么？

三、中国制造业核心能力的结构化特征

为了更好地刻画不同工业国家的技术能力，我们需要能够将技术能力进行很好结构化的理论维度。产品架构理论为开展技术能力的类型化研究提供了很好的起点。Ulrich 和 Eppinger（2008）将产品架构分为一体化架构和模块化架构两种类型。产品架构是产品的功能要素分配到组成产品的物理构件的特征。其中，模块化架构指的是产品构

件之间的界面被标准化、产品构件与产品功能之间具有简单一一对应关系的设计结构；而一体化架构指的是产品构件之间的界面未被清晰界定、产品构件与功能之间不存在简单的一一对应关系（一个构件承担多种功能且一个功能被分配到多个构件来实现）的设计结构。一体化架构产品通常需要定制化的组件和零部件，而模块化产品的零部件和组件通常是通用的、批量式生产的；一体化产品架构通常是封闭的，而模块化产品的架构通常是开放的。Hobday 和 Prencipe（2005）等学者提出的系统集成的复杂度，为拓展产品架构研究提供了有益的视角。按照技术集成的复杂度，他们将体现该技术的工业产品分为组装产品、零部件产品和复杂产品系统。其中，组装产品是指大规模生产的、功能独立的产品，如 PC、剃须刀等；零部件或子系统产品，是基于大规模生产但不具有独立功能而是在一个更大的产品系统中承担特定功能的产品，如电信设备中的基站；产品系统，也称为复杂产品系统（CoPS），通常是资本品，是由零部件、网络结构和控制系统组成的系统，如飞机发动机。不同于零部件和组装产品的大规模生产方式，复杂产品系统通常是基于项目的生产方式。在由产品一体化程度和产品集成复杂度两个维度决定的二维空间中，可以构建一个有关制造业技术能力的二维地图，并在这个地图中识别一国所具备的特殊的技术能力（见图 14 - 2）。为了更好地刻画不同国家的制造业核心能力，我们进一步提出能力—位置—制度的分析框架，其中，位置指的是一国制造业的技术能力的载体是哪些组织。

按照这样的分析框架，美国的核心能力主要是基于前沿技术的模块化产品设计开发能力，以及新兴的或与商业模式紧密结合的一体化产品的设计开发能力。例如，同样是汽车产业，日本和德国的优势领域主要是一体化程度更高的小型乘用车，而美国的优势领域则主要是模块化程度更高的皮卡；即便同样在乘用车领域，美国公司也采用了更加模块化的研发、生产和供应链管理方式（Young et al.，2008）。而在同样的一体化架构产品领域，美国则在新兴技术或者与商业模式紧密结合的领域具有显著的优势。例如，在手机市场，苹果公司的技术路线相对于日本、韩国和中国企业的一体化特征更加突出，凭借其

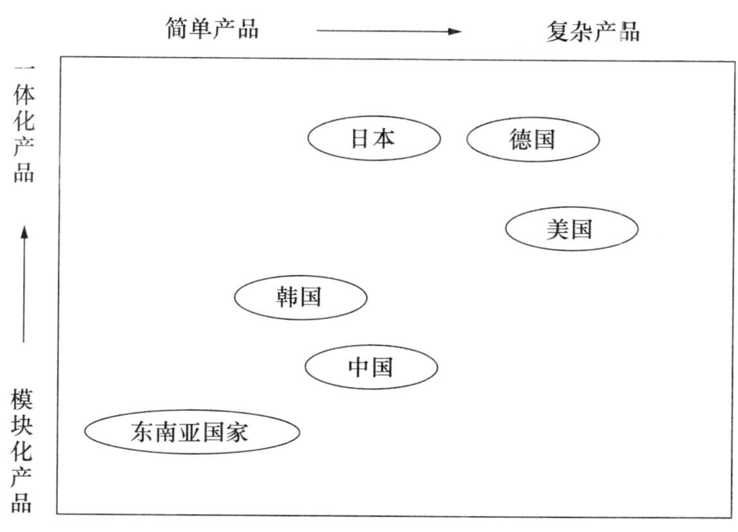

图 14－2　基于产品架构的全球制造业分工

前沿的整体优化技术和核心零部件技术以及创新的商业模式，苹果公司已经成为全球领先的手机企业。美国的这种技术能力特征甚至从制造业延伸到了生产性服务业。例如，虽然日本在软件开发的质量管理方面甚至优于美国，但由于美国公司能够将“足够好”的产品与创新的商业模式有效结合，形成了卓越的竞争力并对全球软件产业形成垄断（Cusumano，2004）。美国制造业技术能力的载体主要是大量全球顶尖的研究型大学、一体化的大企业和大量专业化的高技术中小企业和创业企业。美国技术能力的制度基础，是其自由开放竞争的市场环境加之开放的移民政策，使其能够集聚全球最优秀的人才，因而形成了强大的基础研究能力和前沿技术开发能力。而为了提高新产品开发速度，加之高度的人口流动，美国公司会更多地选择新产品开发效率更高（模块化产品的一个优势在于，通过模块的并行开发，可以提高产品总体的开发速度）、协调成本更低的模块化技术路线。而美国判例法的法律制度加上宽松的管制环境，使商业模式的创新的空间大、社会成本低，形成了美国技术创新和商业模式创新相互增强的良好格局。

与美国的制造业核心能力主要在实验室不同，日本的制造业核心能力主要体现在一体化架构产品领域的车间现场，或者说，相对于美国的 know - why 能力，日本的制造业能力主要体现为 know - how 和 know - who。随着电子信息技术的发展，电子信息产品的产品架构特征不断由一体化架构向模块化架构转变，在这种情况下，日本强大的电子信息产业帝国逐渐受到来自美国的前沿技术和来自韩国、中国台湾、中国大陆基于模块化技术路线的开发和生产能力的冲击。但日本在汽车等一体化架构产品领域的开发和制造优势却始终没有受到挑战。凭借不断完善的精益制造方式，日本企业以更低的成本、更高的质量、更快的产品开发速度在一体化架构产品特别是技术路线相对成熟的一体化架构产品领域保持了绝对的竞争优势。日本的制造业竞争力的载体主要是一体化的大企业与大量的中小企业，日本的中小企业与美国的中小企业的区别在于，由于具有良好的技术市场，美国的中小企业大量是专业性的技术开发公司，而日本的中小企业大量是兼具技术开发和生产制造的一体化中小企业；此外，美国的高技术创业活动，包括从研究型大学分离出来的学术创业异常活跃，日本的中小企业则多为存续经营时间较长甚至百年以上的“老店”。相对于美国，日本封闭的人口政策和缺乏活力的高等教育政策，使其即便在经济发展水平很高的阶段仍然没有形成大批全球顶尖的研究型大学，在这种情况下，日本制造业的基础研究和前沿技术开发能力更多由独立的企业而不是大学或校企合作完成。为了能够更好地利用源于美国的基础研究和前沿技术成果，日本企业形成了独特的高技术识别和定位能力，即所谓的 know - who 能力。日本企业之间的紧密合作对于提升日本企业的技术识别能力至关重要，“利用散布全球重要工业地区的信息网络，日本的综合商社（如三井）在技术上的搜索和沟通对它的成员企业的技术和创新管理具有决定性作用。它的贸易公司内部信息系统的网络收集全球所有重要工业区的信息，这使该系统的企业能够迅速对外部的创新做出战略响应……综合商社在搜集情报和有效地传送到终端用户的渠道方面仅次于美国中央情报局”（哈里森，2004）。而日本基于集体主义的文化传统和组织导向形成的多技能员工在生产线上的紧密合作、重项目组织内部的紧密合作、跨职能部门之间的充分协调和合作、供应链上的紧密产品开发合作、不同产业领域的企业之间的合作甚至同业竞争企业之间的战略性合作，都构成了日本“基于协调和沟通的竞争能力”的组织基础（Fujimoto，2007）。

德国的核心能力与日本具有很大的相似性，但又有所差别。相对于日本，德国的企业组织和宏观制度都具有更高的开放性，加上德国可以充分利用欧洲发达的科学、技术网络优势，因而在前沿技术开发和与新兴技术融合方面都较日本更具优势。也正因如此，德国除了在汽车、数控机床等一体化架构产品领域同日本一样具有显著的全球竞争优势外，还在复杂系统产品的设计开发和制造方面具有优势。也正因如此，在由新材料、新一代互联网技术驱动的新工业革命背景下，德国提出以“工业4.0”架构下的复杂数字物理系统（CPS）优势来进一步增强其全球制造业竞争优势。

作为后发国家的韩国，其技术能力主要体现为资本密集的模块化架构产品领域，如半导体、平板和汽车等。也就是说，如果把技术能力进一步结构化为生产能力、创新能力和投资能力（Kim，1997），则韩国制造业企业的独特性主要体现为高强度技术学习基础上的投资能力。韩国的产业赶超更多从已经进入成熟期的模块化产业开始。这是因为，相对于一体化产品，模块化产品的技术标准清晰、架构创新和集成的技术难度更小，技术转移更容易发生。因此，韩国企业可以在较任何工业化国家最短的时间内，通过反求工程、进口生产装备、兼并国外经营不善的高技术企业、聘请国外退休的研发人员等学习手段，快速接近全球制造业技术的前沿。而实现这一赶超过程的主力军正是韩国政府全力扶持的、高度一体化和多元化的大型财团。由于韩国财团集中了国家的几乎全部重要资金、人才、政策资源，同时家族控制又大大增加了具有冒险精神和危机意识的企业家的执行力，因此韩国大企业能够进行大规模的、长周期的、侵略性的固定资产投资和研发投资。例如，三星集团在20世纪60年代就开始持续投资半导体事业，但直到90年代才实现了对美国、日本技术的赶超从而逐渐开始获得研发回报；此外，为了加速行业洗牌，三星在半导体领域一贯的投资策略是在行业进入低谷的时候进行逆周期的大规模投资，如

2014~2015年上半年，当全球主要半导体厂商都缩减资本支出的时候，三星却在内存芯片、闪存芯片和应用处理器等领域大规模投资100多亿美元。这种越理性的投资活动在其他国家的竞争性领域几乎是不可能发生的。当然，由于韩国的制造业过度依赖大企业在模块化领域的规模投资，加之国内市场的约束，韩国的中小企业成长和竞争力提升始终滞后于其制造业整体的发展水平，因此在核心零部件和生产装备领域长期受制于日本等发达工业国家，而这也成为韩国制造业最大的隐患（波特，2012）。

与美国、日本、德国、韩国等工业强国相比，中国制造业的优势主要体现在模块化架构产品和大型复杂装备领域，前者如工程机械、家电、电子消费品，后者如通信设备、高铁、核电装备和水电准备等，而在一体化产品领域（包括轿车、数控机床等具有一体化产品架构的机械行业和制药、化工等制造一体化的流程型行业）以及工业基础件等既具有一体化特征又需要前沿科技支撑的核心零部件领域相对缺乏优势。为了更好地刻画中国制造业的核心能力，我们需要进一步说明：一是产品模块化和工艺模块化是两个独立的、不同的概念，中国的制造业核心能力主要是产品模块化，而不是工艺模块化。例如，家电是典型的模块化产品架构，同时也是中国最具竞争力的制造业之一，但即便是海尔这样的中国家电领军企业，其生产制造过程的模块化也仅仅是近几年才刚刚开始探索。二是正如前文所说，模块化和复杂度是两个不同的维度，中国具有优势的大型复杂装备往往也具有高度的模块化特征，或者在相同的产品领域，中国企业的技术路线具有显著的模块化特征。

总体来看，在中国具有优势的两个领域中，模块化架构产品市场主要是以民营企业为主体的竞争性市场，而大型复杂装备市场主要是以国有企业为主或者至少国有企业仍然占有较高比重的具有一定垄断性的市场。中国之所以会在这两个领域形成比较明显的竞争优势，主要原因是这些领域的技术范式与中国的既有能力、市场需求以及制度、组织结构具有更好的相容性。其中，模块化架构产品领域的核心能力形成的原因包括：①一般来说，模块化程度最高的产品领域，也是技术周期进入成熟期的产品领域，这些产品和技术具有跨国转移的内在要求，大大降低了后发国家技术学习的难度；②模块化产品的生产方式主要还是基于大规模流水线的生产方式，我国丰富的简单劳动资源，加之政府通过干预要素价格促进生产性投资的产业政策，促进了这些领域的投资；③模块化产品的架构创新特别是改进型的架构创新更加容易，大规模投资和大量的民营企业进入形成激烈的市场竞争，加之中国巨大的市场需求，使中国形成了复杂的、庞大的产业分工体系，有利于促进改进型的产品架构创新甚至是部分关键模块的创新，从而形成了独特的基于产业生态的创新优势和基于产业配套的产业优势。中国在复杂装备领域的相对技术成功的原因主要包括：①最重要的，由于重大装备常常涉及国家安全和产业安全，因此，多数复杂装备没有走轿车行业外资主导、技术依赖的技术学习路线，而是在技术学习过程中坚持自主开发，积极构建自主可控的技术开发平台，特别是坚持架构技术的主导权和技术学习，成为形成本土核心技术能力的主要原因（路风，2006）；②政府对重大军工国防装备的投资以及大型工程的建设经验，为大型复杂装备的开发、生产积累了重要的技术基础和管理经验；③大型复杂装备通常都是基于项目而不是大规模生产的小批量生产，且固定资产投资规模巨大，因此从供给的角度看，投资的规模大、风险高，而政府扶持和国有企业主导的产业组织特征，使这些领域的创新主体能够更好地动员资金、承担风险；④从需求的角度看，以政府采购为主导的市场需求，为大型复杂装备开发提供了重要的试验性市场，为本土复杂装备不断完善和持续改进提供了市场空间和可能性。

相对于中国在以上领域具有的核心能力，中国在一体化架构产品领域缺乏优势的原因包括：①20 世纪邓小平同志南方谈话以后成长起来的一代企业家多数不具有技术精英的背景，缺乏进行突破性创新和精益求精的工匠精神，而一体化架构产品的创新具有典型的累积性特征；②中国至今尚未建立起高效的、市场化的精英型工程师和高技能产业工人的培养和培训体系，一体化产品开发和生产所需要的人力资本供给不足；③不同于日本和德国，中国的制造业企业的生产能力特别是高端制造能力几乎完全依赖引进生产设备，这种基于交钥匙工程的设备引进使多数中国企业丧失了工艺技术创新的载体和能力；④由于绝大多数的中国制造业企业以运营效率改善为首要目标，强调分工和竞争成为组织结构安排和人力资源管理的首要原则，因而多数企业缺乏基于协调和沟通的合作机制和文化；⑤中国的资源禀赋优势和产业赶超特征决定了多数中国企业采取了竞争性的而不是合作型的供应链管理模式，同样不利于集成厂商和零部件供应商之间的合作开发和持续改进。而导致中国在核心零部件领域竞争力低下的原因主要包括：①集成企业的竞争性供应链管理模式，几乎扼杀了以中小企业为主体的零部件厂商的技术开发动力和能力；②多数核心零部件的市场狭小，不具有大规模生产的特征，在缺乏政府创造初期市场的情况下，中国的零部件企业很难获得生存空间；③由于缺乏技术和人力资本，中小企业也很难通过开放式创新接入基础科学和前沿技术；④缺乏市场化的精英型工程师和高技能产业工人培养、培训体系，同样制约了核心零部件的开发和精益生产。

一国的技术能力是动态的，随着技术范式和一国自身资源禀赋结构和制度结构的变化，技术能力也会发生强化、修正甚至破坏。但无论如何，那些嵌入在一国文化和基本制度之中的组织特征，以及不同国家深入在基因中的行为特征，会使一国的核心能力具有能力“惰性”。因此，中国的制造业核心能力提升也必然植根于既有的技术能力和组织能力。促进中国制造业核心能力跃迁的根本动力，既来自正式制度层面的改革深化，也必然取决于植根非正式制度层面的民族文化和组织文化中的创新抱负。政府和企业家的抱负水平最终决定了一国核心能力构建的可能性和速度。当20世纪30年代丰田的生产率还只有福特的10%时，时任丰田Automatic Loom Works项目掌门人的丰田喜一郎就提出要成为具有全球竞争力的企业是丰田创立的愿景；在日本无条件投降的1945年，丰田喜一郎甚至为公司设立了更加激进的目标——“三年之内达到美国汽车行业的生产效率”。从政府的层面看，抽象地研究补贴、税收优惠等产业政策的有效性实际上很难得到稳健的经验结论。不同国家的政府对于本国制造业振兴的决心和承诺，才是各国产业政策效果的关键调节变量。

四、"十三五"及未来我国制造业的功能定位

长期以来，基于一般意义的三次产业结构演进的规律，我国五年规划一般将三次产业产值和就业比例关系作为产业结构优化升级的指标，"十二五"规划提出服务业增加值占比从2010年的43%提高到2015年的47%。但是，世界各国的经验表明，在不同的发展阶段并不存在一个严格意义的三次产业数量比例关系，尤其是在当今工业化和信息化融合、制造业和服务业融合、各个产业边界日趋模糊的大趋势下，统计意义的产业规模数量比例指标作为政策导向的意义越来越小，寻求最优产业比例关系、进行产业结构对标的产业结构升级思路，其合理性和可操作性基础已经越来越薄弱。实际上，产业结构演进升级的本质是生产率高的部门逐步替代生产率低的部门成为主导产业，虽然近年来我国第二产业比较劳动生产率逐步下降、第三产业比较劳动生产率逐步上升，在一定程度上体现了产业结构合理化的演进趋势，但2013年我国第二产业劳动生产率仍高于第三产业劳动生产率18.5%，存在第三次产业比例上升而整体劳动生产率下降的潜在产业结构逆库兹涅茨化（蔡昉，2015），这在一定程度上被认为是我国经济增速减慢的原因。产业结构升级的本质是生产率的提升，不能够仅依靠三次产业数量比例来判断三次产业结构的合理化和高级化程度，关键在于劳动生产率水平的提升。

因此，"十三五"期间及未来，我国三次产业结构优化升级的主题要从强调增长导向的规模比例关系转为强调发展导向的产业融合协调，中国产业发展战略的重点也要从产业数量比例调整转向产业质量能力提升，发展的核心在于提高产业的生产率；为了更好地适应产业融合的趋势，未来我国的产业政策思路应当逐步突破传统的产业结构对标思

路，消除政府对部门间要素流动的扭曲和干预，减少部门垂直管理带来的产业融合障碍，通过促进产业间的技术融合、商业模式融合和政策协调，促进三次产业和各产业内部的协调发展。在具体制定“十三五”规划时，不应把三次产业结构产值和就业比例作为产业发展的“应然”目标提出，产业结构数量比例只是一个“实然”变化，重点考核三次产业发展的质量目标，可以用劳动生产率和技术创新指标等来衡量。

在“十三五”及未来以强调产业质量能力提升产业发展战略重点的大背景下，制造业的功能定位也要发生重大调整。在过去的30多年中，工业作为快速增长以及三次产业占比最大的部门，一直是我国经济快速增长的引擎，在促进经济增长和吸收就业方面发挥了重要的作用。但是，2013年以来工业在三次产业占比开始落后于服务业以及经济走向中高速增长的新常态，工业部门尤其是制造业，在国民经济中的作用更加表现为其创新驱动和高端要素承载功能。世界各国经验及众多研究表明，虽然随着工业化的进程推进，在工业化后期制造业比重一般会下降，但制造业永远是国民经济中开展研发活动最活跃、承载创新资源最多的部门。制造业不仅是技术创新的主要来源，还是技术创新的使用者和传播者。从技术创新来源看，制造业本身是技术创新最为活跃的部门，无论是技术创新投入，还是研发产出，制造业部门都占据了绝大部分。从技术创新使用看，制造业是将技术进步应用于生产的直接的、主要的载体，一项新技术的使用，往往要在制造业上应用，进而才能真正促进经济的发展。从技术创新传播看，制造业通常通过提供先进材料、工具设备、新知识而成为向其他领域传播技术创新的基地，农业和服务业的技术进步也必须以制造业技术创新为基础。因此，制造业作为技术创新的“土壤”，“十三五”期间及未来的主要功能不再是集聚资本和创造就业，而是通过促进新技术的创新和扩散，提高经济增长效率，并在这个过程中创造出更多高质量的工作岗位，同时制造业对服务业的拉动作用仍在增强，这种作用集中表现为生产性服务业的规模扩张和质量提升实际上是围绕“做强工业”展开的。

制造业功能定位的转变，决定了未来制造业指导思想从结构优化主导转向能力提升主导。基于上述对我国制造业核心能力的分析，我们认为，未来中国制造业技术能力提升的可能方向是：在模块化架构产品领域，中国将逐渐由模块化（Modular，形容词）产品的改进型开发向模块化（Modularizing，动名词）导向的具有突破性技术创新的能力提升。中国目前在模块化架构产品领域的竞争优势，是在发达工业国家制造业企业主导的技术竞争过程中、在产品生命周期自然演进到模块化阶段（成熟阶段）过程中，基于技术学习和引进而形成的分工和系统优势。未来中国应当通过技术能力积累，加强架构创新和模块标准制定的主导权，主动地通过架构创新和组件创新、标准创新促进产品架构由一体化向模块化转变，缩短技术生命周期和产品生命周期，甚至改变主导设计的技术路线，从而大幅提升中国制造业在全球制造业体系中的侵略性和主导权。在大型复杂装备领域，中国应当在坚持自主学习和开发的过程中，充分利用中国独有的市场资源优势，包括国外技术与中国市场不匹配的优势和政府采购优势，进一步加强架构创新和集成能力，不断完善产品开发平台。

一国所具有的制造业核心能力，既是一国参与全球制造业竞争的独特资源和能力，同时也是一国对人类社会工业文明进步所能够做出的范式意义上的独特贡献。在近100年的工业发展历程中，美国制造业贡献了科学和前沿技术，日本贡献了精益生产方式，德国贡献了工程化的技术。未来中国制造业在模块化和复杂装备领域的能力跃迁，也将根本性地促进全球制造业发展模式的调整和突破。

五、从“中国制造2025”不足来看制造业发展战略调整

2015年5月19日，国务院印发了《中国制造2025规划纲要》。学术界和管理部门将该规划作为未来10年甚至更长时期指导我国制

造业发展的纲领性文件。在2012年，我们提出，我国要基于工业大国国情、围绕如何将中国建设成为工业强国这个目标而制定并实施的经济发展战略："政府需要制定工业强国战略规划，规划的内容包括使命、环境和条件分析、目标及其分解、实现时间和步骤、具体任务、所需条件、推进措施等。从战略的科学性看，这个规划要满足全局性、系统性、长期性、国际竞争性的要求。所谓全局性，要求该战略规划是一个国家的经济发展战略，立足国家整体经济发展，而不是一个单纯的工业发展规划。所谓系统性，要求该战略规划从国家系统角度思考工业强国建设问题，要包括工业强国建设的各个方面，包括科研、教育、行政、社会、文化等。所谓长期性，要求该战略规划期应该有10~20年甚至更长，从现在直到中国成为工业强国。如果初步设想，在未来20年左右的时间内，把我国建设成为一个工业强国，并努力一直保持工业强国的地位，那么战略规划期应该有20年，并对20年后进行展望。所谓国际竞争性，要求该战略规划应该动态地考虑到世界各国的竞争战略，既要立足于国情和国内经济发展的需要，又要立足于世情和应对国际竞争的需要"（黄群慧，2012）。从出台的《中国制造2025规划纲要》的内容看，该规划纲要正是这样一个满足全局性、系统性、长期性、国际竞争性要求的工业强国规划。因此，《中国制造2025规划纲要》是我国工业发展历史上具有里程碑意义的战略规划，标志着我国在完善制造业产业政策体系方面迈出了重要一步，是我国制造业第一个旨在为制造业长期发展指明方向和路径的纲领性规划。《中国制造2025规划纲要》着眼于我国制造业长期发展面临的新环境和新问题，目的是在未来新的技术环境、国际竞争环境和国内要素环境下，从根本上提升我国制造业的国际竞争力，而不仅仅是解决产业发展中出现的短期困难或者为解决短期增长问题提供投资动力。此外，《中国制造2025规划纲要》在新的经济、技术和国际环境下，在新的高度和视角重新认识了制造业对于我国国民经济社会发展的战略意义。在这样的背景下，《中国制造2025规划纲要》在行业进入、监管、金融、财政、税收、服务体系建设等各个方面都较以往的产业政策做出了重要的调整和突破。

在高度评价《中国制造 2025 规划纲要》的重大意义的同时，基于上述对中国制造业核心能力的分析，我们也发现其中还有一些不足。由于整个规划的思路仍然局限于传统的比较优势、产业结构和共性制度思维范式，因此《中国制造 2025 规划纲要》本质上仍然是一个政策力度更大的、延长了规划期的传统产业规划的翻版。对于长期制约我国成为工业强国的一些根本性约束，《中国制造 2025 规划纲要》并未触及。

首先，最重要的，作为一个战略性的、纲领性的规划，《中国制造 2025 规划纲要》没有回答“如果中国能够成为制造业强国，其核心能力到底是什么?”这一根本问题。《中国制造 2025 规划纲要》虽然做出判断，智能制造和“互联网 +”代表未来全球制造业发展的趋势和中国制造业转型升级的方向，但并未明确在未来全球智能制造的地图中中国智能制造的优势和核心能力到底是什么。与提出“工业 4.0”计划的德国相比，目前我国的差距主要表现为，尽管我国在工业机器人、智能工厂解决方案等细分领域出现了不少掌握先进技术的企业，但缺乏像德国西门子、博世、SAP 等能够架构整体的数字物理系统和全流程数字化解决方案的综合集成企业。针对这种状况，一方面我们应努力培育我国的集成企业和集成能力，但另一方面应该尊重复杂产品集成能力需要长期积累和探索的事实，探索更加模块化的工业物联网技术路线，将更好地发挥我国模块领域技术优势作为发展智能制造的初始战略，并逐渐向综合集成优势提升。另外，与德国、日本等强调柔性生产和工人技能的制造优势相比，我国的制造优势在于大规模生产和标准化操作技能，因此在大力发展柔性制造和个性化制造的同时，中国的智能制造应当选择更能发挥我国人口和技能优势的技术路线，通过智能制造与大规模生产的有效结合，更好地发挥我国的资源禀赋优势，并在这个过程中形成我国独特的智能制造能力。由于不能明确未来我国制造业的核心能力，所以《中国制造 2025 规划纲要》各部分内容之间的衔接并不连贯。例如，虽然列示了未来重点发展的十大领域，但缺乏从中国经济、社会、国防发展面临的特异性问题出发，对重点领域的发展进行战略性的部署，更缺乏领域间的总体部署，因而根本上没有摆脱传统选择性产业的窠臼。

其次，《中国制造 2025 规划纲要》认识到了提高制造业生产效率的重要性，但仅看到了关键领域和制高点技术突破的重要性，而没有关注到提高我国制造业整体生产效率的重要性。提高我国制造业整体的生产效率，一方面，从产业组织结构看，要促进中小企业和创业，重点围绕以下四个方面完善我国的科技型中小企业公共服务体系。一是结合“新工业革命”背景下中小企业科技创新的现实需求，大力发展事业性的、公私合作的、商业性的大数据、工程数据库和高性能运算服务机构，其中事业性的服务机构主要满足科技型中小企业的基本服务需求，而公私合作和商业性的服务机构主要满足科技型中小企业的提升性服务需求；二是鼓励高校和科研院所向广大中小企业开放基本的研究实验设施，同时鼓励各类科技服务平台建立跨地区的服务机制，从而最大限度地使中小企业切实能够利用公共科技资源；三是大力建设国家、省、市三级综合性科技服务机构，综合性服务机构本身可以不直接提供科技服务，而是主要通过整合各类科技信息和资源，促进科技型中小企业和各类科技服务的合作与对接；四是在科技型中小企业服务队伍的建设中，充分调动退休企业家、研发人员、工程师等专业人员的内在积极性，鼓励其以全职、兼职或志愿者的形式参与到事业性服务机构、公私合作组织或非政府组织开展的各类服务活动中来，提高我国中小企业科技服务的队伍素质和公共服务质量。另一方面，从产业结构看，不仅要着眼于战略性新兴产业的发展，也要关注传统产业的转型升级特别是通过传统产业与新兴产业的融合、互动促进核心能力的扩散和增强。目前我国整体的创新体系建设是以促进前沿技术、新兴技术突破为导向的，对传统产业改造提升的政策着力严重不足，《中国制造 2025 规划纲要》在这个方面仍然没有摆脱传统产业政策的思维。传统产业是新兴技术和新兴产业发展的重要土壤和平台，新兴技术的发展过程也是新兴技术不断应用于传统产业、促进传统产业的技术和组织结构发生根本性变革的过程；新兴技术只有广泛应用于传统产业部门，才能获得足够的财务回报形成持续的创新动力；高新技术只有应用到复杂的现实环境中，与既有的企业和领先消费者产生足够的互动，才能在试错和学习的过程中不断臻于完善。

再次，在完善制造业发展环境方面，《中国制造 2025 规划纲要》虽然认识到了优化制造业发展环境的重要性，但没有把握住我国制造业发展环境中最根本的问题，即通过完善环境，使制造业的生产效率提升切实反映到制造业的高投资回报率和创新收益率。只有提高制造业的创新性投资的回报率，才能激励广大的制造业企业从事创造性的活动，进而在探索和创造活动中不断构筑核心能力。在制造业的发展环境方面，以下三个方面的内容是重要的：一是深化要素市场的市场化改革，包括利率市场化、资本市场开放、农民工市民化、资源型产品价格形成机制改革等，一方面，形成要素价格对资源配置的引导作用；另一方面，更重要的是，通过消除因要素扭曲形成的垄断和暴利，提高制造业的相对收益率。二是打破基础产业垄断特别是国有企业的行政性垄断，重点对国有经济的产业布局进行重大调整，推进国有经济的产业布局从重化工领域转向公共服务等领域，经营业务从整个自然垄断领域集中到具有自然垄断性的网络环节。三是切实加强知识产权保护和服务。目前制约我国制造业企业特别是中小企业充分利用知识产权保护科技成果、获得技术创新收益的原因，既有知识产权执法不力的问题，更有知识产权诉讼成本太高的问题。基于此，建议国家和各级政府设立中小企业法律事务公共服务机构，为广大中小企业提供知识产权方面的基本法律服务，切实降低广大科技型中小企业的知识产权维权成本。在加强知识产权保护的基础上促进技术市场的发展，使科技型中小企业更多利用技术市场而不是完全依赖产品市场进行开放式创新。

最后，在产业政策安排方面，虽然《中国制造 2025 规划纲要》在弱化行政性干预方面做出了重要的努力，但总体上看，从选择性产业政策体系向功能性产业政策体系的改革仍然不够彻底。长期以来，我国产业政策的主导模式是选择性产业政策，即通过投资审批、目录指导、直接补贴企业等手段直接广泛干预微观经济。选择性产业政策对于保护幼稚产业、启动产业赶超发挥了重要作用，但由于扭曲了市场机制也带来许多不良后果。未来随着我国传统产业投资的相对饱和，企业需要通过创新探索新技术、新产品、新业态、新商业模式。产业发展和技术发展的不确定性加大，政府部门将难以正确选择“应当”扶持的产业、企业和产品，这就需要政府构建市场友好型的产业政策，以完善市场制度、补充市场不足、增进市场机能。产业政策手段需要从直接干预微观经济行为为主转向通过培育市场机制、间接引导市场主体行为，虽然也存在补贴、税收优惠等扶持企业政策，但扶持对象一般是前沿技术和公共基础技术，强调研发、技术标准和市场培育的协同推进，强调事前补贴而不是事后奖励，且补贴规模不宜太大，而是更多发挥带动和引导作用，促进制造业企业在完善的市场竞争环境下充分利用本土的资源优势和市场优势，形成独特的核心能力。

参考文献

[1] 蔡昉．破解中国经济发展之谜［M］．北京：中国社会科学出版社，2014.

[2] 蔡昉．防止产业结构“逆库兹涅茨化”［N］．第一财经日报，2014－12－31.

[3] 贺俊，吕铁．从产业结构到现代产业体系：继承、批判与拓展［J］．中国人民大学学报，2015（3）.

[4] 贺俊．智能制造成新产业革命核心［N］．21世纪经济报道，2015－03－26.

[5] 黄群慧．中国的工业大国国情与工业强国战略［J］．中国工业经济，2012（3）.

[6] 黄群慧，贺俊．“第三次工业革命”：制造的重新定义与中国制造业发展［J］．工程研究，2013（5）.

[7] 黄群慧，贺俊．“第三次工业革命”与中国经济发展战略调整——技术经济范式转变的视角［J］．中国工业经济，2013（1）.

[8] 刘世锦．陷阱还是高墙？中国经济面临的真实挑战和战略选择［M］．北京：中信出版社，2011.

[9] 路风．走向自主创新［M］．桂林：广西师范大学出版社，2006.

[10] 江飞涛等．中国工业经济增长动力机制转换［J］．中国工业经济，2014（5）.

[11] 金碚．工业的使命和价值——中国产业转型升级的理论逻辑［J］．中国工业经济，2014（9）．

[12] 林毅夫，苏剑．繁荣的求索：发展中经济如何崛起［M］．北京：北京大学出版社，2012.

[13] 吴敬琏．制造业有能力制造高附加值产品［J］．金融界，2011（5）．

[14] 伍晓鹰．“新常态”下中国经济的生产率问题［M］．载中国社会科学院经济学部编．解读中国经济新常态．北京：社会科学文献出版社，2015.

[15] 姚洋．经济新常态为传统产业转型升级提供强劲动力［N］．光明日报（理论版），2015-03-18.

[16] 姚洋．不是离了互联网就落伍了，中国创新还是要结合制造业［N］．凤凰财经，2015-04-18.

[17] 张军．中国经济再平衡不能简单模仿美国［N］．上海社会科学报，2015-02-05.

[18] 周其仁．中国制造业成本优势正在发生重要变化［N］．21世纪经济报道，2005-04-30.

[19] 迈克尔·波特．国家竞争优势［M］．北京：中信出版社，2012.

[20] 西格法德·哈里森．日本的技术诀窍与创新管理［M］．北京：北京大学出版社，2004.

[21] Cusumano, Michael. The Business of Software. Free Press, 2004.

[22] Dierickx, Ingemar & Karel Cool. Asset Stock Accumulation and Sustainability of Competitive Advantage. Management Science, 1989, 35 (12): 1504-1511.

[23] Dosi, Giovanni. Faillo, Marco and Marengo, Luigi. Organizational Capabilities, Patterns of Knowledge Accumulation and Governance Structures in Business Firms: An Introduction. Organization Studies, 2008, 29 (08&09): 1165-1185.

[24] Fujimoto T & O Takashi. Empirical Analysis of the Hypothesis of Architecture based Competitive Advantage and International Trade Theory. MMRC Working Paper, 2006.

[25] Fujimoto, Takahiro. Architecture-Based Comparative Advantage—A Design Information View of Manufacturing. Evolutionary and Institutional Economic Review, 2007, 4 (1).

[26] Fujimoto, Takahiro. Competing to Be Really, Really Good. International

House of Japan, 2007.

[27] Fujimoto T. & S. Yoshinori. Inter and Intra Company Competition in the Age of Global Competition: A Micro and Macro Interpretation of Ricardian Trade Theory. Evolutionary and Institutional Economic Review, 2011, 8 (1): 521 –534.

[28] Hobday, Micheel, et al. System Integration. Industrial and Corporate Change, 2005, 7 (14): 1109 –1143.

[29] Lerner, Josh. The Architecture of Innovation: The Economics of Creative Organizations. Cambridge: Harvard Business School, 2012.

[30] Kim. Imitation To Innovation: The Dynamics of Korea's Technological Learning. Cambridge: Harvard Business School Press, 1997.

[31] Kim, Linsu & Nelson, Richard. Technology, Learning, and Innovation: Experiences of Newly Industrializing Economies. Cambridge University Press, 1997.

[32] Prencipe, Andrea, Andrew Davies & Michael Hobday. The Business of System Integration. Oxford University Press, 2011.

[33] Young, Ro, Sebastian Fixson & Feffrey Liker, Modularity and Supplier Involvement in Product Development//Loch Chirtoph (edited). Handbook of New Product Development Management. Elsvier, 2008.

[34] Urich, Karl & Steven, Eppinger. Product Design and Development (Fourth Edition). Mcgraw –Hill Press, 2008.

[35] Abernathy William J. and James M. Utterback. Patterns of Innovation in Industry. Technology Review, 1978, 80 (7): 40 –47.

第十五章　中国产业政策的基本特征与未来走向*

改革开放以来，至少有两个主题的讨论在中国经济学界一直是“长盛不衰”的：一是关于国有企业改革问题；二是关于产业政策问题。在改革开放30多年中，虽然有关这两个主题的讨论有段时间相对趋于沉寂，但似乎总在一段时间后又被“唤醒”。关于产业政策的讨论，在进入2016年后，又成为经济学界的一个热点。虽然有关这些讨论被有的经济学家批评为因认识事情本质不够而“转圈”的现象，但是应该认识到这种重新讨论在我国步入工业化后期的经济新常态背景下具有促进产业政策转型的积极意义。

一、关于产业政策的基本认识

在经典的西方科教学书中，财政政策、货币金融政策、收入分配政策、国际贸易政策、农业政策、劳动政策、反垄断政策等构成了经济政策体系的核心内容，产业政策难见踪影。产业政策产生于20世纪50年代的日本实践，随着日本“经济奇迹”的影响，欧美等发达国家也逐步关注产业政策，到70年代OECD开始研究其成员国的产

* 本文原载《探索与争鸣》2017年第1期。

业政策问题，产业政策这个概念也逐步在世界范围内被接受。关于日本产业政策的评价一直存在各种争议，有人将日本20世纪中期的“经济奇迹”归结于产业政策，也有人认为产业政策的“主刀”通产省是“臭名昭著”的。尤其是进入70年代以后，随着日本高速增长进入尾声，日本经济学界出现了大量对产业政策反思的研究。

一般而言，产业政策是政府为解决产业结构失衡和层次低等经济发展中的问题，实现产业转型升级和优化发展，促进经济快速增长和发展而制定和实施的相关政策措施，是一种相对长期的、供给侧管理的经济政策（黄群慧，2016a）。从日本实践看，产业政策具有政府干预产业部门之间和产业内部资源配置但又要强调尽量避免政府直接介入资源配置、目标是追求经济快速增长的基本特征（杨治，1985）。正是由于产业政策所具有的为了实现经济快速增长政府干预产业部门资源配置的这个特征，使产业政策很容易陷入自由市场主导还是政府主导的两种意识形态之争。其实，当前我国经济学界的关于要不要产业政策的争论也没有逃脱这种意识形态之争。而且，由于产业政策在操作层面要求既要政府干预资源配置，但又要尽量避免直接介入资源配置，这个“度”把握十分困难，因此是否存在合意的产业政策也就容易引起质疑。

虽然由于产业政策的上述特征，坚定的新古典经济理论信奉者一直厌恶产业政策，但是许多发展中国家为了实现经济赶超已经普遍接受了产业政策的理念。在这种背景下，“针对产业政策的争论不可能单纯通过讨论来解决，产业政策的有效性终究是要依靠实践的不断积累”（大野健一，2015年中译本），于是更多的经济学者把研究精力放在什么样的产业政策以及如何实施才更为有效，而不是要不要产业政策上。

二、中国产业政策的基本特征

日本的产业政策被引进中国学术界已有30多年的历史。1985年4月中国人民大学出版社出版的《产业经济学导论》（杨治，1985），对日本产业政策进行了系统全面的介绍；1986年2月杨沐等（1986）在《经济研究》上撰文从加强供给管理角度提出中国要尽快研究和实施产业政策，并对中国产业政策的重点和应注意的问题进行了详细分析。实际上，当时学界呼吁对日本产业政策的引入，不仅符合加速中国工业化进程、促进经济快速增长的需要，恰好也符合中国在计划经济逐步退出后的政府继续主导资源配置、管理产业与企业的需要。虽然现在政府过多地主导要素配置受到很多诟病，但相对传统计划经济体制，产业政策实施和推广是很大的进步。对于中国而言，产业政策的引入，具有计划经济渐进转轨和经济赶超的“双重效应”。在这种背景下，自20世纪90年代以来，产业政策在中国得到了广泛的使用。现在，中国的产业政策已经发展成为形式多元、层级众多、内容复杂的庞大的政策体系，包括政策、法令、条例、措施、规划、计划、纲要、指南、目录指导、管理办法和通知等，甚至对政府工作报告、部门决议、会议纪要、领导批示等也会发挥实质性的影响。

迄今为止，经过多年的实践，中国的产业政策已经发展为一套动态复杂的政策组合，包括产业结构政策、产业组织政策、产业布局政策和产业技术政策等各类政策。其中，产业结构政策是按照产业结构的发展规律推进产业结构高级化，进而实现国民经济发展的政策；产业组织政策是为了实现产业组织合理化、形成有效公平的市场竞争创造条件的政策；产业布局政策是促进生产要素区域配置合理化、高效化而实施的各类政策，如各类园区政策可以归为这种产业布局政策；产业技术政策是指国家制定的用以引导、促进和干预产业技术进步的政策的总和。虽然现实中常常发生冲突，但从理论设计上说，这四种政策应该相互配合，其政策机制应该是相容的。而且，我国在不同的发展阶段和不同的政府层面上，其产业政策中的这四类政策的具体内涵有差异，而且产业政策的重点也不同，体现了产业政策组合的动态性。

从内容上看，我国的产业政策重点是政府通过补贴、税收、法规等形式直接支持、扶持、保护或者限制某些产业的发展，以加快产业结构转型升级、实现经济赶超，往往倾向于扶持国有大企业、鼓励企业兼并提高集中度、抑制产能过剩和防止过度竞争、补贴战略性新兴产业和激励技术创新等，这更多地可以归类为选择性产业政策或纵向产业政策，且实施力度较强。而有关通过人力资源培训、研发补贴、市场服务等形式完善整体产业发展基础功能进而提高产业竞争力的产业政策，即所谓的功能性产业政策或者横向产业政策采用相对较少。具体而言，我国产业政策的主要工具有两大类：一是控制市场准入的限制性审批，审批原则是有保有压、扶优扶强，审批范围涵盖所有重要产业，审批的内容深入各个技术经济环节；二是认定新兴产业或战略产业，通过税收减免、土地供应等优惠鼓励其发展。从实施效果看，总体上对我国快速推进工业化进程、实现经济赶超发挥重要作用，客观地说，我国快速的工业化进程以及多年的经济快速增长，在相当程度上得益于中国的产业政策。但是，中国的产业政策也存在干预市场和影响市场机制形成的问题，甚至经常产生产业政策实施结果与初衷相反的“事与愿违”的情况。总体而言，我国产业政策具有形式多样、覆盖面过广、直接干预市场、选择性明显等特征（黄群慧，2016b）。

三、中国产业政策的未来走向

与日本在经历高速增长后的20世纪70年代后期开始反思产业政策的背景有些相似，当前中国已经步入了工业化后期，经济呈现出增速趋缓、结构趋优、动力转换的经济新常态特征，中国也到了认真反思长期以来所实施的强选择性的产业政策的时候了。从工业化进程看，在工业化初中期阶段，处于后发国家赶超的需要，选择性产业政策的确发挥了重要的作用，尤其是扶大限小对促进重化工主导产业的发展作用明显。但是，在进入工业化后期以后，我国进入从要素驱动向创新驱动的经济新常态，经济增速从高速转为中高速，模仿型排浪式消费阶段基本结束，低成本比较优势不可持续，市场竞争从低成本转向差异化，通过引进、模仿及学习得到的后发优势将逐渐耗尽，要素规模驱动力减弱，经济增长将更多依靠人力资本质量和技术进步。在这种背景下，我国长期以来习惯采用的强选择性产业政策的不适应越来越突出，以激励完善市场竞争秩序、激励创新为基本导向的功能性产业政策的意义更为显著；按照产业结构、产业组织、产业布局和产业技术政策的分类，直接干预产业结构形成的产业结构政策的重要性日益下降，而强调产业组织合理化的产业组织政策、激励创新的技术创新政策意义更加突出。

同样，从我国的市场化改革进程看，经过了30多年的市场化改革，我国的市场化体系也日渐完善，产业政策作为政府调控经济的手段需要发生变化。2015年10月12日《中共中央国务院关于推进价格机制改革的若干意见》发布，该意见明确指出，加强市场价格监管和反垄断执法，逐步确立竞争政策的基础性地位，以及加快建立竞争政策与产业、投资等政策的协调机制。这意味着，从市场化改革的要求，竞争政策是基础地位，而产业政策要与竞争政策协调，长期以来我国一直实施的政府选择、特惠措施为主的产业政策取向，在新时期要转向普惠性、促进公平竞争和科技进步的产业政策取向，从而促进竞争政策基础地位的逐步实现。

在经济新常态和全面深化市场化改革的背景下，产业政策转型具有急迫性。如果不积极推进我国的产业政策转型，那种违背产业政策初衷的“事与愿违”将可能成为产业政策实施的常态。新能源汽车的补贴政策就在一定程度上出现了这种情况。从促进战略性新兴产业发展、加快产业结构高级化的目标考虑，近年来我国实施了对新能源汽车的强激励政策，一辆车的补贴金额甚至可以达到 20 万～30 万元，同时还给予新能源汽车牌照便利。于是新能源汽车出现了“井喷”式发展，近两年世界上约 40% 的新能源汽车都是在中国销售的。2016 年前三季度，我国新能源汽车生产 30.2 万辆，销售 28.9 万辆，比上年同期分别增长 93.0% 和 100.6%，这样的高速增长在任何正常成长的行业都是少见的。但是，这种快速增长的背后是我国新能源汽车行业的核心技术仍在国外，更为糟糕的是由于新能源汽车的补贴政策过于强，补贴方式也存在一定的问题，对于汽车企业而言，与其去推动技术进步，还不如琢磨如何钻政策的“空子”去“违规谋补”，于是近两年出现了多家汽车企业“骗补”的问题。在惩罚这些“骗补”的汽车企业的同时，我们必须认识到，“骗补”是这种补贴激励过高和限购这些强市场干预政策的必然结果。惩罚这些“骗补”汽车企业仅仅是治标，更为根本的措施是反思新能源汽车产业政策本身存在的问题，包括是否干预了市场的技术路线选择、补贴力度是否过强、补贴方式是否恰当。

但是，对于我国这种具备计划经济转型、发展中国家赶超双重背景的社会主义大国而言，产业政策转型并非易事。一方面，长期以来的政府管理经济行为习惯以及庞杂的产业政策体系难以短期改变，我国产业政策还会存在相当长时间的路径依赖效应；另一方面，政府体制机制改革进展相对缓慢，地方政府追求短期 GDP 业绩导向还没有得到根本性的改变，跨越式发展的赶超意识还十分强烈，强选择性产业政策仍是政府最有效的直接政策工具。从根本上说，产业政策的转型，不仅仅是产业政策内容的变化，更为根本的是政府的体制机制改革和治理能力现代化水平的提升，这将是一项任重而道远的任务。

参考文献

[1] 大野健一：《学会工业化——从给予式增长到价值创造》，陈经纬译，中信出版社，2015 年。

[2] 黄群慧：《以产业政策转型促进竞争政策基础地位确立》，《中国价格监管与反垄断》2016 年第 S1 期。

[3] 黄群慧：《我国产业政策直接干预市场应转型》，http：//business. sohu. com/20161111/n472867639. shtml，2016 - 11 - 11。

[4] 吴敬琏：《产业政策抑制竞争、违反公平竞争原则》，http：//finance. sina. com. cn/roll/2016 - 11 - 28/doc - ifxyawxa2964412. shtml，2016 - 11 - 28。

[5] 杨治：《产业经济学导论》，中国人民大学出版社，1985 年。

[6] 杨沐、黄一乂：《需求管理应与供给管理相结合——兼谈必须尽快研究和制订产业政策》，《经济研究》1986 年第 2 期。

第十六章　面向高质量发展的现代化经济体系战略*

党的十九大报告指出："我国经济已由高速增长阶段转向高质量发展阶段，正处在转变发展方式、优化经济结构、转换增长动力的攻关期，建设现代化经济体系是跨越关口的迫切要求和我国发展的战略目标。"具体而言，建立与高质量发展阶段相适应的现代化经济体系，党的十九大报告提出深化供给侧结构性改革、加快创新型国家建设、实施乡村振兴战略、实施区域协调发展战略、加快完善社会主义市场经济体制、推动形成全面开放新格局六大战略任务。那么，什么是现代化经济体系，在建设现代化经济体系中应该具体把握哪些关键问题，本文试图分析一二，提出一孔之见。

一、现代化经济体系是与高质量发展阶段相适应的经济系统

改革开放以来，中国经济发展取得了巨大成就，保持了30多年经济高速增长，经济总量、人均国民收入得到了巨大的提高，到2016年，中国经济总量已经达到11.2万亿美元，居世界第二位，按2010

* 本文原载《经济与管理》2018年第1期。原文题目《浅论建设现代化经济体系》。

年不变价计算人均国民收入达到6895美元、步入中上等收入国家行列。一个具有十几亿人口的大国，短短的30多年，快速地从工业化初期步入工业化后期，这是人类工业化史的奇迹。

但是，在看到中国经济高速增长的同时，也必须认识到中国经济发展存在的不平衡、不充分的突出问题，一是区域经济增长不平衡，一些区域发展不充分。由于经济梯度发展战略以及各个区域资源禀赋、发展基础差异等原因，中国经济在不同地区发展极不平衡，总体上呈现出东部、中部和西部地区逐步降低的梯度差距。例如，中国的工业化进程在不同地区发展极不平衡，总体上呈现出东部、中部和西部地区逐步降低的梯度差距。到2015年，上海、北京、天津已经步入后工业化阶段，其他大部分东部省份处于工业化后期，而大部分中西部省份基本还处于工业化中期（黄群慧，2017）。二是产业发展的结构不平衡，创新能力和高端产业发展不充分。由于长期的低成本出口导向经济发展战略主导，中国自主创新能力还有待提升，这造成我国产业结构高端化水平不够。一方面，钢铁、石化、建材等行业的低水平产能过剩问题突出并长期存在，存在大量的“僵尸企业”；另一方面，高端产业发展不够和产业价值链高端环节占有不足，关键装备、核心零部件和基础软件等严重依赖进口和外资企业，例如，2015年中国芯片进口额高达2307亿美元，是原油进口额的1.7倍。三是实体经济与虚拟经济发展不平衡，高质量实体经济供给不充分。这主要体现在近年来经济出现“脱实向虚”趋势，制造业总体处于全球价值链的中低端，产品档次偏低，标准水平和可靠性不高，高品质、个性化、高复杂性、高附加值的产品供给不足，缺乏世界知名品牌。四是经济增长速度与资源环境承载力不平衡，绿色经济发展不充分。中国经济快速增长客观上给资源环境造成了巨大的压力，环境污染问题比较突出，资源约束日趋紧张。虽然我国一直倡导实施环境友好型的新型工业化道路，但客观上资源环境还难以承受如此快速的大国经济快速增长。为了解决工业化带来的环境资源问题，大力发展绿色经济是必然的选择。绿色经济的本质是生态环境与经济发展相协调的可持续发展经济，强调从社会及其生态条件出发，将环保技术、清洁生产工艺等众多有益于环境的技术转化为生产力，是一种环境可承受的经济发展模式。中国在绿色经济发展方面，无论是技术水平还是产业规模，都还有很大的发展空间。五是城乡发展不平衡，社会民生领域发展不充分。这表现在城乡收入分配差距依然较大，脱贫攻坚任务艰巨，民生领域还有不少短板，群众在就业、教育、医疗、居住、养老等方面面临不少难题（黄群慧，2017）。

巨大的经济总量与经济发展不平衡、不充分的国情，表明我国经济社会主要问题已经从落后的社会生产力转为发展的不平衡不充分。如果说，依靠投资驱动的扩大外延经济增长方式、追求经济高速增长是化解人民日益增长的物质文化需要与落后社会生产之间矛盾的需要，那么，随着社会主要矛盾转变为人民日益增长的美好生活的需要与不平衡不充分发展之间的矛盾，我们步入中国特色社会主义建设新时代，与新时代相适应的则是创新驱动的集约式经济发展方式和高质量经济发展。推进经济发展的高质量、解决发展不平衡不充分问题就成为我国经济建设的主要任务，我国经济需要从高速增长阶段转向高质量发展阶段。

新的经济发展阶段需要新的经济体系支撑。经济从高速增长阶段向高质量发展阶段转换，需要改造现有的经济体系，以新发展理念指导建设现代化经济体系。所谓现代化经济体系是具有现代性的经济系统，当今时代对现代性的要求是要与现代化进程中高质量发展阶段相适应，从系统论视角看，这种适应性具体可体现在经济体系的增长动力、要素结构、运行机制、系统环境、发展目标五个方面。从经济体系的增长动力看，现代化经济体系是以创新作为经济增长的驱动力，经济增长的源泉是依靠创新带来的全要素生产率的提升；从经济体系的要素结构看，现代化经济体系具有高端要素集聚和现代产业主导的特征，而且其劳动力、资本和技术等生产要素以及各个产业、区域、城乡子系统呈现结构协调性；从经济体系的运行机制看，现代化经济体系具有高效配置资源的成熟的市场化体制机制，体系内各类市场主体公平竞争、具有活力，政府宏观调控政策科学有度；从经济体系的系统环境看，现代化经济体系面临的是全方面开放的、高度不确定性的国际化环境，这要求经济系统也必须具有动态开放特征，从而对环境具有很好的适应性；从经济体系的发展目标看，现代化经济体系追求实现高质量经济发展目标，保证国家经济具有竞争力和可持续性、包容性的发展。

建立与高质量发展阶段相适应的现代化经济体系，党的十九大报告提出深化供给侧结构性改革、加快创新型国家建设、实施乡村振兴战略、实施区域协调发展战略、加快完善社会主义市场经济体制、推动形成全面开放新格局六大战略任务。其中，深化供给侧结构性改革是建设现代化经济体系的主线，供给侧结构性改革对于经济体系的创新动力培育提升、经济结构优化升级、体制机制完善进而促进高质量经济发展都具有重要意义。一方面，供给侧结构性改革主攻方向是提高供给体系质量和效率，尤其是实体经济供给体系质量，这意味着深化供给侧结构性改革可以提高经济体系中生产要素和产业结构的高端化和现代化水平，促进区域和城乡结构的协调平衡，形成实体经济、科技创新、现代金融、人力资源协同发展的产业体系。另一方面，供给侧结构性改革的核心是创新能力和全要素生产率的提升，这要求加快创新型国家建设，而创新动力培育提升又对完善社会主义市场经济体制和对外开放提出了更高要求。一个市场机制有效、微观主体有活力、宏观调控有度的经济体制，以及全面开放的新格局对于创新能力和竞争力提升至关重要。因此，供给侧结构性改革贯穿了整个建设现代化经济体系六大战略任务，是从动力、机制、目标、要素、结构、环境全方位改造现有经济体系、建设现代化经济体系的核心战略举措。如果说我国经济现在处于从高速增长向高质量发展转换的“攻关期”，那么，深化供给侧结构性改革就是最主要、最关键的“攻关利器”，只有深化供给侧结构性改革，才能促进我国经济从高速增长阶段向高质量经济发展阶段转换关口的跨越。

二、建设现代化经济体系要以新发展理念为指导

党的十九大报告指出，发展是解决我国一切问题的基础和关键，发展必须是科学发展，必须坚定不移贯彻创新、协调、绿色、开放、共享的发展理念。其中，创新发展注重的是解决发展动力问题，协调发展注重的是解决发展不平衡问题，绿色发展注重的是解决人与自然和谐问题，开放发展注重的是解决发展内外联动问题，共享发展注重的是解决社会公平正义问题。五大发展理念相互贯通、相互促进，但核心在于创新（黄群慧，2017）。

建设现代化经济体系，就要贯彻新发展理念。第一，现代化经济体系一定是一个具有创新力的体系，通过创新适应科技发展趋势，促进现代化产业体系发展，确保现代产业在经济体系中占据主导地位。党的十九大报告强调加快建设创新型国家建设，努力建设科技强国、质量强国、航天强国、网络强国、交通强国、数字强国、智慧社会，无疑和现代化经济体系建设是一致的。第二，现代化的经济体系一定是一个协调平衡的经济体系，这既包括实体经济、科技创新、现代金融、人力资源协同发展的产业体系，也包括城乡协调发展、区域协调发展。协调各区域生产要素配置，促进生产要素跨区域的有效流动，化解资源配置在地区间不平衡、不协调的结构性矛盾，是现代化经济体系区域布局的基本内容。党的十九大报告在实施区域协调发展战略部分中，首先强调加大力度支持革命老区、民族地区、边疆地区、贫困地区加快发展，强化举措推进西部大开发形成新格局。另外，随着京津冀协同发展、长江经济带保护发展和东北老工业基地振兴、中部地区崛起等重大区域发展战略有效推进，资源要素在各区域配置更为合理，区域要素供给质量不断提升，现代化经济体系区域布局将加速形成。第三，现代化经济体系一定是以人民为中心的经济体系。党的

十九大报告提出中国特色社会主义新时代必须坚持以人民为中心的发展思想，不断促进人的全面发展、全体人民共同富裕。必须坚持人民主体地位，坚持发展为了人民、发展依靠人民、发展成果由人民共享，既把增进人民福祉，实现好、维护好、发展好最广大人民根本利益作为发展的出发点和落脚点，又把调动人民的积极性、主动性、创造性作为发展的根本动力（黄群慧，2017）。建设现代化经济体系，必然是坚持以人民为中心。一方面，建设的主体是人民，也就是建设依靠人民。党的十九大报告强调，人民是历史的创造者，是决定党和国家前途命运的根本力量，要依靠人民创造历史伟业。党的十九大报告中强调要激发和保护企业家精神，鼓励更多社会主体投身创新创业。建设知识型、技能型、创新型劳动者大军，弘扬劳模精神和工匠精神。另一方面，强调建设现代化经济体系的目的是增加人民福祉，为了满足人民日益增长的美好生活的需要，也就是建设现代化经济体系为了人民。党的十九大报告指出要把人民对美好生活的向往作为奋斗目标。按照十九大的新时代中国特色社会主义的战略部署，我国到2020年全面建成小康社会，到2035年基本实现现代化，到21世纪中叶全面建成社会主义现代化强国，人民生活将更加美好，将从全面小康生活向现代化生活发展。

三、建设现代化经济体系要以完善社会主义市场经济体制为前提

现代化与市场化是紧密相关的。一个现代化经济体系是以完善的市场经济体制为基础的。对于一个国家而言，没有高度的市场化水平和成熟的市场经济体制，也就没有真正意义的经济现代化。党的十九大报告指出，加快完善社会主义市场经济体制，经济体制改革必须以完善产权制度和要素市场化配置为重点，实现产权有效激励、要素自

由流动、价格反应灵活、竞争公平有序、企业优胜劣汰。完善的现代产权制度和有效的生产要素市场配置机制是一个成熟市场经济体制的基本条件和必然要求。改革开放以来，我国一直努力建设社会主义市场经济体制，已经取得了巨大的进展，初步建成了社会主义市场经济体制，但是我国的社会主义市场体制还存在不完善、不成熟的地方。因此，进一步完善市场社会主义市场经济体制，是建设现代化经济体系的必然要求。

我国市场经济体制不完善主要体现在两个方面：一是产权制度还有待进一步完善，二是有效的要素市场化配置机制还没有形成。因此，完善市场经济体制的重点是完善产权制度和要素市场化配置（李晓红，2017）。

一是完善产权制度。公有制为主体、多种所有制经济共同发展是我国社会主义初级阶段的基本经济制度，在此制度基础上，完善产权制度就是要形成各种所有制经济公平参与市场竞争，其产权同等受到法律保护并接受监督管理的基本产权管理格局。也就是说，市场经济条件下的基本产权制度更加完善，就要保护社会组织、公民的合法财产不受侵害，保证各类性质的不同产权在市场交易中的平等权利。这要求市场经济条件下的产权契约关系和信用关系要更加完善，确保社会正常的信用秩序。具体而言，在国有经济内部，拥有开放的产权结构，国有资本有进有退、合理流动，非国有资本能够参与国有资本置换。个体私营经济转型升级、提高素质，国有资本和各类非国有资本相互渗透和融合，形成以股份制为主要形式的混合产权的经济格局。规范的产权市场是实现企业存量资产流动的必要条件。它对淘汰落后企业和产业，即时地实现产业结构和企业组织结构的调整有决定性的作用。因此，必须有一套完整的企业兼并、破产的制度，包括资产的清算与评估、资产的转让、人员的安排等。只有这样，才能推进国有企业混合所有制改革，才能使社会主义市场经济体制走向成熟和完善，从而实现毫不动摇地巩固和发展公有制经济，毫不动摇地鼓励、支持、引导非公有制经济的发展。

二是完善要素市场化配置机制。现代市场体系的形成，市场在资源配置中的决定性作用充分发挥不仅需要拥有发达的商品市场，还需要完善的生产要素市场，形成市场化的要素价格形成机制。拥有完善的市场准入和退出机制，打破行业垄断和地区封锁，实现商品和各种要素在全国范围的自由流动和充分竞争。经过多年的改革，我国商品市场已逐步完善，相对于一般商品市场，我国要素市场改革还相对比较滞后，甚至有人认为是严重滞后。事实上，中国目前在经济社会发展中的诸多不平衡不充分的问题均是要素市场化滞后的外在表现，如收入差距过大、城乡差距大、中小企业融资难、教育公平问题、农地补偿纠纷、科技成果转化不够等现象。目前我国要素市场化改革滞后，不仅是外在的市场交易形式的壁垒，更主要的是市场主体权属的多元二元结构。这种二元结构不仅表现在城乡二元要素结构，还表现在不同所有制企业之间存在的二元要素结构。

四、建设现代化经济体系要以提高实体经济供给质量为着力点

党的十九大报告指出，建设现代化经济体系，必须把发展经济的着力点放在实体经济上，把提高供给体系质量作为主攻方向，显著增强我国的经济质量优势，这意味着我们要把提高实体经济供给质量作为加快建设现代化经济体系的着力点。实体经济是我国经济体系的主体，习近平总书记指出："不论经济发展到什么时候，实体经济都是我国经济发展、我们在国际经济竞争中赢得主动的根基。我国经济是靠实体经济起家的，也要靠实体经济走向未来。"中国已经成为一个世界性实体经济大国，但是，我国实体经济发展的"大而不强"问题突出，虽然具有庞大的实体经济供给数量，但供给质量不高，无法满足消费结构转型升级的需要，存在实体经济结构不平衡问题。这包括作为实体经济核心的制造业的供需结构失衡、作为实体经济主体的工

业与服务业之间的结构失衡，以及整体实体经济发展与金融房地产业发展的结构失衡。实体经济存在的这些供给质量不高、结构不平衡问题已经成为我国经济体系的重大问题，是制约我国经济体系现代化水平的提高、经济实现从高速增长向高质量发展的阶段转换的关键问题。因此，建设现代化经济体系的当务之急是通过供给侧结构性改革提高实体经济供给质量，形成实体经济与科技创新、现代金融、人力资源协同发展的产业体系（黄群慧，2017）。

第一，从产品、企业和产业三方面入手，围绕提高制造业供给体系质量深化供给侧结构性改革，化解制造业供需结构失衡。在产品层面，以提高制造产品附加值和提升制造产品质量为基本目标，以激发企业家精神与培育现代工匠精神为着力点，全面加强技术创新和全面质量管理，提高制造产品的供给质量。在企业层面，以提高企业素质和培育世界一流企业为目标，积极有效处置“僵尸企业”、降低制造企业成本和深化国有企业改革，完善企业创新发展环境，培育世界一流的企业。政府要积极建立有利于各类企业创新发展、公平竞争发展体制机制，努力创造公平竞争环境、促进各类所有制的大中小企业共同发展。在产业层面，以提高制造业创新能力和促进制造业产业结构高级化为目标，积极实施《中国制造 2025 规划纲要》，提高制造业智能化、绿色化、高端化、服务化水平，建设现代制造业体系。

第二，形成工业和服务业良性互动、融合共生的关系，化解产业结构失衡，构建创新驱动、效率导向的现代产业体系。首先，应更加重视产业的运行效率、运营质量和经济效益，更加重视培育工业和服务业融合发展、互相促进的公平竞争环境，不应该只是追求统计意义上的工业和服务业在国民经济中的比重。其次，建设现代化经济体系的关键是形成符合融合化、信息化、国际化大趋势的新的现代产业体系，而这种产业新体系的构建无疑是要依赖创新驱动战略的。最后，深入推进服务业供给侧结构性改革，加快生产性服务业改革开放，是构建现代产业体系、提升中国实体经济质量、促进实体经济发展的必然要求。

第三，在“虚实分离”的常态中坚持实体经济决定论，从体制机制上化解“虚实结构失衡”，加快建设实体经济与现代金融协同发展的产业体系。从体制机制上进行深化改革，彻底打破实体经济与虚拟经济巨大收益反差的“脱实向虚”的自增强机制，破除金融业高收益对实体经济高端要素的虹吸效应与房地产价格泡沫对实体经济创新的破坏效应，迅速着手建立实体经济和虚拟经济健康协调发展的体制机制。

参考文献

［1］黄群慧．从高速度工业化向高质量工业化转变［N］．人民日报，2017－11－26.

［2］黄群慧．中国经济如何跨越发展阶段转换关口［N］．经济日报，2017－12－11.

［3］黄群慧．论中国特色社会主义的创新发展理念［N］．光明日报，2017－09－05.

［4］黄群慧．坚持以人民为中心的创新发展理念［N］．中国社会科学报，2017－12－12.

［5］李晓红．完善产权制度和要素市场化配置是成熟市场经济体制的必然要求——访中国社会科学院工业经济研究所所长黄群慧［N］．中国经济时报，2017－12－05.

［6］中共中央文献研究室．习近平关于社会主义经济建设论述摘编［M］．北京：中央文献出版社，2017.

［7］黄群慧．论新时期中国实体经济的发展［J］．中国工业经济，2017（9）：5－24.

后 记

自从2003年开始，我一直围绕中国工业化与工业现代化问题进行了系统的研究，发表了一系列研究成果，尤其是2013年以后，基于对中国工业化水平的评价，我提出了中国工业化进程在2011年以后进入工业化后期的分析判断，持续地关注处于工业化后期、经济进入新常态的中国工业发展面临的新问题、新任务，围绕这个主题发表了多篇学术论文。原本期望在这些论文的基础上进一步加工完成一本研究工业化后期的中国工业发展问题的专著，但当我把这些成果梳理后，发现只需把这些学术论文按照一定的逻辑汇集成册，就可以清楚地呈现给读者我期望通过专著想要表达的对工业化后期中国工业经济发展重大问题的思考和认识，于是我放弃出版专著的想法，转而出版一本专题研究论文集，这就是摆在读者面前的《工业化后期的中国工业经济》这本书。

本书共三篇十六章，整体上是沿着对中国步入工业化后期的阶段评估判断——工业化后期中国工业发展面临重大问题分析——工业化后期中国工业发展战略变革研究这样一个逻辑展开的。为了符合这个逻辑，本书选编文章遵循了三个原则：一是所收录论文是2013年以后在学术期刊上公开发表的学术论文；二是所收录论文研究主题是与上述研究逻辑和内容直接相关的学术论文；三是收录时对某些学术论文的题目和内容进行了修改和部分调整，以更适合本书的研究逻辑和内容需要。另外，所收录论文中有5篇是与我所研究人员或者我的学生合作完成的，这里对合作者贺俊研究员、李晓华研究员、霍景东博士后、石颖博士表示感谢！

本书的出版得到了文化名家暨“四个一批”人才、哲学社会科学万人计划的经费的支持以及国家社科基金重大项目“《中国制造2025规划纲要》的技术路径、产业选择与战略规划研究”（批准号：15ZDB149）的资助，在此表示感谢！还要衷心感谢经济管理出版社杨世伟社长以及经济管理出版社的编辑，感谢他们的大力支持和高效率的工作。当然，限于时间和水平，本书会有许多不完善的地方，衷心期望读者对本书进行批评指正，以利于未来进一步的研究。

黄群慧

2018 年 1 月